Das archäologische Jahr in Bayern 2020

Herausgegeben vom Bayerischen Landesamt für Denkmalpflege
durch Mathias Pfeil und C. Sebastian Sommer

und von der Gesellschaft für Archäologie in Bayern
durch Bernd Päffgen

THEISS

Titelbild Hallstadt. Vorgeschichtliche kreisförmige Anlage mit innerer Pfostenreihe an der Bahntrasse Bamberg–Ebensfeld (S. 66 ff.)

BAYERISCHES LANDESAMT FÜR DENKMAL PFLEGE

Gesellschaft für Archäologie in Bayern e.V.

Bibliografische Information Der Deutschen Bibliothek
Die Deutsche Bibliothek verzeichnet diese Publikation in der Deutschen Nationalbibliografie; detaillierte bibliografische Daten sind im Internet über <http://dnb.ddb.de> abrufbar.

Der Theiss Verlag ist ein Imprint der Wissenschaftlichen Buchgesellschaft Darmstadt

Redaktion, Satz und Layout Dr. Doris Ebner
Umschlag Hans Stölzl
Titelbild Matthias Tschuch
Druck und Bindung EOS PRINT, St. Ottilien
Printed in Germany
ISBN 978-3-8062-4285-0 ISSN 0721-2399
Besuchen Sie uns im Internet: www.wbg-wissenverbindet.de

Inhalt

Reliefkarte von Bayern mit Fundplätzen 2020. Kartengrundlage: Bayerische Vermessungsverwaltung.

Vorwort der Herausgeber

Bandkeramiker, Schnurkeramiker, Glockenbecherleute; Exogamie (Heirat nur oder bevorzugt außerhalb der eigenen Gruppe) in der Bronzezeit; römische Soldaten z. B. aus Hispanien, Syrien, Nordafrika; Franken und Bajuwaren ... über die vergangenen Jahrtausende wie auch heute scheint unsere Welt in Bewegung zu sein. Was für die einen, die Migrierenden, Chance und Hoffnung bedeutete, wirkte für die anderen, die Einheimischen, vielleicht bedrohlich. Die diesbezügliche Situation der letzten Jahre verunsichert viele von uns. Aber „Das sieht aus der antiken Perspektive anders aus, weil man es gewohnt war, dass [auch] außerhalb des Römischen Reiches eine enorme Dynamik herrschte, und weil der Anteil an mobilen Menschen ohnehin viel höher gewesen ist, als wir uns das vorstellen können. Wanderung und Mobilität waren für die Zeitgenossen einmal nichts Alarmierendes, sondern der Normalzustand." So formulierte es Mischa Meier am 23.1.2021 in einem Interview in der FAZ, nachdem ihm für seine „Geschichte der Völkerwanderung" (München 2019) der gut dotierte WISSEN!-Sachbuchpreis für Geisteswissenschaften 2021 der Wissenschaftlichen Buchgesellschaft (wbg) zuerkannt wurde. Mit dem zunehmenden Einsatz der ancient-DNA-Forschung im Rahmen der sogenannten Paläogenetik erhalten wir dazu auch immer neue, zum Teil überraschende, manchmal irritierende Hinweise auf vergangene Wanderungsbewegungen, nicht selten über enorme Räume hinweg. Davon lesen Sie in der Zeitung, im Internet oder in Fachjournalen, auch der „Archäologie in Deutschland".

Aber wo findet sich das Material, die Untersuchungsmaterie, die vielleicht Hinweise auf diejenigen birgt, die auf gut fränkisch schon lange hier „derhaam" waren oder auf der anderen Seite auf bairisch als „Zugroaste" zu bezeichnen sind? Selbstverständlich und praktisch ausschließlich in unseren Bodendenkmälern. Hier liegt das Rohmaterial für alle wissenschaftlichen Untersuchungen zur früheren Vergangenheit. Und in den etwa 700 Ausgrabungen, die in Bayern jedes Jahr wegen der weiter unvermindert anhaltenden Bautätigkeit nötig sind, werden diese „Schätze" erschlossen. Dazu müssen wir jedem Hinweis auf geplante Maßnahmen in unseren bekannten, „nur" vermuteten oder vielleicht zufällig neu entdeckten Bodendenkmälern nachgehen und vor deren Zerstörung durch den Bagger die betroffenen Flächen archäologisch untersuchen und dokumentieren, soll es uns gelingen, die verschiedenen sprichwörtlichen Nadeln im Heuhaufen zu finden. Natürlich haben auch Forschungsgrabungen mit einer spezifischen Fragestellung, deren Antwort trotz der Gültigkeit des alten Spruchs „eine Frage beantwortet, zwei neue aufgeworfen" nicht selten vorhersehbar ist, ihren Sinn. Aber auf welcher Grundlage könnte jemand davon ausgehen, die Entdeckung der meist einzeln oder in kleinen Gruppen verstreut zu findenden schnurkeramischen Gräber, z. B. von Altenmarkt und Burgbernheim, oder Grablegungen der Glockenbecherzeit, z. B. von Burggrumbach vorherzusehen? Und wo die dort und in zeitgleichen Gräbern Bestatteten einst gelebt haben, wissen wir, von Ausnahmen abgesehen, immer noch nicht – vielleicht kann davon aber schon die nächste Ausgabe unseres Archäologischen Jahres in Bayern berichten.

Zu diesen Untersuchungen und den dabei gemachten Entdeckungen lesen Sie im vorliegenden „Archäologischen Jahr in Bayern 2020". Ausgräber und Verantwortliche aus Fachfirmen, Kommunalarchäologie, Universitäten, Ehrenamt und Bayerischem Landesamt für Denkmalpflege berichten über die unseres Erachtens wichtigsten 10 % der bodendenkmalpflegerischen Maßnahmen des letzten Jahres. Auch die anderen 90 % wären es wert, dass darüber jetzt schon geschrieben wird, aber der Platz erlaubt dies nicht – bis zu einer wissenschaftlichen Bearbeitung oder musealen Aufbereitung, für die dann auch deren Dokumentation und Funde zur Verfügung stehen, müssen diese leider unveröffentlicht in den Archiven abgelegt werden.

Wir sind sehr dankbar, dass trotz Corona/Covid-19 der Einsatz draußen möglich war und in praktisch gleichbleibender Qualität durchgeführt wurde. Denn das, was vor Ort geborgen und in Plänen, Bild und Text festgehalten wird, ist das Material, in dem die Informationen über unsere Vergangenheit gespeichert und mit dem in verschiedenster Richtung Grundlagenforschung und Horizonterweiterung in der Zukunft möglich sind. Auch die Vorbereitung dieser Einsätze durch die Unteren Denkmalschutzbehörden in Abstimmung mit den Referentinnen und Referenten des Amtes lief – dank intensiver Nutzung des Homeoffice – zum Glück unvermindert weiter.

Wenn Sie sich über das im vorliegenden Band Gedruckte hinaus über Bodendenkmäler informieren wollen, schauen Sie doch von Zeit zu Zeit auf unsere Homepages www.gesellschaft-fuer-archaeologie.de und www.blfd.bayern.de, auf unsere Instagram- und Facebook-Accounts @denkmaelerbayern oder abonnieren Sie kostenlos DI „Denkmal Information Bayern" in neuem Erscheinungsbild. Und werfen Sie doch gelegentlich einen Blick in den Bayerischen Denkmalatlas auf der Homepage des BLfD oder direkt unter https://geoportal.bayern.de/denkmalatlas/. Dort finden Sie nicht nur grundlegende Informationen zu allen ca. 110.000 Baudenkmälern, sondern auch zu allen knapp 50.000 Bodendenkmälern in Bayern. Viele davon sind obertägig sichtbar und einen Spaziergang oder eine Wanderung wert. Und unsere wunderbare bayerische Landschaft gibt es meist „gratis" dazu. Viel Spaß dabei!

Bleiben Sie gesund!

Prof. Dr. Bernd Päffgen
Gesellschaft für Archäologie in Bayern e. V.

Prof. Dipl.-Ing. Architekt Mathias Pfeil
Bayerisches Landesamt für Denkmalpflege

Vorwort des Abteilungsleiters

„Seeing is believing" – ‚Sehen ist glauben', überschrieben C. Cooper und N. O'Hare jüngst einen Aufsatz in „The Archaeologist" (112, 2021), der Mitgliederzeitschrift des mit mehr als 3.100 Akkreditierten wirklich großen internationalen Berufsverbands für Archäologie CIfA (Chartered Institute for Archaeologists), dessen deutsche Gruppe vor Kurzem als Verein gegründet wurde. Gerade bei Bodendenkmälern wird die Relevanz dieses Zitats deutlich, denn oft wird deren Existenz erst während einer (zerstörischen) Ausgrabung gesehen und damit die Aussage des Denkmalpflegers für wahr befunden. Die Autoren riefen weiterhin zur Einbeziehung der Öffentlichkeit in unsere tägliche Arbeit auf. Aber wie geht das in Zeiten von Corona/Covid 19?
Sicher ist es im Moment mit dem aktiven Sehen eher schwierig, entfallen doch Grabungsführungen, Besichtigungen am Tag des offenen Denkmals, Vorträge oder gar Führungen in unseren Werkstätten. Aber die im vorangegangenen Vorwort genannten Quellen und die regionalen Presseberichte bieten doch viele Möglichkeiten der Information über Bodendenkmäler und archäologische Maßnahmen darin. Und mit Ihrer Mitgliedschaft in der Gesellschaft für Archäologie in Bayern e.V. und dem von ihr mit dem Bayerischen Landesamt für Denkmalpflege herausgegebenen Jahrbuch, das Sie in den Händen halten, ist auch zu einem gewissen Grad ein aktiveres „public engagement" gegeben. Steigern lässt sich das noch durch Mitarbeit in einem der vielen lokalen und regionalen Vereine, die sich mit unserem archäologischen Erbe beschäftigen und die durch die Ehrenamtsbetreuer des BLfD unterstützt werden.
Die Weiterführung des „Archäologischen Jahrs in Bayern" und die Etablierung einer expliziten Ehrenamtsbetreuung sind zwei Punkte, die wir in den letzten 20 Jahren für die Bodendenkmäler in Bayern und die Öffentlichkeit erreichen konnten. Ein anderer wichtiger Punkt ist die konsequente Umsetzung des seit der Verabschiedung des Bayerischen Denkmalschutzgesetzes 1973 verankerten Veranlasserprinzips, zusammen mit unserem Gesamtkonzept aufs Beste erläutert in „Aus gutem Grund – Bodendenkmalpflege in Bayern" (Denkmalpflege Themen Nr. 4). In Verbindung mit der vor einigen Jahren abgeschlossenen Nachqualifizierung der Liste der Bodendenkmäler und dem in seiner umfassenden Präzision bis heute in Deutschland einmaligen Bayerischen Denkmalatlas als hervorragenden Planungsinstrumenten ist bei Überplanung eines Bodendenkmals „sehenden Auges" auch regelmäßig Zumutbarkeit gegeben. Eine weitere Hilfe bei der Umsetzung des Denkmalschutzgesetzes ist z. B. die Systematisierung der Denkmalvermutung – siehe hierzu „Kriterien für die Vermutung von Bodendenkmälern" (Denkmalpflege Themen Nr. 7) – und das hieraus entwickelte Konzept „Denkmalpflege im Vermutungsfall" zur Unterstützung von kommunalen Planungen ohne Umlagefähigkeit, privaten oder landwirtschaftlichen Projekten und solchen von Vereinen. Von großer Bedeutung insbesondere auch für das Zusammenspiel von Unteren Denkmalschutzbehörden und BLfD sind explizite Vollzugshinweise des Bayerischen Staatsministeriums für Wissenschaft und Kunst als Oberste Denkmalschutzbehörde vor etwa fünf Jahren. Leider gibt es auch das Eine oder Andere, das nicht verwirklicht werden konnte – zuvorderst eine für Bayern immer noch fehlende Eigentumsregelung für archäologische Funde im Denkmalschutzgesetz.
Warum nun dieser kleine Rückblick, den ich gerne noch mit Erinnerungen an aufregende Entdeckungen bei Grabungen oder mit wichtigen Forschungsergebnissen ergänzt hätte? Nun, mit diesem meinem 20. Vorwort im „AJB" in Zusammenarbeit mit zwei Vorsitzenden der GfA und zwei Generalkonservatoren im Amt nähere ich mich dem Ende eines ereignisreichen Lebensabschnitts als Landeskonservator und Leiter der Abteilung Bodendenkmalpflege im BLfD. Streng genommen hat dieser schon vor 43 Jahren begonnen, als ich nämlich den ersten Vertrag beim BLfD (per Handschlag und Lohnauszahlung in bar) noch vor Beginn meines Studiums der Provinzialrömischen Archäologie zur Untersuchung des großen römischen Gräberfelds in Günzburg erhielt. Und, erfreulicherweise, mit einem kurz vor dem Abschluss stehenden Forschungsprojekt zur Herkunft der frühen Bestatteten in den damals und über viele Jahre danach freigelegten Gräber schließt sich auch hierzu ein Kreis.
Über 20 Jahre die Entwicklung der Bodendenkmalpflege in Bayern mitgestalten zu dürfen, unterstützt von sehr guten, engagierten und loyalen Mitarbeiterinnen und Mitarbeitern, aber auch kritischen Kolleginnen und Kollegen, getragen von einer in der Regel positiv eingestellten Öffentlichkeit, begleitet von meist freundschaftlichen Gesprächen mit Interessierten, Mitgliedern der GfA, auf Tagungen und nach vielen Vorträgen landauf und landab, waren für mich ein großes Glück. Allen, denen ich dabei begegnet bin, möchte ich für ihren Input herzlich danken. In diesen Dank möchte ich auch diejenigen einschließen, die über die Jahrzehnte Beiträge für das Archäologische Jahr oder eine unserer wissenschaftlichen Publikationen verfasst haben, und die all diese Beiträge mit Freude redigierende Doris Ebner.
Ich hoffe, dass ich auf diesem langen Weg etwas zum Sehen und Begreifen der Bodendenkmäler bzw. zum Glauben an ihre Bedeutung für unsere jeweilige Standortbestimmung und Zukunftsperspektive beitragen konnte. Sich mit aufmerksamen Augen durch die Landschaft zu bewegen und dabei das, was diese über Jahrtausende geformt hat, zu erkennen, war mir ein großes Anliegen. Alle Interessierten auch auf die unsichtbaren Denkmäler hinzuweisen, war mir wichtig. Und dabei die Menschen von damals und heute als Kern unserer Beschäftigung mit der Vergangenheit im Auge zu behalten, zentrale Aufgabe.
Aber damit soll es genug sein. Alles Gute Ihnen, meinem Nachfolger Dr. Walter Irlinger, der GfA und dem BLfD und vor allem den Bodendenkmälern in Bayern.
Ihr

Prof. Dr. C. Sebastian Sommer
Bayerisches Landesamt für Denkmalpflege

Eine mittelsteinzeitliche Freilandstation in Tutting

Gemeinde Kirchham, Landkreis Passau, Niederbayern

Geomorphologie
Die archäologischen Untersuchungen im Rahmen des Tunnelneubaus der Autobahn 94 bei Tutting erbrachten unerwartete Kenntnisse über ca. 11.200 Jahre Menschheitsgeschichte. Die Freilandstation in Tutting liegt auf der linken, nördlichen Seite der Kößlarner Bachterrasse an der Stelle, wo der Bach aus dem „Bergland" heraus in das alte Flussbett des Inn eintritt (Abb. 2). Dieser Taleinschnitt war ein bedeutender Durchgang für große bis mittelgroße Beutetiere, um Nahrungsquellen im Hochland und im Tiefland zu nutzen, und wurde wohl deswegen von mesolithischen Jägern und Sammlern aufgesucht.
Alle geologischen Formationen in einem Radius von 6 km gehören zum frühen bis späten Pleistozän. Die Talsohle und Flussterrassen des Kößlarner Baches sind jedoch von neueren holozänen Formationen bedeckt. Das alte Flussbett des Inn, jetzt eine sehr flache Ebene, ist mindestens 6 km breit.

Kurzüberblick über die Ausgrabung
An der betreffenden Stelle wurden bis zu sechs Plana angelegt, die eine archäologische Sequenz vom Spätpaläolithikum bis zur römischen Zeit liefern (Abb. 3). Auf einer Tiefe von 2,20 m vom Obergelände (338,18 m ü. NN) wurde eine Fundschicht (Befund 247) erfasst. Nach dem maschinellen Abtrag wurde das Planum 6 händisch geputzt und dabei auf einer ca. 85 m² großen Fläche zahlreiche Silices und Tierknochen erfasst. Wo die Fundkonzentration am höchsten war, legte man zwei 2 × 2 m große Schnitte an. Auf einer Tiefe von 0,03 m wurden 110 Silices und Tierknochen erfasst und dokumentiert. In einem zweiten Schritt wurden insgesamt 113 m² durch ein Rastersystem gegraben. Dies umfasste die bereits auf Planum 6 gebaggerte Fläche und einen weiteren Teil (je Quadrant 1 × 1 m, unterteilt in vier Sektoren von 0,5 × 0,5 m) (Abb. 1).
Die Quadranten wurden nur mit Kleinwerkzeugen in drei bis vier Abhüben (0–5, 5–10, 10–15 und teilweise 15–20 cm von der Oberfläche der Fundschicht) gegraben und dokumentiert. Die Erde aus den untersuchten Quadranten wurde vollständig zum Schlämmen aufgehoben. Es wurden auch Holzkohleproben für eine ^{14}C-Datierung gesammelt und entsprechend verpackt.

Zwei Schwerpunkte der Fundstelle
Es wurden zwei deutliche Fundkonzentrationen erfasst. Die größere, runde Konzentration von etwa 12 m² befindet sich im südlichen Teil der untersuchten Fläche. Sie ergab Silices einschließlich einer hohen Anzahl von Kernen, Werkzeugen und Fauna, wovon viel getempert ist. Im Unterschied dazu enthält die kleinere, nördliche Konzentration keine lithischen Funde, sondern nur spärliche Faunenfragmente.

1 *Tutting. Grabungssituation, Arbeiten an Planum 6.*

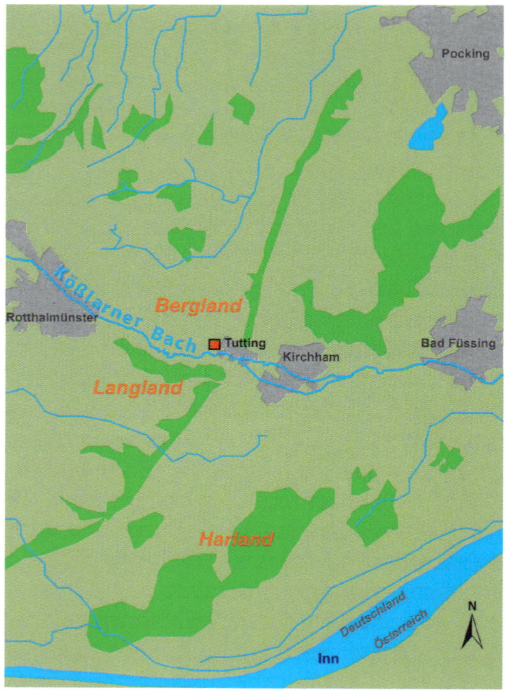

2 *Tutting. Topografie und Hydrografie.*

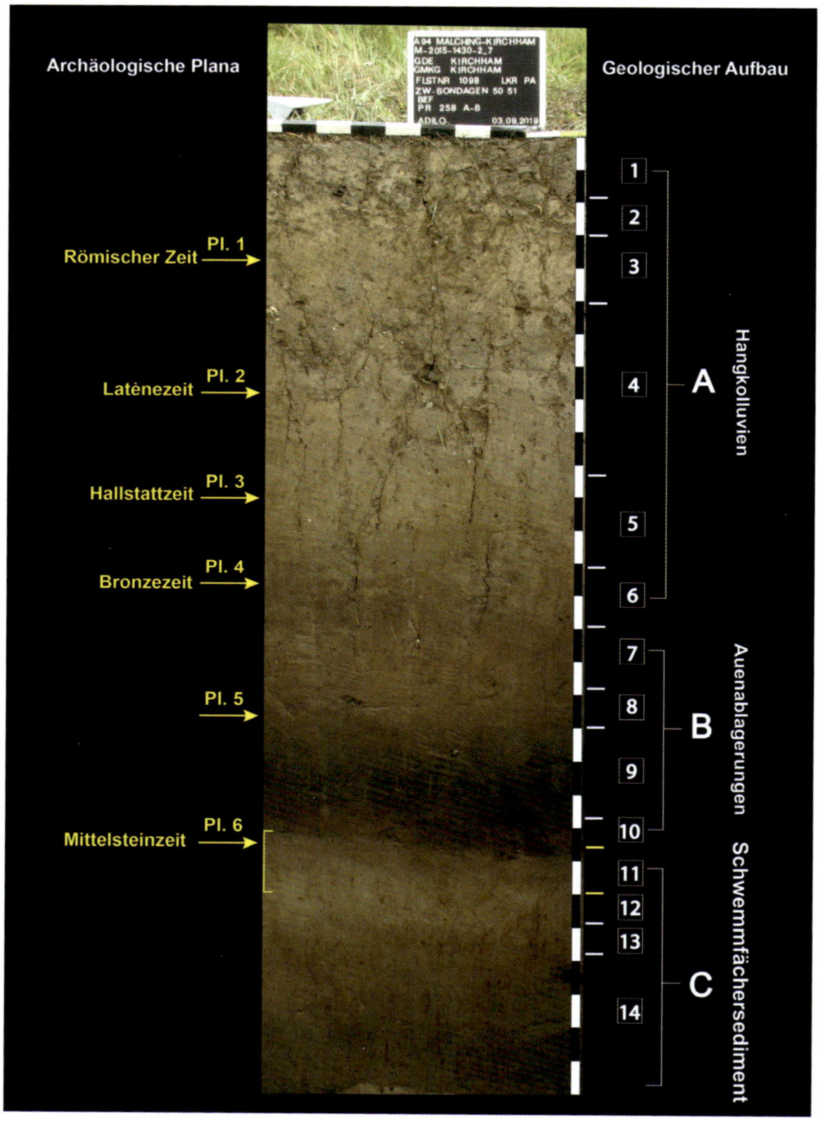

3 *Tutting. Geoprofil (PR 258); archäologische Plana und geologischer Aufbau.*

Nach unserer bisherigen Analyse kann festgestellt werden, dass das Areal der südlichen Fundkonzentration als Bereich anzusehen ist, wo Menschen sich aufhielten. Hier zeigen die Anzahl und die Art der Funde deutlich, dass dieser Ort während des Mittelmesolithikums wahrscheinlich von einer kleinen Gruppe von Jägern als kurzfristige Jagdstation genutzt wurde. Um auch die nördliche Knochenkonzentration analysieren zu können, müssen erst die Tierknochen untersucht werden.

Die Mittelsteinzeit ist eine Schlüsselzeit für die Geschichte der menschlichen Evolution in West-Eurasien. Zu der Zeit, als sich die paläolithische Technologie der Steinartefakte gut an die spezifischen Jagdaktivitäten angepasst hatte, trat am Ende des späten Pleistozäns aufgrund der plötzlichen Klimaverschlechterung ein Wandel ein. Die Wahrscheinlichkeit, paläolithische Freilandstationen in den angrenzenden Gebieten des Pleistozänsgletschers sowie der voralpinen Umgebung zu finden, ist aufgrund der hohen Ablagerungsraten und der Erosionsaktivitäten sehr gering. Deshalb ist die mesolithische Fundstelle in Tutting ein besonderer Glücksfall für die paläoanthropologischen Untersuchungen, gerade in Niederbayern. Die Funde dieser Freilandstation, darunter Steinartefakte, Faunenreste sowie Holzkohlefragmente, zeigen, dass die Fundschicht schnell unter feinkörnigen Schwemmlandablagerungen begraben wurde und die Bewegung der Kulturmaterialien auf ein Minimum beschränkt ist. Diese Eigenschaften bieten eine hervorragende Gelegenheit, um einige Aspekte des menschlichen Verhaltens des späten Pleistozäns zu verstehen.

^{14}C-Daten

Von den aufgehobenen Holzkohleresten aus den unterschiedlichen Bereichen und Tiefen der Fundschicht wurden acht Proben für die Datierung ins Labor geschickt. Die Datierungsergebnisse bestimmten das Alter der Fundschicht auf zwischen 11.184 und 11.389 Jahre vor heute. Dies sind die homogensten Datierungsergebnisse für die kurzzeitige Besiedlung, und sie weisen darauf hin, dass die betreffende Fundschicht durch einen schnellen geomorphologischen Prozess überdeckt wurde. Daher kann die menschliche Nutzung des Fundortes mit Sicherheit für das späte Pleistozän und kurz vor Beginn des Holozäns in Betracht gezogen werden. Die kurzzeitige Anwesenheit der Menschen im Planum 6 war in einer Kältephase (jüngere Dryaszeit 12.730 bis 11.700 vor heute). Diese Datierungen weisen auch darauf hin, dass es sich bei der Freilandstation in Tutting um eine kurzzeitige Anwesenheit handelt. Die geoarchäologische Untersuchung in den Schichten C und B zeigt, dass sich die vorhandene Ökologie von einem kalten, trockenen und stabilen Zustand zu einem sumpfigen und feuchten Klima verändert hat, was mit den frühen holozänen Klimabedingungen übereinstimmt. Nach den ^{14}C-Daten muss diese Klimaänderung kurz nach 11.200 Jahren vor heute passiert sein. Die Zigeunerhöhle bei Salzburg in Österreich, das Büttnerloch bei Thuisbrunn in Oberfranken und die mittelmesolithischen Fundorte entlang der mittleren Donau in Böhmen in der Tschechischen Republik sind aufgrund der Funde mit der Freilandstation in Tutting vergleichbar.

Funde

In der Tuttinger mittelmesolithischen Freilandstation wurden insgesamt 1410 Silices, 1202 Tierknochen, 102 Tierzähne und 24 Steine erfasst. Bisher wurden 333 Silices untersucht. Davon sind 2,7 % Kernsteine, 6 % Werkzeuge, und 92,3 % Trümmer. Davon haben 31 % Kortex und mehr als 15 % sind getempert.

Nach vorläufiger Analyse ähneln Tuttings Steinartefakte der typischen Werkzeugherstellung des Mittelmesolithikums aus Mitteleuropa. Die Kernsteine waren überwiegend für die laminare Produktion in Form von Einzel-, Doppel- und selten Mehrfachschlagflächenrest vorgesehen. Die Abschläge und Kernpräparationsstücke, die reichlich vorhanden sind, weisen auf die lithische Produktionskette in der Fundstelle hin. Ein relativ hoher Prozentsatz der retuschierten Artefakte sowie Abschläge sprechen dafür, dass die gesamten *Chaînes opératoires* in der Tuttinger Fundstelle vertreten sind. In einigen Fällen zeigen die Kernsteine und Abschläge mit rundem Kortex auf ihrer Oberfläche die ursprüngliche Form der Flusskiesel an, die möglicherweise als Rohmaterial verwendet wurden. Typologisch umfasst die Fundsammlung von Tutting hauptsächlich rückengestumpfte Lamellen, endretuschierte Lamellen, Stichel, Bohrer, geometrische Mikrolithen (meistens Trapeze) und kleine abgestumpfte Klingen. Verschiedene Arten von retuschierten Abschlägen, einige davon Kernpräparationsabschläge, sind ebenfalls reichlich vorhanden. Die relativ hohe Anzahl der verbrannten Steinartefakte weist auf Nahrungsmittelverarbeitung vor Ort hin. Als vorläufiges Fazit kann festgestellt werden, dass die lokalen Rohstoffquellen in der Nähe von Tutting verfügbar waren. Die meisten Steinrohmaterialien sind die örtlichen Kiese (graues Oberjura-Gestein), die aus dem Alpenvorland stammen.

Da der Kößlarner Bach durch tertiäre/miozäne Berggebiete fließt, die die Radiolarite und die Gesteine enthalten, kann vermutet werden, dass ein Teil der Steinrohmaterialien durch diesen Fluss in das Tuttinger Gebiet gebracht wurde, was durch den runden Kortex auf der Oberfläche einiger Steinartefakte erkennbar ist. Darüber hinaus ist das Flussbett des Kößlarner Bachs von Kieselsteinen bedeckt.

Zusammenfassend können die Tuttinger Tierknochen vorläufig in drei Hauptgruppen unterteilt werden: stark verbrannt (gebleicht), verbrannt (geschwärzt) und nicht verbrannt.

Außerdem wurden in der Tuttinger Freilandstation drei besondere Funde erfasst, nämlich zwei gebrochene Anhänger aus Knochen (Abb. 4–5) und ein trapezförmiger bearbeiteter Stein (Abb. 6). Diese drei Funde sind die einzigen Schmuckstücke, woraus sich schließen lässt, dass sie in der Freilandstation, möglicherweise während des Jagdprozesses, verloren gegangen sind.

Hamid Fahimi, Saman Heydari-Guran und Friedrich Loré

Literatur N. Graf/R. Graf, Das Büttnerloch (D41) bei Thuisbrunn: eine mesolithische Bestattungshöhle? Natur u. Mensch, Jubiläumsausgabe (Nürnberg 2001) 357–384. – J. Svoboda, The Mesolithic of the Middle Danube and upper Elbe rivers. In: G. Bailey/P. Spikins (Hrsg.), Mesolithic Europe (Cambridge 2008) 221–237. – C. J. Kind, The Mesolithic in Southwest Germany. Prehistoria Alpina 44, 2009, 137–145.

Örtliche Grabungsleitung und -dokumentation H. Fahimi, ADILO GmbH, Parsberg. – *Auswertung Silex und besonderer Funde* S. Heydari-Guran und E. Ghasidian, Neanderthal Museum. – ^{14}*C-Daten* S. Lindauer, Curt-Engelhorn-Zentrum Archäometrie gGmbH, Mannheim.

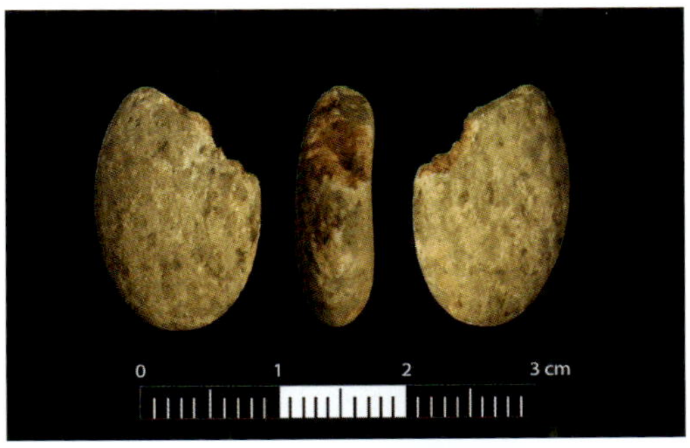

4 *Tutting. Anhänger aus Knochen (Fz.Nr. 743); Quadrant R34, Sektor 4, Tiefe 0–5 cm.*

5 *Tutting. Anhänger aus Knochen (Fz.Nr. 1397); Quadrant Y38, Sektor 1, Tiefe 0–5 cm.*

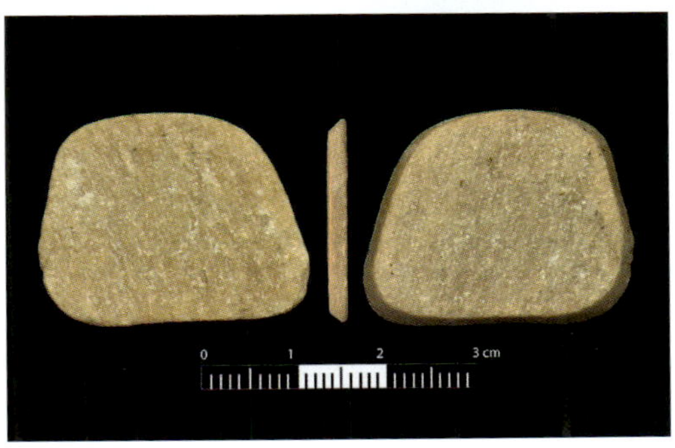

6 *Tutting. Bearbeiteter Stein (Fz.Nr. 580); Quadrant X34, Sektor 4, Tiefe 0–5 cm.*

Aufschlüsse am mehrphasigen Siedlungsplatz im Gredinger „Distelfeld"

Landkreis Roth, Mittelfranken

Im Dezember 2019 begannen die Voruntersuchungen für den zweiten Bauabschnitt des Gredinger Baugebiets „Distelfeld". Im ersten Abschnitt 2015 und 2016 konnten bereits über 2000 archäologische Befunde und eine komplexe Reliefdynamik erfasst werden. Mit weiteren Befunden war daher zu rechnen. Das 2019 und 2020 untersuchte Areal umfasst lediglich die Erschließung des zweiten Bauabschnittes ohne Parzellen und erbrachte auf einer vergleichsweise kleinen Fläche von 2.488 m² zahlreiche archäologische Befunde sowie abermals vollkommen neue Facetten zur Geologie und Bodenbeschaffenheit (Abb. 8).

Geologie und Bodenaufbau

Das Baugebiet liegt an einem nach Süden hin abflachenden Hang in etwa 100 m Entfernung zum bestehenden Mühlbach. Die weiter nördlich im ersten Bauabschnitt angetroffenen Hangschuttmassen reichen nicht bis in die Fläche. Dafür dominiert eine meist über 1 m mächtige gelbbraune Lössdecke, unter der ein feinkörniger Doggersandstein anschließt.

In der südlichen Hälfte der Fläche wird der Löss von einem Alm-/Wiesenkalkhorizont überlagert, in dessen unterem Bereich teilweise noch Reste eines A-Horizontes erkennbar sind. Die archäologischen Befunde sowie eine stark versinterte geologische Karstrinne schneiden allesamt die ältere Almschicht. Aus der Karstrinne (Abb. 14) konnten mehrere Knochenfragmente von Säugetieren sowie ein größeres Fragment eines Hirschgeweihs geborgen werden. Für die Geweihstange ist eine ^{14}C-Datierung in Auftrag gegeben worden. Aus dem Umfeld der Rinne liegen Lesefunde des Alt- bis Mittelneolithikums vor.

7 Greding. Pfeilspitze aus der Grabung.

Weiter im Nordosten der untersuchten Fläche wurde eine noch bis zu 25 cm stark erhaltene Kulturschicht freigelegt. Diese erbrachte zahlreiche gut erhaltene Funde, darunter eine vollständige Tasse und mehrere Teller- sowie weitere Tassenfragmente der Urnenfelderzeit, aber auch reich verzierte Gefäßscherben

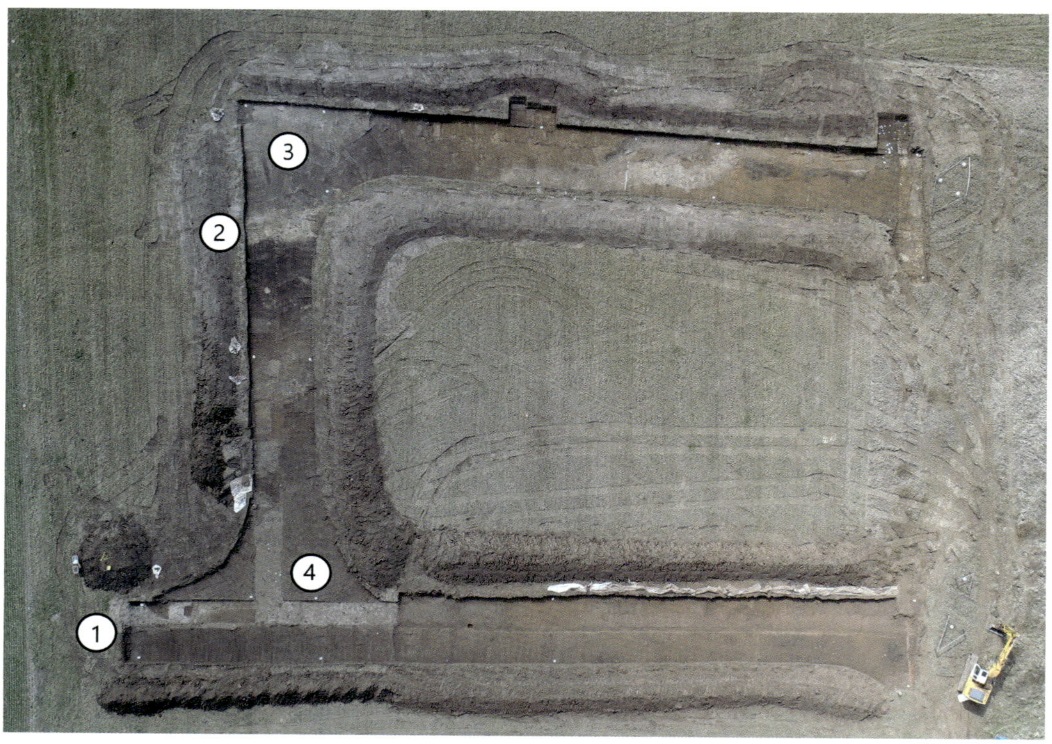

8 Greding. Das Luftbild der Grabungsfläche zeigt Planum 1 mit wechselnder Geologie. 1 Bodenaufschluss am Nordostrand der Grabung; 2 Karstrinne; 3 Schlitzgruben; 4 Fundkonzentration in der Kulturschicht. Norden ist unten.

9 *Greding. Geoprofile der Grabung: 1,40 m mächtiger Schichtaufbau mit begrabener Kulturschicht im Hintergrund und Siedlungsgrube im Vordergrund.*

des späten 5. Jahrhunderts n. Chr. der Gruppe Friedenhain-Přešťovice. Die Kulturschicht erforderte ein detailliertes Vorgehen mit einem sorgfältigen Abbaggern der Fläche sowie kleinräumigen Abgrabungen in einzelnen Quadranten (Abb. 9). Archäologische Befunde waren erst unter der Kulturschicht farblich und durch die Verfüllung abgrenzbar, ließen sich jedoch oftmals bereits innerhalb der Kulturschicht durch Fundkonzentrationen und zahlreiche Gefäßfragmente abgrenzen. Neben der ungewöhnlich guten Erhaltung der Funde, die auch grafitierte Oberflächen und Reste von Bemalung umfasst, ist auch die Tiefe unter dem heutigen Geländerelief bemerkenswert, die zwischen 25 cm bis zu über 1,40 m variiert.

Siedlungen und Schlitzgruben

Das bereits als mehrphasiger Siedlungsplatz bekannte „Distelfeld" erbrachte auch in seiner südlichen Erweiterung zahlreiche archäologische Überraschungen. Die vermutlich ältesten Befunde sind drei der Jungsteinzeit zuzurechnende Schlitzgruben (Abb. 11). Diese wurden in einer strickleiterartigen Reihung hintereinander angelegt. Die Gruben hatten Längen zwischen 2,41 m und 3,00 m. Die Breiten schwanken zwischen 22 cm und 50 cm. Die längste Schlitzgrube erreicht eine Tiefe von 95 cm, wobei keine der Gruben Fundmaterial enthielt. Solche Schlitzgrubenreihen stellen ein inzwischen häufig beobachtetes, aber noch lange nicht vollständig verstandenes Phänomen dar.

Im Norden der Fläche wurde unweit einer kleinen Grube mit einem Fragment einer Strichbündelamphore ein nahezu vollständig erhaltener, flächig retuschierter Feuersteindolch

10 *Greding. Nadel der Urnenfelderzeit.*

geborgen (Abb. 12). Das vermutlich zugehörige Grab konnte jedoch nicht lokalisiert werden. Aus einem etwa 20 m entfernten Befund stammt zudem noch eine weitere Dolchspitze aus plattigem Hornstein. Bemerkenswert ist auch die relativ hohe Anzahl an flächig retuschierten Pfeilspitzen (Abb. 7) mit einem weiten Formenspektrum im Norden der Fläche.

11 *Greding. Schrägansicht einer der Schlitzgruben mit wechselnden Schichten.*

12 *Greding. Silexdolch aus der Grabung. Maßstab 1 : 1.*

Aus den Metallzeiten stammen zahlreiche Gruben sowie einige Pfostenreihen mit zum Teil deutlichen Pfostenstandspuren. Letztere sind jedoch aufgrund der nur 4,50 m messenden Breite der Erschließungsflächen selten vollständigen und näher datierbaren Häusern zuzuordnen. Deutlich umfangreicher stellte sich das Inventar der meist steilwandigen bis kegelstumpfförmigen Siedlungsgruben dar. Diese wurden hier von der Urnenfelderzeit bis in die Frühlatènezeit angelegt und erbrachten Knochenwerkzeuge (Pfrieme, eine Ulnaspitze, Glättwerkzeuge), zahlreiche verbrannte organische Reste sowie etliche Bronzeobjekte. Aus einer frühlatènezeitlichen Grube stammen große Mengen an verkohltem Getreide und Eicheln, die vermutlich beide als Nahrungsvorräte in der Grube gelagert wurden. Unter den Bronzefunden sind eine vasenkopfartige urnenfelderzeitliche Nadel (Abb. 10), eine im Querschnitt rechteckige Ahle, ein Drahtarmring, ein Klapperblechfragment sowie eine nahezu vollständig erhaltene Fußzierfibel (letztere Ha D) zu nennen (Abb. 13).

Matthias Tschuch

Literatur M. Nadler, Arch. Jahr Bayern 2016, 11–13. – M. Nadler, Archäologie im Gredinger Distelfeld. Heimatkundl. Streifzüge. Schriftenr. Landkreis Roth 36, 2017, 4–19.

Grabungsleitung M. Tschuch, Firma AST – Archäologischer Service Tschuch. – *Grabungstechnik* N. Anca. – *Bodenproben* BLfD Dienststelle Nürnberg.

13 *Greding. Fußzierfibel der späten Hallstattzeit (Ha D).*

14 *Greding. Geoprofil der Karstrinne, die den Alm sowie den darunter anstehenden Löss schneidet.*

Von der Bandkeramik bis ins Mittelalter – Zeitliche Tiefe in der „Unteren Altstadt" von Schweinfurt

Unterfranken

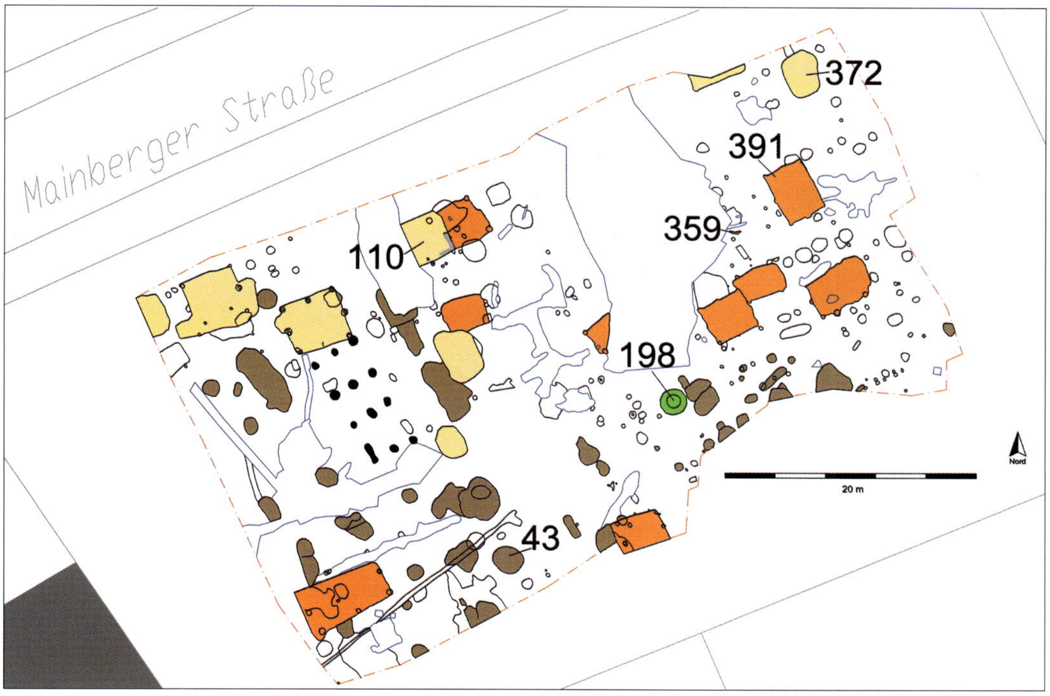

15 *Schweinfurt, Mainberger Straße 16. Vereinfachter Übersichtsplan. Schwarz = Pfostengruben des bandkeramischen Langhauses; braun = Bandkeramik; grün = Hallstattzeit; rot = römische Kaiserzeit; orange = Frühmittelalter; gelb = Hoch- und Spätmittelalter.*

Ein alter Stadtkern

Spricht man heute von der Schweinfurter Altstadt, so ist zumeist das Gebiet innerhalb des bis ins Spätmittelalter zurückreichenden Mauerberings gemeint. Im heutigen Baubestand weist nichts darauf hin, dass das weiter östlich etwa zwischen Kiliansberg und Höllental gelegene Areal eine wichtige Rolle in der Siedlungsentwicklung Schweinfurts gespielt hat. Noch die Uraufnahme verzeichnet aber die Flurnamen „Obere Altstadt" nördlich bzw. „Untere Altstadt" südlich der heutigen Mainberger Straße. Zu dieser Zeit befanden sich hier hauptsächlich Weinberge sowie einzelne Gartenanlagen. Zahlreiche Baustellenbeobachtungen und Notgrabungen erbrachten im Bereich dieser „Altstadt" Siedlungsnachweise ab der Linearbandkeramik. Weitere sicher belegte Epochen sind die Hallstattzeit und Merowingerzeit. Seit dem frühen Mittelalter darf man wohl von einer kontinuierlichen Besiedlung ausgehen, die mindestens bis ins Spätmittelalter anhält. Entsprechend ist das Areal auch als Bodendenkmal ausgewiesen.

Neubaupläne seitens der Stadt für ein Parkhaus auf den Grundstücken Mainberger Straße 16 und 16 ½ machten im Berichtsjahr eine großflächige Untersuchung notwendig. Zwar war hier in der Nachkriegszeit ein Autohaus errichtet worden, doch abgesehen von den Tanks einer zugehörigen Tankstelle war es dabei nicht zu tiefreichenden Bodeneingriffen gekommen, da die Gebäude nicht unterkellert waren. Zudem hatte eine Ende 2019 durchgeführte Sondierung an der östlichen Grundstücksgrenze eine mächtige moderne Überdeckung aufgezeigt. Um den natürlichen Geländeabfall nach Süden in Richtung Main auszugleichen und auf das Niveau der Mainberger Straße anzuheben, waren bis zu 2 m starke schutthaltige Schichten aufgetragen worden. Darunter lag ein bis zu 1,20 m hoher humoser Boden, der mit der jahrhundertelangen Weinbergs- und Gartenbewirtschaftung zu verbinden ist. Erst dann folgt der anstehende Boden. Die vorherige landwirtschaftliche Nutzung einerseits und Erosionsvorgänge aufgrund der Hanglage andererseits haben allerdings dazu geführt, dass keine älteren Geländeoberflächen mehr erhalten waren.

Beginn in der Linearbandkeramik

Die ältesten aufgedeckten Befunde sind der Linearbandkeramik zuzuweisen (Abb. 15). Im Westen des Grabungsareals ist ein unvollständiger Grundriss eines Langhauses auszumachen. Vier Reihen von Drei-Pfosten-Gruppen zeigen eine Orientierung Nordnordwest-Südsüdost für dieses Gebäude an. Die erfasste Länge beträgt 9,80 m, doch dürfte es sich ursprünglich deutlich weiter nach Norden erstreckt haben. Hier schließt sich aber unmittelbar ein mittelalterlicher Keller an, weshalb das Langhaus in diese Richtung nicht mehr wei-

16 *Schweinfurt. Das frühmittelalterliche Grubenhaus 391. Durch Brandeinwirkung sind Teile der Südwand verkohlt.*

ter zu verfolgen war. Mehrere längliche Befunde mit gleicher Ausrichtung parallel zum Gebäude können als hausbegleitende Gruben verstanden werden. Im Westen und Süden der Grabungsfläche liegen zahlreiche weitere Gruben, die ebenfalls dem bandkeramischen Siedlungshorizont zuzuweisen sind, ohne dass sich jedoch ein zweiter Hausstandort andeuten würde. Besonders hervorzuheben ist hier die Vorratsgrube 43. Bei Maßen von etwa 2,40 × 2,00 m im Planum war sie noch rund 2,00 m tief erhalten und damit mit Abstand der tiefste Befund der Grabung. An der Sohle fand sich eine Lage aus verkohlten Getreidekörnern. Das keramische Fundmaterial weist für diese Fundstelle insgesamt in die jüngere LBK (Meier-Arendt Stufe IV). Einzelne Stücke deuten jedoch eine mögliche Nutzung des Geländes bereits in der älteren LBK (Stufe II) an.

17 *Schweinfurt. Die hallstattzeitliche Kegelstumpfgrube 198.*

Hallstattzeitliche Kegelstumpfgrube

Der chronologisch nächstjüngere Befund ist Grube 198 im Südosten der Grabungsfläche. Die im Planum unscheinbare Verfärbung von gut 1 m Durchmesser erwies sich im Profilschnitt als Kegelstumpfgrube mit einer Tiefe von rund 1,40 m und einem Durchmesser von 2 m an der Sohle (Abb. 17). Keramikfunde und die Bruchstücke einer wohl als Kahnfibel zu rekonstruierenden Bronzefibel erlauben eine Datierung nach Hallstatt D. Erwähnenswert ist der Fund eines Pferdeschädels an der Grubensohle. Auch wenn die Kegelstumpfgrube ein deutlicher Siedlungsnachweis ist, lassen sich beim derzeitigen Stand der Bearbeitung keine weiteren Befunde sicher der Hallstattzeit zuweisen.
Völlig isoliert ist auch der Fund einer etwa fingernagelgroßen Terra-sigillata-Scherbe aus dem kleinen Befund 359 im Osten des Grabungsareals. Sonstige Hinweise auf eine Nutzung des Geländes in der römischen Kaiserzeit liegen nicht vor.

Frühmittelalterliche Grubenhäuser

Eine praktisch das ganze heutige Grundstück erfassende Besiedlung ist dann für das frühe Mittelalter festzustellen. Zu dieser Siedlungsphase ab dem 8. Jahrhundert gehören insgesamt neun Grubenhäuser. Die Grundrissform ist meist langrechteckig, seltener quadratisch. Die Größe liegt im Bereich zwischen 3,50 × 2,50 m und 7,00 × 3,80 m, die Eingrabungstiefe erreicht selten mehr als 0,40 m. Funde von einfachen runden Webgewichten aus schwach gebranntem Lehm weisen auf die klassische Nutzung der Grubenhäuser zur Textilherstellung hin. Das Grubenhaus 391 im Nordosten

18 *Schweinfurt. Steinwand in der Südostecke des hochmittelalterlichen Kellers 110.*

der Fläche wurde offenbar durch ein Feuer beschädigt und dann aufgelassen (Abb. 16). Durch die Hitzeeinwirkung war zumindest an der Südwand die unterste Lage der Wandverschalung verkohlt, sie lässt sich in Form waagerecht liegender Bohlen rekonstruieren. Von einer zugehörigen frühmittelalterlichen Wohnbebauung in Form von Pfostenbauten kann ausgegangen werden. Entsprechende Befunde fehlen aber, wohl durch den Verlust der historischen Oberfläche.

Hoch- und Spätmittelalter

Die Besiedlung setzt sich nahtlos bis ins Hoch- und Spätmittelalter fort. Für diese jüngste Siedlungsphase ist eine deutliche Konzentration der Befunde im Norden der Grabungsfläche festzustellen. Offenbar orientierte sich die Bebauung bereits an der Vorläuferin der heutigen Mainberger Straße. Auch von den mittelalterlichen Gebäuden sind nur die tiefer in den Boden eingreifenden Strukturen in Form von Kellern erhalten. Anders als bei den Grubenhäusern dürfte die „Wohnebene" hier direkt über den Kellern gelegen haben. Aufgrund der Größe von maximal rund 5,30 × 4,80 m handelt es sich aber wohl nur um eine Teilunterkellerung, sodass die Keller nicht zugleich den Grundriss des aufgehenden Gebäudes widerspiegeln. Pfostengruben entlang der Kellerwände weisen darauf hin, dass es sich um reine Holzkonstruktionen gehandelt hat. Eine Ausnahme bildet der Keller 110 (Abb. 18). Er wurde offenbar nachträglich mit einer steinernen Wand ausgekleidet, wobei auch ein Pfosten umbaut wurde. Das Holz hat sich zwar nicht erhalten, der Pfostenstandort ist aber deutlich als Fehlstelle im Mauerwerk erkennbar. Die Kellerverfüllungen enthielten alle in gewissem Umfang Holzkohle- und Brandlehmbeimischungen. Direkte Brandeinwirkungen sind jedoch, anders als beim oben genannten Grubenhaus 391, nicht zu beobachten. Ob die Siedlung in diesem Bereich der „Altstadt" nach einem Brandereignis aufgegeben oder planmäßig verlassen wurde, ist daher nicht sicher zu entscheiden. Nach den Keramikfunden geschah dies aber spätestens im 13. Jahrhundert. Lediglich die große Grube 372 nahe der Nordostecke der Grabungsfläche enthielt noch jüngeres Material des 14. Jahrhunderts, was eine periphere Weiternutzung des Geländes anzeigt.

Der Siedlungsabbruch hat zu ungewöhnlich guten Erhaltungsbedingungen für hochmittelalterliche und ältere Befunde geführt, die an bis in die Moderne kontinuierlich bewohnten Orten durch die baulichen Veränderungen mit den damit einhergehenden Bodeneingriffen so kaum noch greifbar sind. Die zeitliche Tiefe, die einen Bogen vom Neolithikum bis ins Spätmittelalter spannt, unterstreicht den besonderen Stellenwert des Bodendenkmals „Altstadt Schweinfurt".

Frank Feuerhahn

Literatur S. Scherbaum, Zur Mittelalterarchäologie in Schweinfurt. Beitr. Arch. Unterfranken 2000, 87–102. – M. Günther, Arch. Jahr Bayern 2017, 113–115.

Örtliche Grabungsleitung F. Feuerhahn, BfAD Heyse GmbH & Co. KG, Schwarzach a. Main.

Von der mittleren Bronzezeit bis ins frühe Mittelalter – Seehof im Wandel der Zeiten

Stadt Ingolstadt, Oberbayern

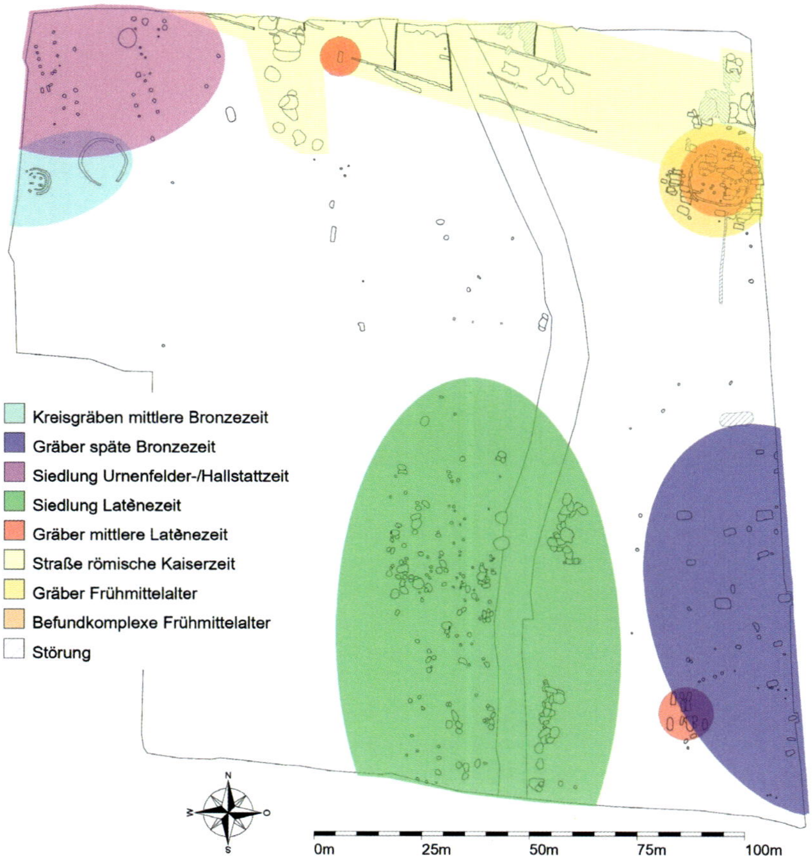

19 *Ingolstadt-Seehof. Kartierung der auf der Grabungsfläche belegten Epochen.*

Topografie und Geologie

Vom Herbst 2019 bis ins Frühjahr 2020 hinein bedingte die Erschließung des Wohngebiets „Seehof Süd" bauvorgreifende archäologische Untersuchungen im Ingolstädter Ortsteil Seehof, eine Region, deren Besiedlung bis in die Jungsteinzeit zurückreicht (Abb. 19). Das 2,96 ha große, südlich der Donau gelegene Neubaugebiet erstreckt sich entlang eines flachen Kiesrückens, der Rest einer späteiszeitlichen Niederterrasse, zwischen den Donauauen und dem Donaumoos im Süden. Es handelt sich um eine der wenigen Stellen, die in vorgeschichtlicher Zeit ganzjährig hochwasserfrei blieben und somit für eine Besiedlung und landwirtschaftliche Nutzung geeignet waren. Ferner führte hier ein Hauptverkehrsweg an der Donau entlang. Die geografische Lage bot daher beste Voraussetzungen für jegliche Ansiedlungen, für Handel und Verkehr.

Kreisgräben der mittleren Bronzezeit

Die ältesten Befunde der Fläche stammen aus der mittleren Bronzezeit (Bz C), und zwar ein 6,3 m durchmessender Doppelkreisgraben, der einen quadratischen Pfostenbau von etwa 2 m Seitenlänge umschloss (Abb. 20), sowie ein einfacher, 11,2 m durchmessender Kreisgraben ohne Einbauten. Beide Gräben lagen in unmittelbarer Nähe zueinander im Nordwesten der untersuchten Fläche. Der kleinere Doppelkreisgraben ist durch ein mittelbronzezeitliches, im Eingangsbereich des Grabens offenbar deponiertes Gefäß datiert. Denkbar wäre, dass der einfache Kreisgraben einst als Einfassung eines Grabhügels diente, der Doppelkreisgraben mit dem inneren Gebäude evtl. als eine Art „Memorialbau" genutzt wurde. Ein vergleichbarer Befundkomplex ist aus dem nur etwa 300 m westlich gelegenen großen urnenfelderzeitlichen Gräberfeld „Zuchering-Ost" überliefert.

Gräberfeld der späten Bronzezeit

Während der späten Bronzezeit (Bz D) wurde im Südosten der untersuchten Fläche eine aus zwölf Gräbern bestehende Nekropole angelegt (elf Brandbestattungen und ein Körpergrab), die sich nach Osten hin über die Grabungsgrenzen hinaus fortsetzt. Die rechteckigen, annähernd West-Ost orientierten Grablegen waren vergleichsweise groß, teilweise mit hölzernen oder steinernen Grabeinbauten konstruiert. In den Grabkammern fanden sich neben dem Leichenbrand bis zu zwölf reich verzierte, offenbar Service bildende Keramikgefäße. Diese waren meist im Westen der Kammern, der Leichenbrand möglicherweise in organischen Behältnissen tendenziell im Osten niedergelegt. Ferner fand sich eine Vielzahl an Beigaben wie Nadeln, Armreife, Bernstein- und Knochenperlen, Eberzähne, diverse Schmuckbestandteile, Messer und Dolche sowie Tierknochen als Reste der Fleischbeigabe. Zum Teil wurden die Bronzen wohl mit den Toten verbrannt, aber auch unversehrt niedergelegt.

Siedlung der Urnenfelder-/Hallstattzeit

Gegen Ende der Urnenfelderzeit entstand im Nordwesten des Untersuchungsareals eine Siedlung, die bis in die Hallstattzeit bestand und sich nach Norden und Westen hin über die Grabungsgrenzen hinaus fortsetzt (Ha B/C). Die bislang 44 Befunde umfassende Niederlassung bestand aus mindestens vier NNW-SSO orientierten, einschiffigen Pfostenbauten und einigen Gruben, die als Materialentnahme- und Abfallgruben dienten.

Siedlung der Latènezeit

Eine weitere Siedlung, vermutlich der jüngeren Eisenzeit, konnte im Süden der Untersuchungsfläche beidseits eines ungefähr Nord-Süd verlaufenden Bachlaufs dokumentiert werden. Sie ragt noch über die südliche Grabungsgrenze hinaus. Östlich des Bachs lagen vor allem größere Grubenkomplexe zur Materialentnahme, während westlich die eigentliche Siedlung mit Pfostenstellungen, Siedlungsgruben und Brunnen nachgewiesen ist. Zu den wenigen rekonstruierbaren Hausgrundrissen gehören zwei Vierpfostenbauten sowie ein, möglicherweise zwei Sechspfostenbauten, jeweils NNW-SSO ausgerichtet. Insbesondere ein weiterer WSW-ONO orientierter Hausgrundriss datiert durch seine Ausrichtung möglicherweise eher mittel- bis spätlatènezeitlich und spezifiziert somit die darüber hinaus nur auf wenigen Keramikfragmenten beruhende Datierung der Ansiedlung.

Bestattungen der Latènezeit

40 m östlich dieser Siedlung konnte im Südosten des Grabungsareals eine Grabgruppe nachgewiesen werden, die an den Übergang der Stufe LT B 2/C 1 datiert und wie vergleichbare Nekropolen des sog. Flachgräberlatène mit zehn Körpergräbern und einem Brandgrab eher klein ausfällt. Eine weitere singuläre Körperbestattung derselben Zeitstellung befand sich von den anderen separiert im Nordwesten. In den Nord-Süd ausgerichteten Körpergräbern lagen die Verstorbenen jeweils einzeln in gestreckter Rückenlage, vermutlich teilweise in Baumsärgen (Abb. 21). Ungewöhnlicherweise war keines der Gräber beraubt, die Funde bemerkenswert gut erhalten. Die Frauenbestattungen ragen durch ihre vielfältigen und reichen Ausstattungen heraus: Fibeln, Arm- und Fußringe, Gürtelketten, Glasperlen, Bernsteinperlen, ein goldener Fingerring, Keramik und Tierknochen. Organische Strukturen (pflanzliche Fasern, evtl. Leder) können als Reste der Kleidung gelten. Kinder und Männer sowie die Brandbestattung waren dagegen schlichter mit Eisenfibeln, Eisenringen und Bronzearmringen ausgestattet. Waffen fanden sich interessanterweise nicht.

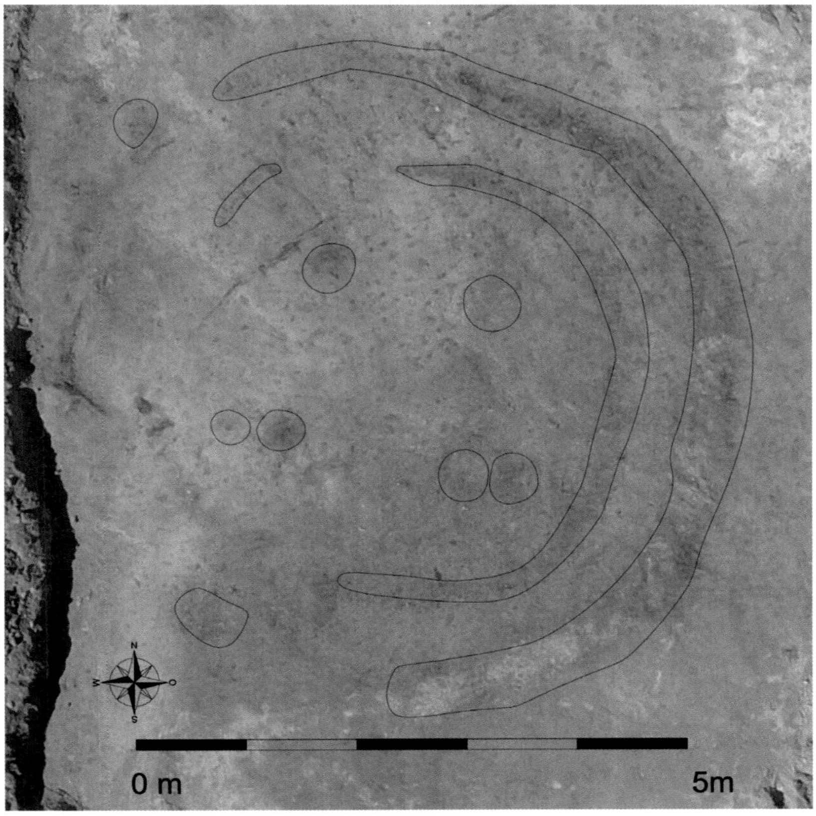

20 *Ingolstadt-Seehof. Doppelkreisgraben der mittleren Bronzezeit.*

Straße der römischen Kaiserzeit

Während der frühen römischen Kaiserzeit (1. Jahrhundert n. Chr.) wurde im Norden der Grabungsfläche eine Straße angelegt, die das Areal von WNW nach OSO durchzieht. Die Straße bestand zuerst aus einem kiesbedeckten Laufhorizont, der stellenweise Wagenspuren erkennen ließ. Gesäumt wurde er von je einem Graben. Ein etwas schmalerer, nur durch zwei Begleitgräben nachweisbarer Straßenzug überschnitt später den ersten. Beidseits der Straße dienten 22 große Gruben dazu, Kies zu ihrer Befestigung zu entnehmen. Sie enthielten vorrangig Funde der frühen römischen Kaiserzeit, aber auch der Latènezeit, was wenig verwundert, weil bereits in keltischer Zeit der Hauptverkehrsweg zum Oppidum von Manching am südlichen Donauufer entlang führte. Vermutlich nutzten die Römer die be-

21 *Ingolstadt-Seehof. Körperbestattung der Latènezeit.*

22 *Ingolstadt-Seehof. Körperbestattung des Frühmittelalters.*

reits existierende wegetechnische Infrastruktur der Kelten, als sie diesen Abschnitt – wahrscheinlich die bekannte sog. Donausüdstraße – in Richtung Kastell Oberstimm befestigten.

Gräber und Gebäude des Frühmittelalters

Die jüngsten Befunde stammen schließlich aus dem Frühmittelalter (zweite Hälfte 7. bis 8. Jahrhundert). So waren im Nordosten der Untersuchungsfläche die Grundrisse zweier Pfostenbauten sowie ein mehrphasig belegtes Gräberfeld nachweisbar, das sich nach Osten hin über die Grabungsgrenzen hinaus fortsetzt (Abb. 23). Der älteste Bau, ein dreischiffiger, ungefähr West-Ost orientierter Pfostenbau von 9 × 8,85 m Größe, war von einem 14,6 m durchmessenden Kreisgraben umgeben und entstand anscheinend zeitgleich mit den älteren Gräbern der Nekropole. Sein Nachfolgebau, ein Nord-Süd ausgerichtetes, einschiffiges Gebäude von 8,35 m Länge und 5,95 m Breite, lag im selben Areal. Das frühmittelalterliche Gräberfeld bestand aus mindestens 54 West-Ost ausgerichteten Körperbestattungen, teils in Nord-Süd orientierten Reihen niedergelegt und zum Großteil gut erhalten und unberaubt (Abb. 22). Die Verstorbenen wurden in gestreckter Rückenlage beigesetzt, es fanden sich Hinweise auf Särge und Latten/Unterlegbalken unter ihren Köpfen/Schultern und Füßen. Einige der Skelette weisen evtl. im Kampf erlittene Verletzungen auf (Knochenbrüche und Hiebverletzungen), die wohl mitunter auch zum Tod führten. Die Individuen waren mit umfangreichen Beigaben (Messer, Gürtelschnallen, Waffen, Schmuck, Gerät, in einem Fall ein Keramikgefäß, Tierknochen als Speisebeigaben), aber auch beigabenlos niedergelegt worden. Hervorzuheben sind zwei benachbarte Gräber eines Mannes und einer Frau, die sog. Steckkreuze aus Eisen bargen. Diese eher seltenen Kreuze, die zudem gewöhnlich nicht im Zusammenhang mit Gräbern überliefert sind, wurden vermutlich am Fußende in die Sargdeckel gesteckt. Schließlich sind in einigen Gräbern auch Organikreste bezeugt, darunter gewebtes Textil aus pflanzlichen Fasern.

23 *Ingolstadt-Seehof. Luftbild der frühmittelalterlichen Nekropole mit Hausgrundrissen.*

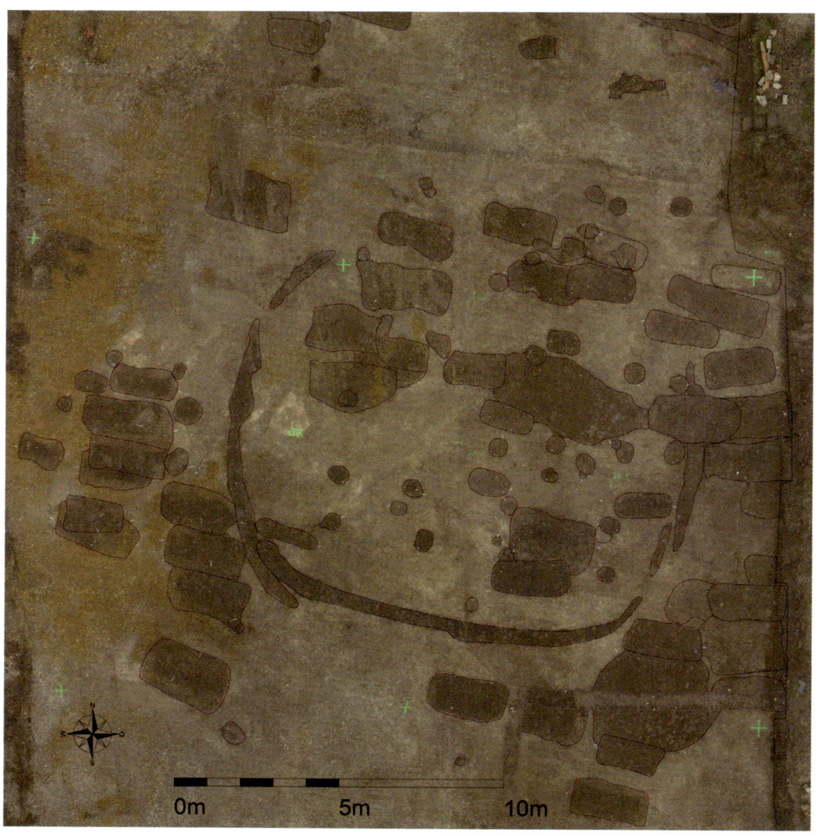

Zusammenfassung

Die Ergebnisse der Maßnahme bereichern das Geschichtsbild des Ingolstädter Raums und sind darüber hinaus auch für Süddeutschland bedeutend. Insbesondere die latènezeitlichen Grablegen können als herausragende Zeugnisse gelten, die zweifellos auch für die europäische Keltenforschung von Belang sind. Bisher unbekannte Befunde verschiedener Epochen von der mittleren Bronzezeit bis ins frühe Mittelalter stellen wertvolle Zeugnisse der Vergangenheit dar und ermöglichen Einblicke in Leben und Tod der Menschen über 2300 Jahre hinweg.

Rebecca Münds-Lugauer und Vera Planert

Literatur Ch. Later, Eiserne Steckkreuze aus Aschheim – Zeugnisse unterschiedlicher christlicher Glaubensvorstellungen im frühmittelalterlichen Bayern. In: Bajuwarenhof Kirchheim Jahresschr. (München 2007) 21–44. – M. Schefzik, Die bronze- und eisenzeitliche Besiedlungsgeschichte der Münchner Ebene: Eine Untersuchung zu Gebäude- und Siedlungsformen im süddeutschen Raum. Internat. Arch. 68 (Rahden/Westf. 2001). – C. Schütz, Das urnenfelderzeitliche Gräberfeld von Zuchering-Ost, Stadt Ingolstadt. Materialh. Bayer. Vorgesch. A 90 (Kallmünz 2006).

Örtliche Grabungsleitung R. Münds-Lugauer, V. Planert. Fa. Pro Arch Prospektion und Archäologie GmbH. – *Restaurierung* Korolnik Restaurierung. – *Röntgenaufnahmen* BLfD.

Hochwasserschutz an der Donau: Schnurkeramik und Frühmittelalter bei Lenzing

Gemeinde Niederwinkling, Landkreis Straubing-Bogen, Niederbayern

Kilometer um Kilometer am Donaufluss

Im Frühjahr 2020 begannen östlich von Bogen die Arbeiten für den 2013 beschlossenen „sanften Ausbau" der Donau im Rahmen des Hochwasserschutzes zwischen Straubing und Passau. Das Projekt unter der Aufsicht der WIGES (Wasserbauliche Infrastrukturgesellschaft mbH) erstreckt sich auf etwa 70 km beidseits der Donau und geht mit einer Rückverlegung der Donaudeiche und der Anlage von weitreichenden Flutpoldern einher. Ein Teilabschnitt dieses Ausbaus ist der „Polder Sulzbach", der sich 12 km zwischen Pfelling im Norden und dem Sulzbach bei Kleinschwarzach im Süden erstrecken soll.

Aus Luftbildern und Feldbegehungen waren bereits im Vorfeld in diesem Bereich eine Vielzahl von bisher unerforschten Bodendenkmälern vom Spätneolithikum bis ins frühe Mittelalter bekannt, die in prähistorischer Zeit vermutlich weitgehend hochwassersicher und siedlungsgünstig am Handelsweg Donau lagen. Im Zuge des ersten Bauabschnitts wurde 2020 der erste, ca. 3 km lange Abschnitt zwischen Bogen-Pfelling und Niederwinkling-Albertskirchen untersucht.

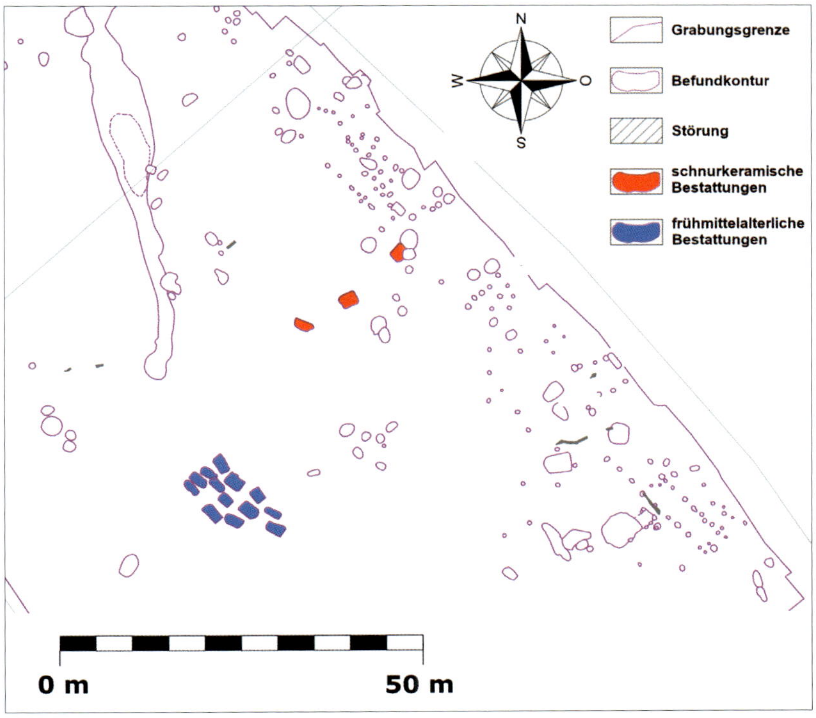

24 *Niederwinkling-Lenzing/Alkofen. Ausschnitt des CAD-Plans mit Lage der Bestattungen.*

Drei außergewöhnliche Bestattungen der Schnurkeramik

Besonders erwähnenswert ist eine mehrphasige Fundstelle zwischen Lenzing und Alkofen. Zunächst fielen drei Bestattungen der Schnurkeramik auf (Abb. 24). Die drei Gräber waren mit je ca. 5–6 m Abstand zueinander in einer Südwest-Nordost gerichteten Linie angelegt und im Planum 1 als grob rechteckige Gruben gut abgrenzbar. Drei oder vier weitere schnurkeramische Bestattungen fanden sich mit größeren Abständen weit über die Grabungsfläche verstreut.

Die südwestliche Bestattung 180 war im Planum 1 etwas diffus als ca. 2,3 m lange und 1,1 m breite Verfärbung erkennbar. Im Planum 2 zeigte sie sich dann als Westnordwest-Ostsüdost orientierte, teilweise gestörte Hockerbestattung, die von den Füßen bis zu den Rippen vollständig erhalten war (Abb. 25). Gemäß der schnurkeramischen Tradition lag das vermutlich weibliche Individuum linksseitig mit den Beinen im Westen. Im Bereich der Hüfte wurde ein mittelgroßer Stein beobachtet. Die Knochen des Oberkörpers (Rippen, Teile der Arme) waren stark gestört. Der Schädel lag südlich der Knie mit dem Gesicht nach unten. Da sich die Störung auf den Oberkörper beschränkte, ist eventuell eine Beeinträchtigung durch Tiere denkbar. Die Lage des Schädels und der Stein an der Hüfte muten indes intentional an. Die vorläufige anthropologische Begutachtung ergab, dass es sich wohl um eine weibliche Erwachsene handelte (adult, Tendenz frühadult). Östlich der Fußknochen wurde der Leichenbrand eines mutmaßlichen Kindes und als einzige Beigabe ein goldener Schleifenring angetroffen. Die Einäscherung eines Verstorbenen stellt für die endneolithische Kultur der Schnurkeramik eine Besonderheit dar.

Die zweite Bestattung 164 war im Planum 1 als ca. 2,1 × 1,7 m große, Nordost-Südwest orientierte Verfärbung abgrenzbar (Abb. 26). Im Planum 2 zeigte sich dann eine ungestörte, linksseitig liegende Hockerbestattung mit dem Kopf im Osten und Blickrichtung nach Süden. Die Arme waren über der Brust gekreuzt. Nach der vorläufigen anthropologischen Untersuchung handelt es sich um ein juveniles bis frühadultes, tendenziell eher männliches Individuum. Nahe beim linken Ellenbogen lag ein kleiner, triangulärer Kupferdolch mit kurzem Heft und im Fußbereich zwei vollständig erhaltene Glockenbecher, die aufgrund ihrer in Metopen gegliederten Verzierung in die mittlere bis späte Phase der Glockenbecherzeit datieren. Während also die Lage des Skeletts für

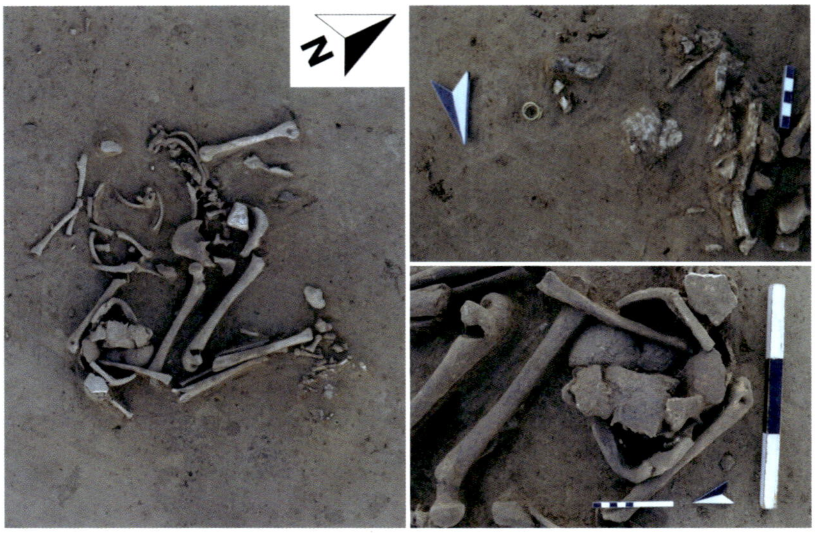

25 *Niederwinkling-Lenzing/Alkofen. Schnurkeramische Bestattung 180; rechts Detailfotos des Goldrings und des Schädels.*

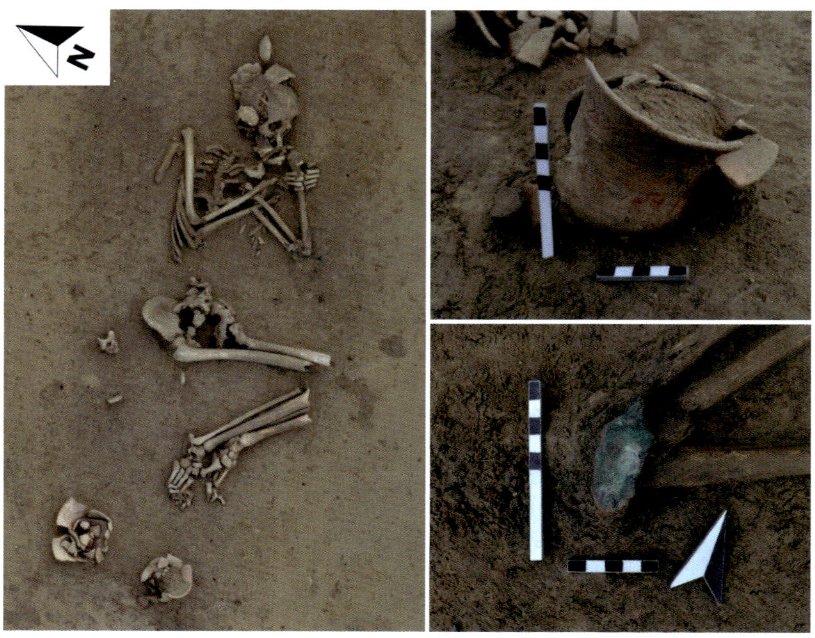

26 *Niederwinkling-Lenzing/Alkofen. Schnurkeramische Bestattung 164 mit Glockenbecher und Kupferdolch.*

die Bestattung einer Frau spricht, zeigen die Beigaben eher ein männliches Individuum an. Auch die Kombination eines Glockenbechers in einer Bestattung nach schnurkeramischem Ritus ist außergewöhnlich. Ob sich zu diesem spannenden Befund Parallelen finden, obliegt weiterer Forschung.
Ca. 6 m nordöstlich von Grab 164 lag Grab 173, das an der Oberkante von zwei wahrscheinlich karolingischen Siedlungsgruben geschnitten wurde (Abb. 27). Die Bestattung selbst war jedoch ungestört, da sie nicht wie die Gräber 164 und 180 dicht unter der Humusoberfläche, sondern ca. 0,75 m tief unter der Geländeoberkante eingebracht wurde. Das Nordost-Südwest orientierte Skelett lag linksseitig mit dem Kopf im Nordosten, Blick nach Südwesten. Die vorläufige anthropologische Befundung bestimmte ein wohl ehemals ca. 1,70–1,80 m großes, geschlechtlich unbestimmbares Individuum (matur) mit langen, grazilen Knochen. Am Becken lag ein kleiner triangulärer Kupferdolch mit organischen Anhaftungen, am rechten Oberarm ein beidseitig bearbeitetes Halbfabrikat einer Pfeilspitze oder eines kleinen Dolchs aus Feuerstein.
Die drei beschriebenen Bestattungen mit ihrer für die Epoche zweifellos als „reich“ zu bezeichnenden Ausstattung ragen im Kontext des späten Endneolithikums an der Kontaktzone zwischen Glockenbecherkultur und Schnurkeramik sicherlich heraus. Naturwissenschaftliche Untersuchungen werden hier hoffentlich weitere Erkenntnisse erbringen.

Siedlung und Gräber des Frühmittelalters

An der gleichen Fundstelle wurde auch der westliche Randbereich einer Siedlung des späten Frühmittelalters (7.–9. Jahrhundert) mit einem kleinen Gräberfeld und einer Vielzahl von Silogruben dokumentiert (Abb. 24). Die Hausgrundrisse der Niederlassung scheinen Nordwest-Südost und Nord-Süd an der Donau und einer Geländekante orientiert, wobei sowohl größere zweischiffige Bauten als auch kleinere rechteckige und quadratische Gebäudetypen vorkommen. Die möglicherweise deutlich größere Siedlung erstreckt sich offenbar weiter landeinwärts in Richtung Osten. Im Nordwesten der Siedlung wurden 31 Silogruben mit einem Durchmesser von 4–5 m beobachtet. Leider durfte aus bautechnischen Gründen keine der Gruben bis zur Sohle freigelegt werden. Unterhalb der Siedlung – zur Donau hin – zeugen zudem eine Reihe von Öfen und Brandgruben von diversen handwerklichen Tätigkeiten. Aus der Brandgrube 189 stammt beispielsweise der Knochenknauf möglicherweise einer Spatha mit bronzegefassten Almandineinlagen, der durchaus als Hinweis auf den relativen Reichtum der Siedlung gelten darf.
Südlich der Niederlassung befand sich zudem eine kleine Nekropole mit 13 Reihengräbern, die 15 Bestattungen enthielten. Die Gräber waren Südost-Nordwest orientiert und stammen offenbar vom Übergang zwischen spätem Frühmittelalter und der beigabenlosen Epoche der Karolingerzeit. So fanden sich in einer der frühesten Bestattungen (454) noch ein Dreilagenkamm und ein Klappmesser, während wahrscheinlich jüngere Bestattungen wie Grab 451 bestenfalls eine Gürtelschnalle und Reste eines Schlüssels enthielten, also Stücke, die als Teile der Kleidung und nicht unbedingt als echte Beigaben gewertet werden müssen. Möglicherweise handelt es sich um einen Familienfriedhof: Die vorläufige anthropologische Untersuchung zeigt hier eine Vielfalt der mutmaßlichen Sterbealter der Bestatteten beider Geschlechter, was aber weiterer Prüfung bedarf.

Vogelplastik aus späthallstattzeitlicher Siedlung bei Pfelling

Bei den zum Zeitpunkt der Niederschrift noch andauernden Ausgrabungen am linken Donauufer fanden sich zudem Siedlungsreste der römischen Kaiserzeit, der späten Hallstatt- und frühen Latène- sowie der Bronzezeit und der neolithischen Kulturen Cham und Altheim. Erwähnt sei hier noch eine Fundstelle südlich von Bogen-Pfelling. Hier traten im Randbereich einer Siedlung der späten Hallstatt- und frühen Latènezeit eine Reihe von Grubenkomplexen auf, die wahrscheinlich Materialentnahme- und Abfallgruben darstellen. Aus der flachen, wannenförmigen Grube 774 mit holzkohle- und hüttenlehmreicher, aschiger Verfüllung stammt eine Vielzahl von Keramikfragmenten qualitätvoller Schüsseln und Schalen mit polychromer Bemalung und Grafitierung. Sie datieren in die späte Hallstattzeit (Ha D1). Im Konvolut der Funde kamen auch zwei Fragmente einer kleinen Tierfigur mit flachem Standfuß und schrägem Korpus zu Tage, wahrscheinlich die Darstellung eines Vogels (Abb. 28). Leider scheint der Kopf bereits antik abgebrochen zu sein, da auch eine sorgfältige Durchsicht des Abraums keine weiteren Fragmente lieferte. Tierfiguren sind in der Hallstattzeit eher selten, ähnliche Plastiken sind beispielsweise aus Greding (Lkr. Roth) und Degerndorf (Lkr. Neumarkt i.d.OPf.) überliefert. Könnte es sich bei dieser Fundkombination um die Reste eines rituellen Festes handeln (ritual feasting)?

Tobias Riegg und Sebastian Hornung

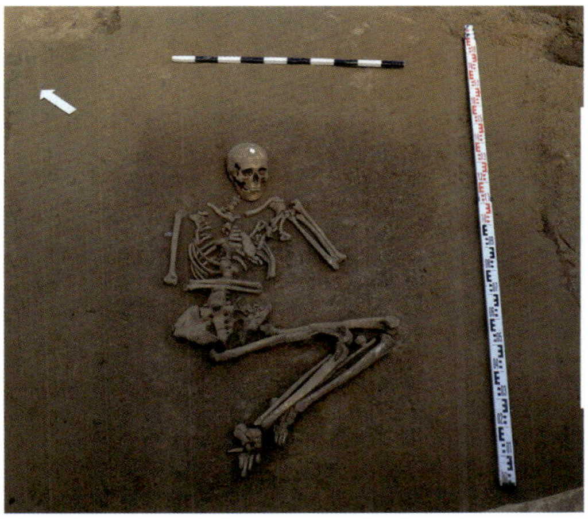

Literatur V. Heyd, Die Spätkupferzeit in Süddeutschland. Untersuchungen zur Chronologie von der ausgehenden Mittelkupferzeit bis zum Beginn der Frühbronzezeit im süddeutschen Donaueinzugsgebiet und in den benachbarten Regionen unter besonderer Berücksichtigung der keramischen Funde. Saarbrücker Beitr. Altkde. 73 (Bonn 2000). – Ch. Lobinger, Hofgrablegen und Separatfriedhöfe des frühen Mittelalters aus dem Isarmündungsgebiet: Grabgruppen der jüngeren und späten Merowingerzeit aus dem Landkreis Deggendorf. Beitr. Arch. Niederbayern 5 (Büchenbach 2014). – M. Augstein, Das Tier und sein Kontext – Tierdarstellungen und Tierfunde der Hallstattzeit in Nordostbayern. In: V. Brieske/A. Dickers/M. M. Rind (Hrsg.), Tiere und Tierdarstellungen in der Archäologie. Beiträge zum Kolloquium in Gedenken an Torsten Capelle, 30.–31. Oktober 2015 in Herne (Münster 2017) 143–157.

Örtliche Grabungsleitung S. Hornung und T. Riegg. – *Grabungstechnik* M. Lindemeier, A. Floarea, A. Scheffler, B. Gademann. – *Anthropologische Befundung* V. Planert. – Alle Fa. Pro Arch Prospektion und Archäologie GmbH, Ingolstadt.

27 *Niederwinkling-Lenzing/Alkofen. Schnurkeramische Bestattung 173 mit restauriertem Kupferdolch.*

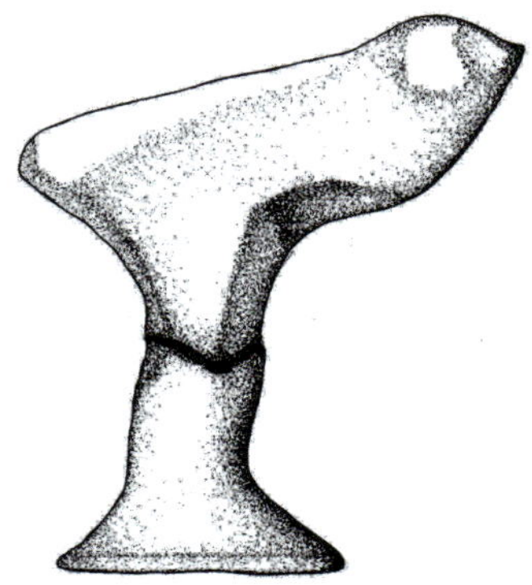

28 *Bogen-Pfelling. Vogelplastik aus hallstattzeitlichem Kontext. Maßstab 2 : 3.*

Karrenspur am Zufahrtsweg: mittelalterliches Gehöft und bronzezeitliches Grabenwerk bei Altendorf

Landkreis Bamberg, Oberfranken

Altendorf liegt im Tal der Regnitz, eingebettet zwischen der Fränkischen Schweiz im Osten und dem Steigerwald im Westen. Da der nahe Fluss seit jeher als Verkehrsweg genutzt wurde und die fruchtbare Auenlandschaft stets eine ertragreiche Bewirtschaftung gewährleistete, findet sich im Gemeindegebiet heute eine Vielzahl von Bodendenkmälern aus nahezu allen vorgeschichtlichen und darauffolgenden Epochen. Hierzu zählt mitunter eine überregional bedeutende mittel- bis spätlatènezeitliche Großsiedlung. Grund für die archäologischen Maßnahmen war die Gewerbeerschließung von 1,2 ha ehemals landwirtschaftlich genutzter Fläche unmittelbar westlich der Bundesautobahn A 73 und somit im Bereich eines eingetragenen Bodendenkmals mit Funden mehrerer prähistorischer Zeitstufen.

Siedlungen der Bronze- und Eisenzeit

Den Südosten des Grabungsareals prägt eine sanft ansteigende Anhöhe, auf welcher im Rahmen einer Voruntersuchung metallzeitliche Siedlungsspuren entdeckt wurden. Neben bereits bekannten Befunden ließen sich nun überdies die Begehungshorizonte zweier Nordwest-Südost ausgerichteter Pfostenbauten nachweisen, die allerdings nur unspezifische und nicht näher datierbare Scherben enthielten. Keramische Inventare aus Gruben im näheren Umfeld der genannten Komplexe verweisen jedoch auf Siedlungsaktivitäten während der Urnenfelder- (Ha B2) und Frühlatènezeit (LT A). Vergesellschaftet mit den eisenzeitlichen Scherben fanden sich überdies ein bronzener Nadelkopf und eine schwarze Steinperle mit unvollendeter Durchbohrung.

29 *Altendorf. Luftaufnahme (links) und Umzeichnung (rechts) des bronzezeitlichen Grabenwerks.*

Ein spätbronzezeitliches Grabenwerk

Westlich der Erhebung zeichnete sich im Sandboden ein von Norden nach Süden leicht mäandrierender Graben ab. Er konnte auf 33,5 m erfasst werden, setzt sich jedoch über die Flächengrenzen hinaus fort (Abb. 29). Die Breite bewegt sich zwischen 2,38 m und 4,28 m. Der im Profil wannenförmige Graben enthielt zwei teils undeutlich voneinander abzugrenzende Schichten aus grauem Sand, wobei diese zusammengenommen bis zu 74 cm Tiefe erreichten. Darunter erschienen mehrere zwischen 20 und 56 cm mächtige Lagen aus mittelgrobem Kies, die sich im weiteren Verlauf der Untersuchung als Verfüllungen tiefer liegender Gruben herausstellten. Insgesamt zeigte sich, dass der Graben nicht nahtlos durchgehend verläuft, sondern aus lauter nicht exakt anschließenden Segmenten besteht, die auch in der Breite variieren. Daraus ergibt sich auch die mäandrierende Form des Grabens. Überschneidungen der Längsgruben deuten darauf hin, dass die Segmente alternierend angelegt wurden. Ob die wenigen Pfostenspuren im Bereich des Grabenwerks auf eine Palisade zurückzuführen sind, lässt sich nicht eindeutig beantworten.

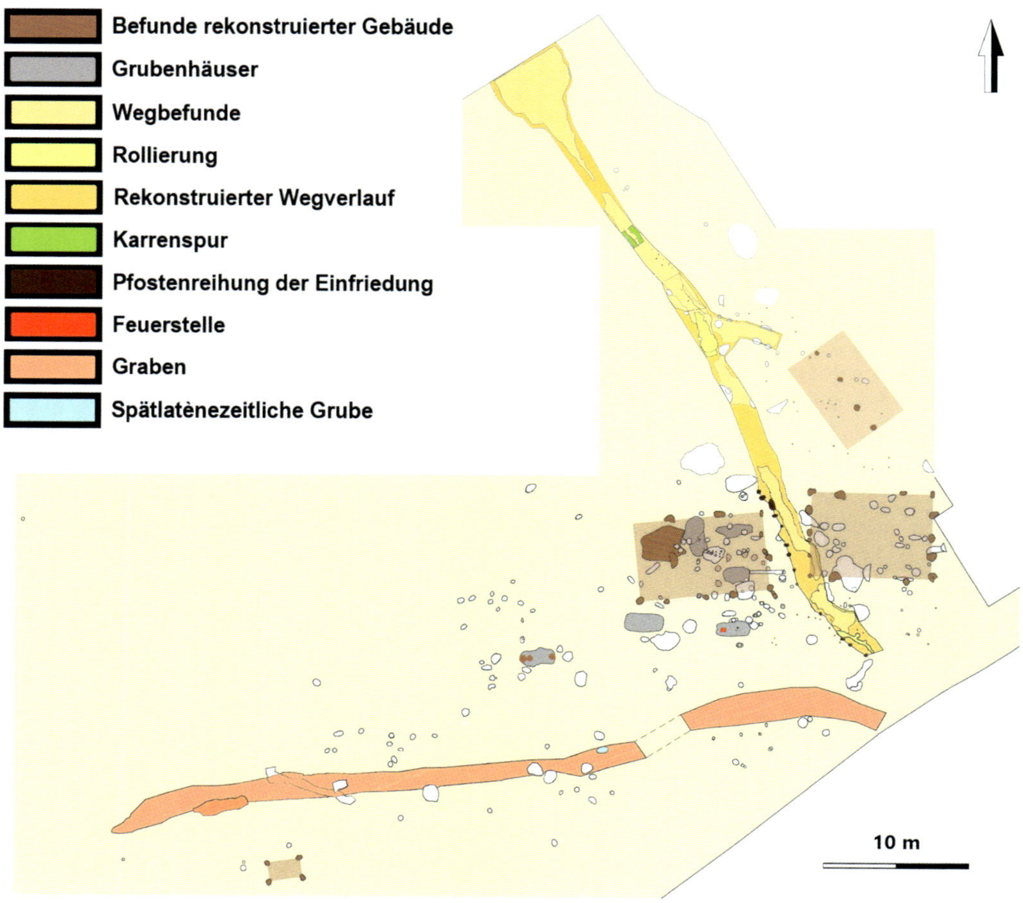

30 *Altendorf. Übersichtsplan der mittelalterlichen Befunde mit Rekonstruktion der Bauten.*

Zu den wenigen keramischen Funden aus den untersten Schichten des Grabenwerks gehören fein- und grobkeramische Scherben, die Warenarten aus späturnenfelderzeitlichen Siedlungen der Stufen Ha B 2/3 ähneln. Der Graben wurde zudem von einer Grube geschnitten, deren zahlreiche Gefäßreste sich entweder der Stufe Ha B3 oder Ha C zuweisen lassen. Hierdurch kann angenommen werden, dass das Geländehindernis während der ausgehenden Urnenfelderzeit oder der älteren Hallstattzeit aufgegeben wurde. Zwar gelang die Dokumentation von weiteren 59 m des Grabens auf einer weiter nördlich gelegenen Fläche, allerdings erschien er hier deutlich schmaler und flacher, sodass die zuvor beschriebenen Schichtfolgen nicht mehr zu beobachten waren. Auch konnten weder Gruben noch Pfostenstellungen nachgewiesen werden. Welcher Bereich im Umfeld des Grabenwerks ursprünglich gesichert werden sollte, lässt sich nur vermuten. Vorstellbar wäre, dass eine Verbindung zu den erwähnten urnenfelderzeitlichen Siedlungsspuren auf der östlich gelegenen Anhöhe bestand.

Die früh- bis hochmittelalterliche Hofanlage

Mittelalterliche Befunde zeigten sich im Gelände unmittelbar nördlich der Anhöhe (Abb. 30). In den Verfüllungen zahlreicher Gruben, Gräbchen und Pfostenlöcher sowie eines 55 m langen Grabens fanden sich mehrfach Gefäßreste mit Wellenbandverzierung, welche gelegentlich mit horizontalen Riefen kombiniert wurde (Abb. 31). Unter dem nichtkeramischen Fundgut lassen sich diverse Schleifsteine, Nadeln, Pfrieme aus Knochen, vier Messerklingen sowie eine stark korrodierte Fibel aus Eisen anführen. Außerdem hervorzuheben sind aus Buntmetall gefertigte Elemente eines Anhängers oder Amuletts und eine mutmaßliche Rundschnalle.

Zur rekonstruierten Bebauung gehören zwei West-Ost orientierte Pfostenhäuser von jeweils etwa 9 m Länge und 6 m Breite. Das westliche der wohl zweischiffigen Gebäude hatte zusätzlich einen noch bis zu 40 cm tiefen Keller mit gestuftem Zugang. Innerhalb dieses Hausgrundrisses zeigte sich außerdem die halbkreisförmige Pfostenanordnung eines Vorgängerbaus von 3,50 m Durchmesser, welcher als runder Speicherbau oder Dieme gedeutet werden kann. Mindestens sechs größere Eintiefungen lassen sich als Grubenhäuser ansprechen, von denen drei in einer Nord-Süd orientierten Reihe lagen.

Der mit kolluvialen Schichten überdeckte und auf etwa 49 m erfasste Hauptweg der Siedlung wies stellenweise noch eine geringmächtige Rollierung aus keramischen Scherben, fragmentierten Tierknochen, angeglühten Sandsteinen sowie lokal vorkommendem Dolomitschotter auf. Am Wegrand gesetzte Pfosten und Staken belegten dessen partielle Einfassung. Des Weiteren gelang auf einem kurzen Abschnitt im nördlichen Bereich der Nachweis einer Karrenspur. Besonders auffällig war eine kurze Abzweigung, die auf eine Reihe Nordwest-Südost verlaufender Pfosten zulief. Sollte es sich hierbei um Firstpfosten handeln, so gehören diese möglicherweise zu einem mindestens 7 m langen Schwellen- oder Blockbau, da ansonsten keine Wandpfosten im nahen Umfeld zu Tage kamen.

Anhand der in diesem Abschnitt dargestellten Befundkomplexe gelang die vorläufige Rekonstruktion einer mehrphasigen Hofanlage des frühen bis hohen Mittelalters mit Wohn- und Wirtschaftsbauten, welche es allerdings noch umfangreicher auszuwerten gilt (Abb. 32).

Michael Jaschek

31 *Altendorf. Mit Wellenbändern und horizontalen Riefen verzierte Keramik aus Bereichen der mehrphasigen Hofstelle. Maßstab 1 : 2.*

Literatur O. M. Wilbertz, Die Urnenfelderkultur in Unterfranken. Materialh. Bayer. Vorgesch. A 49 (Kallmünz 1982). – H. Losert, Die früh- bis hochmittelalterliche Keramik in Oberfranken. Zeitschr. Arch. Mittelalter Beih. 8 (Köln 1993). – L. Werther, Kirche – Friedhof – Siedlung. Archäologische Studien zur Entwicklung von Seußling (Oberfranken) zwischen Völkerwanderungszeit und Spätmittelalter. Ber. Bayer. Bodendenkmalpfl. 52, 2011, 181–371.

Örtliche Grabungsleitung und -dokumentation M. Jaschek. – *Grabungstechnik* M. Zange, A. Pross, M. Diebold, F. Bechtold, alle Fa. Archäologische Ausgrabungen Andreas Pross.

32 *Altendorf. Rekonstruierte zweite Siedlungsphase des mittelalterlichen Hofs.*

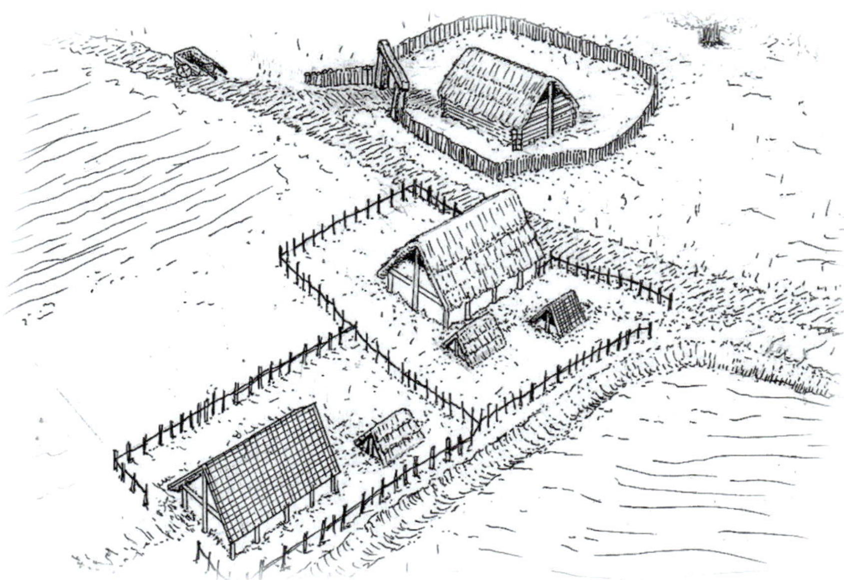

Am Rodheimer Ring: Fernwasserleitung und Fundstellen von der Urnenfelderzeit bis ins Mittelalter

Unterickelsheim, Gemeinde Martinsheim, Landkreis Kitzingen, Unterfranken und Oberickelsheim, Landkreis Neustadt a.d.Aisch-Bad Windsheim, Mittelfranken

33 *Rodheimer Ring. Die erneuerte Fernwasserleitung (rot) mit den neu entdeckten Fundstellen von 2018/19 (blau) und 2019/20 (grün) sowie einem vorab bekannten Bodendenkmal (gelb). Geobasisdaten: Bayerische Vermessungsverwaltung 2018.*

Der Rodheimer Ring

Im Herbst und Winter 2018/19 und 2019/20 musste zwischen den Ortschaften Rodheim und Gollhofen am Rand des Ochsenfurter Gaus die Wasserleitung (sog. Rodheimer Ring) neu verlegt werden (Abb. 33). Der erste Bauabschnitt 2018/19 umfasste den südlichen Teil von Gollhofen nach Westen über Gollachostheim bis nach Rodheim mit einer Länge von 6,5 km. Hier waren nur einzelne archäologische Befunde und Funde vorhanden.

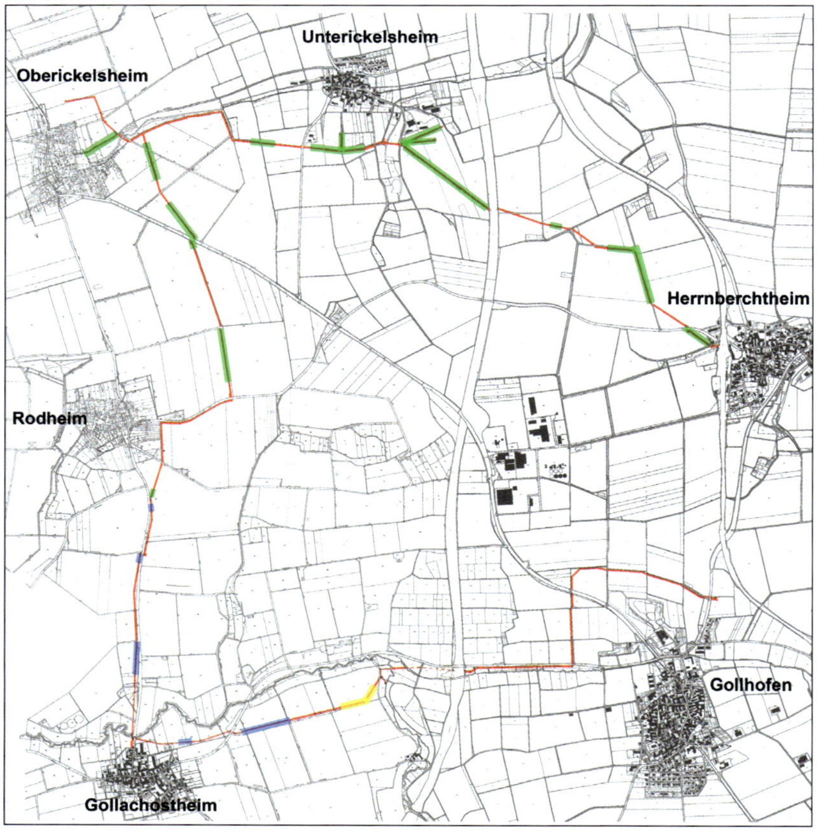

Beim nördlichen Bauabschnitt 2019/20 von Herrnberchtheim über Unterickelsheim und Oberickelsheim bis zum Anschlusspunkt zum ersten Bauabschnitt südlich von Rodheim (Länge 8,2 km) ergab sich trotz gleicher naturräumlicher Voraussetzungen ein völlig anderes Bild!

Entscheidend für die Festlegung einer Vermutung und damit für die archäologische Begleitung waren der sehr fruchtbare Lösslehm in der Trasse und vor allem metallzeitliche Bodendenkmäler in deren direkter Umgebung.

Ein „Nord-Süd-Gefälle" als Herausforderung

Während also im südlichen Teil lediglich fünf bislang unbekannte Fundstellen neu entdeckt wurden – alles sehr kleine Areale mit insgesamt nur 37 Befunden –, hatte man es im krassen Gegensatz dazu im nördlichen Abschnitt mit zwölf zum Teil sehr ausgedehnten und komplexen Fundstellen mit insgesamt über 600 Befunden zu tun. Dies stellte für alle Beteiligten eine große logistische Herausforderung für den Bauablauf dar. Bemerkenswert ist zudem die zeitliche Einordnung der untersuchten Fundstellen. Es handelt sich fast ausschließlich um metallzeitliche Fundplätze mit deutlichen Schwerpunkten in der Urnenfelder- und Hallstattzeit bis in die Frühlatènezeit sowie um je eine Fundstelle der römischen Kaiserzeit und des frühen bis hohen Mittelalters. Einzelne jungsteinzeitliche Steinwerkzeuge aus metallzeitlichen Befunden belegen, dass die Aufsiedlung dieses Raumes schon wesentlich früher begann.

Von Glasperlen in Unterickelsheim ...

Im Folgenden sollen einige nicht alltägliche Befunde und Funde der Grabungen 2019/20 näher beleuchtet werden.

Südlich der Ortschaft Unterickelsheim konzentrieren sich über 50 Grubenbefunde oberhalb einer Hangkante, von der aus das Gelände nach Osten hin steil abfällt (Abb. 37). Das

34 *Unterickelsheim. Gefäßdeponierung auf der Sohle der urnenfelderzeitlichen Vorratsgrube 142.*

in großer Menge vorhandene Fundmaterial datiert die Befunde, darunter zahlreiche beutelförmige Vorratsgruben und zwei Grubenkomplexe, einheitlich in die jüngere Urnenfelderzeit. Besonders hervorzuheben ist das Fundensemble aus der Vorratsgrube 142: Hier lagen auf der Sohle vier stark fragmentierte, aber vollständige Gefäße (Abb. 34). Es handelte sich um drei Kegelhalsgefäße sowie um eine flache Schale. Etwas oberhalb der Sohle konnte aus der Verfüllung ein kleiner Becher mit Spitzboden geborgen werden. Außergewöhnlich ist eine große Zahl an Spiralröllchen aus Bronzedraht, die verteilt in der unteren Hälfte der Grube lagen (Abb. 35). Diese Röllchen wurden entweder als Halsschmuck getragen oder waren als Besatz auf der Kleidung aufgenäht. Eventuell dienten sie auch bei einem Collier als Abstandhalter, da zudem vier kleine Perlen aus hellblauem Glas zu Tage kamen (Abb. 36). Solche einfachen Perlen zählen zu den frühesten Glasfunden und stellen für die lokale Urnenfelderkultur eine absolute Seltenheit dar. Eine eindeutige Interpretation dieses Befundes ist nicht möglich. Es handelte sich zwar um eine Gefäßniederlegung und um ein Fundensemble, wie man es von urnenfelderzeitlichen Bestattungen kennt, allerdings eindeutig in einer Vorratsgrube, wobei die meisten Funde verstreut in der Verfüllung lagen.

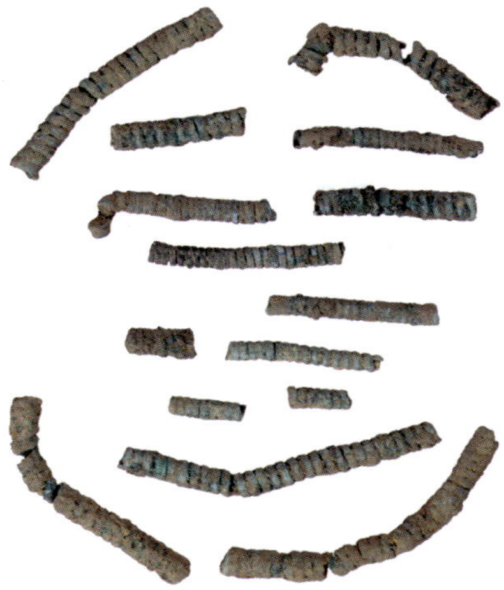

35 *Unterickelsheim. Spiralröllchen aus Bronzedraht aus Vorratsgrube 142. Maßstab 2 : 3.*

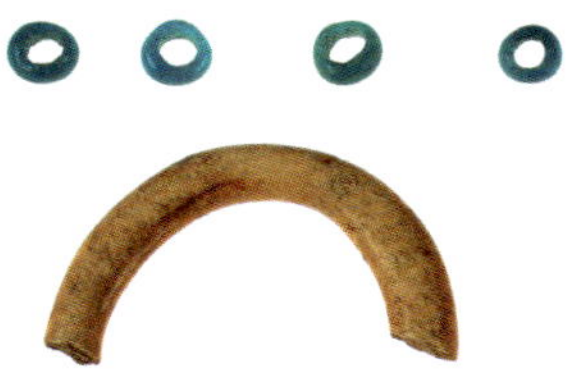

36 *Unterickelsheim. Urnenfelderzeitliche Glasperlen sowie ein Knochenringfragment aus Vorratsgrube 142. Maßstab 1 : 1.*

... und Glättsteinen in Oberickelsheim

Eine zweite außergewöhnliche Fundstelle lag am östlichen Rand von Oberickelsheim. Hier konnten die Reste einer früh- bis hochmittelalterlichen Vorgängersiedlung der heutigen Ortschaft dokumentiert werden. Ein Großteil der über 230 Befunde erstreckte sich auf einer Länge von ca. 180 m. Es überwogen kleinere, mulden- bis wannenförmige Vorratsgruben,

37 *Unterickelsheim. Verlauf der Trasse südlich von Unterickelsheim. Blick nach Osten mit dem Bullenheimer Berg am Horizont.*

38 *Oberickelsheim. Glättglas aus einem frühmittelalterlichen Grubenhaus. Maßstab 1 : 2.*

welche oftmals in der unteren Hälfte mit einem hohen Anteil an Holzkohle geschichtet verfüllt waren. Zu den bemerkenswertesten Befunden dieser Fundstelle zählen mindestens 15 Grubenhäuser. Diese waren im Planum meist etwa 3 × 4 m groß und besaßen eine rechteckige Form mit abgerundeten Ecken. In den meisten Fällen waren die Grubenhäuser noch bis in eine Tiefe von ca. 1 m im anstehenden Lösslehm erhalten. Dabei ist ein Befund hervorzuheben, der von der Sohle des Hauses 382 in den anstehenden Boden eingetieft war und vermutlich als Keller- oder Arbeitsgrube diente (Abb. 39). Zusammen mit mehreren Webgewichten belegt zudem ein Glättglas (Abb. 38) aus einem frühmittelalterlichen Grubenhaus die lokale Textilproduktion und -verarbeitung bereits für das 8./9. Jahrhundert.

Das Gesamtbild – die Fundlandschaft

Es lässt sich feststellen, dass die tatsächliche Zahl und Dichte der Ansiedlungen während der späten Bronze- und der Eisenzeit im Ochsenfurter Gau noch weitaus höher als bislang angenommen war. Auffällig ist ein zahlenmäßiges Übergewicht an Grubenhäusern auf den Späthallstatt-/Frühlatènefundstellen im Vergleich zu den Pfostenständerbauten sowie das Fehlen von regulären Bestattungen im gesamten Trassenverlauf.

Besonders hervorzuheben ist, dass mit der mittelalterlichen Siedlung am Ortsrand von Oberickelsheim der Nachweis einer Vorgängersiedlung für die seit dem Spätmittelalter bestehende heutige Ortschaft erbracht werden konnte. Die für den hiesigen Raum nicht alltägliche Situation ist ein wichtiger Baustein für die fränkische Landesgeschichte.

Somit kann abschließend festgestellt werden, dass die Ausweisung von Vermutungsflächen durch das Landesamt für Denkmalpflege (BLfD) anhand von bestimmten Parametern (Nähe zu anderen Bodendenkmälern, Nähe zu Gewässern, Bodengüte etc.) notwendig und richtig ist. Die archäologische Begleitung der Fernwasserleitung in den Jahren 2018–2020 – ebenso wie die übrigen archäologisch begleiteten Projekte der Fernwasserversorgung Franken (FWF) in den Vorjahren – kann als wichtiger Beitrag sowohl zur Erforschung der vorgeschichtlichen Besiedlung in den fränkischen Lösslandschaften als auch zur Landesgeschichte gelten. Dazu beigetragen hat auch die sehr gute Zusammenarbeit mit der FWF und der ausführenden Baufirma, die durch kurzfristige Änderungen im Bauablauf stets eine angemessene Dokumentation der Fundstellen ermöglichte. Das Ergebnis macht deutlich, wie notwendig die archäologische Betreuung gerade bei sog. linearen Projekten (Trassen-Baumaßnahmen) ist. Wo konventionelle Prospektionsmethoden wie Begehungen oder Luftbilder an ihre Grenzen kommen, können diese „überdimensionalen Suchschnitte“ doch Klarheit schaffen und dazu beitragen, ganze Kulturlandschaften zu erforschen.

Dieter Heyse und Markus Rehfeld

Literatur S. Mildner u. a., Bronzezeitliches Glas im westlichen Mitteleuropa – Funde, Zusammensetzung und die Frage nach seiner Herkunft. In: B. Nessel u. a. (Hrsg.), Ressourcen und Rohstoffe in der Bronzezeit. Nutzung – Distribution – Kontrolle. Arbeitsber. Bodendenkmalpfl. Brandenburg 26 (Wünsdorf 2014) 100–108. – M. Seiler, Arch. Jahr Bayern 2019, 107–110 [Binsfeld].

Örtliche Grabungsleitung M. Rehfeld, H. Glaser und T. Teufel, BfAD Heyse GmbH & Co. KG. – *Restaurierung Glasperlen* D. Albert und C. Köhler, BLfD. – *Auftraggeber* Fernwasserversorgung Franken (FWF).

39 *Oberickelsheim. Mittelalterliches Grubenhaus 382 mit Standspuren der Firstpfosten und einem zusätzlichen Erdkeller.*

Schwein (?) gehabt – Neufund einer bandkeramischen zoomorphen Tonplastik aus Allkofen

Gemeinde Laberweinting, Landkreis Straubing-Bogen, Niederbayern

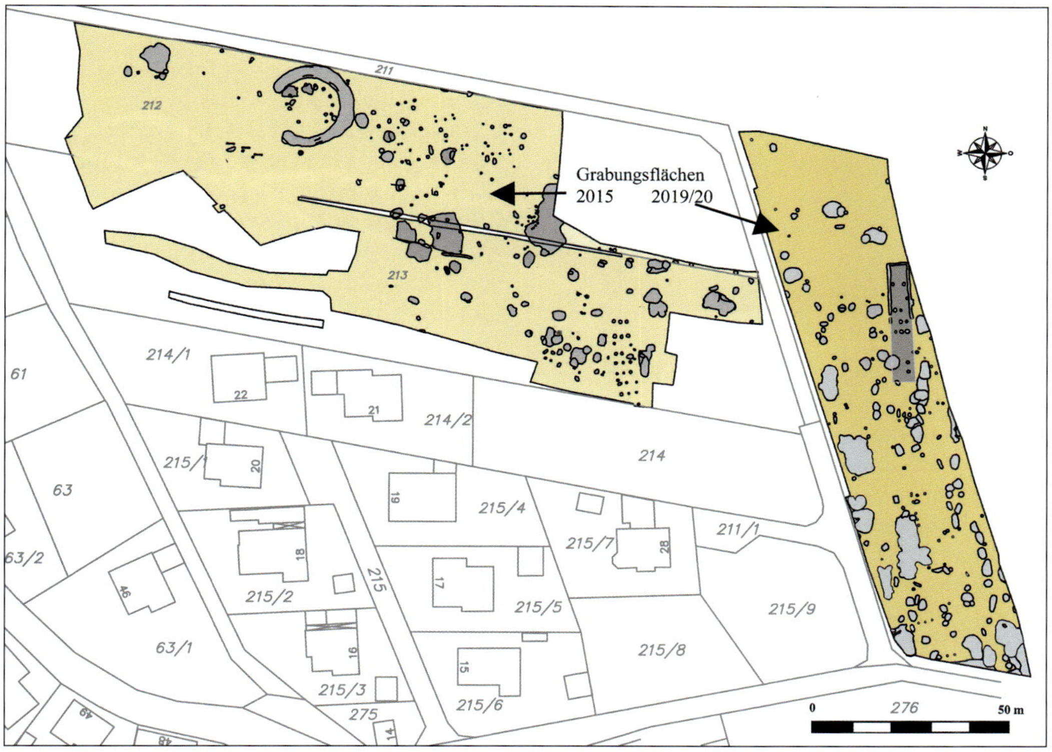

40 *Allkofen. Grabungsplan der Kampagnen 2015 und 2019/20.*

Bereits 2015 waren am nordöstlichen Ortsrand von Allkofen größere archäologische Untersuchungen durchgeführt worden, die neben neolithischen Siedlungsniederschlägen auch einen spätkeltischen Rundbau erbrachten. 2019/20 musste in der unmittelbar östlich anschließenden Flur „Grafenacker“ ein weiteres Baugebiet untersucht werden. Die etwa 4.350 m² große Grabungsfläche ist von der des Jahres 2015 durch einen etwa 5 m breiten landwirtschaftlichen Weg und ein kurzes Straßenstück (Abb. 40) getrennt und erstreckt sich südlich einer knapp 400 m ü. NN liegenden Kuppe eines leicht nach Norden, Osten und Süden abstreichenden Hanges. Das Areal befindet sich inmitten einer weiträumigen vorgeschichtlichen Siedlungslandschaft, die sich, wie eine während der Ausgrabung durchgeführte Flächenbegehung zeigte, noch weit in östliche, südliche und südöstliche Richtung ausdehnt. Erste Maßnahmen zur Abklärung der Befundsituation erfolgten im Spätherbst des Jahres 2019 entlang der westlichen Grabungsgrenze des bis kurz vorher noch landwirtschaftlich genutzten Geländes. Nach einer Winterpause erfolgte ab Frühjahr 2020 eine viermonatige Grabungskampagne, bei der das gesamte Neubaugebiet untersucht werden konnte.

Linienbandkeramik, SOB, Michelsberg

Unter dem etwa 30–40 cm mächtigen Oberboden stand gelber bis hellbrauner Löss an, in dem sich die braunen bis tiefschwarzen Befunde meist gut abzeichneten. Bemerkenswert war bei zahlreichen Siedlungsbefunden der bisweilen hohe Anteil an Scherben und Silices bereits im ersten Planum. Der Grabungsplan zeigt bis auf den nördlichen Bereich einen recht dichten vorgeschichtlichen Siedlungsniederschlag (Abb. 40), darunter zahlreiche Pfostengruben, schmalrechteckige Schlitzgruben, runde, ovale oder amorphe Siedlungsgruben und Grubenkomplexe, ein linienbandkeramischer Hausgrundriss sowie eine Doppel-(?)bestattung. Das chronologische Spektrum reicht von Siedlungsbefunden der mittleren Linienbandkeramik über Befunde des Südostbayerischen Mittelneolithikums (SOB) bis zur Münchshöfener Kultur. Zahlreicher als im westlichen Grabungsareal zeigten sich Siedlungsbefunde der Michelsberger Kultur. Mit gekerbten bzw. fingergekniffenen Rändern verzierte Backteller, Wandscherben von Ösenkranzgefäßen vergesellschaftet mit solchen von Arkadenrandgefäßen sowie grob gemagerte Vorratsgefäße als kulturspezifische Vertreter seien hier kurz erwähnt. Leider erlaubt der starke Zerscherbungsgrad der in Allkofen

41 *Allkofen. Kumpf mit drei vertikal durchlochten Schnurösen. Höhe 8 cm.*

42 *Allkofen. Tierfigur (Schwein?) aus Grube 126. Etwa drei Viertel der natürlichen Größe.*

gefundenen Michelsberger Keramik, abgesehen von den Backtellern, keine gesicherten Gefäßansprachen. Ergänzt wird das keramische Michelsberger Fundspektrum durch Klingen, bifazial retuschierte Geräte wie möglicherweise ein Dolch- oder ein Sichelfragment sowie verschiedene Kerne vorwiegend aus Abensberg-Arnhofener Plattenhornstein. Rand-, Wand- und Bodenscherben aus den regelhaft tiefschwarzen, unterschiedlich ausgeformten Gruben zeigen typische Verzierungsmuster der mittleren Linienbandkeramik (Stufen II und III nach Joachim Pechtl). Charakteristisch sind umlaufende gerade oder gebogene Linien, wie sie z. B. auf einem nahezu vollständig erhaltenen, etwa 8 cm hohen Kumpf mit drei vertikal durchlochten Schnurösen vorkommen (Abb. 41), weiters Linien, die vereinzelt in kleinen runden Eindrücken enden, stichgefüllte Bänder oder Dreiecke sowie Wandscherben mit Doppelknubben oder kleinen Henkelösen.

Eine keramische Tierfigur

Bereits während der Ausgrabung fielen in der LBK-zeitlichen Grube 126 mehrere reduzierend gebrannte und mit geringen organischen Magerungsbestandteilen versetzte Scherben mit ungewöhnlichen Verzierungselementen wie medaillonartigen ovalen Feldern, kurzen und längeren ein-, zwei- oder dreifach übereinander gesetzten oder pfeilartigen Linien auf. In der Restaurierungswerkstatt ließen sich die Scherben zu einem leider nur fragmentarisch erhaltenen, etwa 13 cm langen, tonnenförmigen Gegenstand zusammensetzen. Ein ungefähr am gerade verlaufenden Ende erkennbarer, leicht aus der Wandung herausgezogener Fußansatz und ein weiterer Fußansatz an einer nicht mehr exakt anpassbaren, jedoch zugehörigen Scherbe lassen eine Tierfigur vermuten (Abb. 42). Direkt Vergleichbares aus niederbayerischen linienbandkeramischen Fundzusammenhängen ist derzeit nicht bekannt, doch zeigen zwei linienbandkeramische Plastiken aus dem hessischen Nieder-Mörlen und dem benachbarten Nieder-Weisel, die jeweils als Schweine gedeutet werden, auffallende Ähnlichkeiten.

Hausgrundriss und Gruben

Auffälligster Befund im Grabungsplan ist der Grundriss eines Nord-Süd orientierten Hauses mit einem für die Linienbandkeramik typischen U-förmigen Nordteil und mehreren anschließenden Pfostengruben. Die Hausbreite liegt bei ca. 5 m, die Länge bei mindestens

27 m, wobei die exakte Länge aufgrund des schlechten Erhaltungszustandes im Süden offen bleiben muss. Von der inneren Baustruktur hatten sich im Nordteil die Pfosten nur einzeln oder paarweise erhalten, im Mittelteil fanden sich eine Zwei- und eine typische Dreipfostenstellung, beim Südteil des Hauses dagegen nur einzelne Pfosten. Die für bandkeramische Häuser typischen wandbegleitenden Gruben fehlen in Allkofen, sowohl auf der alten als auch der neuen Grabungsfläche.
Zahlreiche, vor allem im südlichen Grabungsareal auftauchende, mehrmals linear angeordnete Siedlungsgruben erbrachten neben stichverziertem keramischem Fundmaterial des Südostbayerischen Mittelneolithikums auch auffallend viele Silexabschläge, -platten, -knollen und Kernsteine sowie einzelne Klingen, Kratzer und Bohrer, vorwiegend Abensberg-Arnhofener Provenienz.

Bestattungen
In einem schwer erkennbaren Siedlungsbefund an der westlichen Grabungsgrenze tauchten beim Abtiefen sehr schlecht erhaltene menschliche Knochen auf, die zu einem Südwest-Nordost orientierten Kleinkindskelett gehörten. Etwa 30 cm tiefer stießen die Ausgräber dann auf ein vollständiges Skelett eines erwachsenen Individuums, das in der nunmehr kreisrunden Grube Nordnordwest-Südsüdost orientiert atypisch in Bauchlage niedergelegt wurde (Abb. 43). Links vom Schädel befand sich ein großer Stein, an der linken Schläfe geringe Bronze-/Kupferspuren und rechts vom Schädel ein proximales Fragment eines Hirschgeweihastes. Trotz Fehlens datierender Beigaben liegt ein Vergleich mit gleichgearteten Münchshöfener Verlochungen nahe. Ob zwischen den beiden Bestatteten familiäre Beziehungen postuliert werden können, muss weiteren naturwissenschaftlichen Untersuchungen vorbehalten bleiben.
Bemerkenswert ist, dass der Allkofener Schuhberg und der „Grafenacker“ lediglich während der Jungsteinzeit ein attraktiver Siedlungsplatz war und nicht auch in den nachfolgenden vor- und frühgeschichtlichen Perioden.

Ludwig Husty

43 *Allkofen. Siedlungsbestattung in Grube 8.*

Literatur B. Englhardt, Fragmente einer Figuralplastik der Linienbandkeramik von Altdorf, Lkr. Landshut. In: Ausgrabungen und Funde Altbayern 1995–1997 (Straubing 1998) 20–23. – J. Petrasch, Religion in der Jungsteinzeit. In: Menschen – Zeiten – Räume (Stuttgart 2002) 142–145. – L. Husty/R. Stoia, Arch. Jahr Bayern 2016, 21–23 [Allkofen]. – J. Pechtl, Stephansposching und sein Umfeld. Studien zum Altneolithikum im bayerischen Donauraum. Würzburger Stud. Vor- u. Frühgesch. Arch. 4 (Würzburg 2019).

Örtl. Grabungsleitung R. Stoia, Fa. ArchDienst, Wellheim.

Neubaugebiet längst besiedelt: Neolithikum auf dem Ohrenberg in Marktbreit

Landkreis Kitzingen, Unterfranken

Das Städtchen Marktbreit liegt direkt am Maindreieck auf dem südlichen Flussufer, das bereits im Neolithikum aufgrund seiner fruchtbaren Böden ein attraktiver Siedlungsort war.
Für die Erweiterung einer Neubausiedlung auf dem Ohrenberg südlich der Stadt waren Voruntersuchungen nötig. So wurde eine Magnetometerprospektion über das gesamte Areal von 11.577 m² durchgeführt (Abb. 44). Das Ergebnis waren zahlreiche archäologisch relevante Strukturen, welche beim Oberbodenabtrag bestätigt werden konnten. Daraufhin fanden in den Jahren 2018 und 2019 erste Ausgrabungen statt. Es wurde, wie erwartet, eine große Anzahl an Befunden freigelegt. Der erste Teil der Grabungsarbeiten beschränkte sich auf den östlichen Bereich des Areals. Im Folgejahr wurden die Grabungsflächen in westlicher Richtung erweitert. In der Kampagne 2020/2021 wurde damit begonnen, im westlichen Areal die lückenhaften Bereiche zu untersuchen.
Da die schiere Menge an Befunden und Funden den Rahmen des Berichtes sprengen würde, kann hier nur ein kurzer Überblick gegeben werden.

Geologie und Kolluvien

Die Region des südlichen Maindreiecks gehört zur fränkischen Gäulandschaft mit weiten lössbedeckten Flächen, deren Untergrund durch Sedimente des unteren Keupers gebildet wird. Auf dem Ohrenberg besteht dieser aus Tonmergeln und Tonsteinen. Der anstehende Boden ist hier ein schluffiger, leicht feinsandiger Lösslehm. In einigen Bereichen ist der Lösslehm schon aberodiert, sodass ein toniglehmiger Keuper an diesen Stellen auftrat. Der Boden war größtenteils stark verdichtet und stark verhärtet. 2019 konnten mehrere Kolluvien erkannt werden. Diese lagen überwiegend in der südöstlichen Hälfte des Grabungsareals. Die Kolluvien waren größtenteils reich an Fundmaterial aus der mittleren und jüngeren Linearbandkeramik (LBK). Die Befunde in Form von Gruben und Pfostengruben, die sich innerhalb der Kolluvien befanden, zeichneten sich jedoch nur sehr schwach ab.

Hausgrundrisse

Schon während der Arbeiten 2018 konnten Pfostengruben und Gräbchen zweier Häuser aufgedeckt werden. Im darauf folgenden Jahr kamen einige für die Linearbandkeramik typische Nordwest-Südost orientierte Langhausgrundrisse hinzu (Abb. 45). Sie besaßen eine Länge von 27 bis 40 m und eine Breite von durchschnittlich 5,5 m.

Da die meisten Befunde nur wenig eingetieft waren (0,05–0,38 m), ist davon auszugehen, dass einige Hausgrundrisse nicht mehr vollständig nachweisbar waren bzw. zu den Grundrissen gehörige Befunde nicht mehr festgestellt werden konnten. Insofern ist kein Grundriss wirklich komplett. Die Abstände der Gebäude zueinander sind gering, selten mehr als 2 m, was für eine mehrphasige Bebauung spricht. Die Keramikfunde deuten auf eine enge Abfolge der Hausbauten ab der jüngeren Linearbandkeramik der Stufe III

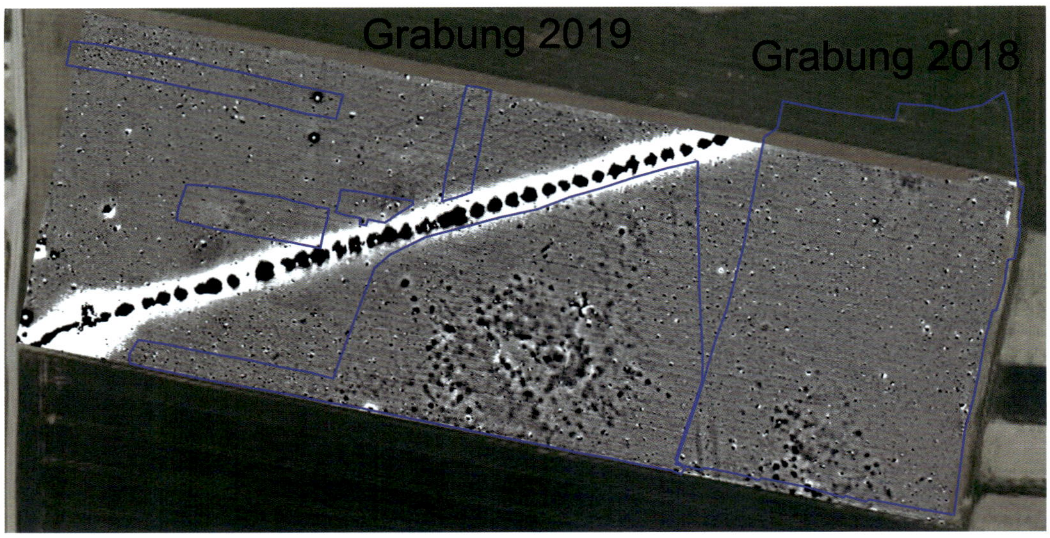

44 *Marktbreit. Magnetogramm und Grabungsflächen von 2018 bis 2019, eingeschnitten ins Luftbild. Die auffällige Störung im Magnetogramm ist durch eine Fernwasserleitung hervorgerufen. Luftbild: Bayerische Vermessungsverwaltung 2018.*

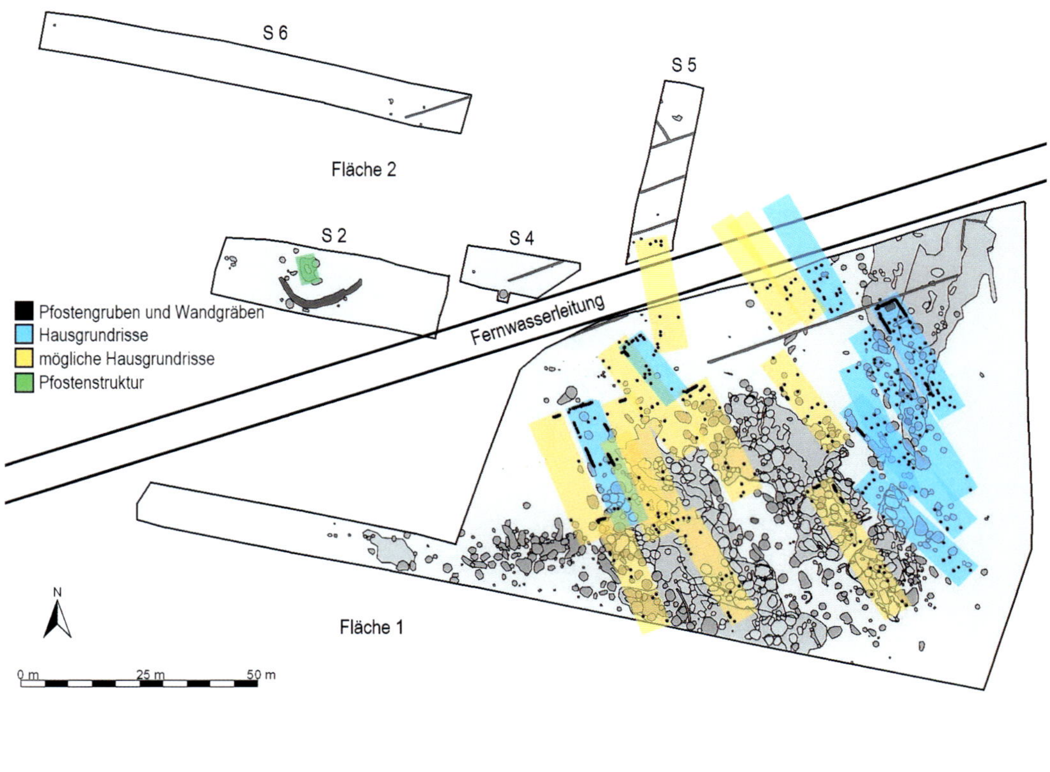

45 *Marktbreit. Hausgrundrisse der Kampagne 2019.*

hin. Die für viele Siedlungen dieser Zeitstufe bekannten hausbegleitenden Längsgruben, die unter anderem als Lehmentnahmegruben für den Hausbau interpretiert wurden, liegen auf dem Ohrenberg kaum vor. Aufgrund der relativ guten Erkennbarkeit der Befunde und Vergleichsbeispielen in anderen Siedlungen (z. B. Buchbrunn, Lkr. Kitzingen) besteht die Möglichkeit, dass es sich hier um eine eigene regionale Bauweise und -tradition handelt.
Bei der ^{14}C-Analyse von Holzkohle (Labornr. 47013) aus Befund 521, der zu einem der Häuser gehört, wurde die zeitliche Einordnung anhand von Bauweise und Keramiktypologie (Abb. 47) gestützt und eine Besiedlung für 5203–4947 v. Chr. bekräftigt.

Gruben
Neben der beachtlichen Zahl an Hausgrundrissen wurden auch einige Gruben erfasst, jedoch waren nicht alle in einem guten Erhaltungszustand, der Rückschlüsse auf ihre ursprüngliche Funktion erlaubt hätte. Am häufigsten liegen Kesselgruben vor. Diese meist ca. 2,5 m durchmessenden Gruben waren im Profil meist annähernd rechteckig. Sie entsprechen demnach jenem Grubentyp, den man allgemein mit Vorratshaltung in Verbindung bringt. Wie die Experimente von Jens Lüning (2005) gezeigt haben, fallen solche Gruben bereits nach kurzer Zeit in sich zusammen. In Marktbreit scheint aber der größte Teil der Gruben in seiner ursprünglichen Form erhalten zu sein. Die Keramik aus diesen Kesselgruben datiert ihre Nutzung in die mittlere bis jüngere Linearbandkeramik. Dass es sich bei dieser Art von Befunden um siloartige Gruben für die Vorratshaltung von Getreide gehandelt haben könnte, unterstreichen Funde wie z. B. Mahlsteine, die der Getreideverarbeitung zugeordnet werden.
Während der Grabungen 2018 kam die Grube 51 zutage. Sie hatte im Planum etwa dreieckige Form mit stark verrundeten Ecken. Die Länge betrug 1,66 m, die Breite 1,41 m. Beim Anlegen der Profile offenbarten sich Strukturen, die an die Baugrube für einen Kastenbrunnen denken ließen. Unter Planum 1 reichte der Befund nur 0,27 m tief und konnte mit einer schachtförmigen Einfüllung mit senkrecht abfallender Wandung erfasst werden. Daran schloss sich ein hölzerner Einbau an, der eine Höhe von 0,26 m, eine Länge von 1,10 m (Nord-Süd) und eine Breite von 0,64 m (Ost-West) besaß (Abb. 46). Seine Unterkante lag bei 0,64 m unter Planum 1. Das vergangene Holz war deutlich durch einen 2 cm dicken schwarzen Streifen vom umgebenden Material zu unterscheiden. Die Bauart konnte nicht mehr nachvollzogen werden. Interessant jedoch ist, dass der Boden der Konstruktion mit einer 0,1 m mächtigen und 1,07 m breiten, stark kalkhaltigen Tonschicht bedeckt war. Es ist davon auszugehen, dass es sich dabei um eine Isolierung gehandelt haben dürfte. Eine solche Abdichtung hätte vor Absickern weitestgehend geschützt.

46 *Marktbreit. Grube 51 mit Resten eines Holzeinbaus.*

Gräber der Schnurkeramik
Einige Körpergräber, die ebenfalls auf dem Areal der Siedlung aufgefunden wurden, sollen hier nur kurz Erwähnung finden. Sie sind wesentlich jünger als die altneolithische Siedlung. Eine ^{14}C-Beprobung eines der Langknochen einer Bestattung (Befund 224; Labornr. 47015) ergab ein Alter von 2200–2039 v. Chr. Zwei weitere Skelette konnten zwischen 2875 und 2629 v. Chr. (Befund 107; Labornr. 43626) und bzw. zwischen 2574 und 2470 v. Chr. (Befund 7; Labornr. 43625) datiert werden.

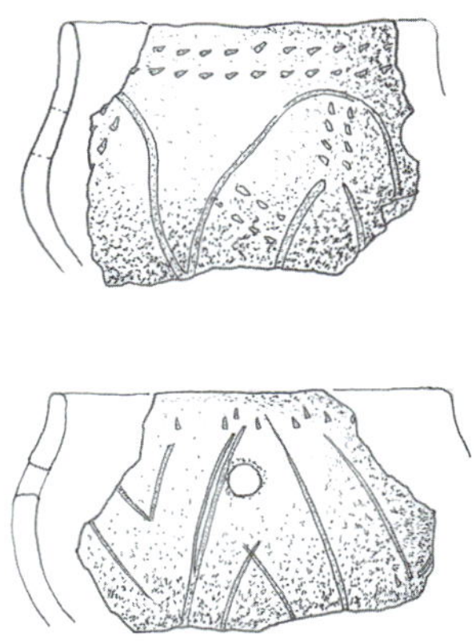

47 *Marktbreit. Beispiele linearbandkeramischer Kümpfe. Maßstab 1 : 2.*

Letztlich kann dieser Bericht nur einen kurzen Einblick in eine vielschichtige Besiedlung mit zahlreichen spannenden Befunden liefern. Nicht nur wegen des umfangreichen Fundmaterials, sondern aufgrund der besonderen kolluvialen Überlagerung wäre eine Auswertung wünschenswert. Ob sich hierbei z. B. stratigrafisch chronologische Fragen klären lassen, muss offen bleiben. Eine künftige detaillierte Betrachtung der neolithischen Spuren vom Ohrenberg würde sich ohne Frage lohnen.

Florian Melzer

Literatur J. Lüning, Für die Ernte Feuersteinsicheln und raffinierte Erdkeller. In: J. Lüning (Hrsg.), Die Bandkeramiker. Erste Steinzeitbauern in Deutschland. Bilder einer Ausstellung beim Hessentag in Heppenheim/Bergstraße im Juni 2004 (Rahden/Westf. 2005) 63–75. – J. Kuhn, Buchbrunn. Eine Siedlung der Linearbandkeramik in Nordbayern. Berliner Arch. Forsch. 10 (Rahden/Westf. 2012).

Oberbodenabtrag U. Müller, BfAD Heyse GmbH & Co. KG. – *Örtliche Grabungsleitung* L. Kriete, ITV-Grabungen. – *Grabungstechnik* J. Decker, B. Krooks, M. Tupev und M. Karpavičius, ITV-Grabungen. – *Anthropologische Bestimmungen* B. Krooks, ITV-Grabungen. – *Magnetometerprospektion* N. Ostermeier, Universität Würzburg. – *^{14}C-Daten* Curt-Engelhorn-Zentrum Archäometrie gGmbH Mannheim.

Spannendes und Rätselhaftes aus Alt- und Mittelneolithikum in Dittenheim

Landkreis Weißenburg-Gunzenhausen, Mittelfranken

Anlass für die vorzustellende Maßnahme war die geplante Ausweisung eines kleinen Neubaugebietes an der Stelzengasse in Dittenheim. Das Vorhandensein zahl- und fundreicher ältestbandkeramischer bis mittelneolithischer Befunde zeigte sich bereits im Zuge der – leider weitgehend ohne die erforderliche archäologische Begleitung durchgeführten – Verlegung der Ver- und Entsorgungsleitungen entlang der Nordflanke der künftigen Häuserzeile. Die Siedlungsstelle liegt in dem etwa 1 km breiten Gürtel von heute stark verlehmten Lössanwehungen, der der Nordflanke der südlichen Frankenalb entlang der mittleren Altmühl vorgelagert ist. Von diesem landwirtschaftlich ertragreichen Korridor sind zahlreiche alt- und mittelneolithische Fundplätze bekannt; so konnten bereits im Jahr 2011 am entgegengesetzten Ortsrand von Dittenheim Hausstellen der ältesten Linearbandkeramik dokumentiert werden.

Um die Notwendigkeit der geforderten Sicherungsgrabungen zu untermauern und in der Hoffnung, die Planung wegen des zu erwartenden Grabungsumfangs abbiegen zu können, wurde durch Mitarbeiter des Instituts für Ur- und Frühgeschichte der Universität Erlangen-Nürnberg eine geophysikalische Prospektion durchgeführt. Die Auswertung im Rahmen einer Bachelorarbeit bestätigte die dichte Befundsituation. Da die Gemeinde gleichwohl an der Planung festhielt, waren etliche Verhandlungen notwendig, um den unbedingt erforderlichen Umfang der archäologischen Arbeiten festzulegen. Währenddessen mussten offenliegende Befunde teils mehrere Frostperioden über sich ergehen lassen und die im Sommer 2018 begonnene Untersuchung konnte nach langer Unterbrechung erst nach über zwei Jahren abgeschlossen werden.

Siedlung der Ältesten Linearbandkeramik

Nach Oberbodenabtrag und händischem Nachputzen der Fläche zeigte sich das erwartete Befundbild (Abb. 48). Als unvorhergesehenes Problem stellten sich allerdings die vielen annähernd parallel verlaufenden Streifen dar, in denen eine intensive Ausbleichung (Lessivierung) des Bodens stattgefunden hatte. In diesen Bereichen waren die Befunde oft nur schwer zu sehen, teils auch völlig überprägt und nur noch anhand von Funden im Planum erkennbar. Diese eigenartige Struktur könnte durch das frühere Vorhandensein von Wölbäckern erklärt werden, an die sich ältere Dorfbewohner aus der Zeit vor der Flurbereinigung erinnern. Es wäre wert, dem Prozess der Lessivierung im Zusammenhang mit Wölbäckern von bodenkundlicher Seite weiter nachzugehen. Im Verbund mit den zahlreichen modernen Drainagen liegen somit Hinweise auf eine früher starke Vernässung des Geländes vor.

In dem freigelegten Ausschnitt befinden sich mehrere Hausstandorte der Ältesten Linearbandkeramik (ÄLBK) (Abb. 49), darunter ein nahezu vollständiger, der das klassische Bauschema archetypisch zeigt (Abb. 50). Insbesondere die hausbegleitenden Gruben an der Stirnseite der Gebäude enthielten sehr viele Funde. Als Besonderheit kam aus Grube 198 das Randfragment eines Gefäßes der westeuropäischen La-Hoguette-Kultur zum Vorschein (Abb. 51,2), zusammen mit einem breiten Spektrum typischer Grob- und Feinkeramik der ÄLBK, darunter der Torso eines kreuzförmigen Idols (Abb. 51,3). Das La-Hoguette-Gefäß ist erst der vierte Fund dieses Typs in Bayern und der zweite in Mittelfranken. Das Stück ähnelt einem Altfund aus dem nahe gelegenen Nördlinger Ries. Der gesicherte Fundverband in Dittenheim kann dazu bei-

48 *Dittenheim. Drohnenluftbild der Grabungsfläche südlich der Stelzengasse. Gut erkennbar sind die streifenförmigen Lessivierungen. Norden ist oben.*

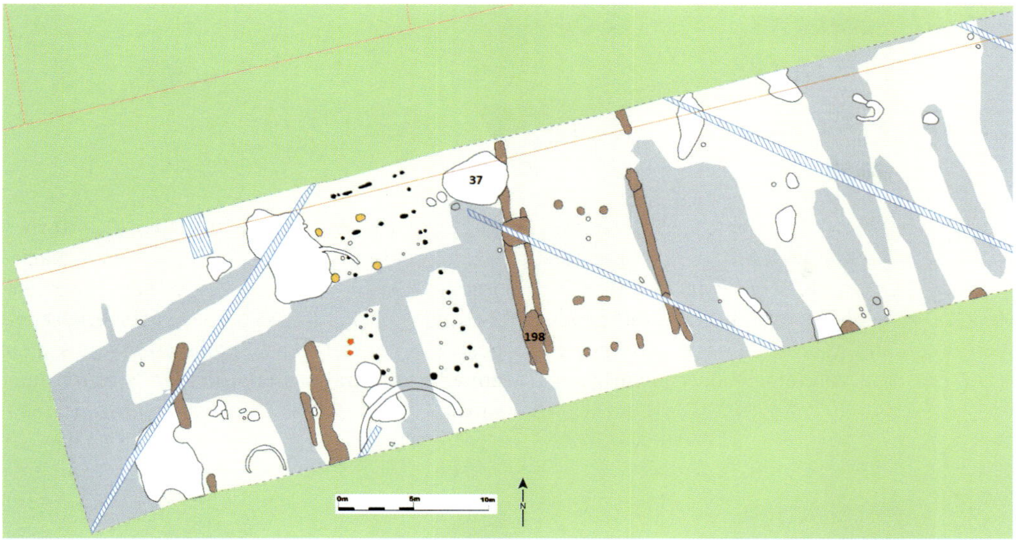

49 *Dittenheim. Befundplan der Bauparzellen 4–6. Braun: Gebäudereste der Ältesten Linearbandkeramik; schwarz: stichbandkeramisches Haus; gelb: Pfostenbau der späten Bronzezeit; grau: Lessivierungsbereiche; blau: moderne Störungen.*

tragen, eine bessere zeitliche Synchronisation beider Kulturerscheinungen vorzunehmen, und ist auch für die feinchronologische Abfolge am Ort interessant. Die Grube 198 schneidet nämlich das Wandgräbchen des Hauses, gehört also in eine etwas jüngere Siedlungsphase. Spannende Erkenntnisse verspricht auch der umfangreiche Bestand an Silexartefakten aus dieser Grube. Er besteht zum größten Teil aus Arnhofener Plattenhornstein und kann als klarer Beleg für einen Austausch mit dem niederbayerischen Donauraum bereits in dieser frühen Phase gewertet werden, vielleicht sogar als Hinweis darauf, aus welcher Richtung die Landnahme ins heutige südliche Mittelfranken hinein erfolgte.

Stichbandkeramisches Haus

Eine Besonderheit ist auch der vollständige Grundriss des ersten rein stichbandkeramischen Hauses im Bereich der Frankenalb (Abb. 49, schwarz). Als Datierungsanhalt können die Funde aus Grube 37 dienen, die neben vielen altneolithischen Scherben auch einige typisch stichbandkeramische Gefäßfragmente enthielt. Das Gebäude liegt exakt in der Lücke zwischen zwei Gebäuden der ÄLBK – ein Phänomen, das der Erklärung bedarf, da die beiden Siedlungsphasen ein gutes halbes Jahrtausend auseinanderliegen. Der Befund zwingt zu Überlegungen über die Bauweise der Gebäude der ÄLBK. Sie müssen aus so viel nichtorganischem Baumaterial bestanden haben, dass der Standort noch nach Jahrhunderten als Schutthügel erkennbar war. Eine vergleichbare Situation wurde auch schon an anderen Siedlungsstellen beobachtet.

Ungewöhnlicher Silexhort

Zu diesem Haus gehört sehr wahrscheinlich ein außergewöhnlicher, in dieser Form noch nicht dokumentierter Silexhort (Abb. 52). Er besteht aus offensichtlich in zwei verschiedenen Behältnissen sauber getrennt niedergelegten Einheiten, nämlich einem Konvolut von gut drei Dutzend etwa faustgroßen, zur Klingengewinnung vorpräparierten Kernen und daneben in der gleichen kleinen Grube einem Sammelsurium von hunderten Fragmenten von Schlagabfall. Weiteren Schlagabfall enthielt eine daneben liegende, etwas kleinere Grube. Neben einzelnen

50 *Dittenheim. Hausstandort der Ältesten Linearbandkeramik. Norden ist oben.*

51 *Dittenheim. 1, 4 Keramikfragmente der Ältesten Linearbandkeramik; 2 Wandscherbe der La-Hoguette-Kultur aus Grube 198; 3 Idolfragment.*

importierten Plattenhornsteinen sind nur regionale Silexvarietäten vertreten.

Die weiteren relevanten mittelneolithischen Kulturgruppen – Südostbayerisches Mittelneolithikum (SOB), Großgartach und Rössen – konnten nahebei im Bereich der eingangs erwähnten Kanaltrasse mit zahlreichen Funden nachgewiesen werden.

Eine wesentlich jüngere Siedlungsphase ist durch einen Vierpfostenbau repräsentiert, der über eine größere Randscherbe eines Zylinderhalstopfes aus einem der Pfosten in die späte Bronzezeit datiert werden kann (Abb. 49, gelb). Vermutlich metallzeitlich sind auch mehrere kleine Kreisgräben, die man gerne mit Bestattungen in Verbindung bringen möchte, ohne dass die Grabung Belege dafür erbringen konnte.

Martin Nadler

Literatur T. H. Gohlisch, Fundstellen der ältesten Bandkeramik in Mittelfranken. Beitr. Arch. Mittelfranken 6, 2011, 49–58. – M. Nadler, Arch. Jahr Bayern 2011, 11–13. – M. Nadler, Silexhort eines neolithischen Werkzeugmachers. Arch. Deutschland 3/2019, 52. – M. Nadler, La Hoguette an der Altmühl. Arch. Deutschland 2/2021, 51 f.

Ausgrabung Fa. AST, Nürnberg. – *Grabungsleitung*: M. Tschuch. – *Geophysik* C. Mischka, Universität Erlangen-Nürnberg.

52 *Dittenheim. Silexhort vermutlich des Mittelneolithikums.*

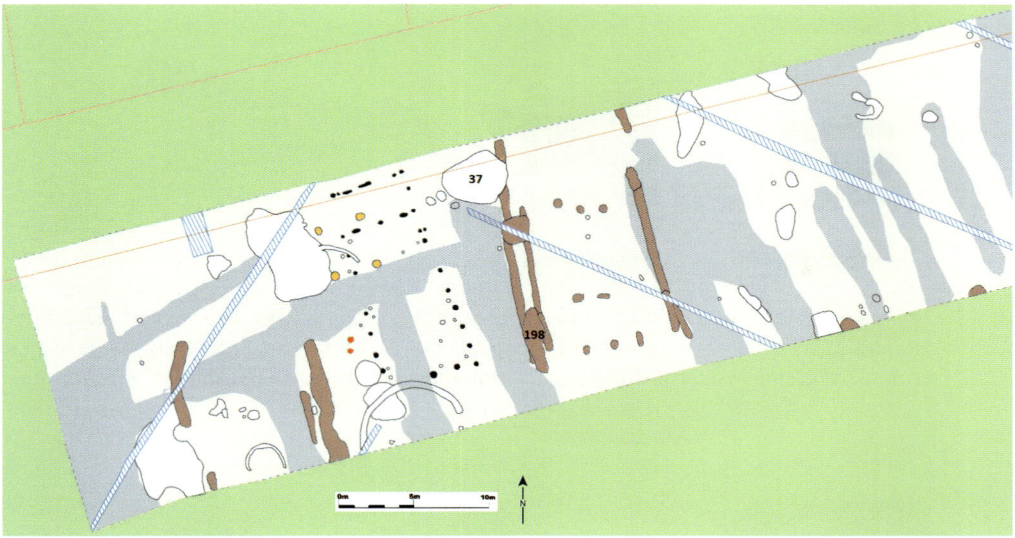

49 *Dittenheim. Befundplan der Bauparzellen 4–6. Braun: Gebäudereste der Ältesten Linearbandkeramik; schwarz: stichbandkeramisches Haus; gelb: Pfostenbau der späten Bronzezeit; grau: Lessivierungsbereiche; blau: moderne Störungen.*

tragen, eine bessere zeitliche Synchronisation beider Kulturerscheinungen vorzunehmen, und ist auch für die feinchronologische Abfolge am Ort interessant. Die Grube 198 schneidet nämlich das Wandgräbchen des Hauses, gehört also in eine etwas jüngere Siedlungsphase. Spannende Erkenntnisse verspricht auch der umfangreiche Bestand an Silexartefakten aus dieser Grube. Er besteht zum größten Teil aus Arnhofener Plattenhornstein und kann als klarer Beleg für einen Austausch mit dem niederbayerischen Donauraum bereits in dieser frühen Phase gewertet werden, vielleicht sogar als Hinweis darauf, aus welcher Richtung die Landnahme ins heutige südliche Mittelfranken hinein erfolgte.

Stichbandkeramisches Haus

Eine Besonderheit ist auch der vollständige Grundriss des ersten rein stichbandkeramischen Hauses im Bereich der Frankenalb (Abb. 49, schwarz). Als Datierungsanhalt können die Funde aus Grube 37 dienen, die neben vielen altneolithischen Scherben auch einige typisch stichbandkeramische Gefäßfragmente enthielt. Das Gebäude liegt exakt in der Lücke zwischen zwei Gebäuden der ÄLBK – ein Phänomen, das der Erklärung bedarf, da die beiden Siedlungsphasen ein gutes halbes Jahrtausend auseinanderliegen. Der Befund zwingt zu Überlegungen über die Bauweise der Gebäude der ÄLBK. Sie müssen aus so viel nichtorganischem Baumaterial bestanden haben, dass der Standort noch nach Jahrhunderten als Schutthügel erkennbar war. Eine vergleichbare Situation wurde auch schon an anderen Siedlungsstellen beobachtet.

Ungewöhnlicher Silexhort

Zu diesem Haus gehört sehr wahrscheinlich ein außergewöhnlicher, in dieser Form noch nicht dokumentierter Silexhort (Abb. 52). Er besteht aus offensichtlich in zwei verschiedenen Behältnissen sauber getrennt niedergelegten Einheiten, nämlich einem Konvolut von gut drei Dutzend etwa faustgroßen, zur Klingengewinnung vorpräparierten Kernen und daneben in der gleichen kleinen Grube einem Sammelsurium von hunderten Fragmenten von Schlagabfall. Weiteren Schlagabfall enthielt eine daneben liegende, etwas kleinere Grube. Neben einzelnen

50 *Dittenheim. Hausstandort der Ältesten Linearbandkeramik. Norden ist oben.*

51 *Dittenheim. 1, 4 Keramikfragmente der Ältesten Linearbandkeramik; 2 Wandscherbe der La-Hoguette-Kultur aus Grube 198; 3 Idolfragment.*

importierten Plattenhornsteinen sind nur regionale Silexvarietäten vertreten.

Die weiteren relevanten mittelneolithischen Kulturgruppen – Südostbayerisches Mittelneolithikum (SOB), Großgartach und Rössen – konnten nahebei im Bereich der eingangs erwähnten Kanaltrasse mit zahlreichen Funden nachgewiesen werden.

Eine wesentlich jüngere Siedlungsphase ist durch einen Vierpfostenbau repräsentiert, der über eine größere Randscherbe eines Zylinderhalstopfes aus einem der Pfosten in die späte Bronzezeit datiert werden kann (Abb. 49, gelb). Vermutlich metallzeitlich sind auch mehrere kleine Kreisgräben, die man gerne mit Bestattungen in Verbindung bringen möchte, ohne dass die Grabung Belege dafür erbringen konnte.

Martin Nadler

Literatur T. H. Gohlisch, Fundstellen der ältesten Bandkeramik in Mittelfranken. Beitr. Arch. Mittelfranken 6, 2011, 49–58. – M. Nadler, Arch. Jahr Bayern 2011, 11–13. – M. Nadler, Silexhort eines neolithischen Werkzeugmachers. Arch. Deutschland 3/2019, 52. – M. Nadler, La Hoguette an der Altmühl. Arch. Deutschland 2/2021, 51 f.

Ausgrabung Fa. AST, Nürnberg. – *Grabungsleitung*: M. Tschuch. – *Geophysik* C. Mischka, Universität Erlangen-Nürnberg.

52 *Dittenheim. Silexhort vermutlich des Mittelneolithikums.*

Altheim gefährdet! – Zur Oberflächendynamik in Lösslandschaften

Gemeinde Essenbach, Landkreis Landshut, Niederbayern

Magnetik

Die Umgebung des 1911 entdeckten Altheimer Erdwerks wurde in den letzten Jahren großflächig magnetisch prospektiert, um die Einbettung der eponymen Fundstelle der Altheimer Kultur in die archäologische Mikroregion am Eichelbach zu erkunden. Dabei konnten verschiedene Bodendenkmäler entdeckt oder in ihrer Lage bestätigt werden. Im Frühjahr 2020 wurde ein größtenteils vom Bahndamm der Strecke Landshut–Regensburg überlagertes Erdwerk mit Seitenlängen von jeweils ca. 63 m festgestellt. Es befindet sich nur etwa 8 m nördlich des 1990 untersuchten „Zaungehöftes" Holzen II und liegt zugleich etwa 150 m südwestlich der altbekannten jungneolithischen Anlage Altheim I (Abb. 53).

Diese Rechteckeinfriedung soll als Holzen V bezeichnet und den benachbarten, vorwiegend ältereisenzeitlichen Einhegungen Holzen I–IV an die Seite gestellt werden, da die im Herbst 2020 angestrengte Ausgrabung Anhaltspunkte für eine entsprechende Zeitstellung ergab. Obwohl die hier genannten Denkmäler auf dem heutigen Gebiet der Marktgemeinde Essenbach liegen, wird an den in der Fachliteratur durch Paul Reinecke (1915: „Altheim") und Helmut Becker (1987: „Holzen") eingeführten Ortsbezeichnungen festgehalten: Die Anlagen des Jungneolithikums werden nach der bis zur Gebietsreform 1972 selbstständigen Gemeinde Altheim, die vornehmlich hallstattzeitlichen Herrenhöfe nach Holzen, einem 3 km nordwestlich von Altheim gelegenen Weiler, benannt.

Holzen V

Die Untersuchung des Erdwerks Holzen V erbrachte unter einem deutlich ausgeprägten Kolluvium den Nachweis eines an seiner Oberkante noch 2,2 m breiten und maximal 1,1 m mächtigen Grabens (Abb. 54). Charakteristisch für seinen unteren, etwa 0,5 m umfassenden Bereich ist die Wechsellagerung von Lössbändern mit humoseren Schichten. Ein derartiges Archäosediment entsteht, wenn kleine Abschwemmungen aus den angeschnittenen dunkleren Bodenhorizonten und aus dem unterlagernden, pedogen nicht beeinflussten, helleren Material wechselweise sedimentieren. Die fehlende bodenkundliche Überprägung der Ablagerungen, die sich im tiefsten Bereich des Grabens angesammelt haben, lässt auf einen relativ schnellen Verfüllungsprozess schließen. Diese Annahme wird auch durch verschiedene experimentalarchäologische Untersuchungen bestätigt. Die basalen Archäosedimente werden von einem

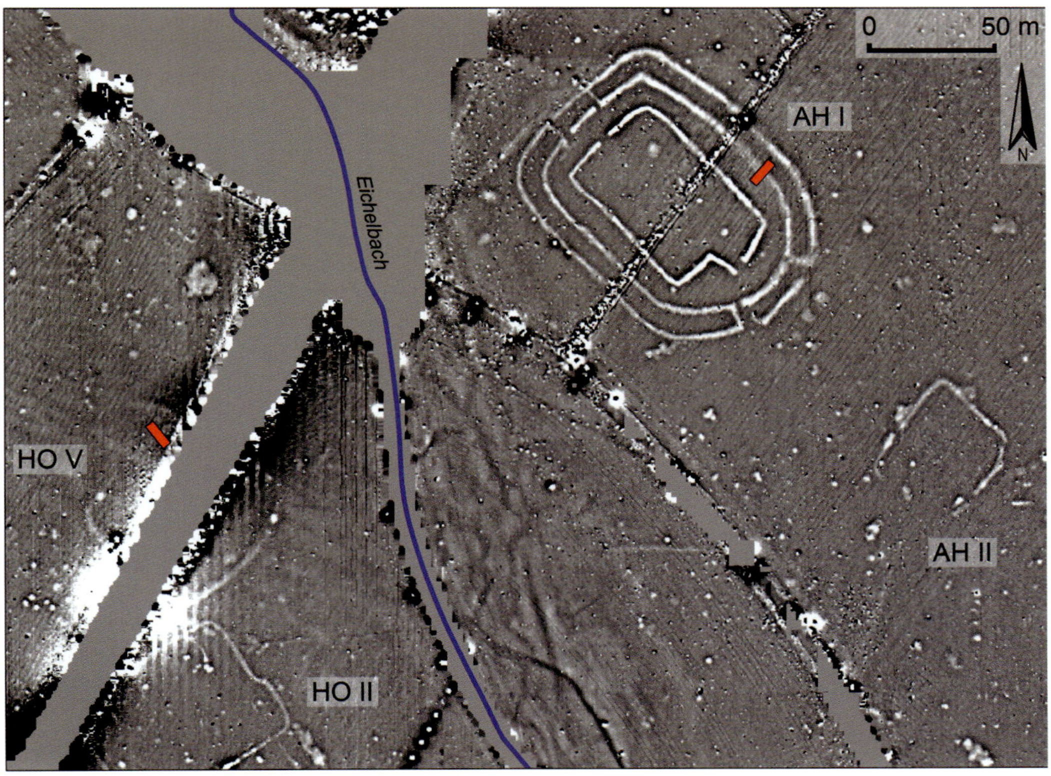

53 *Magnetogramm der Erdwerke Altheim I und II sowie Holzen II und V mit Markierung der beiden hier besprochenen Grabenschnitte.*

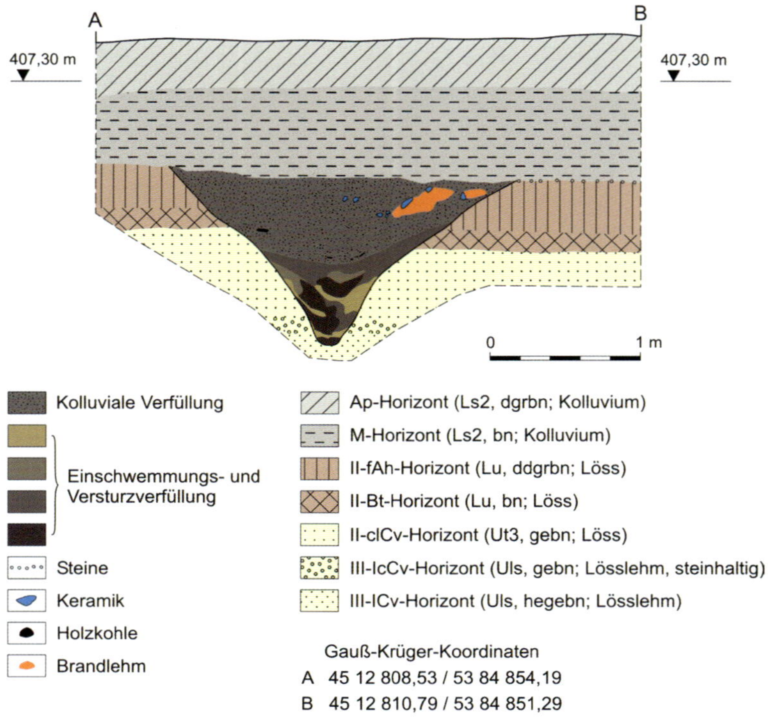

gebogen verlaufenden humosen Substrat überdeckt. Aus seiner Form lässt sich die vorherrschende Einflussrichtung des Bodenmaterials ableiten. Damit ist zugleich die Lage des Walls bestimmt; er begleitete den Graben auf seiner Innenseite. Darüber hat sich in einem mutmaßlich längeren Zeithorizont eine kolluvial bestimmte Verfüllung aus lössbürtigem Solummaterial ausgebildet. Hier haben Bodenbildungsprozesse bereits homogenisierend gewirkt. Neben Holzkohlepartikeln und Keramikfragmenten sind auch größere Brandlehmstücke anzutreffen.

Als Bodentyp hat sich auf dem anstehenden kalkhaltigen Löss im Holozän eine dunkle, etwa 1 m mächtige Parabraunerde mit der Horizontfolge Ah(p)-Al-Bht-cC entwickelt. Sie ist im Bereich der Ausgrabung durch einen fehlenden Al- und einen deutlich verkürzten Bt-Horizont charakterisiert. Daraus lässt sich ein Bodenabtrag von mindestens 0,5 m ableiten. Über dem gekappten Solum hat sich ein bis zu 1,0 m mächtiges Kolluvium abgelagert. Zwi-

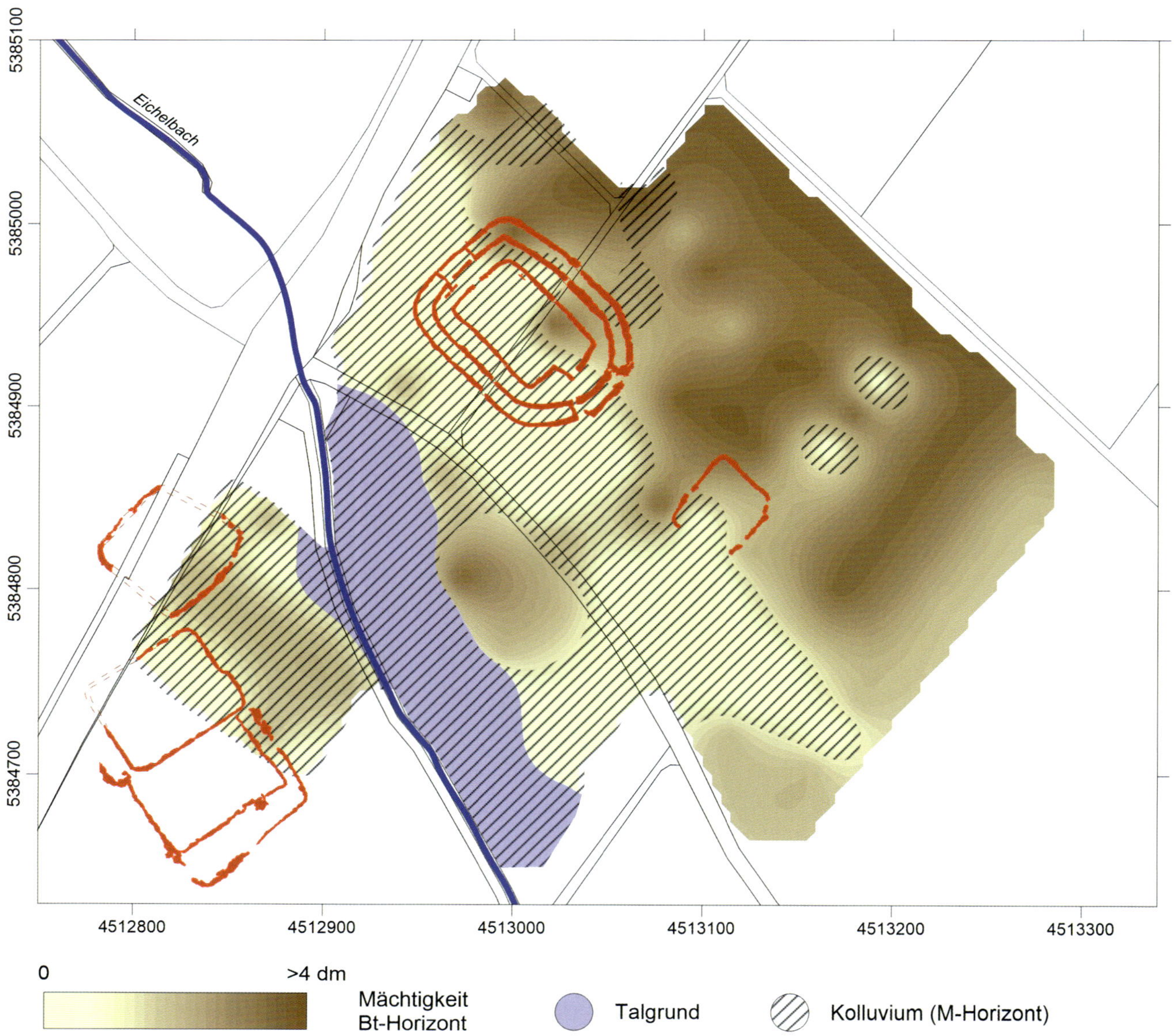

schen anstehendem Boden und überlagerndem Kolluvium ist ein dünnes Band aus vereinzelten Steinen zu beobachten, das offensichtlich mit der Errichtung des Bahndamms der 1859 eingeweihten Eisenbahnstrecke in Verbindung steht. Die bis dahin vorherrschenden Prozesse des Bodenabtrags am flachen, zum Eichelbach hin abfallenden Hang wurden in der Folge durch Akkumulationsprozesse im Stau eines künstlichen Hindernisses abgelöst.

Altheim I

Das Erdwerk Altheim I wurde durch Farbkontraste entdeckt, die 1911 nach dem Tiefpflügen der Äcker an der Bahnlinie Landshut–Regensburg deutlich zu sehen waren. Der auch auf Luftbildern gut zu erkennende gelbe Löss lässt auf einen vollständigen Abtrag der Bodendecke schließen. Eine detaillierte Bohrstockkartierung des weiteren Erdwerksumfeldes in einem 50 × 25 m Raster verdeutlicht die bodenkundliche Situation (Abb. 55). Insbesondere im südwestlichen Bereich der Grabenanlage ist die dunkle Parabraunerde bis auf den carbonathaltigen Löss abgetragen, und der vorherrschende Bodentyp ist heute die Pararendzina; der Pflughorizont liegt direkt auf pedogen unverändertem Lockersediment auf. Der Bodenverlust beträgt über 1 m; entsprechend ist der mittlere Graben unter dem Pflughorizont nur noch 1,4 m tief und 2,2 m breit.

Im Bereich der nordöstlichen Längsseite von Altheim I ist der mittlere, bereits 1914 ausgeschälte und wiederverfüllte Graben gegenwärtig noch bis zu einer Tiefe von 2,1 m unter Geländeoberfläche und einer maximalen Breite von 3,4 m erhalten (Abb. 56). Aus der seinerzeit angefertigten Grabungsdokumentation lässt sich die Tiefe des mittleren Grabens im Jahr 1914 mit etwa 2,5 m bestimmen und die damals festgestellte Untergrenze des Bt-Horizontes mit seiner aktuellen Position in Beziehung setzen. Danach beträgt der Substanzverlust des Solums hier in einem Jahrhundert etwa 0,4 m.

Oberflächendynamik

Im Jungneolithikum war die Geländekante nach Südwesten zum Eichelbach hin deutlich ausgeprägt. Heute ist das Relief im Übergangsbereich Löss/Tal stark verflacht und die morphologische Grenze ist nicht mehr sichtbar. Kolluvien und Auenlehme überdecken den einstigen, aus kiesig-sandigen Hochlagen bestehenden Talgrund. Darin sind bis zu 3,6 m unter der heutigen Oberfläche liegende, tiefe Rinnen eingeschnitten. Vereinzelte, mit dem Ejkelkamp-Erdbohrer festgestellte Feuchtsedimente stellten sich nach palynologischer Auswertung als pollenfrei heraus (freundliche mündliche Mitteilung Maria Knipping, Stuttgart-Hohenheim). Um Informationen zur Vegetationsgeschichte im Umfeld der Erdwerke zu erhalten, müsste somit gegebenenfalls auf deutlich weiter entfernte Standorte auf der Niederterrasse ausgewichen werden.

Nur selten gelingt eine so exakte zeitliche Einordnung von Erosions- und Akkumulationsprozessen wie am mittleren Lauf des im Tertiärhügelland entspringenden und die risszeitliche, lössbedeckte Hochterrasse (Landshuter Lösinsel) querenden Eichelbaches. Dadurch gewinnt die grundsätzlich bekannte Oberflächendynamik in Lösslandschaften eine besondere Anschaulichkeit. Die große Tragweite dieser Verlagerungsprozesse zeigt sich nicht nur in einer allgemeinen Beeinträchtigung der Bodenqualität oder der Kappung archäologischer Befunde, sondern auch in der übermäßigen Einschwemmung von Lössmaterial in die Täler.

Thomas Saile, Martin Posselt,
Florian Reitmaier und Christian Tinapp

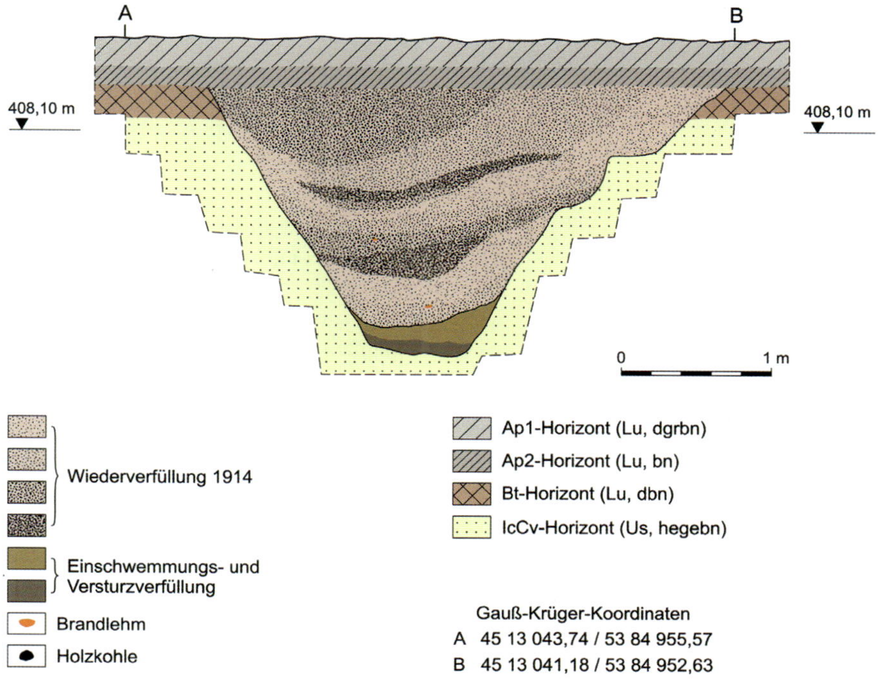

56 *Altheim I. Grabenprofil 2014 (mittlerer Graben I Nord). Maßstab 1 : 50. Bezeichnung der Bodenart und -farbe nach ARBEITSGRUPPE BODEN 2005, 108 ff.; 140 ff.*

Literatur B. Zirngibl u. a., Arch. Jahr Bayern 2013, 29–32. – W. M. Geelhaar/J. W. E. Faßbinder, Zum Potential der magnetischen Prospektion am Beispiel hallstattzeitlicher Herrenhöfe in Stadt und Landkreis Landshut (Niederbayern). In: K. Schmotz (Hrsg.), Vorträge des 32. Niederbayerischen Archäologentages (Rahden 2014) 191–216. – Th. Saile/M. Posselt/B. Zirngibl/R. Schoon/B. Steinrücken/Ch. Tinapp, Die jungneolithischen Erdwerke von Altheim. Prähist. Zeitschr. 92, 2017, 66–91. – Th. Saile/Ch. Tinapp, Gone with water and wind: The threat to the earthworks of Altheim. Raport 14, 2019, 121–124.

Magnetometerprospektion M. Posselt, Universität Regensburg. – *Örtliche Grabungsleitung* F. Reitmaier, Universität Regensburg. – *Danksagung* Die Geländearbeiten wurden durch finanzielle Zuwendungen des Bezirks Niederbayern, des Landkreises Landshut und der Marktgemeinde Essenbach unterstützt.

54 *(S. 38 oben) Holzen V. Grabenprofil 2020. Maßstab 1 : 50. Bezeichnung der Bodenart und -farbe nach ARBEITSGRUPPE BODEN 2005, 108 ff.; 140 ff.*

55 *(S. 38 unten) Detaillierte Bodenkarte des Umfelds von Altheim I am mittleren Lauf des Eichelbaches. Deutlich erkennbar ist das in Richtung Südwesten zunehmende Ausmaß der Bodenerosion.*

Glockenbechergräber auf mehrphasigem Siedlungsplatz in Burggrumbach

Gemeinde Unterpleichfeld, Landkreis Würzburg, Unterfranken

Gleich mehrere Neubaugebiete in der „Seeleite“ mussten archäologisch voruntersucht werden. Dabei wurde eine Fläche von etwa 2,6 ha vollständig ausgegraben. Sie bietet das Bild eines mehrphasigen Bodendenkmals, wobei eine Gruppe von Glockenbechergräbern am deutlichsten hervortritt (Abb. 57).

Glockenbecher: eine Gruppe mit sechs Gräbern

Überraschend, da in Nordbayern außerordentlich selten aufzufinden, wurde eine Grabgruppe der Glockenbecherkultur aufgedeckt. Es handelt sich um sechs Gräber (Abb. 57, blau).

Eine anthropologische Untersuchung der Knochen steht noch aus; daher kann sich die Bestimmung nur an den geschlechtsspezifischen Bestattungssitten orientieren. Die Glockenbecherleute wurden mit Blick nach Osten bestattet, Männer linksseitig mit dem Kopf im Norden und Frauen rechtsseitig mit dem Kopf im Süden. Im aktuellen Befund wurden die Himmelsrichtungen nicht so streng eingehalten, was aber überregional betrachtet nicht selten vorkommt. In zwei Fällen (Grab 1 und 6) waren die wohl männlichen Bestattungen Nordwest-Südost orientiert. Jeweils im Schädelbereich lagen die eponymen Glockenbecher (Abb. 60).

Bei einer weiteren Bestattung war das Individuum rechtsseitig mit dem Kopf im Südosten gelagert, es handelte sich also womöglich um eine Frau. In diesem Fall lag eine Gefäßbeigabe hinter dem Becken (Grab 4). Ein weiteres Gefäß lag in einer grabähnlichen Grube ohne Knochenerhaltung. Aus dieser Grube (Grab 5) wurden noch ein Kerngerät und eine Pfeilspitze mit Schaftdorn (Abb. 58,1) geborgen.

Ein besonderes Ensemble bilden die von einer Längsgrube überlagerten Gräber 2 und 3. Am Westende der länglichen Grube lag eines der selteneren Brandschuttungsgräber der Glockenbecherkultur Mitteleuropas (Grab 2) mit einer Leichenbrandkonzentration im östlichen Teil der Grabgrube. Im Westen stand ein Becher mit mehreren horizontalen Zierbändern mit verzahnten vertikalen Strichen (Abb. 61,2).

Am östlichen Ende der Längsgrube kamen in einer kaum sichtbaren Grube nacheinander zwei Gefäße zum Vorschein (Grab 3), deren umlaufende Zierbänder mit Kreuzschraffur bzw. Flechtbandmustern (Abb. 61,3) und dreireihigen flügel- oder doppelblattähnlichen Einkerbungen (Abb. 61,4) gefüllt waren. Schließlich kamen noch eine geflügelte und eine gestielte Pfeilspitze (Abb. 58,2.3) sowie eine Silexklinge zutage. Knochen- oder Leichenbrandreste konnten nicht identifiziert werden. In der Längsgrube fanden sich in mehreren Mulden Brandlehmspuren, vereinzelt mit kalzinierten Knochenresten. Möglicherweise wurden dort an mehreren Stellen kleine Brandherde angelegt, die vielleicht in

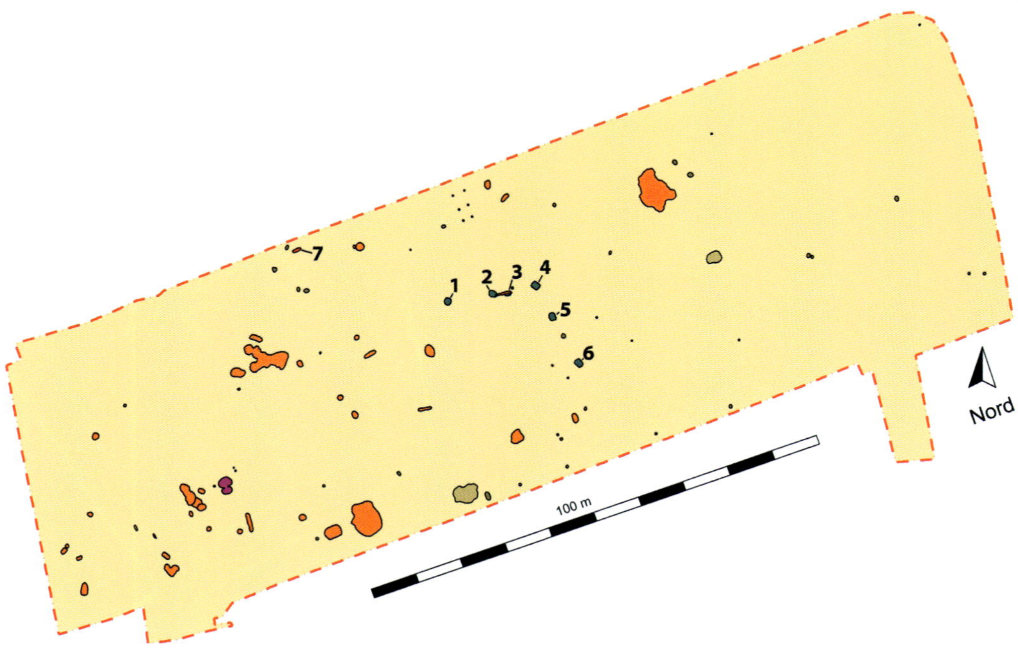

57 *Burggrumbach. Befundplan der Fläche „Seeleite I“ als Phasenkartierung. Lila: Linearbandkeramik; blau: Glockenbecherkultur; orange: Frühlatène; rot: Neuzeit; grau: undatiert bzw. geologisch; 1–7 Gräber.*

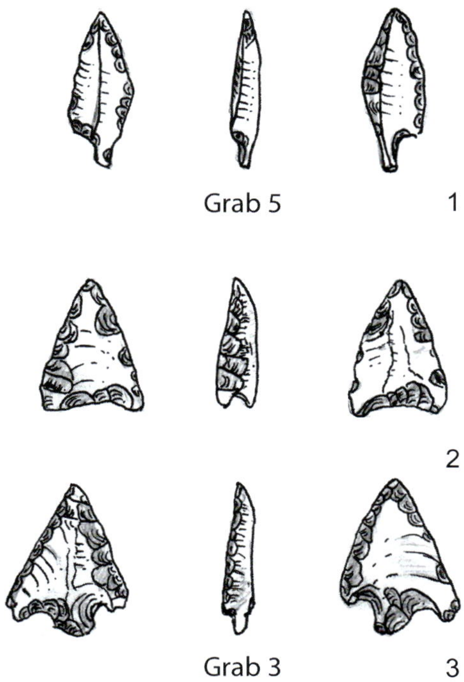

58 *Burggrumbach. Pfeilspitzen aus den Glockenbechergräbern. Maßstab 1 : 1.*

Zusammenhang mit dem Bestattungsritual standen. Allerdings überlagert die Längsgrube die beiden Gräber 2 und 3, sodass diese stratigrafisch jünger ist.

Eine genauere Betrachtung lohnen die sog. All-Over-Corded Becher in Grab 4 und 6. Diese AOC-Becher sind vollflächig mit Schnurabdrücken verziert (Abb. 60; 61,1) und werden oft als Indiz für eine Verbindung mit Traditionen der älteren Schnurkeramik gesehen. Entsprechend gelten solche Schnurabdrücke als früher Verzierungsstil der Glockenbecher. Gleich zwei Becher mit diesem seltenen und für die Forschung zur Chronologie und Genese des Glockenbecher-Phänomens wichtigen Verzierungsstil liegen nun an unserer Fundstelle vor.

Typologische Vergleichsbeispiele für die Becher findet man vor allem in Hessen bzw. im Mittelrheingebiet und am Oberrhein, auch wenn die gedrungene Form an Exemplare der Ostgruppe erinnert. Dies spiegelt die in der Forschung lange geltende Meinung wider, dass die unterfränkischen Glockenbecher typologisch der Westgruppe zuzuordnen wären, sicherlich aber in der Kontaktzone zwischen beiden Regionen liegen.

Ungewöhnlich scheint die Anordnung der Gräber in L-Form (Abb. 57). Lineare Anordnungen von Gräbern der Glockenbecherkultur wurden bereits häufiger beobachtet. Gelegentlich orientierten sich diese am Gelände, wie z. B. entlang eines Baches. In unserem Fall könnte die rechtwinklige Form auch in Zusammenhang mit einer baulichen Struktur stehen, deren Spuren nicht mehr nachzuweisen waren. In Frage käme z. B. eine Ausrichtung auf ein Gebäude oder auch einen Platz, der mit dem Grabritus in Verbindung stand.

Trotz des teilweise sehr schlechten Erhaltungszustandes der Knochen gelang zumindest bei dem mutmaßlichen Männergrab 6 eine ^{14}C-Datierung. Demnach ist die Person um 2455–2206 v. Chr. (cal 2-sigma) verstorben. Dieses Datum gilt somit auch für den AOC-Becher (Abb. 60) und gibt eine tendenzielle Datierung in die ältere Phase des Glockenbecher-Phänomens im Einzugsgebiet von Rhein und Main. Die sechs Bestattungen stellen in Unterfranken die größte bislang entdeckte Grabgruppe dar.

Frühe Urnenfelderzeit/Frühlatènezeit

Der weitaus überwiegende Teil der Befunde waren Siedlungsreste von metallzeitlichen Epochen. Davon lässt sich eine einfache Siedlungsgrube sicher der frühen Urnenfelderkultur zuordnen. Sie enthielt neben mehreren Keramikfragmenten, einem Brocken Eisenschlacke und dem Bohrkern einer Steinaxt auch zwei hervorragend erhaltene Bronzefunde (Abb. 59). Es handelt sich um eine Spinnwir-

59 *Burggrumbach. Spinnwirtelkopfnadel und Pfeilspitze der frühen Urnenfelderzeit. Maßstab 1 : 1.*

60 *Burggrumbach. Grab 6, Bestattung mit AOC-Glockenbecher.*

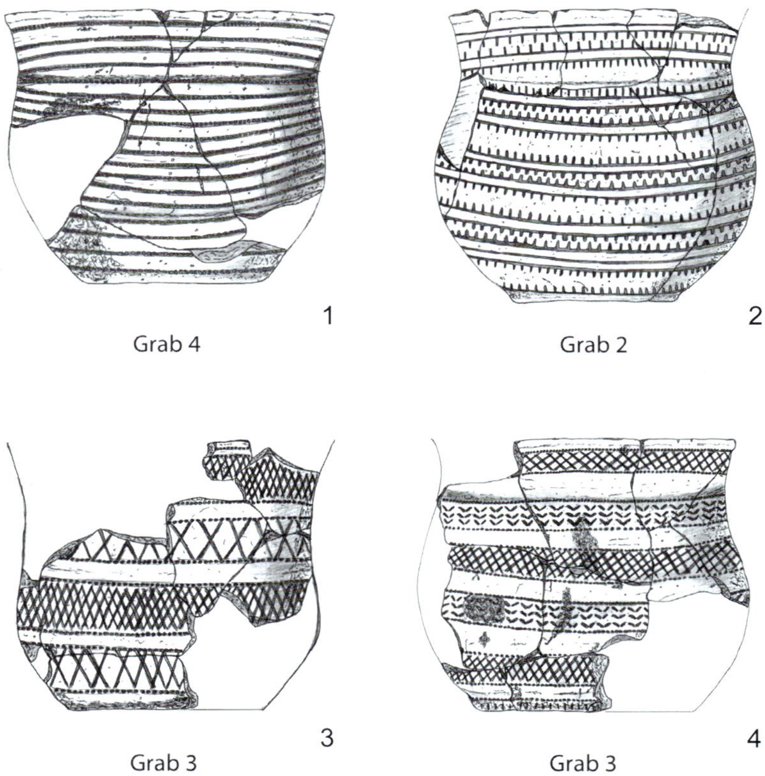

61 *Burggrumbach. Auswahl der Glockenbecherkeramik. Maßstab 1 : 3.*

telkopfnadel, die an den Typ Nauheim erinnert (Stufe Bronzezeit D) und eine gussfrische Pfeilspitze mit Schaftdorn. Diese wies noch einige Gussgrate auf und war mit nur 3 mm sehr dünn. Über die Ausdehnung der urnenfelderzeitlichen Siedlung lassen sich mangels Fundmaterial keine Angaben machen.

Die zeitliche Einordnung eines Großteils der Befunde gestaltete sich schwierig. In einen Zusammenhang mit der Hallstatt- bzw. Latènekultur ließen sich Befunde wie Kegelstumpfgruben und Schlitzgruben mit relativ heller Verfüllung stellen. Zumindest für die Schlitzgruben kann jedoch auch ein Zusammenhang mit der linearbandkeramischen Kultur nicht ganz ausgeschlossen werden. Eine auffällige Befundgattung waren schließlich drei sehr

62 *Burggrumbach. Kopfüber deponierte Schale der Frühlatènezeit (Dm. 43 cm).*

große runde bis amorphe Grubenkomplexe, die im Abstand von 35–80 m zueinander lagen und sich wegen ihrer hellen Verfüllung kaum vom anstehenden Löss absetzten. Die Ausmaße lagen bei 6–9 m bei einer Tiefe von bis zu 2 m. Aufgrund dieser Maße werden die Befunde als Lehmentnahmegruben interpretiert. Teilweise waren innerhalb der Komplexe auch Kegelstumpfgruben integriert.

Auch hier reichte das spärliche Fundmaterial zunächst nicht für eine Datierung aus. Erst der zuletzt untersuchte Komplex erbrachte zahlreiche Funde. Neben vereinzelten Steinwerkzeugen bzw. Abschlägen und einer Pfeilspitze wurden viele datierbare Keramikscherben geborgen, darunter grobe Siedlungskeramik wie z. B. Töpfe mit ausgeprägter Gefäßschulter und einziehendem Unterteil. Zylinderhalsgefäße weisen noch in die späte Hallstattzeit. Typisch für die Frühlatènezeit sind Töpfe mit meist konisch einziehendem Unterteil und markant nach innen abgesetztem, geradem, waagrecht abgestrichenem Rand und umlaufender Punktverzierung auf der Gefäßschulter. Eine weitere frühlatènezeitliche Gefäßform fand sich in einer kleinen Grube kopfüber deponiert (Abb. 62): Es handelt sich um eine Schale mit weit eingebogenem Rand und stark einziehendem Unterteil.

Aus zahlreichen weiteren Gruben stammen Scherben, deren Machart mit grober mineralischer Magerung den Funden aus den Lehmentnahmegruben und der Schale ähnlich sind. Daher dürfte die Großzahl der Befunde einen ausgedehnten Siedlungsbereich der Frühlatènekultur bilden, der sich über weite Teile des Areals und sicher auch darüber hinaus erstreckt.

Der Standort der Siedlung ist auch in Bezug auf bekannte Körpergräber der frühen Latènezeit im näheren Umfeld interessant. Diese befinden sich zum einen jenseits des Grumbachs in westlicher Richtung. Zum anderen wurden 2017 etwa 1 km entfernt im Gewerbegebiet „Windmühle" mehrere Gräber jener Zeit untersucht, wobei letztere zwar nicht in direkter Verbindung mit der Siedlung der „Seeleite" gestanden haben dürften. Dennoch zeugen diese Puzzleteile von einer regen Besiedlung der Region in der Frühlatènezeit.

Napoleonisches Kriegsopfer?

Ein weiterer ungewöhnlicher Befund war eine Nordwest-Südost orientierte Bestattung in bemerkenswert gutem Erhaltungszustand (Abb. 57, Grab 7). Das vermutlich männliche Individuum wurde in gestreckter Rückenlage beigesetzt. Die Grabgrube scheint recht eng gewesen zu sein, sodass die Füße fast aufrecht standen und der Oberkörper eingezwängt zwischen den ausgestreckten Armen etwas tiefer lag. Unterhalb des Schädels kamen zwei

Metallfunde zum Vorschein: ein Stückchen Buntmetalldraht und ein längliches Objekt mit auffallend hohem Gewicht. Eine Materialanalyse steht noch aus, doch könnte es sich um eine Art Projektil handeln. Als historisches Ereignis kommt in diesem Zusammenhang die Schlacht um Würzburg 1796 während des Ersten Koalitionskrieges (1792–1797) in Betracht, in welcher der General der französischen Revolutionstruppen, Jean-Baptiste Jourdan, den kaiserlich-österreichischen Verbänden unter Führung von Erzherzog Karl von Österreich unterlag.

Eine ^{14}C-Datierung des Skeletts ergab eine recht große Spanne in die Jahre 1641–1950 (cal 2-sigma). Die Daten bei cal 1-sigma liegen zwischen 1649 und 1795 (229 ± 21 BP). Ein Zusammenhang mit der Schlacht in napoleonischer Zeit ist damit naheliegend, kriegerische Handlungen im Gebiet um Unterpleichfeld sind zudem belegt. Außerdem sind weitere ähnliche Soldatengräber aus dem nahen Rupprechtshausen bekannt.

Ulrich Müller und Matthias Merkl

Literatur W. Gebers, Das Endneolithikum im Mittelrheingebiet. Typologische und chronologische Studien. Saarbrücker Beitr. Altkde. 27 (Bonn 1984). – R. Großmann, Das dialektische Verhältnis von Schnurkeramik und Glockenbecher zwischen Rhein und Saale. Univforsch. Prähist. Arch. 287 (Bonn 2016). – M. Hoppe, Neue Siedlungsfunde der Bronze- und Eisenzeit aus dem Taubergrund. Fundber. Baden-Württemberg 7, 1982, 73 ff. – W. Kubach, Die Nadeln in Hessen und Rheinhessen. PBF XIII, 3 (München 1977) Nr. 907.

Örtliche Grabungsleitung und Grabungsdokumentation U. Müller, BfAD Heyse GmbH & Co. KG. – *Voruntersuchung* J. Groll, BLfD. – *^{14}C-Daten* R. Friedrich, Curt-Engelhorn-Zentrum Archäometrie gGmbH, Mannheim.

Eine schnurkeramische Männerbestattung in Altenmarkt

Stadt Osterhofen, Landkreis Deggendorf, Niederbayern

„Am Wasserturm" – eine archäologische Fundgrube

Eingebettet in eine reiche archäologische Fundlandschaft liegt die Stadt Osterhofen inmitten der fruchtbaren Lössböden des Straubinger Beckens. Seit ab 2010 im Zuge der Erschließung des Gewerbegebiets „Am Stadtwald" dort umfangreiche Grabungen durchgeführt wurden, richtet sich der Fokus auf den Ortsteil Altenmarkt im Süden von Osterhofen. Die chronologische Spanne des hier durch die Kreisarchäologie Deggendorf und private Grabungsfirmen aufgedeckten dichten Siedlungs- und Grabbefundes reicht dabei vom Neolithikum bis in frühgeschichtliche Zeit. Mit der Ausweisung des Neubaugebiets „Am Wasserturm" wurden ab 2018 in unmittelbarer Nähe zum Gewerbegebiet weitere archäologisch relevante Flächen beansprucht, die in der Folge bis zum Frühsommer 2020 in zwei Teilmaßnahmen untersucht werden mussten.

Wie nicht anders zu erwarten, setzte sich der mehrere Jahrtausende Siedlungsgeschichte widerspiegelnde Befund auch im neuen Baugebiet fort. Ab der jungneolithischen Münchshöfener Kultur über die spätneolithische Badener Kultur und die Frühbronzezeit bis in die späte Latènezeit fanden vorgeschichtliche Siedlungsgemeinschaften hier eine Bleibe. Auch als Begräbnisplatz wurde das Areal gelegentlich genutzt: Neben einem glockenbecherzeitlichen Einzelgrab eines Säuglings mit Fußschale und Becher, das vielleicht in Zusammenhang mit zeitgleichen Siedlungsspuren im unweit gelegenen Gewerbegebiet „Am Stadtwald" steht, fand sich das nahezu vollständige Skelett einer Frau in einer Siedlungsgrube der Frühbronzezeit.

Gräber der Schnurkeramik

Von besonderem Interesse sind in diesem Zusammenhang aber vier Gräber der endneolithischen Schnurkeramik, die, wie in dieser Kulturgruppe häufig zu beobachten, innerhalb der Untersuchungsfläche lose gruppiert in relativ großen Abständen zueinander angetroffen

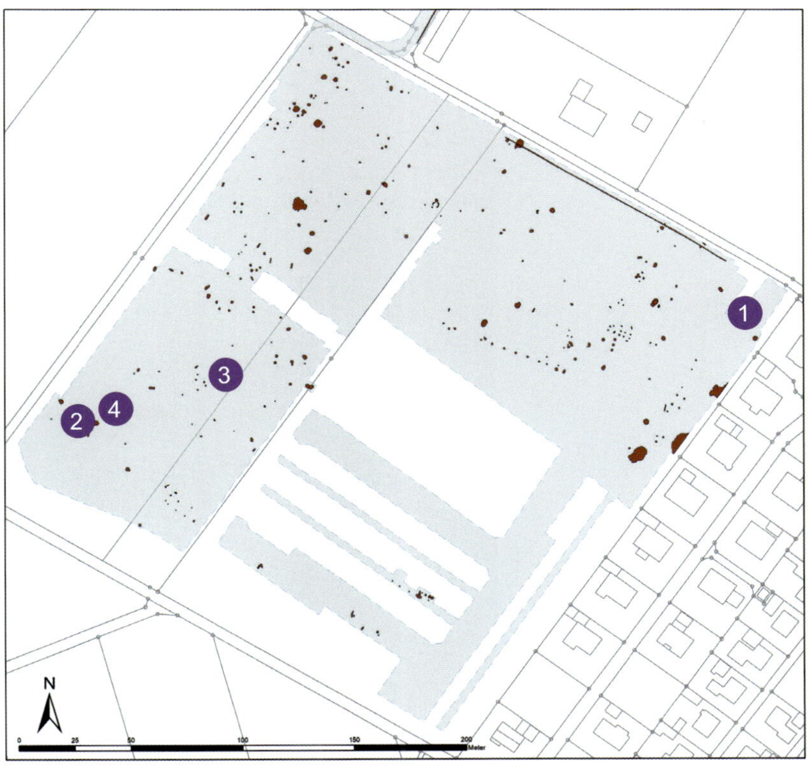

63 *Altenmarkt. Übersichtsplan der 2018 bis 2020 untersuchten Gesamtfläche „Am Wasserturm". Schnurkeramische Bestattungen violett signiert. 1 Männergrab mit Steinbeil; 2 Frauengrab mit zwei Bechern; 3 Männergrab mit Amphore; 4 herausragendes Männergrab 279.*

64 *Altenmarkt. Geiselgasteiger Becher in Grab 279.*

wurden (Abb. 63). Auch wenn die Skelette in dreien der Gräber bereits weitgehend vergangen waren, erlaubt die in der Schnurkeramik praktizierte geschlechtsdifferenzierte Bestattungsweise eine vorläufige Festlegung der Geschlechter. Demnach handelt es sich um die Bestattungen zweier Männer – einmal mit einem Steinbeil ausgestattet, im zweiten Fall mit einem kugeligen Henkelgefäß (vermutlich einer Amphore) – sowie um ein Frauengrab mit zwei stempelverzierten Bechern der spätschnurkeramischen Regionalgruppe Geiselgasteig.

Eine Besonderheit: Grab 279

Deutlich besser erhalten zeigte sich die im Jahr 2020 freigelegte Bestattung im vierten Grab (Befund 279), das sich vor allem aufgrund seiner Beigaben als das wahre Highlight der Untersuchung entpuppte (Abb. 65–66). In der ca. 1,70 m langen, ovalen Grabgrube lag das Skelett in strenger West-Ost-Ausrichtung in rechtsseitiger Hockerlage mit dem Kopf im Westen, dem archäologischen Befund nach also ein Mann. Die stark angewinkelten Beine und eng anliegenden Oberarme rührten möglicherweise von einer Verschnürung des Leichnams her.

Die Grabausstattung des Toten ist von Qualität und Umfang her außergewöhnlich (Abb. 66) und zeichnete ihn sicherlich innerhalb seiner Gemeinschaft als herausragende Persönlichkeit aus. Am Fußende des Grabes fand sich ein nach Norden verkippter, S-förmig profilierter Becher mit einer vom Rand bis zur Schulter reichenden Verzierung aus fünf horizontal umlaufenden Doppelpunkt-Stempelreihen (Abb. 64). Neben der linken Beckenschaufel lag der Rest eines langschmalen Knochenartefakts, bei dem es sich möglicherweise um eine Art Ahle oder Schaber handeln könnte. Im rechten Hüftbereich befand sich ein etwa 11 cm langer, leicht asymmetrischer Dolch aus Plattensilex mit sauberer bifazialer Kantenretusche. Möglicherweise wurden beide Werkzeuge ehemals in einem organischen Behältnis oder Täschchen am Gürtel aufbewahrt, worauf sich allerdings keine konkreten Hinweise fanden. Seitlich neben den Schultern lagen rechts des Toten ein sorgfältig poliertes und geschliffenes asymmetrisches Beil aus grünlich-grauem Felsgestein und links eine facettierte Axt mit exzentrischer Bohrung aus grauem gebändertem Felsgestein. Alle drei Steinwerkzeuge (Abb. 67) weisen leichte Beschädigungen und Abnutzungsspuren auf, sodass man davon ausgehen kann, dass der Tote diese zu Lebzeiten benutzt hat.

65 *Altenmarkt. Schnurkeramische Männerbestattung 279 mit umfangreichen Grabbeigaben. Norden ist rechts.*

Wessen Halswirbel?

Rätselhaft erschienen vier menschliche Wirbel, die, anscheinend absichtlich platziert, auffällig symmetrisch an beiden Oberarmknochen bzw. um die linke Schulter angeordnet lagen (Abb. 66). Als eine Erklärung hierfür stand eine Verlagerung durch Tiere oder Wurzeln im Raum. Allerdings war auch eine intentionelle Deponierung fremder Halswirbel nicht von vorneherein auszuschließen. Nicht zuletzt aus diesem Grund entschied man, einen Anthropologen zu Rate zu ziehen, der die Bestattung fachmännisch begutachten sollte.

Was die Anthropologie verrät

Die anthropologische Untersuchung des Skeletts bestätigte zunächst einmal eindeutig die schon aus dem archäologischen Befund abgeleitete Bestimmung des Geschlechts. Bei dem Toten handelte es sich um einen mindestens 50-, eher 55- bis 80-jährigen Mann mit einer Größe von etwa 171,7 cm. Er war zu Lebzeiten

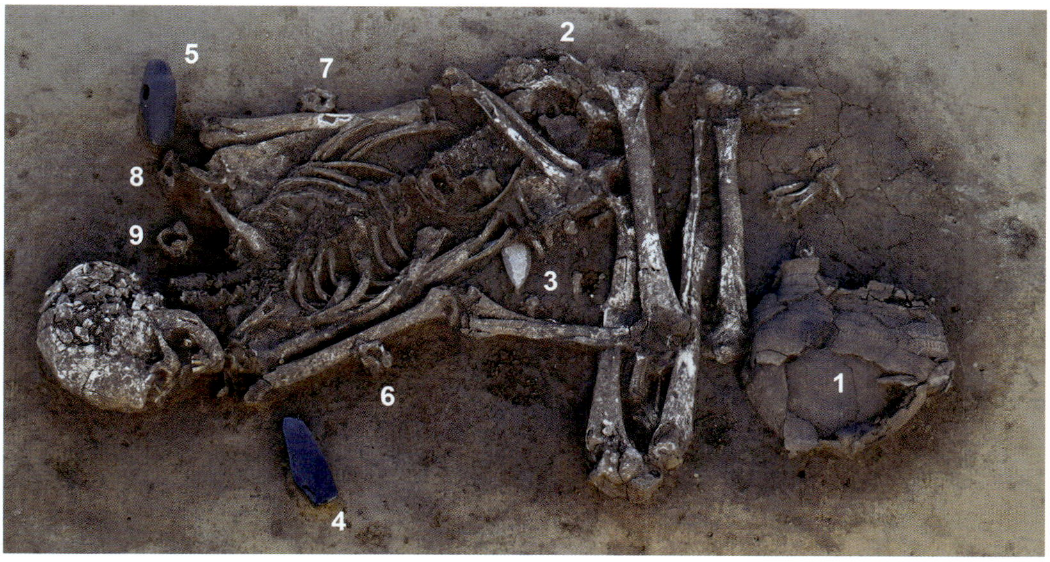

66 *Altenmarkt. Grab 279, Beigabenkombination. 1 Becher; 2 Knochenartefakt; 3 Silexdolch; 4 Steinbeil; 5 Steinaxt; 6–9 Halswirbel an Oberarmen und linker Schulter. Norden ist oben.*

von kräftiger Statur und wies eine mittlere bis robuste Körperbeschaffenheit auf. Seinem für vorgeschichtliche Verhältnisse hohen Lebensalter musste der Mann jedoch Tribut zollen. Er litt an stark abgenutzten, kariesbefallenen Zähnen und einem Abszess im Unterkiefer. Außerdem gibt es Nachweise für Hirnhautentzündung (Meningitis), altersbedingte Arthrosen an Hals, Schulter und Händen sowie eine Knochenhautentzündung (Periostitis) am linken Bein. Außergewöhnlich erscheint der Befall durch einen Hundebandwurm (Echinococcus granulosus), der durch eine ovale Verkalkung nachweisbar war, die sich im Bauchraum fand. Um das Rätsel der vier einzeln liegenden Halswirbel zu klären, entschloss man sich gemeinsam mit dem Anthropologen, die in situ liegende Halswirbelsäule als Block zu entnehmen, um diese nach der Freipräparierung unter Laborbedingungen mit den besagten vier Wirbeln abzugleichen. Es stellte sich heraus, dass die vier Wirbel eindeutig zum Skelett gehörten und also wohl tatsächlich sekundär biogen verlagert worden waren.

Alles, was man einem Toten mitgeben kann

Für die zeitliche Einordnung des reichen Männergrabes ist der stempelverzierte Becher maßgeblich, der sich gut in die typologische Gliederung schnurkeramischer Becher Südbayerns nach Bernd Engelhardt einfügt. Seine ausschließlich in Stempeltechnik ausgeführte Verzierung, die auf Hals- und Schulterbereich begrenzt ist, verweist in eine entwickelte Phase der spätschnurkeramischen Regionalgruppe Geiselgasteig. Hierzu passt auch der kantenretuschierte Dolch aus Plattenhornstein, wie er oft vergesellschaftet mit Bechern dieser Art auftritt.

Die Beigabenkombination, die neben dem Becher das gesamte zeittypische Spektrum an Stein- und Silexgeräten umfasst, ist in Bayern nahezu einzigartig. Vergleichbar ist in diesem Zusammenhang lediglich eine Bestattung aus Pilsting-Trieching mit Becher, Dolch, Axt und einem kleinen Einsatzbeil. Letzteres wurde allerdings nur als Lesefund im Umfeld des bereits stark gestörten Grabes gefunden, sodass die tatsächliche Zusammengehörigkeit der Beigaben dort nicht gewährleistet ist.

Michael Hümmer und Uta Kirpal

Literatur B. Engelhardt, Der schnurkeramische Bestattungsplatz von Künzing-Ost. In: K. Schmotz (Hrsg.), Vorträge des 16. Niederbayerischen Archäologentages (Rahden/Westf. 1998) 71–98. – S. Hanöffner, Arch. Jahr Bayern 2017, 17–19. – K. Massy/S. Hanöffner/N. Carlichi-Witjes/Ph. W. Stockhammer, Früh- und ältermittelbronzezeitliche Gräber und Siedlungsreste aus Altenmarkt, Stadt Osterhofen, Lkr. Deggendorf. In: K. Schmotz (Hrsg.), Vorträge des 36. Niederbayerischen Archäologentages (Rahden/Westf. 2018) 123–174.

Örtliche Grabungsleitung und Grabungsdokumentation M. Hümmer, Fa. Archaios GmbH, Sinzing. – *Anthropologische Bestimmungen* St. Zäuner, Fa. Anthropol.

67 *Altenmarkt. Knochenartefakt, Steinaxt, Steinbeil und Silexdolch aus Grab 279.*

Siedeln und bestatten in der Windsheimer Bucht – Eine schnurkeramische Grabgruppe bei Burgbernheim

Landkreis Neustadt a.d. Aisch-Bad Windsheim, Mittelfranken

Mit der Erschließung des Gipstagebaus Burgbernheim konnten eine metallzeitliche Siedlung und sechs Gräber der Schnurkeramik freigelegt werden. Das Grabungsgelände liegt auf einem Höhenrücken, der sich parallel zur B 470 Richtung Gallmersgarten erstreckt. Der geologische Untergrund besteht aus wechselnden, unterschiedlich starken Keuperton-/Mergelbändern, wie sie für den Randbereich der Fränkischen Keuperlandstufe charakteristisch sind.

Eine metallzeitliche Siedlung

Im Bereich der Hügelkuppe wurden 25 Hausgrundrisse aufgedeckt. Fast die Hälfte davon waren einschiffige Sechspfostenbauten mit Seitenlängen von 3,00 bis 7,50 m. Dazwischen ließen sich acht vollständige und vier unvollständige bzw. unsichere Vierpfostenbauten mit Außenabmessungen von 2,80 bis 4,65 m lokalisieren. Zu den größten Häusern mit bis zu 8,50 m Länge gehörten ein einschiffiger und ein zweischiffiger Achtpfostenbau. Die Mehrzahl der Grundrisse war mit geringen Abweichungen Nordnordwest-Südsüdost orientiert. Zwei Bauten waren zudem Nordnordost-Südsüdwest, ein Sechspfostenbau Westsüdwest-Ostnordost ausgerichtet. Die Pfostengruben der einzelnen Häuser variierten zum Teil stark in ihrer Ausdehnung im Planum und vor allem in ihren Erhaltungstiefen, die von wenigen Zentimetern bis maximal 61 cm unter Planum 1 reichten (Abb. 70). Fast allen gemein ist das weitestgehende Fehlen von datierbarem Fundmaterial. Zwei sich überlagernde Grundrisse an der südöstlichen Grabungsgrenze verweisen auf eine Mehrphasigkeit der Siedlung oder eine längere Siedlungsperiode.

Neben weiteren einzelnen Pfostengruben konnten auch mehrere Siedlungsgruben dokumentiert werden, darunter vier im Planum gleichartige, mit Brandlehm verfüllte Gruben,

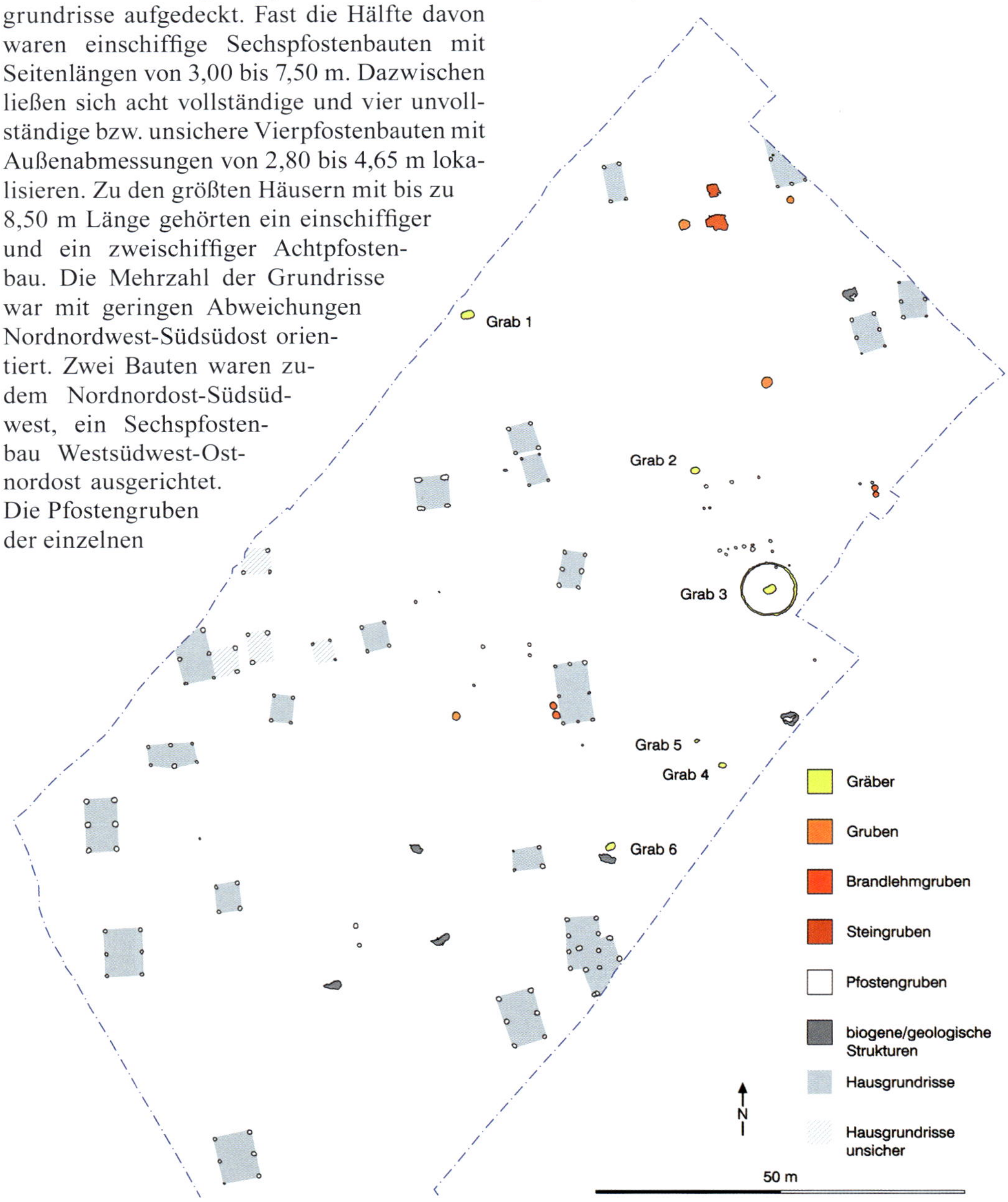

68 *Burgbernheim. Planausschnitt mit den Befunden der Grabung 2020.*

die jeweils zu zweit, eng beieinander liegend angeordnet waren. Zwei der Brandlehmgruben wie auch zwei weitere, bis 1 m tiefe Siedlungsgruben erbrachten hallstattzeitliches Fundmaterial, darunter einige Keramikscherben, einen verzierten Spinnwirtel und einen kleinen runden „Spielstein". Am Rande der Grabungsfläche lagen zwei der mittlerweile von etlichen Siedlungsplätzen der Region bekannten langrechteckigen „Gargruben".
Das Siedlungsareal war in der Osthälfte der Grabungsfläche von einem etwa Nord-Süd verlaufenden, fast „grundrissfreien" Korridor von ca. 40–60 m Breite durchzogen, in dem sich auffälligerweise die meisten Gruben sowie die schnurkeramischen Gräber befanden (Abb. 68).

69 *Burgbernheim. Durchlochte Canidenzähne und „Zahnimitate" aus Grab 1. Maßstab 1 : 1.*

Schnurkeramische Gräber

Alle Grabgruben wurden für die Verstorbenen angelegt, es gab keine Hinweise auf eine Sekundärnutzung von Siedlungsgruben für eine Bestattung. Bei fünf der sechs Gräber war die Knochenerhaltung so schlecht, dass die Ausrichtung der sterblichen Überreste nur näherungsweise, im Fall von Grab 4 gar nicht bestimmt werden konnte.
In Grab 1 wurde ein weibliches Individuum, linksseitig gehockt, mit dem Kopf nach Ostnordost bestattet. Der Verstorbenen war hinter dem Sprunggelenk ein Becher beigegeben worden, von dem jedoch nur der Boden erhalten war. Unmittelbar an der Schädelkalotte befand sich ein Schmuck aus aneinandergereihten durchlochten Canidenzähnen und aus Knochen hergestellten „Zahnimitaten" (Abb. 69). Im Oberkörper- bis Kopfbereich war die Bestattung durch einen sekundären Eingriff gestört, Armknochen, Brustkorb, Wirbel und der größte Teil des Schädels waren dadurch nicht mehr vorhanden.
In Grab 2 waren nur noch die Zähne eines juvenilen oder frühadulten Menschen, vereinzelte Knochenfragmente und Knochenmehl erhalten. Die wenigen Überreste lagen zwischen einer Gefäßbeigabe aus völlig aufgeweichter Feinkeramik im Norden und einem Steinbeil im Süden der Grabgrube. Die Zahnkonzentration im Westen, die Beigaben und ihre Lage verweisen auf ein männliches Individuum, das mit dem Beil vor dem Oberkörper als rechtsseitiger Hocker bestattet worden war.
Für eine Überraschung sorgte ein Kreisgraben von 7,70 m Außendurchmesser, in dessen Mitte Grab 3 freigelegt werden konnte (Abb. 72). Die Lage der Langknochenfragmente im Südwesten, der Zähne überwiegend im Nordosten und der Fragmente eines Zahnschmuckes, analog zu Grab 1, deuten auf ein weibliches Individuum hin. Zu den Beigaben gehören

70 *Burgbernheim. Pfostengruben aus den Hausgrundrissen.*

71 *Burgbernheim. Grab 6 mit männlichem Hocker, 12–18 Jahre alt.*

auch ein durchlochtes Muschelplättchen und Muschelplättchenfragmente. Die Befundsituation indiziert eine schwere Störung des Grabes, aufgrund dessen der Zahnschmuck und die Zähne über die östliche Grabhälfte verteilt worden waren und noch bis in den Westabschnitt hineinreichten.

In der Kreisgrabenverfüllung fanden sich Hinweise auf Einbauten, ohne dass diese genauer verifiziert werden konnten. Auffallend in diesem Zusammenhang sind auch die Pfostenstellungen zwischen Grab 2 und Grab 3, die mit keinem Hausgrundriss korrelieren und möglicherweise im Zusammenhang mit den Bestattungen stehen.

In dem beigabenlosen Grab 4 waren nur noch die Milchzähne eines Infans und zwei kleine Knochensplitter vorhanden.

Im nahe gelegenen Grab 5 fand sich eine weitere Bestattung der Altersklasse Infans II bis Juvenis. Das Knochenmaterial war bis auf einige pulverisierte Reste im Nordosten fast vollständig vergangen. Aufgrund der Lage von Zähnen im Südwesten der Grabgrube und der geschlechtsspezifischen Beigaben kann auf ein männliches Individuum geschlossen werden. Der Tote war mit einem kleinen Rechteckbeil aus Felsgestein im Süden und zusätzlich mit einer Silexklinge im Norden der Grabgrube beigesetzt worden. Zu der vergleichsweise reichen Grabausstattung gehörten weiterhin zwei durchlochte Knochenstücke im Kopfbereich sowie nur noch schemenhaft erkennbare Reste von vergangenen Keramikgefäßen, die im Brust- und Rückenbereich des Bestatteten niedergelegt worden waren.

Grab 6 zeichnete sich durch eine nahezu vollständige wenn auch sehr fragile Knochenerhaltung aus. Bei dem Bestatteten handelte es sich um einen rechtsseitigen Hocker im Alter von 12–18 Jahren, mit dem Kopf im Westsüdwesten und der Blickrichtung nach Südosten. Die Ausrichtung des Toten und ein Steinbeil als Beigabe weisen ihn als männliches Individuum aus (Abb. 71). Der rechte Arm war gestreckt, der linke um etwa 90° angewinkelt. Dem Anschein nach umfasste der Verstorbene den nicht mehr erhaltenen Schaft des facettierten Querbeils aus Felsgestein.

Außerhalb der anatomischen Struktur lagen zwei längliche Knochenfragmente im Rückenbereich und an den Unterschenkeln, bei denen es sich um verlagerte Knochen des Verstorbenen oder aber um Fleischbeigaben gehandelt haben könnte.

72 *Burgbernheim. Geschnittener Kreisgraben mit zentral liegendem Grab 3.*

Fazit

In Burgbernheim konnte die bislang zahlenmäßig umfangreichste Gräbergruppe der Schnurkeramik in Mittelfranken erfasst werden. Sie deutet auf einen nahe gelegenen Siedlungskontext hin, ohne dass die Hausgrundrisse (aufgrund des weitgehend fehlenden Fundmaterials) damit in Verbindung gebracht werden könnten. Mit den ^{14}C-Daten von 2-Sigma 1448–1306 BC und 1658–1531 BC aus zwei Pfostenstellungen der im Jahr 2018 freigelegten Anschlussfläche und den Keramiknachweisen aus den Brandlehmgruben der Grabung 2020 werden bronzezeitliche und hallstattzeitliche Siedlungsphasen greifbar.

Bernd Kriens, Julia Rathgeber und Ina Stolzenburg

Literatur B. und F. Hoppe, Arch. Jahr Bayern 1984, 42–43. – M. Schußmann, Neue Gräber der schnurkeramischen Kultur zwischen Taubertal und Steigerwald. Ber. Bayer. Bodendenkmalpfl. 57, 2016, 41–99. – R. Beigel, Arch. Jahr Bayern 2017, 38–40 (Marktbergel).

Örtliche Grabungsleitung B. Kriens. – *Dokumentation* J. Rathgeber, I. Stolzenburg, Ph. Schinkel, D. Förster, Ch. Kirchhoff und F. Stöckinger. – *Anthropologie* K. v. Heyking und F. Immler, Fa. Anthro Arch GbR. – *Restaurierung* H. Voß, BLfD. – *^{14}C-Daten* R. Friedrich, Curt-Engelhorn-Zentrum Archäometrie gGmbH, Labornr. MAMS 39345, 39346.

Ein Hotspot der Frühbronzezeit – Siedlung und Gräber in Aschheim und Kirchheim b. München

Landkreis München, Oberbayern

Gemeindeübergreifende Bronzezeit
Aus dem wachsenden Gewerbegebiet im Südosten der Gemeinde Aschheim, an ihrer Grenze zu Kirchheim, sind seit einigen Jahren frühbronzezeitliche Befunde bekannt, darunter auch ein 2008 ausgegrabener, größerer Siedlungsausschnitt, in dem ein Brunnen mit sehr guter Holzerhaltung (Fälldatum 2049/48 v. Chr.) zutage kam. Direkt südlich fanden 2019 und 2020 auf einer etwa 9 ha großen Fläche Ausgrabungen statt, die eine Fortsetzung der Siedlung in unerwarteter Dichte erbrachten. Kartiert man alle Grabungsergebnisse der letzten Jahre zusammen, zeigt sich hier eine bislang auf 26 ha ausgegrabene, mehrphasige früh- (und mittel-)bronzezeitliche Siedlung, deren Grenzen im Norden und im Westen erreicht sind; nach Süden und vor allem Richtung Osten sind diese noch unklar (Abb. 73). Weiterhin gibt es auf diesen Flächen Befunde aus der Spätbronze- und Hallstattzeit, die aber im Folgenden nicht berücksichtigt werden.
Zu der frühbronzezeitlichen Siedlung gehören zwei vereinzelte Grabgruppen mit zwei bzw. sechs Gräbern, die 2014 und 2018 aufgedeckt wurden sowie weitere 13 jüngst freigelegte Gräber, auf die unten noch eingegangen wird. Etwa 800 m östlich der bisherigen Grabungs-, aber wohl noch nicht der Siedlungsgrenze fand sich bei den Ausgrabungen im Vorfeld der Erschließung einer neuen Ortsmitte der Gemeinde Kirchheim völlig unerwartet ein Gräberfeld mit insgesamt 43 frühbronzezeitlichen Bestattungen. Inwieweit hier ein Zusammenhang mit der Großsiedlung besteht, muss zwar noch offen bleiben, jedoch dürften Siedlung und Gräberfeld zeitgleich bestanden haben.

Die Siedlung
Die 2019/20 im Zuge einer weiteren Erschließung des Gewerbegebiets südlich der Klausnerstraße ausgegrabene Fläche erbrachte zahlreiche Pfostengruben, aus denen sich mindestens 78 Häuser aus der Frühbronzezeit rekonstruieren ließen (Abb. 73,1; 74). Aus den umliegenden Grabungsflächen, die zwischen 1994 und 2018 untersucht wurden, lassen sich noch ca. 45 weitere Hausgrundrisse anschließen, sodass sich eine Siedlung mit mindestens 124 Häusern ergibt, deren engere zeitliche Abfolge allerdings noch nicht erkennbar ist.
Vorherrschend sind der Haustyp „Eching/Öberau“ sowie Vertreter des Haustyps „Zuchering“, die durch ihre zum Teil gut erhaltenen Wandgräben besonders auffällig im Luftbild erkennbar sind.
Die deutliche Mehrzahl der Pfostengruben in der aktuell ergrabenen Fläche gehören zu Ge-

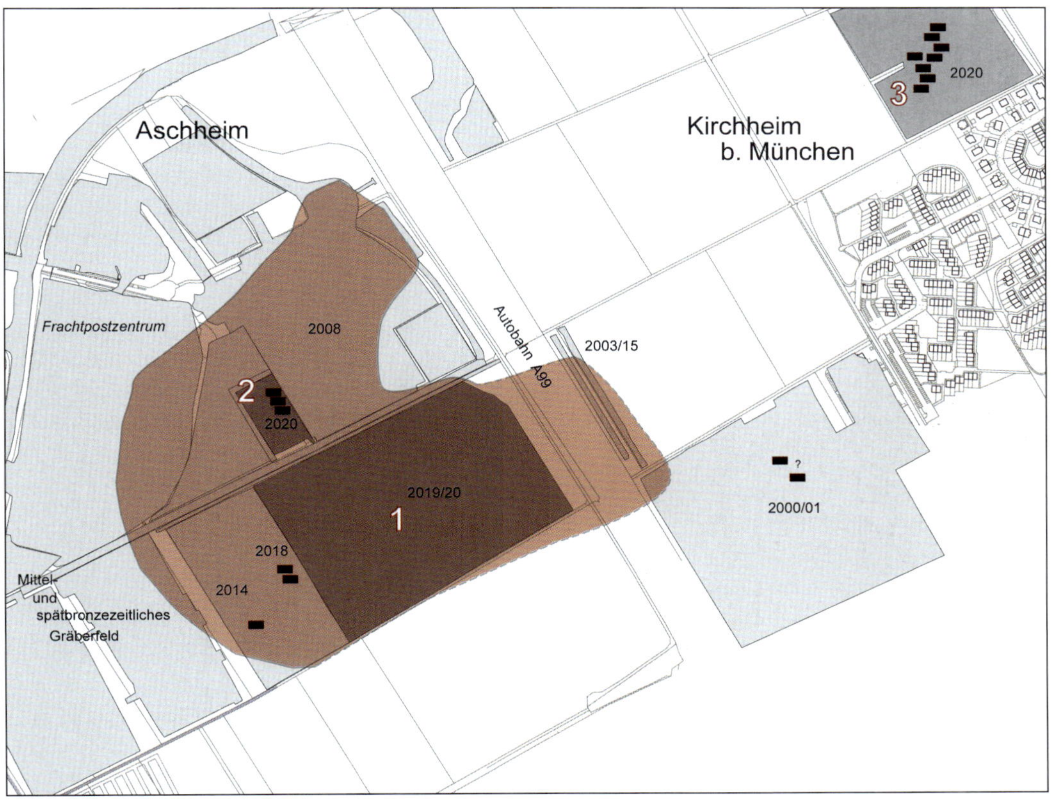

73 *Aschheim/Kirchheim b. München. Hellgrau: Grabungsflächen bis 2020; dunkelgrau (1–3): die beschriebenen, aktuellen Flächen; rotbraun: Ausdehnung der frühbronzezeitlichen Siedlung, mit unsicherer Fortsetzung nach Süden und Osten. Rechtecke markieren zeitgleiche Gräber. Geobasisdaten: Bayerische Vermessungsverwaltung 2021.*

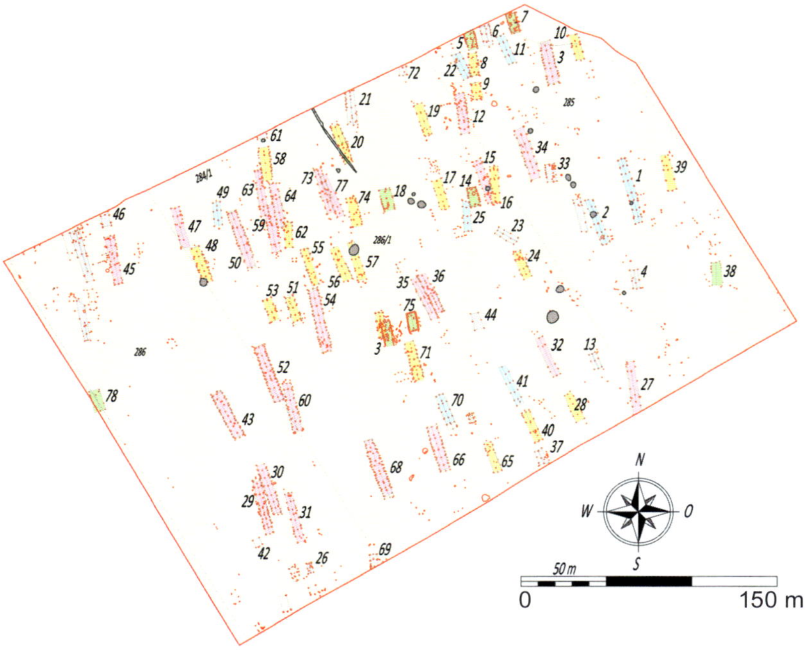

74 *Aschheim. Plan der aktuell ausgegrabenen Siedlungsfläche (Abb. 73,1); Hausgrundrisse nach Größe und Typ farblich differenziert: rot, gelb und blau Typ Eching/Öberau; grün Typ Zuchering.*

75 *Kirchheim b. München. Auswahl an Kleinfunden aus dem Gräberfeld. 1–3 Bein-/Geweihscheiben; 4 Griffende eines Dolches; 5–6 Bronzepfrieme; 7–8 Spiraltutuli. Maßstab 1 : 1.*

bäuden; nur vergleichsweise wenige Befunde bleiben ohne Zuordnung. Besonders der nördliche Bereich ist dicht mit Häusern belegt, die Befunde im Süden der Fläche sind eher locker gestreut. Grundsätzlich fallen auf der Gesamtfläche immer wieder größere Areale ins Auge, die komplett befundfrei sind und möglicherweise auf Plätze oder anders genutzte Areale ohne tiefere Bodeneingriffe hinweisen. Regelhafte Gebäudeüberlagerungen belegen eine Mehrphasigkeit der Siedlung. Auf der Fläche fand sich lediglich ein zeitgleicher, 3,30 m tiefer Brunnen, aus dessen Verfüllung eine fast vollständige, mit linearen Mustern verzierte Tasse stammt.

Den überwiegenden Teil des Fundmaterials stellt vorgeschichtliche Keramik, die anhand von Verzierung und Machart der frühen (und mittleren?) Bronzezeit zugeordnet werden kann. Grundsätzlich verteilen sich die keramischen Funde über die gesamte Fläche. Die Grobkeramik überwiegt gegenüber der Feinkeramik deutlich. Besonders zu erwähnen sind die Gruben 196 in Haus 33 und 435 in Haus 7, die durch eine hohe Fundzahl hervorstechen. Die Keramik ist in beiden Fällen stark fragmentiert, verrundet und teilweise auch sekundär gebrannt, wodurch sie sich als bereits vorhandener Siedlungsabfall zeigt, der entweder beim Hausbau oder intentionell in die Gruben geriet.

Neben den frühbronzezeitlichen Überresten fand sich ganz im Süden der Fläche ein Brunnen, der aufgrund des Scherbens einer Knickwandschale (1. bis Mitte 2. Jahrhundert) in die römische Kaiserzeit datiert und wohl zu der südlich anschließenden, aus Luftbildern bekannten römischen Siedlung gehört.

Gräber in der Siedlung

Direkt nördlich der oben beschriebenen Fläche schloss sich eine weitere Grabungsmaßnahme auf ca. 1,1 ha zwischen Möbelhaus und Frachtpostzentrum an. Neben mindestens einem weiteren frühbronzezeitlichen Haus und vorgeschichtlichen (urnenfelder-/hallstattzeitlichen) Befunden waren hier zwölf Gräber mit insgesamt 13 Bestattungen anzutreffen (Abb. 73,2; 77). Die ursprünglich ungestörten Gräber lagen nah beieinander im Ostteil der Fläche, wo sie teilweise durch einen dort unbeaufsichtigt eingezogenen modernen Kabelgraben sowie Baggerschürfe gestört waren. Die überwiegend Nord-Süd bis Nordwest-Südost ausgerichteten Grabgruben verteilten sich um mehrere symmetrisch angeordnete Pfosten. Da die Gräber offensichtlich Rücksicht auf die Pfostenstellungen nahmen, stellten diese wahrscheinlich obertägige Grabmarkierungen dar. Es könnte sich auch um mehrere einzelne, auf bestimmte Bestattungen zulaufende Reihen gehandelt haben, wie man sie in Südbayern häufiger antrifft. Hervorzuheben ist die Bestattung einer jungen Frau, der ein Säugling in den Arm gelegt worden war. Aus zwei Gräbern stammen Kleidungsbestandteile wie Bronzeblechröllchen, ein Spiraltutulus und eine Nadel, die eine Datierung in die Frühbronzezeit anzeigen. Aus dem Siedlungszusammenhang und einer Grabverfüllung stammen zwei Fragmente von Meeresschnecken (*cerithium vulgatum* und unbest.), die auf weiträumigere Handelsverbindungen schließen lassen.

Das große Gräberfeld

Auf einer etwa 4 ha großen Denkmalverdachtsfläche in Kirchheim (Abb. 73,3) konnte neben mehreren spätrömischen Befunden auch eines der bislang größten frühbronzezeitlichen Gräberfelder Südbayerns in seiner Gesamtheit freigelegt werden. Es handelt sich um 42 sicher identifizierbare Gräber mit 43 Individuen (Abb. 76). In einem Grab ließ sich eine Nachbestattung beobachten. Mehrere nur oberflächlich erhaltene Strukturen ohne Knochenmaterial lassen weitere, wohl aufgrund ihrer geringen Bestattungstiefe nicht mehr erhaltene Gräber vermuten.

Der Großteil der Gräber war – wie so oft in der Frühbronzezeit – antik geöffnet und beraubt oder gestört worden. Dabei kamen offensichtlich gezielte Entnahmen bis hin zu einem vollständigen Durchsuchen der Gräber vor. Soweit erkennbar, wurden beigabenlose Gräber nicht geöffnet, was ein Wissen um die Grabausstattungen nahelegt. Ob diese unterschiedlichen Störungsarten chronologisch bedingt sind oder anderer Natur waren, ließ sich nicht ermitteln.

In den Gräbern verbliebene Stücke wie Buntmetallniete und -röllchen, Ruderkopfnadeln, Pfrieme, Drahtarmringe oder Ensembles von Ringen und Scheiben aus Knochen oder Geweih, teilweise mit Verzierung, belegen eindrücklich die frühbronzezeitliche Zeitstellung (Abb. 75). Spannend ist der Rest eines Griffabschlusses aus Geweih aus einem gestörten Grab, der hier das ehemalige Vorhandensein eines Dolches nahelegt (Abb. 75,4).

Zwei Gräber (265 und 370) fielen durch Pfostenstellungen rund um die Grabgrube und deutlich tiefer angelegte Bestattungen auf, die möglicherweise eine höhere soziale Stellung dieser Verstorbenen anzeigen.

Ins Auge fallen die bis zu 42 m langen, sehr regelmäßigen Pfostenreihen, die in Ostsüdost-Westnordwest-Richtung zwischen den Gräbern verlaufen und vereinzelt rechtwinklig zur Achse gedrehte Pfostendoppelungen oder gar Vervierfachungen aufweisen (Abb. 76). Die Pfostengruben waren nur noch geringtief erhalten, weshalb die in einigen Fällen zu erwartenden Standspuren zwischen den Pfosten möglicherweise erhaltungsbedingt heute fehlen.

Nahezu identische Strukturen sind aus dem niederösterreichischen Gräberfeld von Franzhausen bekannt (freundl. Mitteilung Ken Massy). Wie dort liegen auch in Kirchheim die auffälligen Pfostendopplungen im gleichen Abstand zur sonstigen Pfostenreihung.

Die in Süddeutschland bekannten, einfachen Pfostenreihungen, die auf einzelne Gräber zulaufen, werden im Zusammenhang mit frühbronzezeitlichen Totenritualen erklärt. Die Kirchheimer Reihen verlaufen aber nicht – wie zu vermuten wäre – rechtwinklig zu den Grabachsen. Teilweise scheinen sie Gräber zu überlagern oder von diesen geschnitten zu werden; eine eindeutige relativchronologische Abfolge war leider nicht mehr zu ermitteln.

Daher mag auch eine alternative Deutungsmöglichkeit der Reihen als Firstgiebelreihen eines Gebäudes mit nicht in den Boden eingreifenden Außenwänden zu überlegen sein. Hierfür könnten Siedlungsanzeiger wie Holzkohlepartikel oder Keramik sprechen, die auffälligerweise in Gräbern des Nordostteils fehlten, während sie im Südwesten vereinzelt in den Grabgruben anzutreffen waren.

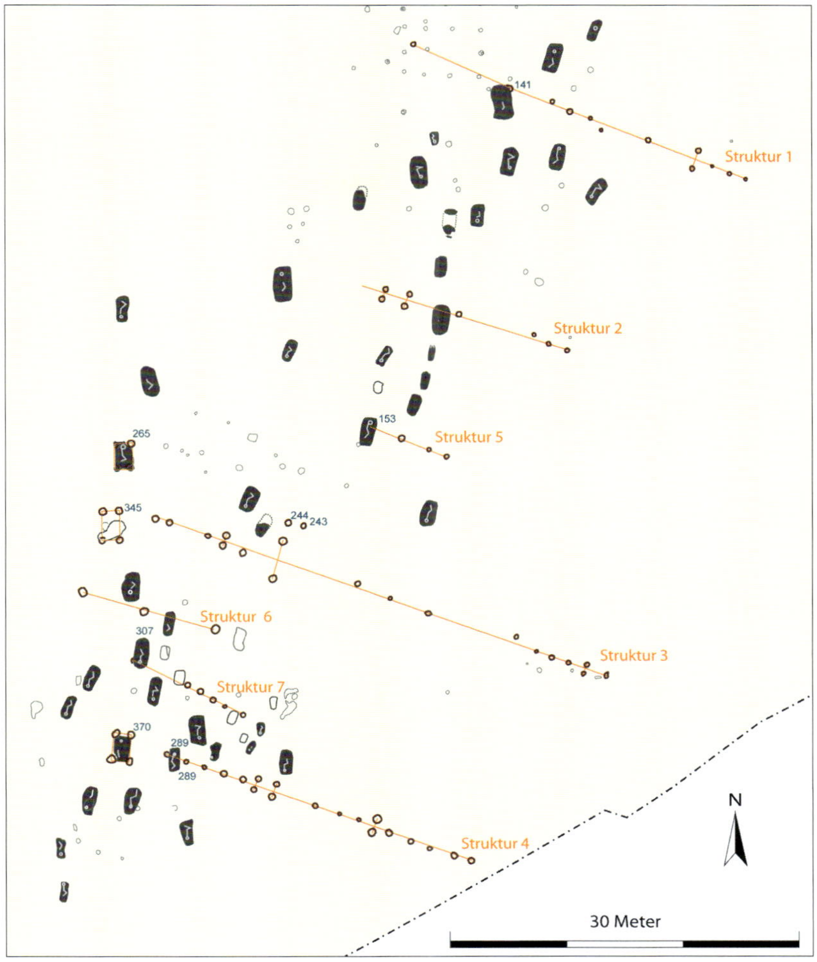

76 *Kirchheim b. München. Planausschnitt des großen Gräberfeldes (Abb. 73,3). Gräber (grau, voll); mutmaßliche Grabschächte (grau, offen); Pfostenreihen Struktur 1–7 (braun) und unbestimmte bzw. spätantike Pfosten (hellgrau).*

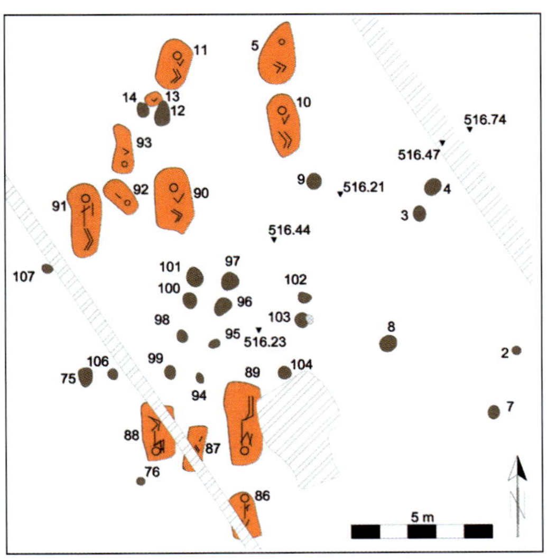

77 *Aschheim. Planausschnitt mit Grabgruppe (orange) und Pfostenreihen (braun) nördlich der großen Siedlungsfläche (Abb. 73,2).*

Das spannende Ensemble einer großen Siedlung und eines im Nahbereich liegenden großen Gräberfelds birgt durch seine flächige Erschließung und die vielfältigen Befunde, deren Parallelen auch über Bayern hinausreichen, eine hervorragende Chance, ein tiefgreifenderes Verständnis der frühbronzezeitlichen Besiedlung Südbayerns zu erhalten, und zeigt das Potenzial großer Flächengrabungen.

Birgit Anzenberger, Jennifer Bagley, Carl Göderz, Andreas Otto, Anja Pütz und Hans-Peter Volpert

Literatur F. Herzig/A. Pütz, Arch. Jahr Bayern 2008, 33–35. – M. Schefzik, Die bronze- und eisenzeitliche Besiedlungsgeschichte der Münchner Ebene. Internat. Arch. 68 (Rahden 2001). – K. Massy, Die Gräber der Frühbronzezeit im südlichen Bayern. Untersuchungen zu den Bestattungs- und Beigabensitten sowie gräberfeldimmanenten Strukturen. Materialh. Bayer. Arch. 107 (Kallmünz 2018).

Anthropologische Bestimmungen F. Schreil, Fa. Anthroarch, Grafrath. – *Restaurierung* J. Stolz, Mittelstetten. – *Grabungsleitung* Siedlung Aschheim: A. Otto, Archäologisches Büro Anzenberger & Leicht GbR; Gräber Aschheim: C. Göderz, 3Archäologen; Gräber Kirchheim: H.-P. Volpert, M-D-V.

Spätbronzezeit an der Römerstraße: Brandbestattungen der Riegsee-Gruppe in Eresing

Landkreis Landsberg am Lech, Oberbayern

78 *Eresing. Angelhaken (Köderfischhaken) aus Grab 9. Maßstab 1 : 1.*

Untersuchungen „Am Mittelfeld"
Im Norden von Eresing wurde das neue Gewerbegebiet „Am Mittelfeld" erschlossen, das unmittelbar westlich an die Via Claudia Augusta (heute Geltendorfer Straße) anschließt. In Vorbereitung zu den Bauarbeiten wurde daher zunächst sondiert, weil man in diesem Bereich eine Abzweigung der Römerstraße vermutete. Als neben einem frühneuzeitlichen Kiesweg drei Steinkonzentrationen mit vorgeschichtlichen Keramikfunden aufgedeckt wurden, hatte dies zur Folge, dass die gesamte Fläche denkmalfachlich zur Untersuchung anstand. Beim nachfolgenden flächigen Oberbodenabtrag kamen unter anderem fünf weitere rechteckige Steinkonzentrationen zu Tage, die sich als teils reich ausgestattete Brandbestattungen der späten Bronzezeit herausstellten. Im westlich angrenzenden Grundstück lagen drei weitere vergleichbare Bestattungen, während die übrigen Areale befundfrei blieben. Insgesamt wurden elf Gräber freigelegt (Abb. 79). Es zeichnete sich das Bild des Randbereichs einer locker gestreuten Grabgruppe ab, die auf einer Hügelkuppe liegt und nur im Südwesten erfasst wurde. Dank des verhältnismäßig milden Winters 2020 konnte ein kleines Grabungsteam die Befunde zwischen Januar und März dokumentieren und bergen.

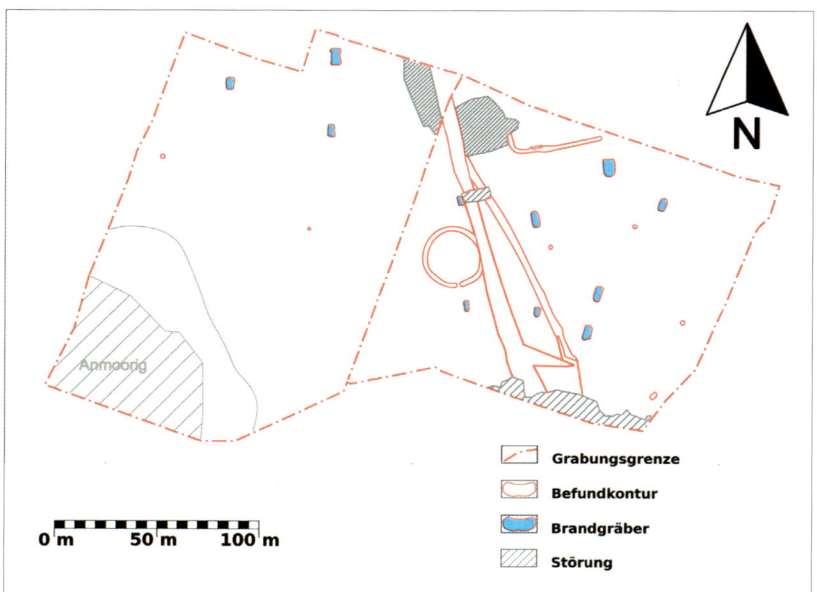

79 *Eresing. Ausschnitt des CAD-Plans mit markierten Bestattungen (blau).*

Die Grabanlagen
Nahezu allen Bestattungen war gemein, dass sie ungefähr Nord-Süd orientiert waren und eine rechteckige bis ovale Steinpackung aus Geröllen mit einem Durchmesser von 10–30 cm aufwiesen (Abb. 80; 83; 86). Die Länge der Grablegen bewegte sich zwischen ca. 2 m und 3,5 m. Es scheint also ein gewisses „Grundkonzept" vorgelegen zu haben, an das sich die bestattende Gemeinschaft bei der Anlage der Gräber hielt. Mitunter war die Steinpackung nicht mehr vollständig erhalten. Sechs Gräber zeigten nämlich eine auffällige rundliche, teils regelmäßige, teils unregelmäßige Aussparung mittig in der südlichen Hälfte der Steinpackung. Die Steinpackungen selbst erweckten bisweilen den Eindruck einer unvollständig aufgebauten Steinkiste. Die Keramikbeigaben lagen eher im Norden, die größte Menge an Leichenbrand vorwiegend in der südlichen Hälfte, oft in der Aussparung der Steinpackung.
In den oberen Schichten der Gräber fanden sich meist nur Scherben von Keramikgefäßen. Die eigentliche Bestattung des Leichenbrands erfolgte in der Regel in einer oder mehreren flachen Konzentrationen auf der Sohle bzw. auf einer steinbettartigen unteren Lage. Hier wurden auch die überwiegend vorhandenen

keramischen Gefäße und bronzenen Beigaben niedergelegt. Bemerkenswert waren jedoch fallweise Besonderheiten, die den Aufbau bestimmter Grabanlagen betrafen: So enthielt beispielsweise Grab 8 im Norden einen größeren, aufrecht stehenden Stein mit einer Höhe von rund 45 cm, der die übrigen Steine der Packung überragte und somit als obertägige Markierung gedient haben könnte. Auf der Sohle lagen jeweils im Norden und Süden drei flache aneinander liegende Steinplatten, die das Grab begrenzten (Abb. 86). Bei den Gräbern 6 (Abb. 83) und 9 kann aufgrund einer scharfen Trennung der inneren und äußeren Verfüllung gegebenenfalls von einem Holzeinbau ausgegangen werden, auch wenn sich kein organisches Material erhalten hatte, das dies belegen könnte. Grab 13, das Grab mit den meisten Bronzebeigaben (unter anderem ein Griffplattenschwert vom Typ Rixheim, eine Nadel vom Typ Eschenbach, ein Fingerring) wies bemerkenswerterweise als einziges keine Steinpackung auf – was eine soziale oder chronologische Differenzierung andeuten mag. Grab 1 zeigte an den Ecken vier rundlich-konvexe Ausbuchten, die als flache Pfostensetzungen gedeutet werden können (Abb. 80). Möglicherweise bestand hier eine Art Totenhaus. Dies war das einzige Grab, das Holzkohlereste enthielt. Die Radiokarbondatierung ergab ein Alter von 1380–1269 cal BC bzw. 1395–1233 cal BC (3052 ± 21 BP) und passt damit gut in die auf typologischem Weg ermittelte spätbronzezeitliche Datierung der Nekropole (Riegsee-Horizont, Bz D).

80 *Eresing. Grab 1 mit Steinpackung in Planum 1.*

81 *Eresing. Bronzemesser Typ Riegsee innerhalb der Steinpackung von Grab 4.*

Die Funde

Die Beigaben aus Bronze und Keramik spiegeln durchaus einen gewissen Reichtum sowie eine soziale Differenzierung wider. Mit einer Ausnahme enthielt jede Grablege Gegenstände aus Bronze, die entweder unversehrt dem Toten mitgegeben oder auch zusammen mit dem Leichnam verbrannt wurden und daher nur geschmolzen und unbestimmbar vorliegen. Generell zu nennen sind – außer dem oben bereits genannten Schwert vom Typ Rixheim (Abb. 85) – zahlreiche Nadeln bzw. deren Reste, zwei Griffplattenmesser vom Typ Riegsee (Abb. 81), bronzene Spiralen, diverse Armringfragmente sowie ein Angelhaken mit zwei Spitzen (sog. „Köderfischhaken" Abb. 78). Dieses Gerät ist von gesteigertem Interesse, da die Forschung Angelhaken auch religiös-symbolischen Wert zuschreibt – eine Diskussion, zu der die vorliegende Grabausstattung sicher beitragen wird. Das Schwert war intentionell in drei Teile zerbrochen und einstmals ca. 40 cm lang. Ein bronzener Ring und zerschmolzene Bronzeklumpen zeugen möglicherweise von der Beigabe des zugehörigen Schwertgehänges.

82 *Eresing. Kleiner Topf mit Ritzverzierung aus Grab 6.*

83 *Eresing. Grab 6 mit Steinpackung in Planum 2.*

84 *Eresing. Schale mit Kerbschnittverzierung aus Grab 9. Rechts Maßstab 2 : 3; Unteransicht verkleinert.*

Zur typologischen Datierung in die späte Bronzezeit tragen mehrere Leitformen bei, so z. B. die beiden Griffplattenmesser vom Typ Riegsee, davon eines mit Dolchnase. Weitere Beigaben sind eine Rollenkopfnadel, mehrere Bronzespiralen, eine Spinnwirtelkopfnadel sowie der Kopf einer Mohn- und einer Petschaftkopfnadel. Bei den mitunter nur wenig zerscherbten Keramikgefäßen – verschiedene Becher, Tassen, Näpfe und Töpfe – dominieren Verzierungen mit Rautenmustern und langgezogenen hängenden Dreiecken (Abb. 82), Kerbschnitt (Abb. 84) sowie Rillen. Eines der Gefäße trägt Spitzbuckel, ein anderes gestempelte Kreisaugen.

Beim Leichenbrand fiel auf, dass hauptsächlich kleine, womöglich durch Hitze gesprungene Knochenfragmente und -splitter vorliegen. Zudem waren keinerlei Holzkohlereste erkennbar. Dies spricht für eine entsprechende Selektion der Knochenfragmente nach der an einem anderen Platz durchgeführten Verbrennung des Leichnams mit anschließender Bestattung in der steinernen Grabanlage. Dies konnte bei allen Gräbern der Fundstelle beobachtet werden.

Einordnung in die Fundstellenlandschaft

Aufgrund der zahlreichen gut erhaltenen und leicht datierbaren Grabbeigaben scheint eine Zuordnung des Gräberfelds in den Kontext der Riegsee-Gruppe sicher. Besonders interessant ist außerdem, dass im Süden der Ortschaft Eresing in ca. 1,5 km Entfernung im Jahr 2017 Siedlungsreste der späten Bronzezeit mit offenbar gleicher Kulturzugehörigkeit aufgedeckt wurden. Ein Zusammenhang beider Fundstellen ist immerhin denkbar.

Sebastian Hornung

Literatur M. Fagner/P. Costache/A. Ostermeier, Arch. Jahr Bayern 2017, 22–25. – H. Koschik, Die Bronzezeit im südwestlichen Oberbayern. Materialh. Bayer. Vorgesch. A 50 (Kallmünz 1981). – S. Wirth, Grabfunde der späten Bronzezeit und der Urnenfelderzeit von Augsburg-Haunstetten und Friedberg in Bayern. Ein Beitrag zur vorgeschichtlichen Besiedlung des unteren Lechtals. Augsburger Beitr. Arch. 1 (Augsburg 1999).

Örtliche Grabungsleitung und Grabungsdokumentation S. Hornung. – *Grabungsmannschaft* T. Losert, Zs. Balint, T. Szücs, L. Kovacs und A. Drenta. – *Vermessung* M. Rakos, T. Muntean und L. Bolcu; alle Pro Arch Prospektion und Archäologie GmbH, Ingolstadt. – *^{14}C-Daten* S. Lindauer und R. Friedrich, Curt-Engelhorn-Zentrum Archäometrie gGmbH Mannheim: Probennummer 45724, Kalibrierung durch das Labor mit dem Datensatz INTCAL13 und SwissCal.

85 *Eresing. Bronzeschwert vom Typ Rixheim, gebrochen und übereinandergelegt, aus Grab 13.*

86 *Eresing. Grab 8 mit Leichenbrand und Beigaben auf der Grabsohle.*

Eine spätbronze-/urnenfelderzeitliche Siedlung in Steinach b. Rothenburg ob der Tauber

Gemeinde Gallmersgarten, Landkreis Neustadt a.d. Aisch-Bad Windsheim, Mittelfranken

„Auf der Höhe"
Im Rahmen der Erschließung des Neubaugebietes „Auf der Höhe II" am nordöstlichen Ortsrand von Steinach wurden während des Oberbodenabtrags eine Vielzahl an mutmaßlich metallzeitlichen Pfostengruben und eine fundführende Kulturschichtrestauflage festgestellt. Es waren mehrere Hausstandorte zu erkennen (Abb. 87). Zwischen März und Mai 2020 erfolgte die Ausgrabung im Bereich der Erschließungsstraße, der Hausanschlüsse, eines Gehwegs im Norden des Areals sowie einer einzelnen Hausparzelle am Südrand der Fläche. Bei einer relativ guten Abgrenzbarkeit zum umgebenden Boden belief sich die durchschnittliche Erhaltungstiefe der Pfostengruben auf ca. 30 cm.

Lage und Bodenbeschaffenheit
Weniger als 1 km nördlich der Mittelgebirgsformation der Frankenhöhe liegt die Fundstelle in südexponierter Lage im nur schwach reliefierten Gelände in Sichtweite zur Fundstelle der bekannten kupferzeitlichen Menhirstele von Gallmersgarten. Nördlich wie südlich des Areals verlaufen in einer Entfernung von ca. 250 m zur Untersuchungsfläche die Bäche Ensbach und Tiefenbach mit Fließrichtung nach Nordosten. Ebenfalls in Richtung Nordosten öffnet sich der Blick hin zur alten Siedlungslandschaft der Windsheimer Bucht.
Obschon im Übergangsbereich zwischen Lössauflage und Keuperboden gelegen, wurde auf der Untersuchungsfläche nicht der typischerweise stark heterogene Keuperlehm angetroffen. Beim Bodensubstrat handelt es sich um einen dunkelockerfarbigen Lössboden mit deutlich erhöhtem Anteil an Manganausfällungen. Die rezente Auflagemächtigkeit des Lössbodens nimmt in südlicher Richtung bzw. zum Unterhang hin zu, bleibt aber insgesamt eher gering. Im nördlichsten und topografisch höchsten Teil des Areals fehlt die Lössauflage. In diesem Bereich wurde ein angewitterter Horizont einer gelblich-sandigen Kalkmergelbank angetroffen. Erwartungsgemäß war die Erhaltungstiefe der Befunde hier am geringsten.

Hausgrundrisse
Die Lage der geplanten Erschließungsstraße erwies sich für die Planumsaufnahme als Glücksfall, denn die meisten der angetroffenen Pfostenstellungen ergaben vollständige oder größtenteils erfasste Hausgrundrisse. So konnten auf der ca. 170 m langen, abknickend angelegten Erschließungsstraße acht komplette und mindestens sechs teilweise erfasste Hausstandorte ermittelt werden (Abb. 87).
Die Hausgrundrisse lassen sich vorläufig in drei Typen gliedern:
Als erstes sind drei sichere und zwei mutmaßliche Sechspfostenbauten (Nr. 1, 2, 6, 8, 9) zu nennen. Die Abmessungen reichen von ca. 5,60 × 3,40 m bis 7,30 × 4,00 m. Gemeinsam ist ihnen die dem Gelände folgende Westsüdwest-Ostnordost gerichtete Orientierung.
Als zweites liegt ein langrechteckiger Achtpfostenbau vor (Nr. 7), dessen Ausrichtung sich rechtwinklig dazu von Südsüdost nach Nordnordwest erstreckt. Er umschließt 23 m² und

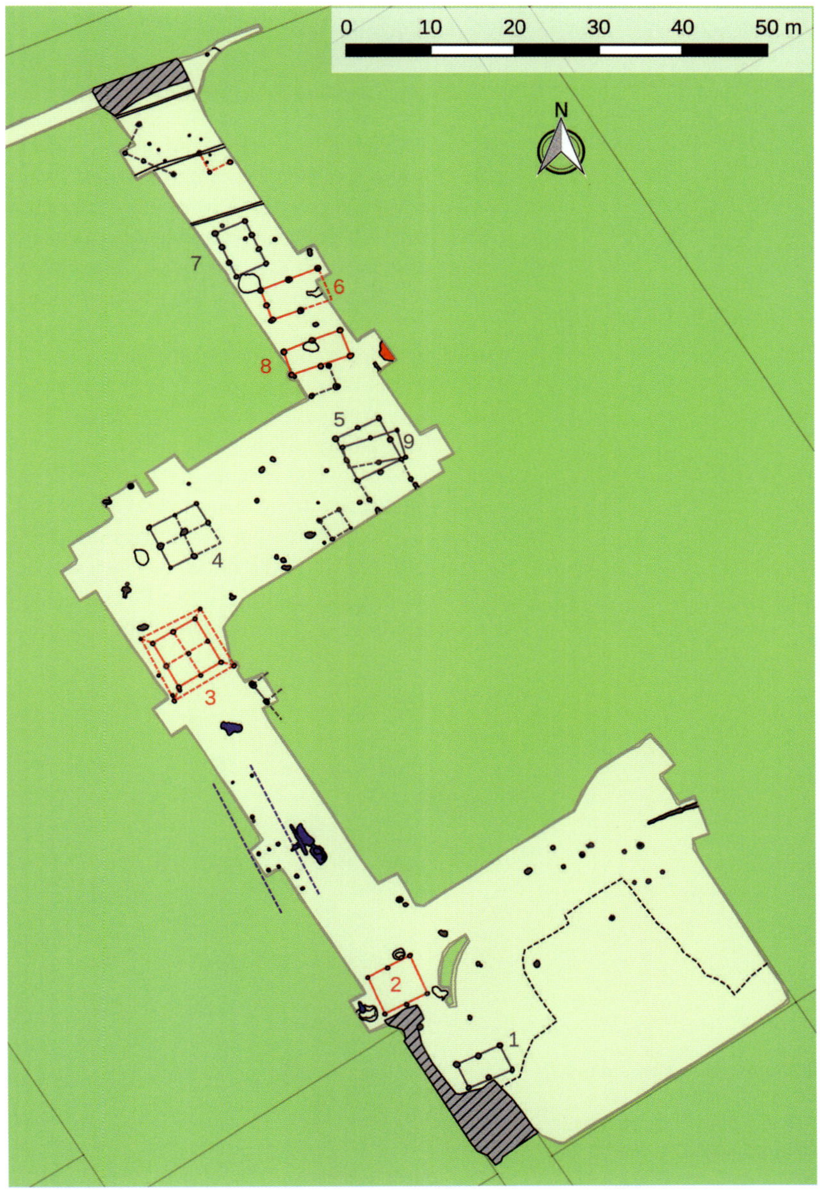

87 *Steinach b. Rothenburg ob der Tauber. Gesamtbefundplan mit rekonstruierten Grundrissen. Grau = undatiert; rot = SBZ/UK; blau = LBK.*

88 *Steinach b. Rothenburg ob der Tauber. Bandkeramischer Grubenkomplex vor einem Langhaus mit Längsgrube.*

hat in Längsrichtung einen Abstand von ca. 1,95 m zwischen den einzelnen Pfosten, während die Jochpaare etwa 3,90 m überspannen. Den dritten Grundrisstyp bilden quadratische Neunpfostenbauten mit zentralem Mittelpfosten. Ihm gebührt besondere Aufmerksamkeit.

Quadratische Neunpfostenbauten

Besonders hervorzuheben ist hier Hausgrundriss 3 (Abb. 89), welcher vier zusätzliche, über die Gebäudediagonalen nach außen gerückte Eckpfosten aufweist. Ob des nahezu idealtypischen Baurisses und aufgrund des Umstandes, dass bislang kein zweiter Grundriss des Typs in dieser Vollständigkeit nachgewiesen wurde, ließe sich der Typus mit einiger Berechtigung als „Haustyp Gallmersgarten" bezeichnen. Die Hauptpfosten liegen jeweils in einem Abstand von ca. 3 m zueinander und umschließen eine Fläche von 36,20 m². Die kleineren, nach außen versetzten Pfostenstellungen berücksichtigend, beträgt die Gesamtfläche des Hausgrundrisses 67,40 m².

Unweigerlich drängt sich das Bild eines repräsentativen Gebäudes mit überdachtem Umgang auf. Denkbar erscheint jedoch auch, dass die zusätzlichen Eckpfosten den Zweck hatten, den Schub eines Zeltdaches auf die primären Eckpfosten abzufangen.

Auch bei Hausgrundriss 4 handelt es sich um einen annähernd quadratischen Neunpfostenbau, jedoch weniger formvollendet als Haus 3. Die einzelnen Pfostengruben variieren stärker in Form, Größe und Tiefe. Erhaltungsbedingt fehlt der südöstliche Eckpfosten. Zusätzliche, ausgestellte Eckpfosten konnten an diesem Grundriss nicht festgestellt werden.

Erwähnt sei auch, dass sich in der zentralen Pfostengrube von Bau 3 ein horizontal liegender Mahlstein fand. Ob dieser eine rein statische Funktion zur Fundierung des Mittelpfostens hatte oder ob das Arrangement in irgendeiner Form symbolisch aufgeladen war, lässt sich nicht sagen. Auch im zweiten Neunpfostenbau 4 fand sich ein Mahlstein als Unterlieger – hier jedoch nicht unter dem zentralen Mittelpfosten, sondern unter dem mittleren Seitenpfosten der Westseite. Die beiden horizontal gelagerten Mahlsteine in den Pfostengruben der quadratischen Bauten stellen am Fundort eine Besonderheit dar. In zwei weiteren Grundrissen konnten als Äquivalente lediglich einfache Steinpackungen auf der Sohle der Pfostengruben nachgewiesen werden.

Als schwierig erweist sich die Interpretation der Hausgrundrisse 5 und 9. Während es sich bei Haus 9 um einen unvollständigen und stärker trapezförmigen Sechspfostenbau handeln könnte, dürfte mit Haus 5 mit höherer Wahrscheinlichkeit ein weiteres quadratisches Gebäude vorliegen, bei welchem jedoch kein zen-

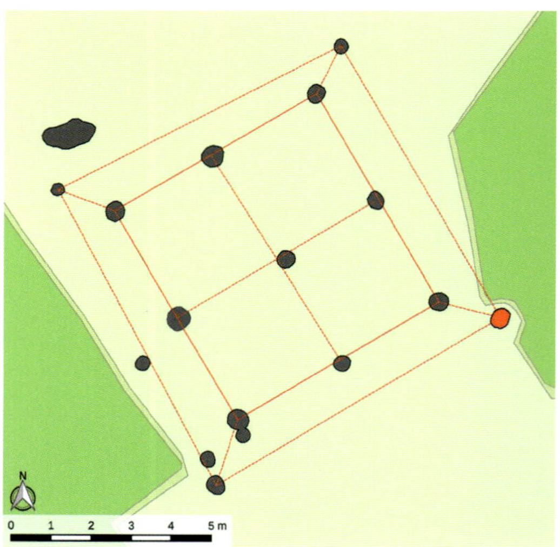

89 *Steinach b. Rothenburg ob der Tauber. Grundriss 3. Links Plan; rechts Orthofoto mit Profilschnitten.*

traler Mittelpfosten festgestellt werden konnte. Denkbar erscheint jedoch auch, dass es sich um ein Südsüdost-Nordnordwest orientiertes, unregelmäßig langrechteckiges Gebäude handelt. Eine Erweiterung der Grabungsfläche in Richtung Süden könnte für mehr Klarheit sorgen.

Datierung der Häuser
Haus 3 lässt sich über Randscherben aus der Verfüllung des südöstlichen Zusatzpfostens in die Spätbronze-/Urnenfelderzeit datieren. Ein Vergleichsbeispiel zu dieser Grundrissform findet sich in der spätbronzezeitlichen Siedlung von Gauting, Landkreis Starnberg. Der dort angetroffene Grundriss weist jedoch weder die gleiche Vollständigkeit in der Erhaltung, noch eine vergleichbare Regelmäßigkeit in der Anlage auf. Der einzige diagonal ausgestellte Eckpfosten im Nordosten lässt sich dort nicht zweifelsfrei dem Grundriss zuordnen.

Zu verschiedenen Zeiten besiedelt
Es gibt auf dem Gelände bereits eine ältere Besiedlungsphase. Ein bislang nur in Ausschnitten erfasstes Langhaus der bandkeramischen Kultur mit partiell erhaltener hausbegleitender Längsgrube zeugt hiervon ebenso wie Grubenkomplexe mit zeittypischem, überwiegend keramischem Fundgut als weiterer Siedlungspunkt an der südlichsten Grenze der regionalen altneolithischen Verbreitung. Von größerem Interesse ist der dem Langhaus östlich vorgelagerte Grubenkomplex. Seine Besonderheit besteht in einer rinnenartigen Struktur, welche im rechten Winkel vom Haus wegführt, hierbei an Tiefe gewinnt und letztlich auf der Sohle der Längsgrube endet (Abb. 88). Da aufgrund der Verfüllung nicht von einer jüngeren Eingrabung ausgegangen werden kann, könnte es sich hierbei um eine Art Drainage gehandelt haben, welche Wasser in Richtung der Längsgrube führte.

Den jüngsten Befund der Ausgrabung stellt eine mutmaßliche Nachgeburtsbestattung dar, welche am Übergang vom Spätmittelalter zur frühen Neuzeit niedergelegt wurde (Abb. 90). Sie fand sich im Südosten der Untersuchungsfläche etwa 8 m östlich von Haus 2. In diesem Bereich dünnt die Befundstreuung aus und auch die Erhaltungstiefe nimmt ab. Weder enthielten die hier vereinzelt angetroffenen Pfostenstellungen datierbares Material, noch ließen sie sich zu Hausgrundrissen zusammenführen. Da Nachgeburtsbestattungen jedoch im Siedlungskontext zu erwarten sind – häufig angetroffen unter Kellertreppen, Türschwellen oder in Hausecken – ist eine zeitgleiche Besiedlung im Umfeld anzunehmen. Tatsächlich befand sich die Gefäßdeponierung ohne erkennbaren Grubenkontext direkt neben einer undatierten Pfostengrube.

90 *Steinach b. Rothenburg ob der Tauber. Mutmaßliche Nachgeburtsbestattung um 1500.*

Trotz der Fundarmut des Areals lässt sich die Ausgrabung hinsichtlich der festgestellten und datierbaren Hausgrundrisse als Gewinn für die Forschung bezeichnen, insbesondere Hausgrundriss 3 in seiner exzeptionellen Art und regelmäßigen Ausführung. Es bleibt zu hoffen, dass die geplante weitere Eröffnung des Areals Aufschluss über die Lage dieses Gebäudes im Siedlungskontext geben wird.

David Förster und Konstantin Teichmann

Literatur I. von Quillfeldt, Arch. Jahr Bayern 1988, 54 (Gauting). – M. Nadler, Arch. Jahr Bayern 2014, 34–36 (Menhir). – R. Beigel, Die Linearbandkeramik im Gipskarst in der Windsheimer Bucht, Lkr. Neustadt a.d.Aisch-Bad Windsheim. In: L. Husty/Th. Link/J. Pechtl (Hrsg.), Neue Materialien des Bayerischen Neolithikums 3. Tagung im Kloster Windberg vom 16.–18. November 2018. Würzburger Stud. Vor- u. Frühgesch. Arch. 6 (Würzburg 2020) 11–35.

Örtliche Grabungsleitung D. Förster. – *Denkmalfeststellung (Projekt DFV)* F. Wagner, BLfD. – *Danksagung* Bürgermeister Kötzel und Schlehlein, Gallmersgarten, für die gute Zusammenarbeit; PD Dr. phil. habil. M. Schußmann für fachliche Hinweise.

Eine Siedlung der Urnenfelderzeit mit Brunnen und Getreide-Saatgut in Boxdorf

Stadt Nürnberg, Mittelfranken

Im Vorfeld der Erschließung eines Gewerbegebietes wurden im Nürnberger Norden von 2018 bis Ende 2020 etwa 11,5 ha Fläche archäologisch untersucht. Auf den Nutzflächen war durch ausgepflügte Keramik bereits eine großflächige Siedlung der älteren Urnenfelderzeit mit geringen Siedlungsspuren auch vom Übergang Hallstatt-/Latènezeit bekannt gewesen.

Die Lage an der sanft abfallenden Nordflanke des Boxberges ermöglicht einen weiten Blick ins Knoblauchsland, außerdem bei oberflächig geringer Bodenfeuchte eine gute Bewirtschaftung des sandig-humosen Bodens. Unter der durchschnittlich heute etwa 55 cm mächtigen Auflage liegen gekappte äolische Sande des Spätpleistozäns und Frühholozäns. Diese sind im Liegenden verzahnt mit söhlig geschich-

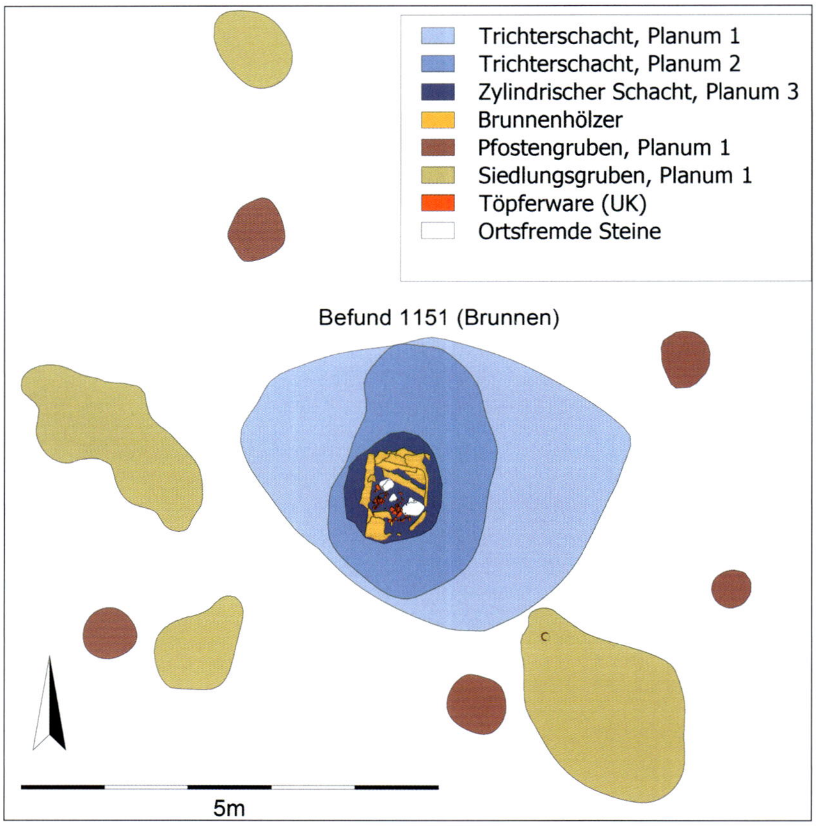

91 *Boxdorf. Planausschnitt mit Brunnen (Synthese verschiedener Abträge: Planum 1 und tiefer).*

teten Tonen und Mergeln des Keupers. Etwa 1,20 m unter der heutigen Oberfläche steht eine Sandsteinbank an, die in weiten Teilen Nürnbergs bekannt ist und eine wasserableitende Schichtgrenze bildet.

Ausdehnung der Siedlung

Obwohl flächenmäßig die bislang größte Grabung der Stadt Nürnberg, markieren die etwa 4500 dokumentierten Siedlungsbefunde nur einen Teil des erheblich weitläufigeren Siedlungsareals an den Flanken des Boxberges. Möglicherweise schließt es sogar nahtlos an den 800 m weiter westlich gelegenen, bis zum Jahr 2013 untersuchten Fundplatz östlich des Frankenschnellwegs (A 73) an. In dieses Bild passt die Tatsache, dass mit drei Körpergräbern vom Übergang Bz D/Ha A1 und etwa einem Dutzend Urnen die Grablegungen bei dieser Siedlungsdichte deutlich unterrepräsentiert sind. Auch wurden in der Grabungsfläche nur zwei Brunnen gefunden. Einer dieser Kastenbrunnen, der knapp vor dem westlichen Rand der Fläche ausgegraben werden konnte, ist mit datierbaren Hölzern der erste urnenfelderzeitliche Beleg dieser Bauform in Nordbayern.

Tab. 1 *Boxdorf. Ackerunkräuter.*

Art	deutscher Name	Nachweise
Fallopia convolvulus	Windenknöterich	8
Rumex acetosella	Kleiner Sauerampfer	3
Chenopodium album agg.	Weißer Gänsefuß	2
Malva sylvestris/pusilla	Wilde/Kleinblütige Malve	2
Vicia tetrasperma	Viersamige Wicke	2
Malva sp.	Malve	1
Setaria viridis/verticillata	Grüne/Quirlige Borstenhirse	1
Artemisia campestris	Feldbeifuß	1
Bromus sp.	Trespe	1
Asteraceae	Korbblütler	2
Lamiaceae	Lippenblütler	2
Polygonum sp.	Knöterich	1

Der Kastenbrunnen

Ende Juli 2019 wurde bei Befund 1151 im Planum zunächst eine Trichtergrube erkannt, die sich erst unterhalb Planum 3 als zylindrischer, nun im Keuperton schärfer abgegrenzter Bauschacht fortsetzte (Abb. 91). In Abtrag 3.3 wurde der Abdruck eines runden organischen Gefäßes dokumentiert, darin befanden sich mehrere zerscherbte Gefäße (Abb. 93). Der hölzerne Kasten von etwa 80 × 80 cm Kantenlänge konnte ab Abtrag 3.4 gesichert werden (Abb. 94). Die Holzreste aus dem Brunnen waren in ihrer Konsistenz stark abgebaut, daher waren mikroskopische Dünnschnitte wenig aussagefähig zur Bestimmung der Holzart (Abb. 92). Es lässt sich bei den neun verprobten Hölzern aber erkennen, dass es sich mehrheitlich um Nadelholz handelt, wobei Fichte im Nürnberger Land in Frage käme. Üblicherweise wurden zu dieser Zeit Eichenbohlen verwendet, wie sie von zahlreichen Brunnen aus dem niederbayerischen Atting aus Stufe Ha B bekannt sind. Die nur basal erhaltene Kastenkonstruktion des Boxdorfer Exemplars weist Verkämmungen auf, senkrechte Schlitzpfosten wurden nicht gefunden. Der basale Rahmen saß auf der Oberfläche des wasserundurchlässigen Keupersandsteins, was den Bewohnern der Siedlung die Speisung mit qualitativ einwandfreiem Schichtwasser gewährleistete.
Trotz der desolaten Struktur der Hölzer konnten am Curt-Engelhorn-Zentrum Archäometrie (Mannheim) von drei Brettern AMS-Daten gewonnen werden, die zu einem konsistenten Ergebnis führen. Die Datierungen ergaben: 1186–1042 cal BC, 1106–1003 cal BC und 1015–934 cal BC (Cal 1-sigma, Labornr. MAMS 44684, 44685, 44683). Die kumulativ größte Wahrscheinlichkeit liegt damit im 11. Jahrhundert v. Chr., was der Stufe Ha A2 entspricht und mit der gefundenen Keramik korrespondiert, z. B. dem Bauchteil eines Etagengefäßes und diversen strichverzierten Schalen.

Botanische Reste

Aus dem unmittelbaren Umfeld des Brunnens wurden botanische Proben aus zylindrischen Vorratsgruben und Siedlungsgruben entnommen. Die Vorratsgruben zeigten zum Teil noch

horizontale, vollständig in der Holzstruktur abgebaute Bretterlagen. Voraussetzung der Beprobung war eine Tiefe von mehr als 60 cm unter Planum 1 und eine intakte Struktur des Sediments, um die Möglichkeit bioturbaten späteren Eintrags ausschließen bzw. minimieren zu können.

Für die in der Regel gut durchlüfteten Sandböden des mittelfränkischen Beckens ist die Erhaltung botanischer Reste ein glücklicher Ausnahmefall. Die Proben zeigten eine unerwartete Vielfalt an Getreidearten. Mit Rispenhirse (*Panicum miliaceum*, 243 Körner), Emmer (*Triticum dicoccum*, 296 Körner) und Dinkel (*Triticum spelta*, 277 Körner) sind neben der zu erwartenden Hirse auch die in der Urnenfelderzeit gängigen Weizenarten vertreten. Geringfügig sind auch Einkorn (*Triticum monococcum*, 9 Körner) und Gerste (*Hordeum vulgare-vulgare*, 1 Nachweis) vorhanden. 244 Körner gehören zu nicht näher differenzierbaren Weizenarten (*Triticum* sp.), weitere 876 Reste nur allgemein zu den Getreidearten. Spreureste liegen von Emmer und Einkorn vor. Immerhin drei Nachweise gelangen für die Linse (*Lens culinaris*). Die bereits im Laufe der Mittelbronzezeit aufkommende Rispenhirse zeigt erwartungsgemäß eine starke Präsenz, da sie Sandböden als Standort nicht nur toleriert, sondern bevorzugt. Hand in Hand mit deren Anbau ist im Stadtgebiet Nürnberg auch ein starker Anstieg von Siedlungsflächen von der Bronzezeit zur Urnenfelderzeit zu verzeichnen.

Die große Anzahl von 101 erhaltenen Eicheln und 70 weiteren Fragmenten lässt auf eine wie auch immer geartete Verwendung derselben schließen.

Von besonderem Interesse sind die vertretenen Ackerunkräuter. Bemerkenswert ist die Auswahl der Unkrautarten (Tab. 1). In allen Fällen handelt es sich um hochwüchsige Ackerunkräuter, kleinwüchsige sind im gesamten Spektrum nicht vertreten. Dies deutet auf eine bereits bei Strabo und Diodorus Siculus für das eisenzeitliche Britannien beschriebene Erntemethode, die der Ährenernte, hin. Vor allem wegen der stark unterschiedlichen Wuchshöhen vorgeschichtlicher Getreidearten hat sich diese Erntemethode auch in zahlreichen Experimenten der Halmernte mit der Sichel als überlegen herausgestellt. Somit belegt die Auswertung der botanischen Reste der urnenfelderzeitlichen Siedlung nicht nur eine erstaunliche Artenvielfalt, sondern liefert auch einen Einblick in die landwirtschaftlichen Methoden des späten 2. Jahrtausends v. Chr.

Leif Steguweit und John Zeitler

92 *Boxdorf. Holzerhaltung nach Reinigung.*

Literatur P. Reynolds, Deadstock and Livestock. In: R. Mercer (Hrsg.), Farming Practice in British Prehistory (Edinburgh 1981) 97–122. – L. Husty/B. Zirngibl, Arch. Jahr Bayern 2010, 48–51 [Atting]. – F. Herzig, Dendroarchäologische Untersuchungen des Brunnens von Nürnberg-Boxdorf, Bericht v. 27.3.2020. Bayerisches Landesamt für Denkmalpflege, Referat B V – Restaurierung Archäologie und Dendrolabor, Am Klosterberg 8, 86672 Thierhaupten. – M. Látková, Archäobotanischer Forschungsbericht zu Proben von Nürnberg-Boxdorf v. 19.11.2019. Archäologische Abteilung der Tschechischen Akademie der Wissenschaften. Čechinska 363/19, CZ - 60200 Brno.

Örtliche Grabungsleitung und Grabungsdokumentation L. Steguweit, M. Breidenstein, S. Schumann, S. Gierschke, ASF – Archäologie-Service Franken GmbH. – *^{14}C-Daten* S. Lindauer, Curt-Engelhorn-Zentrum Archäometrie Mannheim. – *Dendroarchäologie* F. Herzig, BLfD. – *Archäobotanik* M. Látková, Brno.

93 *Boxdorf. Brunnen in Abtrag 3.1.*

94 *Boxdorf. Brunnen in Abtrag 3.4.*

Ein anthropomorphes Tonfigürchen der Urnenfelderzeit aus Straubing

Niederbayern

Im Südosten Straubings auf den unbebauten Flurstücken südlich der Äußeren Passauer Straße waren Neubauten geplant. Gegenüber, auf der anderen Seite der Straße, waren seit den 1930er Jahren hallstattzeitliche Gruben bekannt. Weiter östlich erstreckt sich die große linear- und stichbandkeramische Siedlung am Wasserwerk.

Das Gelände liegt auf der Hochterrassenfläche mit mächtiger Lössbedeckung südlich der Donau und südöstlich des Eglseer Mooses. Dieses Gebiet ist aufgrund seiner hochwassergeschützten Lage und der für den Gäuboden typischen Lössüberdeckung ein hervorragender Standort für Siedlungsaktivitäten.

Von März bis September 2020 fanden die bauvorgreifenden archäologischen Ausgrabungen auf einer Gesamtfläche von über 1 ha statt (Abb. 95). Neben einem Grab der Glockenbecherkultur sind vor allem Siedlungsbefunde der Urnenfelder- und Hallstattzeit aufgedeckt worden: Pfosten von Vier-, Sechs- und Achtpfostenbauten, Siedlungsgruben mit wannen-, kegelstumpf- und muldenförmigem Profil und die Südwestecke eines Herrenhofes prägen das Bild.

Am Ostrand der Grabungsfläche, südlich des Herrenhofes, befanden sich mehrere Kegelstumpfgruben, die noch 1,8–1,9 m tief erhalten waren. Zu diesen Gruben gehört auch die Kegelstumpfgrube 122 (Abb. 97). Ihre waagrechte Sohle befand sich in 1,84 m Tiefe unter dem Baggerplanum. Zu ihrer ursprünglichen Tiefe ist noch die ehemalige, mindestens 30–40 cm starke Humusschicht hinzuzurechnen. Die Grube war mit drei schluffig-lehmigen Schichten verfüllt. Die unteren beiden graubraunen Schichten 2 und 3 waren mit Holzkohlepartikeln durchsetzt und enthielten relativ viel keramisches Material. Die oberste Schicht (1) war homogener, mit weniger Keramikfunden. Das Keramikrepertoire setzt sich, wie für die späte Urnenfelderzeit typisch, zusammen aus Trichter- und Kegelhalsgefäßen sowie Knickwandschalen, zum Teil mit Grafitierung.

Die Tonfigur

Vergesellschaftet mit der Keramik fand sich in der Grube etwa 30 cm über der Sohle in Schicht 2 das Fragment einer menschlichen Tonfigur (Abb. 96). Es handelt sich um einen stark stilisierten, noch 4,5 cm hohen Torso: Nur der

95 *Straubing. Grabungsplan.*

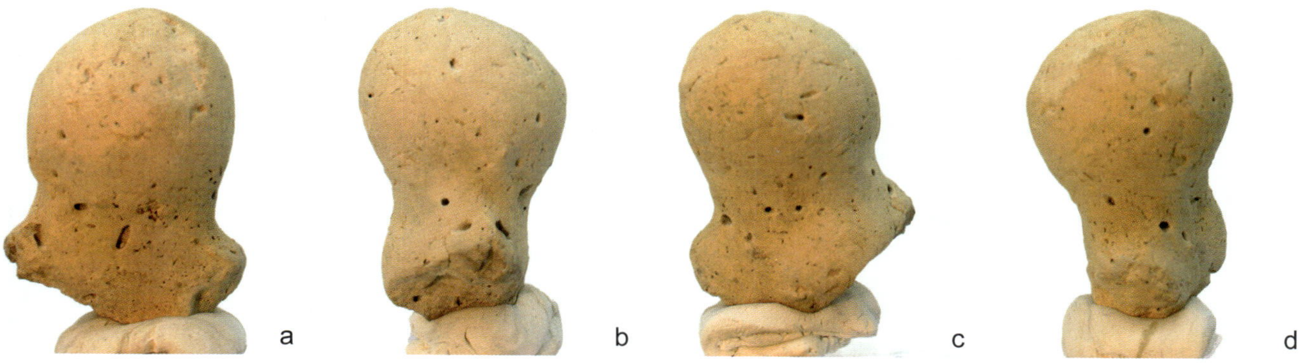

96 *Straubing. Frontal- und Seitenansichten der anthropomorphen Figur aus Grube 122. a vorne; b rechts; c hinten; d links. Etwa natürliche Größe.*

rundliche Kopf, der kurze Hals-, Nacken- und Schulterbereich mit den Armfortsätzen sind erhalten. Der untere Teil der Figur war – trotz mehrfachen Durchsuchens der Grubenfüllung – nicht vorhanden. Die Breite der Figur im Bereich der Schulter beträgt 3,2 cm.
Der Torso ist grob ausgearbeitet und ohne Andeutung des Gesichts. Der Kopf ist an einer Seite etwas flacher, vielleicht war sie ursprünglich als Frontseite gedacht. Am erhaltenen Oberkörper findet sich keine Andeutung von Brüsten.
Die hellbeige Figur ist gleichmäßig und weich aus feinem, quarzsandgemagertem Ton gebrannt und in der Konsistenz porös. Die Oberfläche ist vornehmlich glatt, mit unregelmäßig verteilten Unebenheiten: Es handelt sich dabei um einige längliche, oberflächennahe Risse, die wahrscheinlich durch das Ausbrennen des Tonfigürchens entstanden sind. Auch durch die Porosität des Materials sind zahlreiche unregelmäßige Dellen entstanden, die aber nicht tiefer als 1 mm reichen.

Einstichkanäle

Auffällig sind dagegen mindestens zwölf runde, vor dem Brand hinzugefügte Einstichkanäle, die mit dünnen, runden Gegenständen von 0,6 bis 1,2 mm Durchmesser eingestochen worden sind (Abb. 99). Die Einstiche erfolgten aus unterschiedlichen Richtungen: teils waagerecht von der Seite, teils schräg von oben nach unten (Abb. 98). Auch die Tiefe der Einstiche variiert: Einige sind nur etwa 3 mm tief, andere bis zur 1,6 cm messbar. Die Einstiche verteilen sich unregelmäßig am Kopf. Sie scheinen weder zur Markierung – z. B. der Mund- und Nasenpartie – noch als Dekor gemeint gewesen zu sein. Durch die Verteilung und die unterschiedlichen Einstichtiefen entfällt auch eine Erklärung als Befestigungshilfen, um Schmuck, Stoff oder dergleichen anzustecken.

Einordnung des Fundstücks

Stark vereinfachte anthropomophe Figuren aus der Urnenfelderzeit und der frühen Hallstattzeit sind der Forschung seit Langem bekannt. Rafael von Uslar hatte schon 1964 eine erste Zusammenfassung vorgenommen. Seitdem sind noch weitere urnenfelderzeitliche menschengestaltige Plastiken aus Ton hinzugekommen; sie stammen aus zahlreichen Fundstellen in Frankreich, Österreich (z. B. in Maissau und Neusiedl an der Zaya) oder Deutschland (z. B. Aschheim und jetzt Straubing, Abb. 100).
Die stark stilisierten spätbronze- und urnenfelderzeitlichen anthropomorphen Figuren können zwei Haupttypen zugeordnet werden: flache Figuren und solche mit zylindrischem Körper, wozu auch unser Beispiel gehört. Für letzteren Typ sind ein rundlicher Kopf, ausgebreitete, waagerechte oder leicht schräg nach unten gestellte Stummelarme und kurze säulenförmige Beine charakteristisch. Manche Figuren sind als männlich oder weiblich gekennzeichnet, bei etwa der Hälfte der Figuren ist das Geschlecht nicht bestimmbar. Sie stammen aus Siedlungskontexten und weisen an bestimmten Stellen Beschädigungen auf: Am häufigsten fehlen Extremitäten, aber manchmal auch der ganze Ober- oder Unterkörper, wie in unserem Fall. Aufgrund der Regelhaf-

97 *Straubing. Profilzeichnung der Grube 122 mit eingezeichneter Fundhöhe der anthropomorphen Figur bei 330,80 m ü. NN.*

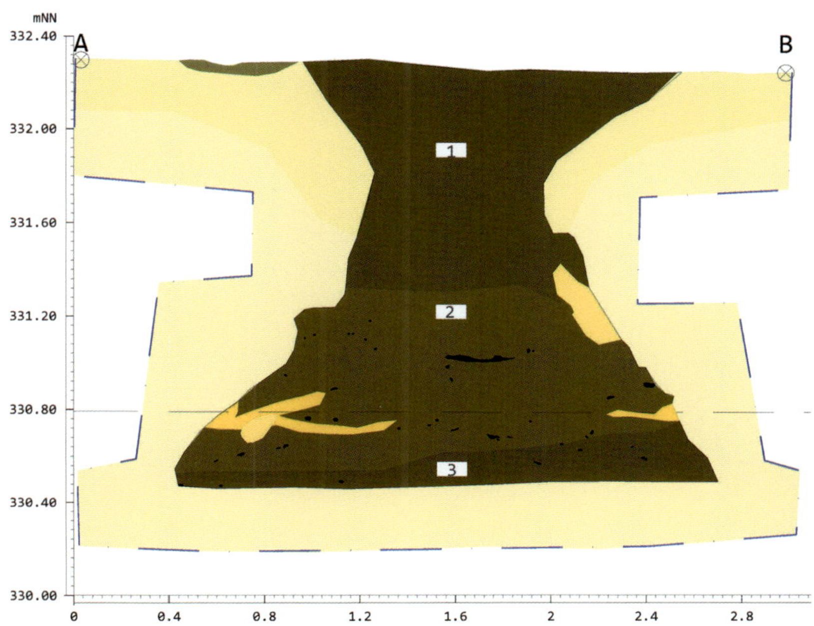

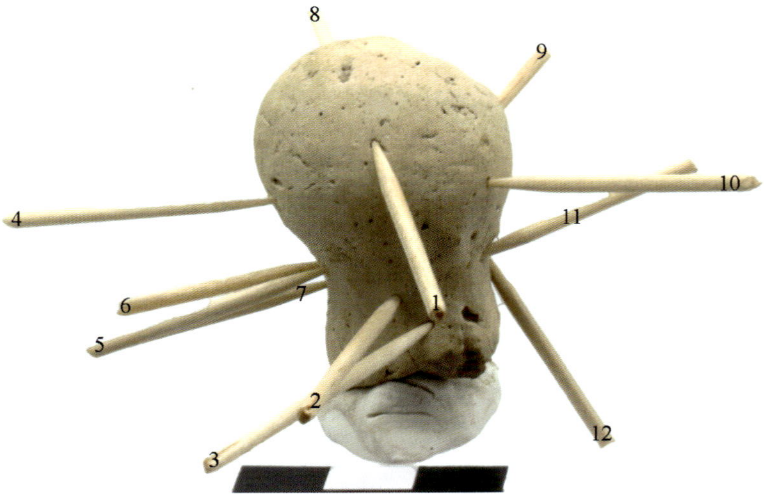

98 *Straubing. Seitenansicht der anthropomorphen Figur. Die nummerierten Holzstecker zeigen auch die Stichrichtungen.*

99 *Straubing. Makroaufnahmen der Einstiche.*

tigkeit der Beschädigungen wurde schon öfter vermutet, dass diese während eines magisch-rituellen Prozesses intentionell erfolgten. Die Funktion dieser Figuren wurde daher eher in einem magisch-kultischen Zusammenhang denn als Kinderspielzeuge gesehen.

Bei unserem Fund sind erstmals in der Urnenfelderzeit bewusst zugefügte nicht-dekorative, an Voodoo-Praktiken erinnernde Einstiche beobachtet worden. Das Zerbrechen der Figur verbindet sie hingegen mit weiteren Fundstücken von anderen Fundorten. Bei Spielzeugen wären solche Einstiche schwer erklärbar; plausibler ist hingegen, dass diese und vergleichbare Figuren eine Rolle in magisch-rituellen Handlungen gespielt haben.

Solche Praktiken kennt die archäologische Literatur schon aus anderen zeitlichen und kulturellen Zusammenhängen: Zahlreiche Texte aus dem Vorderen Orient, Ägypten und aus der griechisch-römischen Antike berichten über magische Praktiken mit Figuren aus unterschiedlichen Materialien, unter anderem auch aus Ton. Abhängig davon, ob es sich um Abwehr- oder Schadenszauber handelt, ob die Protagonisten bekannt oder unbekannt sind, beschreiben die Texte, wie die Figuren hergestellt wurden und welche Behandlungen (z. B. Einstechen, Fesseln, Einarbeiten unterschiedlicher Materialien, Beschriften, Verbrennen, Zerbrechen etc.) an den Figuren vorgenommen werden sollten. Als archäologische Zeugnisse solcher Praktiken wurden schon mehrere stark stilisierte anthropomorphe Tonfiguren veröffentlicht. Aus dem römerzeitlichen Straubing sind zum Beispiel bis jetzt vier sogenannte Zauberpuppen mit Einstichstellen und drei weitere mit Hohlräumen, Fesselungsspuren und Bruchstellen bekannt.

Ildikó Bősze

Literatur R. von Uslar, Tönerne Menschenfigürchen der Urnenfelderkultur. Jahrb. RGZM 11, 1964, 132–137. – G. Greven, Römische Zauberpuppen. In: G. Moosbauer (Hrsg.), Glaube, Aberglaube und Zauberei. Kat. Gäubodenmus. Straubing 36 (Straubing 2020) 45–55.

Grabungsleitung und -dokumentation K. Treutwein und I. Bősze, Stadtarchäologie Straubing.

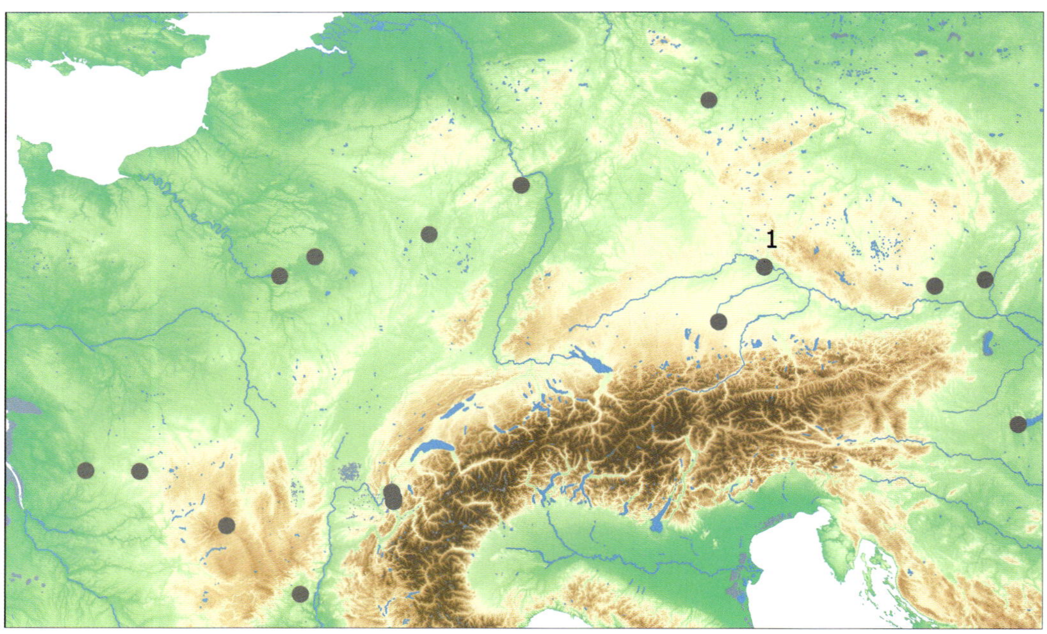

100 *Verbreitungskarte der spätbronze- und urnenfelderzeitlichen Tonfiguren. 1 = Straubing.*

Eine unbefestigte Flachlandsiedlung der Urnenfelder- bis Hallstattzeit in Mönchsdeggingen

Landkreis Donau-Ries, Schwaben

Mönchsdeggingen liegt am südlichen Rand des Nördlinger Rieskraters, der wegen seiner äußerst fruchtbaren Böden und guten mikroklimatischen Bedingungen bereits seit dem Frühneolithikum zu den begehrtesten vorgeschichtlichen Siedlungskammern Bayerns zählt. Direkt am südöstlichen Ortsrand erschließt ein kleiner Pass durch die ersten Anhöhen der Riesalb den Einlass zum Kesseltal, welches etwa 10 km östlich des Tals der Wörnitz einen alternativen Zugangsweg zur Donauebene bildet, was für den Standort auch aus verkehrsgeografischer Sicht eine äußerst günstige Situation bedeutet. Die zwischen Mai und September 2020 im Zuge einer Baugebietserweiterung untersuchte Fläche befindet sich am nordwestlichen Rand der Ortschaft, schon innerhalb der hier vor allem von Lössböden geprägten Riesebene, auf einem leicht nach Norden zur Niederung des Beutenbachs abfallenden Terrain (Abb. 102). Nachdem das Neubaugebiet zwei bereits bekannte Fundstellen eigentlich nur marginal berührte, war die Aufdeckung eines relativ dichten Siedlungsbefunds eine Überraschung.

Die Siedlungsbefunde

Die Befunde konzentrieren sich im mittleren und östlichen Teil der Fläche. Anhand des reichlich vorhandenen Fundguts lassen sie sich der Urnenfelder- bis Hallstattzeit zuweisen. Unter den Siedlungsgruben sticht im Norden ein unförmiger, im Durchmesser etwa 4,5 m messender Grubenkomplex (Befund 85) hervor, den im Südwesten die jüngere Grube 94 schneidet. Dessen mehrschichtige Verfüllung, die eine größere Fundmenge enthielt – darunter den Großteil der Metallobjekte –, und der unregelmäßige Verlauf seiner Sohle lassen

101 *Mönchsdeggingen. Als Rest einer ehemals beutelförmigen Vorratsgrube gedeuteter Befund 97 im Profilschnitt.*

102 *Mönchsdeggingen. Luftaufnahme der Fläche während der laufenden Untersuchung im Ostteil des künftigen Baugebiets, Blick von Nordwesten.*

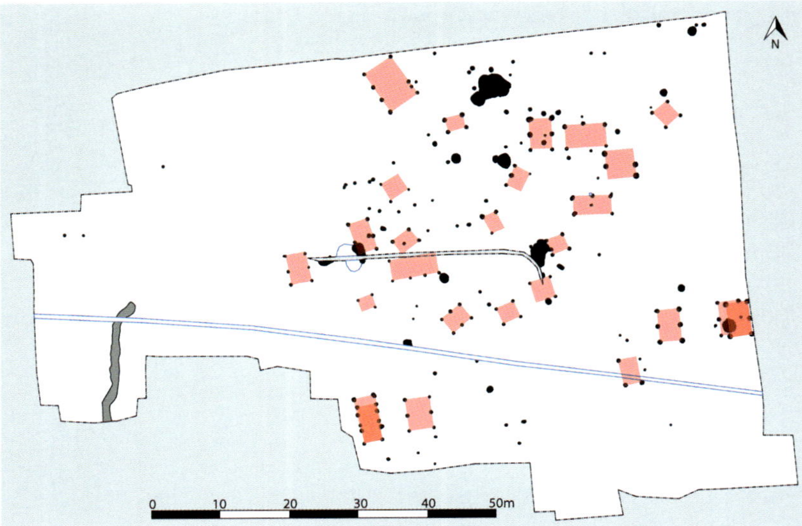

103 *Mönchsdeggingen. Grabungsplan mit Verteilung der archäologisch relevanten Befunde. Gesicherte Gebäudereste sowie potenzielle Hausgrundrisse sind rot hinterlegt.*

eine länger andauernde, mehrfache Lehmentnahme vermuten. Gleiches gilt für die ca. 20 m südlicher gelegene, etwa halb so große Grube 10, wobei deren einschichtige Verfüllung aus einer deutlich kürzeren Nutzungsdauer resultieren könnte. Im Profilschnitt kastenförmig, dürfte es sich bei Grube 183 um den Rest eines stark erodierten, kleinen Erdkellers handeln. Die übrigen Gruben lassen sich erhaltungsbedingt nur schwer interpretieren. Bei der wannenförmigen Grube 97 käme eine Deutung als ehemals beutelförmige Vorrats- oder Silogrube infrage (Abb. 101).

Mit knapp 92 % bilden die Pfostengruben die überwiegende Mehrheit der dokumentierten Befunde. Ihre Durchmesser liegen zwischen 30 und 80 cm. Je nach Humusgehalt der Verfüllung zeichneten sich diese größtenteils sehr deutlich, vereinzelt aber auch äußerst diffus im anstehenden Untergrund ab. Bei einer Reihe von Pfostengruben ließen sich bereits im Planum anhand von kreisförmig angeordneten Kalksteinen, Farbunterschieden oder massiver Brandlehmkonzentration innerhalb der Verfüllung die einstigen Standorte der Pfosten vermuten. Die Erhaltung der Pfostengruben war sehr unterschiedlich. So reichte die maximale Tiefe von wenigen Zentimetern bis über 40 cm. Bei den besser erhaltenen Befunden ließen sich in einigen Fällen die Standspuren der vergangenen Pfosten klar belegen (Abb. 104). Die mehrfach beobachteten Kalksteinbrocken und -trümmer in den Verfüllungen sind größtenteils als Keilsteine bzw. als Unterleger zum Höhenausgleich zu verstehen.

Die systematische Anordnung vieler Pfostengruben in Reihen erlaubt es, zahlreiche Gebäudegrundrisse zu rekonstruieren (Abb. 103). Unter diesen 26 Gebäuden befindet sich eine Gruppe von kleineren rechteckigen bis quadratischen Vierpfostenbauten, die gewöhnlich als oberirdische Vorratsspeicher interpretiert werden. Bei der Mehrheit der Bauten handelt es sich um Sechspfostengebäude, deren Grundfläche etwa zwischen 10 und 22 m² liegt. Diese dürften einst zumindest teilweise als Wohngebäude gedient haben. Im Nordwesten liegt ein rekonstruierbarer Achtpfostenbau, der aufgrund seiner Dimensionen und einer Grundfläche von etwa 35 m² auffällt. Erstaunlich ist jedoch das gänzliche Fehlen von deutlich größeren, zweischiffigen Hallenbauten, wie sie in anderen Siedlungen der Urnenfelder- und Hallstattzeit regelmäßig vorkommen. Ferner ließen sich auch keine Hinweise auf Befestigungsstrukturen wie Gräben oder Palisaden finden. Demnach vermittelt der hier aufgedeckte Teil den Anschein einer eher ländlich geprägten, unbefestigten Flachlandsiedlung. Diesen Eindruck unterstreicht zudem die als agglutinierende Mehrhausgehöfte zu deutende Häufung von Gebäuden in teils sehr klar differenzierbaren Ensembles. Die mehrfach belegte Überlagerung von Gebäuden, vielleicht auch die Variationen bei der Orientierung der Gebäudeachsen, lässt bereits eine gewisse Dauer der Existenz dieser Gehöfte bzw. weilerartigen Siedlung vermuten, welche sich anhand des Fundmaterials ebenfalls nachvollziehen lässt.

Das Fundspektrum

Die Grabung erbrachte eine überdurchschnittliche Menge an Funden, wobei sich die datierbaren Artefakte ausnahmslos einem urnenfelder- bis hallstattzeitlichen Horizont zuweisen lassen. Wie zu erwarten, stammt der Hauptteil

104 *Mönchsdeggingen. Auswahl an Pfostengruben mit Standspuren, Keil- und Unterlegsteinen im Profilschnitt.*

105 *Mönchsdeggingen. Auswahl verzierter urnenfelder- bis hallstattzeitlicher Feinkeramik. 1 aus Grube 155; 2–3 aus Grube 10; 4 aus Grube 39; 5 aus Grube 85; 6 aus Grube 196. Maßstab 1 : 1.*

der Funde aus den wenigen Gruben, in welche sie entweder am Ende der primären Nutzung derselben als Siedlungsabfälle entsorgt oder bei deren Wiederverfüllung sekundär mit dem Humus verlagert wurden. Neben Silexabschlägen, Mahlsteinfragmenten, einer größeren Menge tierischer Schlachtabfälle und zahlreichen Brandlehmfragmenten – mehrheitlich wohl durch Brand konservierte Verputzreste – konnte auch ein breites Spektrum keramischen Fundmaterials sichergestellt werden. Unter den aussagekräftigeren Stücken befinden sich einige Fragmente grober Siedlungsware, die teils mit plastischen Kerbleisten oder runden bzw. unförmigen Eindrücken versehen wurden. Ein paar grobwandige Scherben weisen eine Schlickrauung auf, deren Auftrag vermutlich eine sicherere Handhabung der Gefäße gewährleisten sollte. Die feinchronologische Zuordnung dieser groben Siedlungsware zur Urnenfelder- oder zur Hallstattzeit fällt schwer. Lediglich die Randfragmente von Trichter- oder Kegelhalsgefäßen lassen sich entsprechend zuweisen.

Bei der Feinkeramik finden sich zahlreiche Fragmente, die auf der Außen- und/oder der Innenseite Reste von Grafitierung tragen (Abb. 105,1–3). Diese Technik erscheint jedoch gleichermaßen in den Verzierungsrepertoires der Urnenfelderkultur und der Hallstattzeit. Gleiches gilt sowohl für das kleine Fragment mit dem Dekor aus zweireihig angeordneten, kleinen Dreieckseinstichen (Abb. 105,4) als auch für die Scherbe mit in Kerbschnitttechnik erzeugtem Winkelbandornament (Abb. 105,6). Das Bruchstück einer gebauchten Schüssel mit vertikalen Riefen am Umbruch (Abb. 105,5) lässt sich hingegen sicher der Urnenfelderkultur zuweisen. Zweifelsfrei hallstattzeitliche Elemente konnten im keramischen Fundgut nur schwer identifiziert werden. Jedoch dürften die Fragmente bauchiger, S-profilierter Trinkschalen tendenziell eher der jüngeren, früheisenzeitlichen Siedlungsphase zuzurechnen sein.

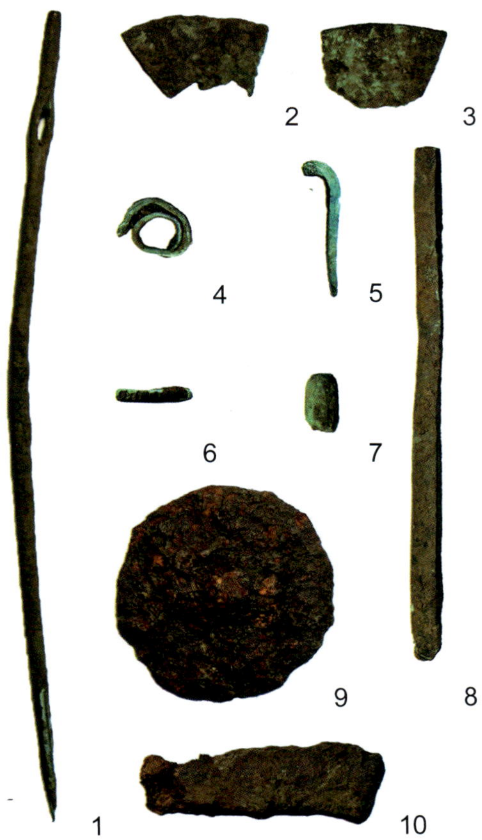

106 *Mönchsdeggingen. Fragmente eines verzierten tönernen Feuerbocks aus Grube 133. Maßstab 1 : 2.*

107 *Mönchsdeggingen. Fundstücke aus Bronze (1–8) und Eisen (9–10): 1 aus Pfostengrube 49; 2, 4–6, 8, 10 aus Grubenkomplex 85; 3 aus Grube 93; 7 aus Grube 94; 9 aus Grube 187. Maßstab 1 : 1.*

Neben der Gefäßkeramik fertigten die Bewohner der Siedlung auch weitere Gebrauchsgegenstände aus Ton an. Von besonderer Bedeutung sind dabei die beiden mit kurzen Einritzungen verzierten Fragmente eines hornförmigen Objektes aus Grube 133 (Abb. 106). Zum einen werden derartige Artefakte ganz profan als Feuerböcke interpretiert, die paarig angeordnet als Auflage für Bratspieße gedient haben könnten. Zum anderen steht eine kultische Deutung als sog. Mondidole im Raum. Solche Artefakte treten im süddeutschen Raum vor allem in urnenfelderzeitlichen Siedlungskontexten in Erscheinung, lassen sich jedoch ebenso in der frühen Eisenzeit nachweisen. Zudem fanden sich drei verzierte Spinnwirtel aus Ton, die zur Herstellung von Garn aus Wolle bzw. pflanzlichen Fasern verwendet wurden.

Mit einer leicht verbogenen, aber noch intakten Nähnadel aus Bronze (Abb. 107,1) kann ein weiterer Nachweis für das lokale Textilhandwerk erbracht werden. Unter den übrigen Funden aus Bronze befinden sich nicht weiter klassifizierbare Bruchstücke gerundeter Bronzebleche (Abb. 107,2.3), ein kleines Spiralröllchen aus flach gehämmertem Bronzedraht (Abb. 107,4) und ein filigranes, leicht gebogenes Fragment, das auf der Außenseite leichte Kerbungen aufweist, vermutlich ein Teil eines Finger- oder Ohrrings (Abb. 107,6). Zwei längliche, im Querschnitt rechteckige Bruchstücke, eines davon mit umgebogenem Ende, könnten von einem Toilettebesteck (Pinzette oder Ohrlöffel) stammen (Abb. 107,5.8). Sofern es sich bei dem kleinen, ovalen Bronzeobjekt (Abb. 107,7) wirklich um einen Gusstropfen handelt, läge damit auch ein Hinweis auf örtliches Metallhandwerk vor. Neben mehreren Stücken aus Buntmetall stammt aus der Verfüllung des Grubenkomplexes 85 auch ein nicht weiter klassifizierbares Fragment aus Eisen (Abb. 107,10). Bei einem scheibenförmigen Eisenobjekt könnte es sich möglicherweise um das Oberteil einer Nadel handeln (Abb. 107,9). Die noch deutlich erkennbare Schwellung im Zentrum wäre dann die korrodierte Bruchstelle für den Ansatz des fehlenden Nadelschafts. Die beiden unscheinbaren Eisenfunde bilden nichtsdestotrotz einen weiteren Beleg für die sich bereits an der Keramik abzeichnende Tendenz einer Siedlungskontinuität von der Urnenfelder- bis in die Hallstattzeit.

Manfred Woidich

Literatur S. Ludwig-Lukanow, Hügelgräberbronzezeit und Urnenfelderzeit im Nördlinger Ries. Materialh. Bayer. Vorgesch. A 48 (Kallmünz 1983). – J. E. Fries, Die Hallstattzeit im Nördlinger Ries. Materialh. Bayer. Vorgesch. A 88 (Kallmünz 2005).

Örtliche Grabungsleitung M. Woidich, Archäologiebüro Dr. Woidich GmbH. – *Grabungstechnik* S. Tifui und P. Vadineanu, Archäologiebüro Dr. Woidich GmbH.

Eine Siedlungslandschaft unter Gleisen – Vorgeschichte auf der Main-Niederterrasse bei Hallstadt

Landkreis Bamberg, Oberfranken

Im Zuge des Ausbaus der Bahntrasse Nürnberg–Ebensfeld sind zwischen Hallstadt und Breitengüßbach seit Februar 2019 zahlreiche, zum Teil bisher noch unbekannte Bodendenkmäler entdeckt worden. Innerhalb des Baufeldes konnten dabei inzwischen fast 7 ha Fläche auf der Gemarkung Hallstadt archäologisch untersucht werden.

108 *Hallstadt. Rechteckiges Gebäude der Latènezeit.*

Das Areal oder Warum gerade hier?

Wie sich während der Untersuchungen zeigte, wurden nahezu alle hochwassersicheren Lagen auf einem 1,7 km langen Areal in der Vorgeschichte aufgesucht und genutzt. Dieses für die als eher ungünstig geltenden Sandböden der Gegend überraschende Ergebnis hat jedoch mit Sicherheit auch mit der Lage am Rand der Niederterrasse des Mains zu tun. Die Terrasse bildet die letzte Erhebung vor der ausgedehnten Mainaue und ist in diesem Abschnitt bis zu 4 m höher gelegen als diese. Die Terrasse wird zudem von mehreren kleinen Bachläufen durchschnitten, an deren nördlichen Rändern jeweils besonders dichte Befundhäufungen auftraten. Die Bachläufe sind von Süd nach Nord: der Gründleinsbach, der Leitenbach und der Bösengraben. Zudem ist mit dem Main, dem ehemaligen Auwald und dem überschwemmungssicheren Hinterland auch eine optimale Nutzung der Ressourcen und eine noch heute verkehrsgünstige Lage gegeben.

Was gefunden wurde

Unter den über 3000 untersuchten Strukturen der Grabung zeigt sich eine erstaunliche zeitliche Tiefe. Die ältesten Spuren finden sich in Form einer mesolithischen Freilandstation, deren Produktionsspuren und Mikrolithe sich überwiegend in den Verfüllungen jüngerer archäologischer Befunde erhalten haben, während sie auf der heutigen Oberfläche nur noch in geringen Mengen vorhanden sind. In der Jungsteinzeit und noch bis in die Bronzezeit hinein ist mit einer Siedlung direkt nördlich des Bösengrabens zu rechnen. Von der Urnenfelderzeit bis in die Latènezeit beginnt dann eine flächige Besiedlung der Niederterrasse. Dabei ist in der Urnenfelderzeit eine noch halbwegs abgrenzbare, flächige Siedlung nördlich des Leitenbaches fassbar. Bemerkenswert ist diesbezüglich ein massiver, vermutlich mehrphasiger Sechspfostenbau mit ovaler Einfriedung. Die Latènezeit schlägt sich nieder im Vorhandensein mehrerer Einzelhöfe sowie als ein intensiv belegtes Areal am südlichen Terrassenrand. Einer der möglichen Einzelhöfe lag direkt am tief in die Terrasse eingeschnittenen Leitenbach. Das im Sandboden noch erstaunlich gut erhaltene Rechteckgebäude besaß vier massive Innenpfosten sowie zwei durch Pfostenstellungen und Unterbrechungen im sonst umlaufenden Wandgräbchen sichtbare Eingänge/Durchlässe (Abb. 108).

Besondere Gruben

Weiter südlich nahe dem Gründleinsbach konnte ein Grubenhaus mit mehreren korrodierten Metallgegenständen, darunter eine Fibel, und einer fragmentierten Linsenflasche untersucht werden. Nur wenige Meter weiter zeigte sich eine flächige Kulturschicht der Latènezeit, unter der sich insgesamt sechs tiefere ehemalige Speichergruben befanden. In einer dieser Gruben war nahe der Sohle ein Mann von über 60 Jahren beigesetzt worden (Abb. 111). Das Skelett lag ungestört in gestreckter Rückenlage mit an den Körper angelegten Armen.

In einer anderen Grube, nur wenige Meter entfernt, wurden sogar drei Menschen zugleich bestattet (Abb. 112). Die unterste Person wur-

109 *Hallstadt. Kreisförmige Anlage mit innerer Pfostenreihe direkt unterhalb der Bahntrasse. Blick von Norden auf Hallstadt mit Brücke des Berliner Rings.*

110 *Hallstadt. Glasperlen des Frühmittelalters. Maßstab 1 : 1.*

de dabei regelrecht in die Grube geworfen und kam mit dem Bauch zur Grubensohle zum Liegen. Danach wurden die anderen beiden Toten seitlich an der Grubenwand deponiert, jedoch in entgegengesetzter Richtung zum ersten Toten. Da alle Skelette dicht aneinander lagen und es zu keinerlei Störung der vorangegangenen Bestattungen gekommen ist, kann von einer rasch folgenden Beisetzung aller drei Personen ausgegangen werden. Bei den drei Individuen handelt es sich um Männer im Alter von etwa 20, 40 und 60 Jahren. Bemerkenswert ist der Fund einer jung- bis endneolithischen Pfeilspitze etwa 5 cm oberhalb der obersten Bestattung. Weiterhin fanden sich in der Grube Fragmente eines großen Reibsteins. Spuren von Gewalteinwirkung sowie klare Beigaben fehlen. Die Art der Niederlegung lässt an jungsteinzeitliche Vergleichsfunde der Münchshöfener Kultur denken.

Eine erste ^{14}C-Beprobung aller vier Bestattungen erbrachte nur bei der einzelnen Bestattung ein Ergebnis. Dieses weist in die Hallstatt- bis Frühlatènezeit und lässt durch die bekannte Ungenauigkeit der ^{14}C-Kurve in diesem Zeitabschnitt (sog. Hallstatt-Plateau) keine genauere Einordnung zu.

Dass auch im Frühmittelalter im Umfeld gesiedelt wurde, zeigt eine Gefäßdeponierung, um die sich insgesamt über 40 zum Teil zweifarbige Glasperlen befanden (Abb. 110). Diese Niederlegung weist mit hoher Wahrscheinlichkeit auf ein weiteres im Sand der Hochterrasse vergangenes Grab hin.

Bisher nicht näher datierbar ist eine im Durchmesser 17 m große, kreisförmige Anlage direkt an den Gleisen der alten Bahntrasse (Abb. 109; Titelbild). Die Struktur besitzt in der erhaltenen Hälfte keinerlei Eingang, jedoch

111 *Hallstadt. Einzelne Bestattung der Eisenzeit in einer Speichergrube.*

zahlreiche Innenpfosten. Anhand der Funde sowie der stratigrafischen Lage und Form der Anlage ist eine vorgeschichtliche Zeitstellung zu erwarten. Die rechtwinkligen Strukturen daneben sind neuzeitlich und durch Gemüsefelder hervorgerufen.

Matthias Tschuch

Anthropologische Bestimmungen St. Zäuner, Fa. Anthropol.

112 *Hallstadt. Mehrfachbestattung von drei Individuen noch ungesicherter Zeitstellung.*

Hockergräber und Herrenhof: geschichtsträchtiger Grund für das neue Landratsamt in Essenbach

Landkreis Landshut, Niederbayern

Nach Beschluss des Kreistages wird der Landkreis Landshut am südwestlichen Ortseingang von Essenbach ein neues Landratsamt errichten. Die hierfür überplante, etwa 3,5 ha große Neubaufläche sowie die Erschließungsstraße mit 1 ha Fläche liegen am Rande einer fruchtbaren, hochwassersicheren Lössterrasse (Abb. 113). Sie erstreckt sich auf einer Länge von knapp 15 km und einer Breite von bis zu 4 km nördlich entlang der Isar von Altdorf bis Essenbach und zählt aufgrund ihrer Siedlungsgunst zu den wohl am dichtesten mit Bodendenkmälern bestückten Gebieten in ganz Niederbayern.

Wie in diesem Umfeld zu erwarten, lagen auch im überplanten Bereich archäologische Fundstellen. In die Erschließungsstraße ragt ein hallstattzeitlicher Herrenhof, der seit den 1990er Jahren aus Luftbildern bekannt und inzwischen auch geophysikalisch prospektiert ist.

Angesichts dieser denkmalpflegerischen Ausgangssituation wurde beschlossen, dass beide Grundstücke bauvorgreifend archäologisch untersucht werden sollten, um später einen reibungslosen Bauablauf zu ermöglichen.

Von der Glockenbecherkultur bis zur Latènezeit

Die Arbeiten wurden von der Kreisarchäologie im Rahmen zweier Grabungskampagnen 2019 und 2020 sowie ab Herbst 2020 die archäologische Ausgrabung im Bereich der Erschließungsstraße durchgeführt. Die Untersuchungen auf der Neubaufläche erbrachten Siedlungsbefunde der Glockenbecherkultur, der Früh- und Mittelbronzezeit, der Urnenfelderkultur und der Hallstatt- bzw. Frühlatènezeit. Aus der Frühbronzezeit und der Urnenfelderkultur fanden sich Körper- bzw. Urnengräber. Die archäologischen Befunde streuten über das gesamte Areal. Im Bereich der Erschließungsstraße befand sich der erwartete hallstattzeitliche Herrenhof.

Grabgruppe und Siedlung der Frühbronzezeit

Direkt südwestlich angrenzend an den Parkplatz der Essenbacher Musikschule fanden sich während der Kampagne 2019 insgesamt sechs Körpergräber. Ein Erfahrungsbericht zur Auffindsituation dieser während des Baus

113 *Essenbach. Blick nach Südwesten in Richtung Landshut. Rechts unten: Musikschule Essenbach; Bildmitte: Kiesparkplatz; gelb: Neubaufläche Landratsamt; grün: Erschließungsstraße.*

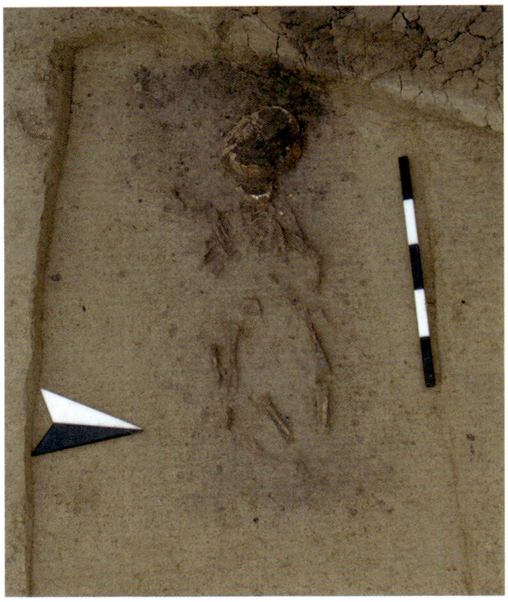

114 *Essenbach. Kindergrab 111.*

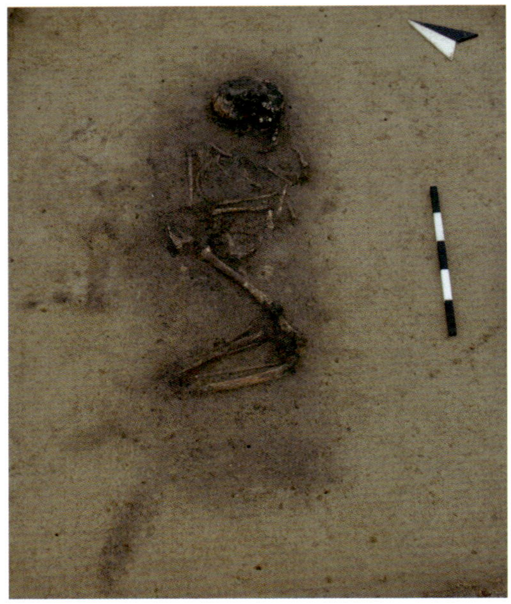

115 *Essenbach. Grab 108.*

der Musikschule konservatorisch überdeckten Gräber ist bereits an anderer Stelle veröffentlicht. Im Rahmen der dortigen kursorischen Vorstellung wurde die Grabgruppe „vorerst in die Glockenbecherzeit“ datiert. Wie die weiteren Grabungen auf der Fläche, aber auch die Auswertung der Befunde im Anschluss daran zeigten, nehme ich mittlerweile jedoch eine Datierung in die Frühbronzezeit an.

Die Gräber des kleinen Friedhofes waren mehr oder weniger streifenförmig in Nordost-Südwest-Richtung angeordnet. Vier der Bestattungen waren als Hocker in rechteckige Grabgruben mit abgerundeten Ecken gelegt worden, drei davon in Nordost-Südwest-Ausrichtung mit Kopf im Nordosten, eine bei gleicher Ausrichtung mit Kopf im Südwesten. Bei den beiden übrigen Gräbern wich eine Bestattung vollständig, eine teilweise vom skizzierten Schema ab. Bei dem vollständig abweichenden Grab 111 handelte es sich um ein Kindergrab. Das Kind lag in gestreckter Rückenlage Ost-West ausgerichtet in einer Grabgrube der oben beschriebenen Form. Der Kopf befand sich im Westen mit Blick nach Osten (Abb. 114). – Die teilweise abweichende Bestattung 108 erweckte den Eindruck einer Mischform aus den beiden Bestattungsarten: Der Oberkörper lag auf dem Rücken, die Beine waren nach Art der Hocker angewinkelt (Abb. 115). Die Ausrichtung war Nordost-Südwest, der Kopf lag im Nordosten. Die Grabgrube war wiederum rechteckig mit abgerundeten Ecken. Der auf der linken Stirnhälfte liegende Schädel, der erst nach der Verwesung der Sehnen aus seiner natürlichen Position gekippt sein kann, deutet darauf hin, dass der Verstorbene ursprünglich in einer Art Sarg gelegen hatte. Aus diesem Grab stammt die einzige Beigabe der gesamten Grabgruppe: eine etwa 9,5 cm lange Knochennadel. Diese besteht aus einem etwa 6 cm langen, runden Schaft mit einem Durchmesser von 0,4 cm an der dicksten und 0,2 cm an der dünnsten Stelle. Der Schaft endet in einer Plat-

116 *Essenbach. Trasse der Erschließungsstraße, darin der Herrenhof mit Zugangssituation in der Mitte der nordöstlichen Stirnseite. Norden ist links.*

te mit ovalem Umriss und einer Breite von ca. 1 cm. Zentral in dieser Platte findet sich eine Bohrung mit einem Durchmesser von rund 0,5 cm. Die unverzierte Nadel kann typologisch in das Spätneolithikum oder in die frühe Bronzezeit datiert werden. Vergleichbare Nadeln sind in Südbayern eine häufige Beigabe in frühbronzezeitlichen Gräbern, wohingegen mir aus glockenbecherzeitlichen Gräbern Niederbayerns kein Vergleichsfund bekannt ist. Darüber hinaus ist in der Glockenbecherkultur des niederbayerischen Raumes eine derartige Häufung beigabenloser Gräber, anders als in der späten Frühbronzezeit, unbekannt. Daher scheint mir eine Datierung der Gräber in letztere wahrscheinlicher.

Untermauert wird diese zeitliche Einordnung durch die Datierung eines großen Grubenkomplexes sowie einer Siedlungsgrube, die nur wenige Meter von den Gräbern entfernt lagen und in der Kampagne 2020 untersucht werden konnten. Der Grubenkomplex, eine mehrphasig genutzte und mit Abraum verfüllte Materialentnahmegrube und die Siedlungsgrube bildeten wahrscheinlich einen Ausläufer einer frühbronzezeitlichen Siedlung, die einst am jetzigen Standort der Essenbacher Musikschule zu suchen gewesen sein dürfte. Leider erfolgte beim Bau der Musikschule keine archäologische Begleitung.

Herrenhof der Hallstattzeit

Der hallstattzeitliche Herrenhof war einst von einem bis zu 5 m breiten und mindestens 1,20 m tiefen Spitzgraben umgeben. Innen an diesen Graben schloss sich eine Palisade an. Die rechteckige bis leicht rautenförmige Befestigung hatte eine Breite von rund 75 m und, wie die geophysikalische Vermessung zeigte, eine Länge von rund 82 m. Das umfriedete Areal war ca. 6.000 m² groß. Im Inneren des Herrenhofes konnten die Pfostenstellungen mehrerer Gebäude dokumentiert werden. Neben größeren Pfostenbauten, bei denen es sich vermutlich um Wohnhäuser gehandelt hat, legen andere Grundrisse eine einstige Nutzung als Vorratsgebäude nahe. Direkt außerhalb des Herrenhofes fanden sich keinerlei Siedlungsgruben oder Pfostenstellungen.

Durch die geophysikalischen Untersuchungen war bislang ein Zugang bekannt, der sich außerhalb der jetzigen Grabungsfläche an der nordwestlichen Langseite der Anlage befindet. Überraschend wurde im Rahmen der Ausgrabung mittig an der nordöstlichen Stirnseite ein weiterer Zugang entdeckt (Abb. 116). Vor einer Erdbrücke im Grabenverlauf war zudem ein weiterer kleiner Graben angelegt worden, sodass der Herrenhof über ein gestaffeltes Verteidigungssystem verfügte. Hinter der Erdbrücke zeigte sich eine Lücke in der Palisadenwand. Die Pfostenstellungen der Palisade an dieser Stelle weisen darauf hin, dass der neu entdeckte Eingang mit einem Tor verschlossen werden konnte.

Wie die in den Verfüllungen der Gruben im Inneren des Herrenhofes, aber auch des Umfassungsgrabens stellenweise massiv auftretenden Konzentrationen von verbranntem Lehmbewurf der Häuser zeigen (Abb. 117), markiert wohl ein Brandereignis das Ende der Bebauung. Die begleitende Keramik legt nahe, dass der Brand in der Späthallstatt- bis Frühlatènezeit zu verorten ist.

117 *Essenbach. Verfüllte Grube im Inneren des Herrenhofes. Deutlich ist die Verfüllung mit verziegelten Brocken des Lehmbewurfs einstiger Hauswände zu erkennen.*

Siedlung der Hallstattzeit
Bereits 2019 fanden sich auf der Neubaufläche des Landratsamtes Ausläufer einer Siedlung der frühen Eisenzeit, deren Zentrum südwestlich der Grabungsfläche unter dem dortigen Kiesparkplatz anzunehmen ist. Dort waren vor dem Bau des Parkplatzes Siedlungsspuren im Luftbild bekannt. Obwohl die Anlage des Parkplatzes ohne archäologische Begleitung erfolgte, ist aufgrund der Mächtigkeit der Kiesschüttung von einer Erhaltung der archäologischen Befunde an dieser Stelle auszugehen. Die Siedlung kann anhand der Funde aus einem Brunnen in die gleiche Zeit datiert werden wie der nordwestlich daran anschließende Herrenhof, sodass die Vermutung naheliegt, dass es sich um eine Außensiedlung des Herrenhofes handelte.

Thomas Richter

Literatur M. Geelhaar/J. Faßbinder, Zum Potential der magnetischen Prospektion am Beispiel hallstattzeitlicher Herrenhöfe in Stadt und Landkreis Landshut (Niederbayern). In: K. Schmotz/L. Husty (Hrsg.), Vorträge des 32. Niederbayerischen Archäologentages (Rahden/Westf. 2014) 191–216. – K. Massy, Die Gräber der Frühbronzezeit im südlichen Bayern. Materialh. Bayer. Arch. 107 (Kallmünz 2018). – Th. Richter, Archäologische Untersuchung überdeckter Gräber in Essenbach – Ein Erfahrungsbericht. Ber. Bayer. Bodendenkmalpfl. 60, 2019, 193–202. – Th. Richter, Frühkeltischer Herrenhof über der Isar. Arch. Deutschland 2/2021, 52.

Örtliche Grabungsleitung Th. Richter, S. Zawadzki und S. Kunz, Kreisarchäologie Landshut.

Herrenhöfe am Hascherkeller – „Missing Link" nach vier Jahrzehnten

Stadt Landshut, Niederbayern

Prospektiert und teilergraben – seit 1977
Der geplante Bau einer Waldorfschule hat Ausgrabungen am altbekannten Fundort Landshut-Hascherkeller notwendig gemacht (Abb. 119). Auf Luftbildern waren die Gräben eines Herrenhofkomplexes bereits 1977 von Rainer Christlein entdeckt worden. Der Bau des Parkplatzes für den Landshuter Nordfriedhof gab 1978 Anlass, den Westteil der Grabenanlage zu untersuchen. Die Grabungsleitung lag in den Händen von Peter Wells vom Peabody Museum der Harvard University in Cambridge (Massachusetts). Zugleich untersuchte das BLfD 1978 den Ostteil der Grabenanlage an der Kellerbergstraße, wo ein Baugebiet entstehen sollte.
Die beiden Ausgrabungen kamen zu folgendem Ergebnis: Neben einer befestigten Siedlung der Hallstattzeit konnten im Rahmen der Untersuchungen auch Siedlungsspuren der frühen Bronzezeit, der Urnenfelderzeit und der mittleren römischen Kaiserzeit festgestellt werden.
Das Areal zwischen den beiden Ausgrabungsflächen war bislang archäologisch unangetastet geblieben. Neben der noch jungen Luftbildarchäologie fand dort eine weitere Prospektionsmethode ihren Einsatz, die seinerzeit ebenfalls noch in den Kinderschuhen steckte: die Magnetometerprospektion. Helmut Becker erkundete 1978 die Verbindungsfläche zwischen den beiden Ausgrabungen und bestätigte im Wesentlichen Christleins Erkenntnisse aus der Luft.
41 Jahre später, im April 2019, wurde die Fläche von Roland Linck und Jörg Faßbinder (BLfD) nochmals mit dem Magnetometer prospektiert, da sich die Bodeneingriffe durch eine dort vor drei Jahrzehnten angesiedelte Baumschule deutlich vermehrt hatten. Die Gräben und weitere archäologische Strukturen waren auch im neuen Magnetogramm immer noch sichtbar und bilden zusammen mit den früheren Untersuchungsergebnissen eine wichtige Grundlage für die derzeitigen Forschungen (Abb. 118).

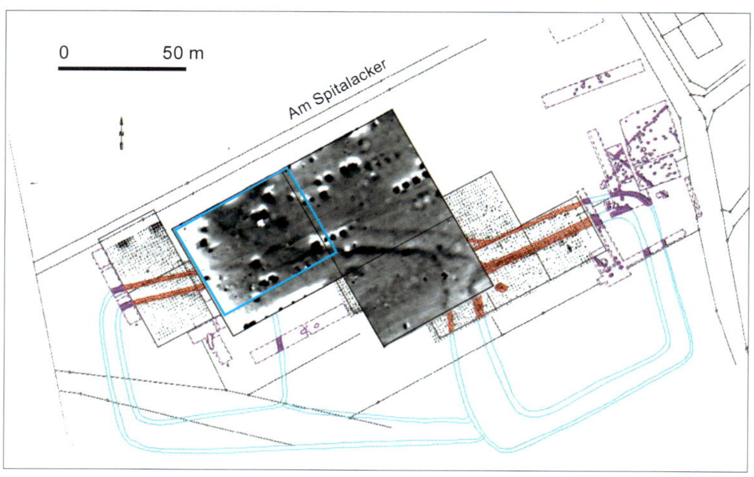

118 *Landshut-Hascherkeller. Herrenhofkomplex in der Darstellung von Helmut Becker (1996, 163 Abb. 4,2). Luftbilder (grün), Ausgrabungen 1978–1981 (violett) und Magnetometerprospektion 1978 (rot); eingeschnitten das Magnetogramm von 2019. Blau umrandet die Grabungsfläche 3 (Abb. 121).*

Das fehlende Mittelstück – Ausgrabung 2020
Nach dem Oberbodenabtrag 2019 begann im Frühjahr 2020 die Ausgrabung als gemeinsames Projekt der Stadtarchäologie Landshut und des Lehrstuhls für Vor- und Frühgeschichte der Universität Regensburg. Bereits die Einmessung und Aufnahme der ersten 1240 m² großen Teilfläche erbrachte zahlreiche über das Prospektionsergebnis hinausgehende Befunde wie Pfostenstandspuren und Gruben.

Zudem konnten die schon bekannten Verläufe der hallstattzeitlichen Gräben bestätigt werden. Dieses Bild zeigte sich auch in den später im Jahr geöffneten und untersuchten Teilflächen 2 (1170 m²) und 3 (2825 m²). Neben den früheisenzeitlichen Befunden wurden auch einige römische Urnen mit Leichenbrand sowie ein Brandschüttungsgrab freigelegt.
Durch langjährige Nutzung der Fläche als städtische Baumschule waren besonders die oberen Bodenschichten sowie das erste Dokumentationsplanum stark gestört (Abb. 121). Es ist davon auszugehen, dass gerade kleinere, gering eingetiefte Befunde zum großen Teil den massiven Bodeneingriffen zum Opfer gefallen sind. Die verbliebenen spärlichen Hinweise auf Innenbebauung oder Aktivitäten im näheren Außenbereich der Herrenhöfe zeichnen somit nur ein unvollständiges Bild der damaligen Siedlungslandschaft nach.
Im weiteren Verlauf der Ausgrabung wurden die Gräben des Herrenhofkomplexes auf einer Gesamtlänge von ca. 400 m systematisch geschnitten und dabei zahlreiche Quer- und Längsprofile angelegt. Im Zentrum der Ausgrabungen stand dabei die Frage nach dem zeitlichen Bezug der einzelnen Anlagen zueinander. Um die relativchronologische Abfolge der Herrenhöfe rekonstruieren zu können, wurden die bisher sechs freigelegten Überschneidungsbereiche der einzelnen Gräben intensiven Untersuchungen unterzogen. Die vorläufigen Ergebnisse und Eindrücke liefern bereits erste Anhaltspunkte hinsichtlich Interaktion und Verfüllungsgeschichte einzelner Grabenabschnitte. Auffällig bleibt, dass positive Nachweise für Eingangs- oder Torsituationen sowohl im ausgewerteten Magnetogramm als auch im Grabungsbefund fehlen.

Bodenverhältnisse

Zur Klärung der Bodenverhältnisse und der Herkunft von Verfüllungssedimenten wurden die geomorphologische und bodenkundliche Situation im Grabungsumfeld dokumentiert. Das Areal befindet sich am südlichen Rand einer aus risszeitlichen Kiesen und Sanden aufgebauten Terrassenfläche. Sie ist von mehrere Meter mächtigen Lössen bedeckt, auf denen sich die fruchtbarsten Böden im Tal der Isar entwickelten (Landshuter Lössinsel). An ungestörten Standorten haben sich Parabraunerden und Pseudogleye ausgebildet. Im Areal der Grabung ist die Bodendecke durch die Baumschule stark gestört und enthält zahlreiche humos verfüllte ehemalige Pflanzteller. Einzig im nordöstlichsten Teil ist noch ein relativ ungestörter Boden nachweisbar, sodass von hier aus auf seine einstige Mächtigkeit geschlossen werden kann (Abb. 120). Es ist davon auszugehen, dass der Boden auch

119 *Landshut-Hascherkeller. Das Luftbild zeigt in der Mitte die Grabungsfläche am Rande der nach Südosten abfallenden Hochterrasse. Norden ist rechts. Bayerisches Landesamt für Denkmalpflege – Luftbilddokumentation, Aufnahmedatum 20.03.2020, Fotograf Klaus Leidorf, Archiv-Nr. 7538/002-4.*

120 *Landshut-Hascherkeller. Geoprofil am östlichen Rand der Grabungsfläche 2020. Hier ist der ursprüngliche Boden, eine dunkle Parabraunerde, noch weitgehend erhalten. Unter dem reliktischen Pflughorizont (rAp) befindet sich ein Bht-Horizont, der durch Toneinlagerung in den dort carbonatfreien Löss geprägt ist. Darunter folgt ein Bv-Horizont, hier dominieren Prozesse der Verbraunung direkt oberhalb der Entkalkungsgrenze. An der Basis steht carbonathaltiger Löss an (clC).*

schon in der Hallstattzeit bis zu einer Tiefe von 80 cm entkalkt war. Da die in den Gräben angetroffenen Archäosedimente oftmals zumindest teilweise carbonathaltig waren, wurde bei der Verfüllung immer auch Material aus dem mineralischen Löss mit eingemengt (ggf. Wallmaterial). Zunächst kam es jedoch während der Nutzungsphase zur Akkumulation von leicht humosem, schluffigem Material an der Grabenbasis und immer wieder zu kleinen Rutschungen, sodass mineralischer Löss aus der Wandung in den Graben gelangt. Parallel dazu werden von Zeit zu Zeit auch Oberbodenmaterial eingetragen und pflanzliche Substanzen hineingeweht.

Ausblick

Im Jahr 2021 sollen die Ausgrabungen am Hascherkeller zum Abschluss kommen. Ergänzend dazu sind auch großflächige Magnetomerteruntersuchungen nördlich der Grabungsfläche angedacht. Hierbei steht neben der Frage der Besiedlung des näheren Umfeldes der Herrenhöfe auch der weitere Verlauf und die Funktion eines kleinen, sich nördlich der Grabungsgrenze fortsetzenden Gräbchens im Mittelpunkt der Prospektion.

Isabella Denk, Florian Reitmaier,
Thomas Saile und Christian Tinapp

Literatur H. Becker/R. Christlein/P. S. Wells, Die hallstattzeitliche Siedlung von Landshut-Hascherkeller, Niederbayern. Arch. Korrbl. 9, 1979, 285–301. – P. S. Wells, Rural economy in the Early Iron Age. Excavations at Hascherkeller, 1978–1981 (Cambridge/Mass. 1983). – H. Becker, Komplexe Grabenwerke der Hallstattzeit. In: H. Becker (Hrsg.), Archäologische Prospektion. Luftbildarchäologie und Geophysik. Arbeitsh. Bayer. Landesamt für Denkmalpfl. 59 (München 1996) 159–164. – W. M. Geelhaar/J. W. E. Faßbinder, Zum Potential der magnetischen Prospektion am Beispiel hallstattzeitlicher Herrenhöfe in Stadt und Landkreis Landshut (Niederbayern). In: K. Schmotz (Hrsg.), Vorträge des 32. Niederbayerischen Archäologentages (Rahden 2014) 191–216.

Grabungsleitung I. Denk, Stadtarchäologie Landshut, und F. Reitmaier, Universität Regensburg. – *Bodenkunde* Ch. Tinapp, Leipzig. – *Danksagung* Die Geländearbeiten wurden durch die Stadt Landshut, das Bayerische Landesamt für Denkmalpflege und die Universität Regensburg unterstützt.

121 *Landshut-Hascherkeller, Fläche 3. Deutlich zu erkennen sind die in acht Reihen angeordneten Pflanzgruben der städtischen Baumschule. Die freigelegten Grabenstrukturen waren bereits auf dem 1978 angefertigten Magnetbild erkennbar. Norden ist oben.*

Frühkeltische Pflanzenspektren – Erkenntnisse aus einem hallstattzeitlichen Brunnen in Altdorf b. Nürnberg

Landkreis Nürnberger Land, Mittelfranken

122 *Altdorf b. Nürnberg. Grabungssituation vor der Profilanlage.*

Bereits im Jahr 2018 ist an dieser Stelle ein hallstattzeitlicher Brunnen vorgestellt worden. Wegen seiner Eintiefung in eine anstehende Kalksteinbank und eintretendem Wasser konnte er zunächst nicht vollständig dokumentiert werden. Dies erfolgte nun baubegleitend im Rahmen der maschinellen Baugrubenabtiefung (Abb. 122).

Im Profil zeigten sich nahezu sterile Sandschichten mit warvenartigen feinen Straten aus humosem sandigem Schluff. Darunter konnte an der Sohle eine nur knapp 4 cm mächtige Schicht aus stark organisch schluffigem Sediment dokumentiert werden (Abb. 123). Diese enthielt im oberen Bereich eine Vielzahl von Kleintierknochen und an der Basis Unmengen an Muschelkrebsen (Ostracoden) (Abb. 124). Im nördlichen Bereich des Brunnens hatte sich randlich eine Art Wandfazies mit deutlich erhöhtem Anteil Grobdetritus erhalten.

Da sich während der Ausgrabung vorzügliche Erhaltungsbedingungen für unverkohlte Pflanzenreste abzeichneten (Abb. 125), erfolgte in Absprache mit dem archäobotanischen Bearbeiter eine engmaschige Verprobung für naturwissenschaftliche Untersuchungen (Makrorestanalyse, Palynologie, Archäozoologie, Entomologie, Parasitologie). So wurde das gesamte Restsediment geborgen und zusätzlich ungestörte Proben in Form von Sedimentschienen entnommen. In die archäobotanischen Funde soll im Folgenden ein erster Einblick gegeben werden.

Ein datierbares Bauholz

Im Zuge der Profilanlage konnte ein größeres Holzstück dokumentiert und geborgen werden, welches den stark zersetzten Rest eines Balkens oder einer Bohle mit Bearbeitungsspuren darstellt. Das Bauholz wurde aus einem ungefähr 30 cm starken und mindestens 120 Jahre alten Eichenstamm herausgespalten. Möglicherweise gehörte das Holz zu einer obertägigen Verbauung oder Einfassung der

123 *Altdorf b. Nürnberg. Brunnen, Profil 2.*

124 *Altdorf b. Nürnberg. In der basalen Verfüllschicht fanden sich unzählige Muschelkrebse. Dreifache Vergrößerung.*

125 *Altdorf b. Nürnberg. Komplettes Laubblatt in situ.*

Grube, welche nach einigen Jahren der Nutzung vermoderte. Gestützt auf die ^{14}C-Datierung am 92. Ring des Bauholzes, lässt sich die Eichenserie auf dem Jahr 733 v. Chr. einhängen. Wenn zersetzte Kernholz- und Splintjahrringe berücksichtigt werden, ist ein Fällzeitpunkt um 700 v. Chr. (Ha C) anzunehmen.

Archäobotanik: Ergebnisse und Erhaltung

Die Proben beinhalteten eine große Menge organischer Reste. Neben subfossilen Hölzern (Zweigstücke, Holzsplitter), Holzkohlen, Blattresten, Moosen, Knochen, Koprolithen, Insekten sowie Mollusken fanden sich über 24.000 Früchte, Samen, Knospen, wobei 133 Arten bestimmt werden konnten. Auch Pollen und Sporen liegen in großer Zahl und guter Erhaltung vor, wenngleich nicht alle bislang untersuchten Proben pollenführend waren. Es ließen sich hier bislang mehr als 80 verschiedene Taxa identifizieren.

Die Brunnenverfüllung stellt einen offenen Fundkomplex (Thanatocoenose) dar, der eine zufällige, willkürlich zustandegekommene Kombination an Pflanzenresten enthält. Dabei repräsentieren die nachgewiesenen Arten vor allem Reste der lokalen Vegetation. Die Pollenkörner können jedoch auch aus größerer Entfernung stammen.

Ein kurzer Einbringungsweg und eine zügige Ablagerung unter konstant nassen und sauerstoffarmen Bedingungen sind für die sehr gute, teilweise „frische" Erhaltung eines Großteils des organischen Materials verantwortlich. Selbst empfindliche Pflanzenteile wie Blätter, ganze Fruchtstände oder zarte Samen (z. B. Süßgräser, Labkräuter, Hülsenfrüchte) konnten identifiziert werden. Diese Artenvielfalt und das Überdauern selbst feinster Stacheln und Härchen an den Objekten (Abb. 126,E.H) zeigt, dass eine Einbettung der Reste kurz nach der Samenreife, d. h. im Spätsommer oder Frühherbst, stattgefunden haben muss, da sich diese bei einer auch nur kurzen Lagerung an der Bodenoberfläche nicht erhalten hätten.

Kulturpflanzen

Im Brunnen wurde ein breit gefächertes Anbaupflanzenspektrum vorgefunden, das auf eine differenzierte Landwirtschaft und eine abwechslungsreiche Ernährung in der Hallstattzeit verweist. Mit Spelzgerste *(Hordeum vulgare)*, Echter Hirse *(Panicum miliaceum)* (Abb. 126,A), Saat-Weizen *(Triticum aestivum)* (Abb. 126,D), Emmer *(Triticum dicoccon)*, Einkorn *(Triticum monococcum)* und Dinkel *(Triticum spelta)* sind sechs Getreidearten belegt. Auch Getreidepollenkörner sind sehr zahlreich. Da es sich bei den Getreiden um kleistogame, also selbstbestäubende Arten handelt, deren Pollen normalerweise nicht in die Atmosphäre ausgestreut wird, ist mit einem in der Nähe liegenden Getreideverarbeitungsplatz zu rechnen. Nachgewiesene Hülsenfrüchte sind Erbse *(Pisum sativum)* (Abb. 126,C) und Linse *(Lens culinaris)*; die einzige Ölpflanze ist Schlafmohn *(Papaver somniferum)* (Abb. 126,B). Das Kulturpflanzenspektrum aus dem Brunnen steht in der Tradition spätbronzezeitlicher Fundplätze (Ha A/B) und entspricht jenen späthallstatt-/frühlatènezeitlicher Fundstellen in Süddeutschland (Ha D/LT A).

Wildpflanzen

Das Wildpflanzenspektrum ist überaus umfangreich und bislang singulär für Bayern, aber auch für angrenzende Gebiete. Bei den meisten nachgewiesenen Pflanzen handelt es sich um Arten, welche durch den Menschen (und seine Haustiere) im Laufe der Vorgeschichte in das Untersuchungsgebiet gelangten und sich dort etablierten.

Unkräuter und Ruderalpflanzen

Etwa 88 % der Großreste stellen Unkräuter und Ruderalpflanzen (lat. Plur. *rudera* = Schutt) dar. Sie repräsentieren Felder, Gär-

126 *Altdorf b. Nürnberg. Auswahl subfossil erhaltener Pflanzenreste (falls nicht gesondert angegeben alles Früchte und Samen). A Echte Hirse; B Schlafmohn; C Erbse; Samenwandfragment mit Nabel; D Saat-Weizen, Spindelstück; E Kleiner Storchschnabel; F Gebräuchlicher Erdrauch; G Großblütiger Breitsame; H Acker-Klettenkerbel. Maßstab jeweils 1 mm.*

ten, Trittrasen, regelmäßig gestörte Standorte, aber auch Brachen. Hervorzuheben sind Getreideunkräuter wie Acker-Klettenkerbel *(Torilis arvensis)* (Abb. 126,H) und Großblütiger Breitsame *(Orlaya grandiflora)* (Abb. 126,G), welche einen frühen Hinweis zur Herausbildung einer speziellen Unkrautflora auf trockenem, kalkreichem Substrat, dem Caucalidion-Verband, anzeigen. Diese Arten sind auch pollenanalytisch belegt. Höchstwahrscheinlich ist hier ein Zusammenhang mit dem typischen Wintergetreide Dinkel zu sehen. Als weiteres klassisches Wintergetreideunkraut ist Kornrade *(Agrostemma githago)* zu nennen, die als Großreste und als Pollen identifiziert wurde.
Neben den kalkholden Arten sind ebenso Pflanzen belegt, die die Bestellung nährstoffarmer saurer Böden anzeigen. Dazu zählen Einjähriges Knäuelkraut *(Scleranthus annuus)*, Acker-Frauenmantel *(Aphanes arvensis)* oder Sand-Mohn *(Papaver argemone)*. Überraschenderweise sind auch diese Arten sowohl als Makroreste als auch als Pollen vorhanden.
Sommerfruchtunkräuter mit einer kurzen Vegetationszeit wie Sonnenwend-Wolfsmilch *(Euphorbia helioscopia)*, Gebräuchlicher Erdrauch *(Fumaria officinalis)* oder Acker-Hellerkraut *(Thlaspi arvense)* wie auch die Unkrauthirsen – Hühnerhirse *(Echinochloa crus-galli)*, Grüne Borstenhirse *(Setaria viridis)* und Rote Borstenhirse *(Setaria pumila)* – sind sicherlich in Zusammenhang mit dem Anbau von Echter Hirse zu sehen. Umfangreich ist das Ruderalpflanzenspektrum, wobei etliche für die Vorgeschichte seltene Arten wie der Kleine Storchschnabel *(Geranium pusillum)* (Abb. 126,E) oder Schierling *(Conium maculatum)* belegt sind. Trittrasen im direkten Umfeld des Brunnens sind durch Spitzwegerich *(Plantago lanceolata)*, Großen Wegerich *(Plantago major)* oder Vogel-Knöterich *(Polygonum aviculare)* vertreten, die auch im Pollenbefund stark repräsentiert sind, wie insgesamt die Ruderalarten dort ebenfalls hervorstechen.

Felder und Wiesen

Eine Reihe von Arten zeigt das Vorhandensein verschiedener Arten von Grünland – Magerrasen, Feuchtwiesen, frisches bis trockenes Grünland – in der frühen Hallstattzeit. Da für die vorrömische Eisenzeit eine extensive Weidewirtschaft in Form eines Feld-Gras-Wirtschaftssystems mit Fruchtwechsel und Grünbrachen postuliert wird, könnten jedoch etliche Grünlandarten auch auf den Ackerflächen vorgekommen sein.
Süßgräser dominieren unter den Nichtbaumpollen und sprechen für eine offene Vegetation. Die Vielzahl von nachgewiesenen koprophilen Pilzsporen wie auch von Tierkot belegt die unmittelbare Nähe von Tieren im Umfeld des ehemaligen Brunnens. In Altdorf sind außerdem etliche Pflanzenarten vorhanden, welche unter feuchten, stickstoffreichen Verhältnissen in nitrophytischen Staudengesellschaften an schlammigen Ufern und Gräben wachsen. Dazu zählen Dreiteiliger Zweizahn *(Bidens tripartita)*, Wasserpfeffer *(Polygonum hydropiper)* oder Brennender Hahnenfuß *(Ranunculus flammula)*.

Wälder

Während die Großreste aus dem unmittelbaren Umfeld des Brunnens stammen, spiegelt die Pollenzusammensetzung auch die Vegetation der weiteren Umgebung wider. Unter den

Baumpollen, die 20 % der Pollensumme ausmachen, dominiert vor allem Kiefer *(Pinus)*, gefolgt von Eiche *(Quercus)*. Sie stammen vermutlich aus Wäldern, die der heutigen potenziell natürlichen Vegetation auf den Flugsanden des Nürnberger Reichswalds, nämlich einem Preiselbeer-Kiefern-Eichenwald (Vaccinio-vitis-idaeae-Quercetum), sehr ähnlich gewesen sein dürften. Die Rotbuche *(Fagus sylvatica)*, die in Lösslandschaften in der frühen Eisenzeit von großer Bedeutung war, spielte dagegen im Gebiet eher eine untergeordnete Rolle, doch ist sie sowohl pollenanalytisch als auch über Makroreste nachgewiesen, wie auch die Koniferen Weißtanne *(Abies alba)* und Fichte *(Picea abies)*. Hänge-Birke *(Betula pendula)*, Dreinervige Nabelmiere (*Moehringia trinervia)*, Wald-Erdbeere *(Fragaria vesca)* oder Brombeere *(Rubus fruticosus)* sprechen neben der Hasel *(Corylus avellana)* für Gebüsche und Waldränder.

Feuchte Wälder in unmittelbarer Nähe zeigen Großreste und Pollen von Schwarz-Erle *(Alnus glutinosa)*, Gemeiner Esche *(Fraxinus excelsior)* und Ulme *(Ulmus)* an. Wasserdost *(Eupatorium cannabinum)* und Gewöhnliches Hexenkraut *(Circaea lutetiana)* wuchsen dort im Unterwuchs.

Fazit

Das gefundene Pflanzenrestspektrum sowie die Erhaltung der organischen Materialien zeigen, dass auch nach der Aufgabe des Brunnens im 7. Jahrhundert v. Chr. Siedlungsaktivitäten in einem von Mensch und Tier geprägten landwirtschaftlichen Umfeld stattfanden. Ein überaus diverses Anbaupflanzenspektrum ist ebenso belegt wie eine offene Landschaft, in der ein Mosaik der verschiedensten Pflanzengesellschaften vorkam. Das Unkrautspektrum zeigt eine Diversifizierung der Landwirtschaft mit der Nutzung kalkreicher wie auch saurer Böden. In den Restwäldern dominierten vor allem Kiefern und Eichen. Diese Ergebnisse sind für Nordbayern und insbesondere für diese Zeitstellung singulär und in ihrer Breite einzigartig. Auf eine ergänzende Auswertung der faunistischen Reste ist in Zukunft zu hoffen.

Christoph Herbig, Astrid Stobbe und Felix Wagner

Literatur E. Fischer u. a., Landnutzung im Umkreis der Zentralorte Hohenasperg, Heuneburg und Ipf. In: D. Krausse (Hrsg.), „Fürstensitze" und Zentralorte der frühen Kelten. Abschlusskolloquium des DFG-Schwerpunktprogramms 1171 in Stuttgart, 12.–15. Oktober 2009 (Stuttgart 2010) 195–266. – H.-P. Stika/A. G. Heiss, Bronzezeitliche Landwirtschaft in Europa – Ein Versuch einer Gesamtdarstellung des Forschungsstandes. In: K.-H. Willroth, Siedlungen der älteren Bronzezeit. Beiträge zur Siedlungsarchäologie und Paläoökologie des zweiten vorchristlichen Jahrtausends in Südskandinavien, Norddeutschland und den Niederlanden. Workshop vom 7.–9. April 2011 in Sankelmark. Studien zur nordeuropäischen Bronzezeit 1 (Neumünster 2013) 189–222. – R. Krautwurst, Arch. Jahr Bayern 2018, 59–61.

Probenentnahme F. Wagner und W. Wallner, BLfD. – *Dendroarchäologie* F. Herzig, BLfD. – *^{14}C-Daten* R. Friedrich, Curt-Engelhorn-Zentrum Archäometrie gGmbH, Labornr. MAMS 46289.

Besonderer „Erbfund": ein hallstattzeitliches Goldhalsringfragment aus der Gegend von Höchstädt a.d. Donau

Landkreis Dillingen a.d. Donau, Schwaben

Auffindung

Gold ist ein Material, das im Rahmen von Meldungen archäologischer Funde nahezu nie vorkommt. Doch im Mai 2020 erreichte das Landesamt die Meldung eines „aus Goldblech gefertigten Artefakts" zusammen mit der Frage, um was genau es sich handelt und ob das Stück von archäologischem Interesse sein könnte. Anhand der übermittelten Fotos ließ sich zumindest die zweite Frage rasch mit einem „Ja" beantworten. Der Besitzer und Melder des Fundes, Herbert Ertl aus Wertingen, reichte diesen daraufhin dankenswert rasch für eine Begutachtung in der Dienststelle Thierhaupten ein; noch im selben Monat wurde er Corona-konform „an der frischen Luft" im Hof der Dienststelle überreicht.

Die Auffindung des Goldobjekts lag zu diesem Zeitpunkt schon einige Jahrzehnte zurück. Der Überbringer hatte es im Nachlass seines 2019 verstorbenen Onkels entdeckt. Der vielseitig interessierte Onkel hatte Zeit seines Lebens Mammutzähne im Bereich der Kiesgruben zwischen Höchstädt a.d. Donau und Wertingen gesammelt. Gelegentlich hatte er auch von einem Goldring erzählt, den er vor längerer Zeit für einen geringen Betrag einem Motorradfahrer aus Wertingen abgekauft habe. Das Objekt habe im seichten Wasser am Rand eines Baggersees geglitzert, wo es der unbekannte Motorradfahrer bemerkte, der aber kein großes Interesse an dem Fund hatte. Der Fundzeitraum lässt sich damit nur ungefähr wohl auf die frühen 1980er Jahre eingrenzen, das Fundareal auf einen Baggersee im Donauried südlich von Höchstädt (Abb. 130). Um welchen Baggersee es sich genau gehandelt hat, ist heute nicht mehr zu ermitteln, da das infrage kommende Gebiet seit Jahrzehnten zur Kiesgewinnung genutzt wird und die Landschaft heute dadurch vollständig überprägt ist. Manche der in der Folge des Abbaus entstandenen Baggerseen können als Fundplatz zwar ausgeschlossen werden, da sie erst ab den 1990er oder frühen 2000er Jahren entstanden sind; es kommen aber immer noch ziemlich viele Abbauareale in Betracht. Somit handelt es sich bei dem Fund um einen vereinzelten Zufallsfund ohne Kontext, der zudem vor seiner Auffindung im Uferbereich des unbekannten Sees womöglich bereits mehrfach verlagert wurde. Von fachlicher Seite würde man sich selbstverständlich deutlich präzisere Informationen zum Fundort und zu den Fundumständen wünschen, doch kann der Fundort des Goldhalsringfragments dank der Aufmerksamkeit des Erben zumindest auf eine Kleinregion eingegrenzt werden.

Das Ringfragment

Bei dem Fundstück handelt es sich um das noch etwa 10 cm lange Bruchstück eines Goldhalsrings mit D-förmigem Querschnitt, bestehend aus einem etwa 0,2 mm dünnen Goldblech, in dessen Innerem sich Fragmente von – laut Röntgenbild zwei (!) – Eisenstäben befinden (Abb. 127–129). Einer der Eisenstäbe ist an der einen Bruchkante sichtbar und dort quadratisch geschmiedet; im Hohlraum zwischen Eisenstab und Goldblech kann man hier teils Reste einer noch unbestimmten, wohl organischen Masse erahnen.

Anhand der gleichmäßigen Rundung kann ein ursprünglicher Außendurchmesser von etwa 25 cm und ein Innendurchmesser von etwa 22 cm rekonstruiert werden, was gut mit den Ringgrößen von vollständig überlieferten Halsringen übereinstimmt, die von erwachsenen Personen getragen wurden und abnehmbar waren.

Das Goldblech ist an der gewölbten Außenseite flächig mit kleinen, plastisch gearbeiteten Rechtecken verziert, einer Art Waffelfries, für das Martin Nadler den schönen Terminus technicus „Schweinsbratenkrustenmuster“ prägte. Die beim Tragen am Hals anliegende, nicht gewölbte Innenseite des Rings ist hingegen glatt. Eine genaue Betrachtung des erhabenen Musters an der Außenseite ergab, dass zunächst die (insgesamt elf) längs verlaufenden Rillen von außen in das Goldblech eingedrückt wurden. Erst danach hat man die dazwischenliegenden erhabenen Rechtecke mit Hilfe einer entsprechend geformten Punze herausgearbeitet, indem man kreuzförmige Vertiefungen in die Felder zwischen den Linien presste. Die Abweichungen im Detail und fehlende Wiederholungen zeigen eindeutig, dass keine Patrize zum Einsatz kam. Vermutlich wurde das Blech vollständig verziert, bevor es um den wohl organischen Kern mit eiserner Verstärkung gelegt wurde. Dafür spricht, dass der Abstand zwischen den Rillen im Zentrum des Zierfelds am größten ist und von dort nach beiden Seiten in Richtung Ober- und Unterkante des Rings abnimmt, was als Folge von Streckungen und Stauchungen in Zusammenhang mit dem Umschlagen des Blechs um den Kern gedeutet werden kann. An einer der Bruchkanten ist im Ringinneren sehr gut zu sehen, dass das Goldblech im Bereich der glatten Innenseite des Halsrings übereinandergelegt wurde. Von außen ist die Nahtstelle, die sich im Bereich des Übergangs von der glatten zur verzierten Fläche des Blechs befindet, so sorgfältig verschweißt worden, dass sie komplett unsichtbar wurde (Abb. 131). Vermutlich gehört das Ringfragment nicht zu einem geschlossenen Ring, da an einer der Bruchkan-

127 *Das Goldhalsringfragment im Foto; die maximale Länge des Stücks beträgt etwa 10 cm. Maßstab 1 : 1.*

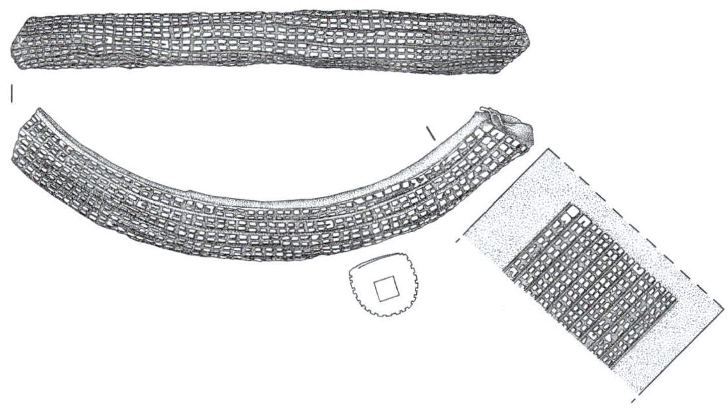

128 *Zeichnerische Darstellung des Goldhalsringfragments mit Abrollung des Ziermusters und Querschnitt mit innen liegender Seele aus einem vierkantigen Eisenstab (im Randbereich ist nur einer der – laut Röngenbild zwei – Eisenstäbe zu erkennen). Maßstab 2 : 3.*

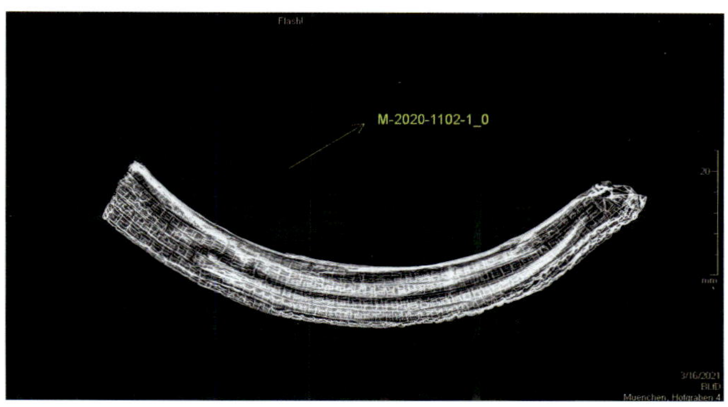

129 *Röntgenbild des Halsringfragments. Im Inneren sind als hellere Streifen die Reste von zwei eisernen Stäben zu erkennen.*

ten erkennbar ist, dass das Waffelmuster vor der Kante endet. Der sich anschließende, nicht verzierte Bereich dürfte auf das nahe Ringende hinweisen. Zur Form der beiden Ringenden kann jedoch ebenso wenig eine Aussage getroffen werden wie zur Frage, ob ein Verschlussmechanismus existierte (Abb. 132).

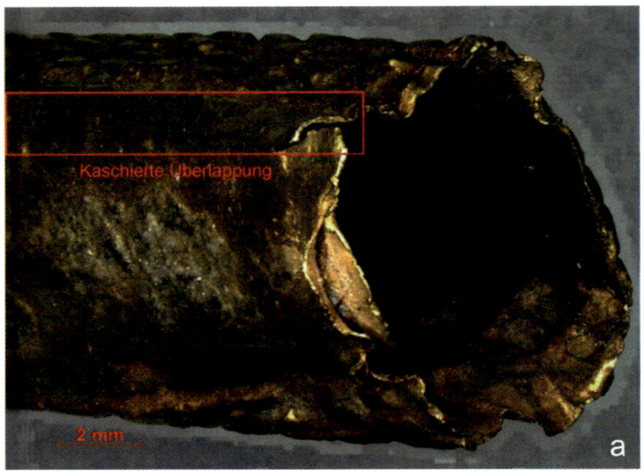

Datierung und Deutung

Da zum Kontext des Ringfundes keinerlei Informationen vorliegen, es also nicht einmal klar ist, ob das Stück einzeln oder als Bestandteil eines Hortes niedergelegt wurde oder ob es aus einem Grab stammt, kann der Ring ausschließlich anhand typologischer Merkmale eingeordnet werden. Aufgrund der Verwendung des Materials Eisen darf sich die Suche nach Vergleichen immerhin auf die Epochen ab der frühen Eisenzeit beschränken. Innerhalb der dann infrage kommenden Zeitstufen deutet die streng geometrische Verzierung an der gewölbten Außenseite in Kombination mit dem D-förmigen Querschnitt auf einen späthallstattzeitlichen Kontext des Goldhalsrings hin, da man bei verzierten Exemplaren aus einem latènezeitlichen Zusammenhang doch eher rundstabige Stücke mit geschwungenen, plastisch herausgearbeiteten Ornamenten oder gewendelte Vertreter erwarten würde. Eine jüngere, also nachlatènezeitliche Datierung, z. B. in die römische Kaiserzeit oder das frühe Mittelalter, fällt nach Ansicht der Verfasser aus typologischen Erwägungen vollständig aus, auch wenn Halsringe in diesen Epochen durchaus, wenngleich selten, überliefert sind. Zwar kommen Goldhalsringe mit Seele aus Buntmetall oder Eisen wie bei dem hier zu behandelnden Exemplar in der späten Hallstattzeit seltener vor als Exemplare ohne Seele, doch sind bei dieser Objektgruppe, die aus gerade einmal knapp 30 Stücken aus gesichertem Zusammenhang besteht, insgesamt erstaunlich vielfältige Kombinationsmöglichkeiten von Konstruktions- und Ziertechniken zu beobachten. In chronologischer Hinsicht scheint es so zu sein, dass aufwendiger verzierte Halsringe mit Längsrippen und Punzen wie der prominente Vertreter aus Hochdorf insgesamt älter datieren (vorwiegend Ha D2) als glatte Stücke (vorwiegend Ha D3) und rein rippenverzierte Exemplare diese beiden Gruppen miteinander verknüpfen (Ha D2/3). Als Einzelstück ist davon das in die Stufe Ha D1 zu datierende Exemplar von Kappel am Rhein abzusetzen, das streng „zeichnerisch linear" ohne plastische Hervorhebungen verziert wurde. Auch wenn die Ziermotive des Rings aus Kappel wesentlich komplexer ausgeführt sind als die des hier behandelten Stücks, sind beide durch die geometrische Zierweise gut miteinander verknüpfbar. Auffällig ist auch, dass die Verzierungen des Kappeler Rings wie beim Höchstädter Exemplar von außen nach innen getrieben wurden, was bei Blecharbeiten der Hallstattzeit insgesamt seltener auftritt als die Treibarbeit von innen nach außen. Dagegen scheinen Ringe mit Seele aus Buntmetall oder Eisen eher einen jüngeren, also vorwiegend Ha D3-zeitlichen Datierungsschwerpunkt zu besitzen, weshalb an dieser Stelle kein zu eng gefasster Datierungsvorschlag für den Höchstädter Ring abgegeben werden soll.

Die bisher bekannt gewordenen Goldhalsringe stammen mit einer Ausnahme (Helpfau-Uttendorf, Oberösterreich) aus der klassischen

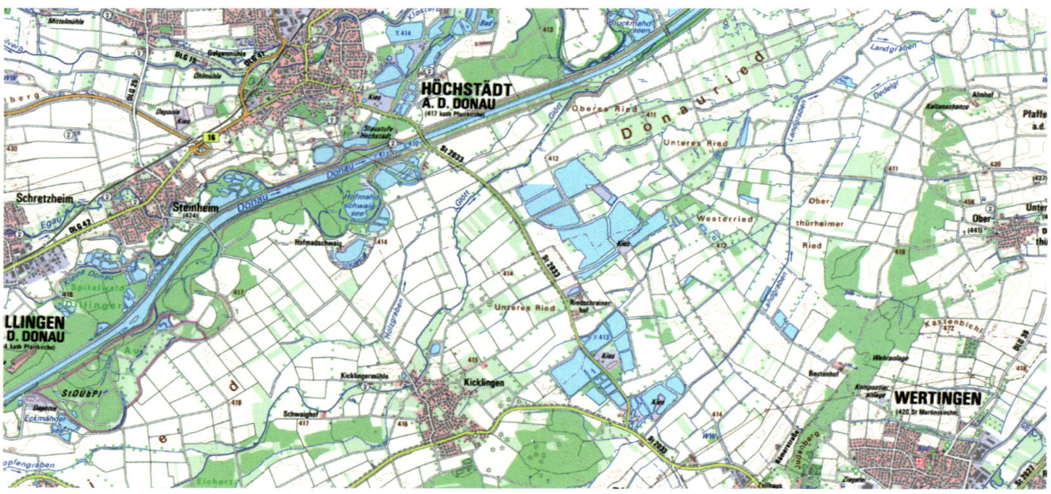

130 *Wahrscheinliches Fundareal des Goldhalsringfragments im Donauried zwischen Höchstädt a.d. Donau und Wertingen mit bekannten Fundplätzen der Hallstattzeit. Geobasisdaten: Bayerische Vermessungsverwaltung 2020.*

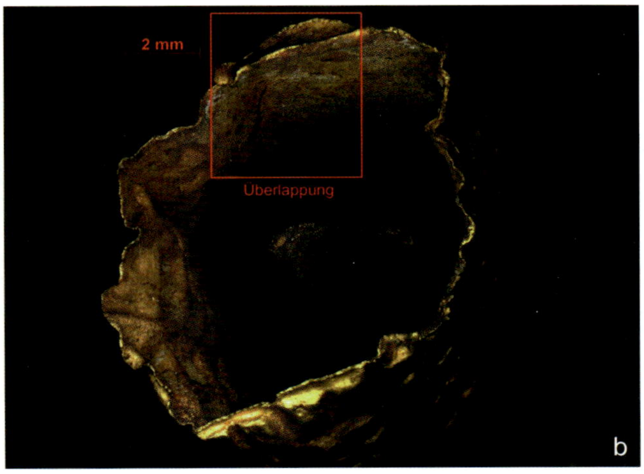

131a/b *Makroaufnahmen von einer der beiden Bruchkanten des Rings mit dem innen erkennbaren Überlappungsbereich des umgeschlagenen Goldblechs (b). Von außen ist die Nahtstelle infolge einer sorgfältigen Überarbeitung nicht erkennbar (a). Jeweils fünffach vergrößert.*

Kernzone der „Fürstensitze“ zwischen Ostfrankreich (Mont Lassois/Vix) und Südwestdeutschland (Heuneburg/Gießübel-Talhau). Mit dem Fundstück aus dem Donauried bei Höchstädt, etwas mehr als 100 km donauabwärts von der Heuneburg gelegen, würde sich die Verbreitungsgrenze der bekannten Goldhalsringträgerinnen bzw. -träger etwas nach Osten verschieben bzw. sich die „Lücke“ bis Oberösterreich im Verbreitungsbild verkleinern. Ohnehin muss es eher verwundern, dass bislang kaum späthallstattzeitliche Prunkobjekte aus dem Donautal bis auf Höhe der Lechmündung zutage kamen, bildet die Bestattung von Augsburg-Bergheim, etwa 35 km südsüdöstlich von Höchstädt gelegen, doch die bislang beste Parallele zum Hochdorfer Fürstengrab in Bayerisch-Schwaben: Die in den 1930er Jahren untersuchte Zentralkammer des dortigen Großgrabhügels enthielt noch Teile eines Wagens, der dem Hochdorfer Wagen nahezu zwillingsartig entspricht; darüber hinaus wurde bei der antiken Öffnung des Grabes ein Goldblech übersehen, das seine deutlichsten Parallelen in den Goldapplikationen der Hochdorfer Schnabelschuhe findet. In welchem Zusammenhang die Region um Höchstädt wiederum mit dem hallstattzeitlichen Zentralort auf dem Ipf bei Bopfingen steht, der etwa 40 km in nordnordwestlicher Richtung entfernt liegt, sollte ebenfalls noch genauer erforscht werden. Neben dem Ries ist aber auch das Donautal bis zur Mündung des Lechs und ebenso das Einzugsgebiet des Lechs selbst als eng an die „Fürstensitzkernzone“ angebundene Region zu verstehen. Das zeigt auch der Goldhalsringfund aus dem Donauried bei Höchstädt.

Das Umfeld des Fundareals

Schon beim Versuch, den Fundort genauer einzugrenzen, fiel auf, dass im mutmaßlichen Fundareal zwischen Höchstädt und Wertingen überdurchschnittlich viele Grabhügelfelder sowie einige weitere Fundplätze mit hallstattzeitlicher Datierung in den Akten verzeichnet sind. Bei genauerer Durchsicht bestätigte sich dieser Eindruck: Im Umfeld der fraglichen Kiesgruben sind insgesamt zehn Bestattungsplätze mit bis zu 70 Grabhügeln bekannt, davon mindestens die Hälfte mit nachgewiesener hallstattzeitlicher Belegung, sodass es naheliegt, den Ring mit einem beim Kiesabbau unbeobachtet zerstörten Grabhügel zu verbinden. Zusätzlich sind vier durch hallstattzeitliche Lesefunde näher datierbare Siedlungen nachgewiesen. Hinzu kommen aus Luftbildern bekannte vorgeschichtliche Siedlungsareale, wobei in fünf Fällen rechteckige Grabenwerke unterschiedlicher Größe ins Auge fallen. Nicht alle werden in die Hallstattzeit zu datieren sein, doch sollte man die Grabenwerke nun auch aus diesem neuen Blickwinkel beleuchten. Das Goldhalsringfragment stammt also aus einer Gegend mit einer bemerkenswerten Dichte von hallstattzeitlichen Fundplätzen und solchen, die zumindest unter „Hallstatt-Verdacht“ gestellt werden können. Bereits jetzt zeichnet sich hier eine bedeutende ältereisenzeitliche Siedlungskammer ab, die noch weitere Überraschungen bergen dürfte.

Stephanie Zintl und Markus Ullrich

Literatur W. Adler, Der Halsring von Männern und Göttern. Schriftquellen, bildliche Darstellungen und Halsringfunde aus West-, Mittel- und Nordeuropa zwischen Hallstatt- und Völkerwanderungszeit. Saarbrücker Beitr. Altkde. 78 (Bonn 2003). – St. Burmeister, Die Herren der Ringe: Annäherung an ein späthallstattzeitliches Statussymbol. In: U. Veit/T. L. Kienlin/Ch. Kümmel/S. Schmidt (Hrsg.), Spuren und Botschaften: Interpretationen materieller Kultur. Tübinger Arch. Taschenbücher 4 (Tübingen 2003) 265 ff. – L. Hansen, Hochdorf VIII. Die Goldfunde und Trachtbeigaben des späthallstattzeitlichen Fürstengrabes von Eberdingen-Hochdorf (Kr. Ludwigsburg). Forsch. u. Ber. Vor- u. Frühgesch. Baden-Württemberg 118 (Stuttgart 2010). – H. Hennig, Gräber der Hallstattzeit in Bayerisch-Schwaben. Monogr. Arch. Staatsslg. München 2 (Stuttgart 2001).

Restauratorische Begutachtung M. Blana, BLfD. – *Danksagung* Wir danken M. Blana, M. Nadler, G. Raßhofer und C. Schütz für Diskussion und wertvolle Hinweise.

132 *Makroaufnahme des Ringbereichs in der Nähe von einer der beiden Bruchkanten. Offenbar endet der flächig verzierte Bereich des Goldblechs kurz vor der Bruchkante. Daran schließt sich eine nicht verzierte Fläche an, die wohl auf das nahe Ringende hinweist. Fünffach vergrößert.*

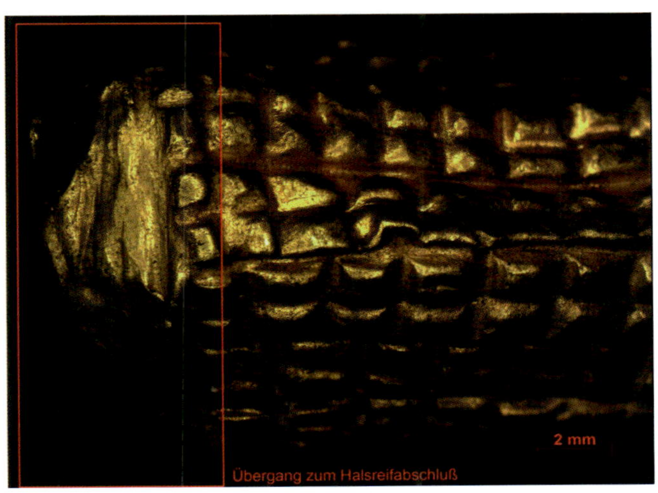

Silberperle und Eisenkopf – Ein außergewöhnliches Schwertgrab der Frühlatènezeit aus Oberding

Landkreis Erding, Oberbayern

133 *(S. 83 rechts) Oberding. Schwert in Eisenscheide. Schauseite. Gesamtlänge 72 cm. a Detail oben: eiserner Schwertknauf in Form eines menschlichen Kopfes. Schrägansicht auf die linke Gesichtspartie. Länge Knauf 1,8 cm. Maßstab etwa 2 : 1. b Detail unten: Dekor am Scheidenmund. Maßstab etwa 1 : 1.*

In den Jahren 2015–2020 mussten im Zuge der Erweiterung eines kommunalen Schulzentrums am südlichen Ortsrand von Oberding bauvorgreifende Ausgrabungen stattfinden. Dabei wurde in drei Kampagnen eine Fläche von über 2,5 ha nahezu vollständig archäologisch untersucht. Das Gelände ist aufgrund von seit den 1950er Jahren aufgesammelten Lesefunden vor- und frühgeschichtlicher Zeitstellung als Bodendenkmal ausgewiesen.

Die Gunst der Altsiedellandschaft

Unmittelbar am Ostrand des Erdinger Mooses erstreckt sich eine seit der Linearbandkeramik durchgängig intensiv genutzte Altsiedellandschaft. Die Fundstellen dort reihen sich auf der lössbedeckten Hochterrasse wie Perlen an einer Schnur. Die ebenfalls dort gelegene Grabungsfläche reichte oberhalb des Flüsschens Dorfen direkt bis an die Terrassenkante heran, mit einer spürbaren Neigung nach Westen. Entsprechend hoch sind dort die Erosionsraten: Von der ursprünglich vorhandenen Parabraunerde waren keinerlei Reste mehr erhalten – weder im Ober- noch im Mittelhangbereich. Auf der gesamten Fläche stand unverwitterter Sandlöss unmittelbar unter dem Pflughorizont bzw. unter kleinräumigen Kolluvien an, in den die archäologischen Befunde eingetieft waren. Es verwundert somit kaum, dass einzig im unteren Mittelhangbereich Pfostenstellungen dokumentiert werden konnten – abgesehen von einem undatierten Sechspfostenbau am Oberhang (Abb. 134).

Früh- und Mittelbronzezeit, römische Kaiserzeit sowie Spätlatènezeit

Das Gros der Befunde datiert an den Übergang von der späten Früh- in die frühe Mittelbronzezeit – dem Zeitpunkt der Niederlegung des Spangenbarrenhorts von Oberding, welcher 2014 nur 150 m weiter nordöstlich geborgen werden konnte. Der auffällige Raumbezug von Kupferhort und zeitgleichen Grubenkomplexen ist aktuell Bestandteil einer am Institut für Vor- und Frühgeschichtliche Archäologie und Provinzialrömische Archäologie der LMU München angesiedelten Dissertation. Auffällig ist das Fehlen der für diese Zeit typischen Langhäuser, was jedoch auch der massiven Bodenerosion geschuldet sein kann.
Neben einer bislang nur als vorgeschichtlich einzustufenden Bestattung – es handelt sich um zwei in einer Grube in Hockerstellung niedergelegte Individuen (Abb. 134,1) – konnten des Weiteren Funde und Befunde der römischen Kaiserzeit aufgedeckt werden. Diese konzentrieren sich augenfällig entlang des Abbruchs der Terrassenkante in für diese Zeit unüblichen Grubenkomplexen.

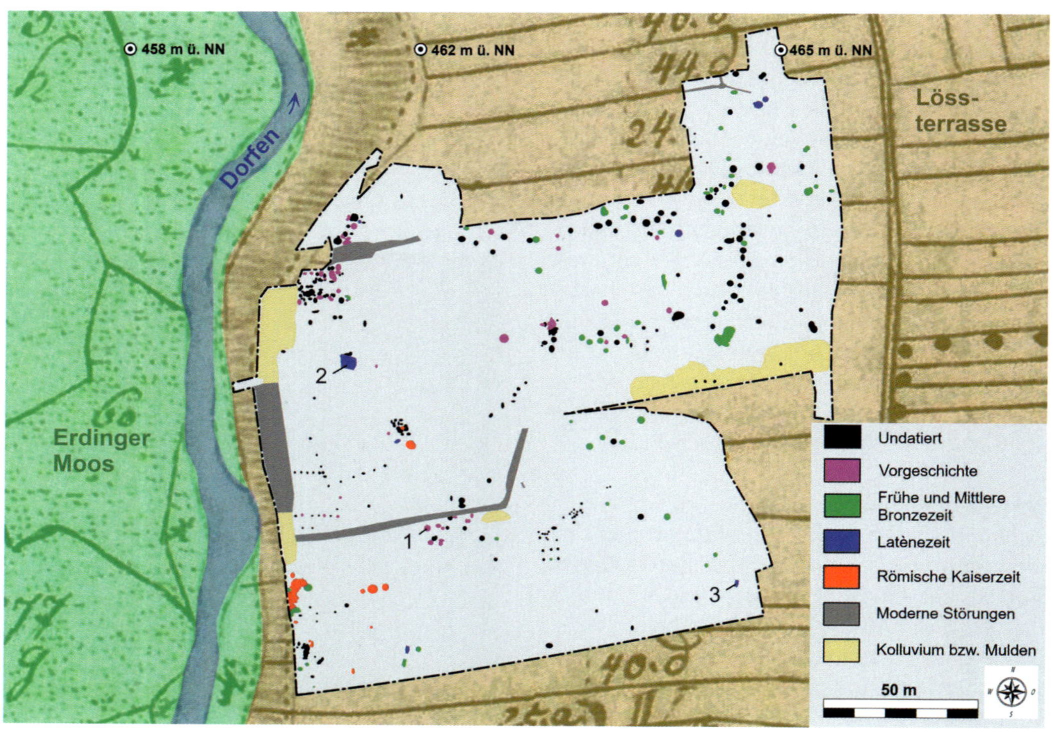

134 *Oberding. Gesamtplan der Ausgrabungen von 2015–2020, eingeschnitten in das kolorierte Urkatasterblatt NO 09-09 von 1810. 1 Hockerbestattung; 2 Grubenhaus; 3 Schwertgrab. Geobasisdaten: Bayerische Vermessungsverwaltung 2020.*

Unter zahlreichen undatierten bzw. nur allgemein in die Vorgeschichte datierbaren Befunden stechen vereinzelte, über das gesamte Grabungsareal streuende Hinweise auf eine spätlatènezeitliche Nutzung – darunter ein Grubenhaus (Abb. 134,2) – im Plan hervor.

Ein einsamer Krieger

Im Südosten der Fläche kam 2020 überraschend innerhalb einer nahezu befundfreien Zone das Nordnordost-Südsüdwest orientierte Körpergrab mit der Befundnummer 102 zu Tage (Abb. 134,3), das am Kopfende möglicherweise durch eine Pfostenstellung oberirdisch gekennzeichnet war. In ihm war ein junger, etwa 1,70 m großer Mann von nur 20–25 Jahren in einem Holzsarg zur letzten Ruhe gebettet worden. Die stark korrodierten eisernen Grabbeigaben, darunter eine Fibel auf der rechten Schulter sowie eine bei der Ausgrabung als Schmalsax gedeutete Waffe zwischen Körper und rechtem Arm, ließen zunächst einen Krieger des 5. Jahrhunderts n. Chr. vermuten. Unterstützt wurde diese Annahme durch einen nahe der Waffe gefundenen, silbern glänzenden Anhänger, der als „Schwertperle" interpretiert wurde und mit einem Gewicht von 30,051 g bestens mit dem bekannten römischen Unzensystem zu korrelieren war.
Die angefertigten Röntgenaufnahmen der Funde zeigten jedoch rasch, dass es sich nicht um die Ausstattung eines spätantiken, sondern eines latènezeitlichen Kriegers handelte, zu der auch eine rechts vom Kopf gelegene eiserne Lanzenspitze gehörte. Das Schwert selbst war, wie umlaufend ankorrodierte Gewebereste andeuten, wohl in ein grobes Textil eingeschlagen mit der Schauseite nach unten deponiert worden. Auf dieser Seite über dem Textil erhaltene Holzreste dürften vom Sargboden stammen. Drei im Taillenbereich angetroffene flache Eisenringe gehörten vermutlich zum ledernen Schwertgurt, von dem Reste im Riemendurchzug der Schwertscheide konserviert sind.
Als überaus kunstfertig gearbeitet erwies sich im Zuge der Restaurierung die Eisenfibel mit einer äußerst filigranen umlaufenden Rippung und einem Scheibenfuß, dem ein aufgenietetes dünnes, goldglänzendes Blech aus bleihaltiger Zinnbronze einst einen reizvollen Kontrast zum Silbergrau des Schmuckstücks verlieh (Abb. 135). Eine besondere Bedeutung kommt trotz ihrer geringen Größe von nur ca. 1,5 × 1,1 cm sicherlich der flachen Silberperle zu, die sich an der Innenseite des rechten Oberarms fand, wo sie möglicherweise mit einem organischen Band befestigt war (Abb. 136). Gegenstände aus Silber sind in der gesamten Latènekultur sehr selten und dürften – nicht nur materiell – einen herausragenden Wert besessen haben.

a

b

Meisterwerk der Schwertschmiedekunst

Die Waffenausstattung und die Fibel datieren die Grablege in die Stufe Lt B1, etwa um 350 v. Chr.
In dieser Zeit sind Waffengräber in Südbayern noch verhältnismäßig selten. Noch seltener bezüglich Form und kompletter Erhaltung ist das Schwert vom sogenannten Hatvan-Boldog-Typ bzw. Typ Münsingen, benannt nach Fundorten in Ungarn und der Schweiz (Abb. 133). Diese Schwerter zeichnen sich durch eine schmale, relativ kurze Klinge sowie ein voluminöses, halbrundes Ortband mit großen runden Zwingen aus, ihre Scheide ist oft reich verziert. Dies bestätigte sich auch bei dem Stück aus Oberding: Trotz starker Korrosion ließ sich im Zuge einer Teilrestaurierung des Schwerts am Bayerischen Landesamt für Denkmalpflege ein am Scheidenmund verklammerter Ziersteg mit zwei großen Rundeln freilegen, die einen Dekor aus plastisch hervortretenden Triskelen (Dreierspiralen) tragen (Abb. 133, Detail b). Unterhalb des Ziersteg schließen sich entlang des Scheidenrandes fein eingravierte Triskelen oder eingerollte Ranken an. Reste von Triskelen oder Ranken sind auch in einem Kreis zu erahnen, der von einer fischblasenförmigen Struktur umfasst wird. Auch die großen runden Ortbandzwingen und die runden oberen Abschlüsse der Ortbandklammer auf der Vor-

135 *Oberding. Fein gerippte Eisenfibel mit Bronzeauflage auf der Fußscheibe. Länge der Fibel 6,1 cm. Maßstab 1 : 1.*

136 *Oberding. Silberperle. Vorder- und Rückseite. Länge 1,5 cm. Maßstab 2 : 1.*

derseite waren mit unterschiedlichen Dekoren versehen.
Eine besondere Überraschung, die das Schwert aus dem Spektrum der Waffen dieses Typs weit heraushebt, war jedoch die Ausgestaltung des eisernen Schwertknaufs, der über einen Horngriff emporragte und dessen Vorhandensein schon an sich für die Latènezeit ungewöhnlich ist: Das nicht einmal 2 cm große Stück ist in Form eines Männerkopfes gestaltet, mit stark hervortretenden kugeligen Augen und einem fein gekerbten Backen-Kinn-Bart. Über den Augen deutet ein schräg gekerbtes Band möglicherweise eine Frisur an, die nach oben hin von einem umlaufenden Wulst, eventuell einer Kopfbedeckung, abgeschlossen wird (Abb. 133, Detail a). Vergleichbare anthropomorphe Darstellungen an Schwertern sind äußerst selten. Ein guter Vergleich, auch hinsichtlich der Gestaltung der Schwertscheide, liegt jedoch aus Szob in Ungarn vor. Hierin spiegeln sich einmal mehr die für das 4. Jahrhundert v. Chr. feststellbaren weitläufigen Verbindungen innerhalb der europäischen Latènekultur, die eine nicht zu unterschätzende Mobilität der Waffenträger wie auch der Waffenschmiede nahelegen.
Die Lebensgeschichte des jungen Kriegers aus Oberding war sicherlich keine gewöhnliche, doch fehlen leider bislang zeitgenössische Funde aus der näheren Umgebung, die ihn in Beziehung zu seinem Umfeld setzen könnten. Ferner ist bislang aufgrund der Nähe zu den Grabungsgrenzen im Süden und Osten nicht geklärt, ob das Grab nur den Rand eines locker streuenden Friedhofs markiert oder tatsächlich ein Einzelgrab darstellt. Erst etwa 150 Jahre später können wir ca. 650 m nördlich der Fundstelle über Körper- und Brandgräber der Mittellatènezeit eine kleine, in Oberding ansässige, wohlhabende Gemeinschaft sicher fassen.

Harald Krause, Christiana Later,
Jakob Leicht und Thomas Stöckl

Örtliche Grabungsleitung und Grabungsdokumentation J. Leicht und C. Saviano, Archäologisches Büro Anzenberger & Leicht GbR. – *Anthropologische Bestimmungen* N. Carlichi-Witjes, AnthroArch GbR, Grafrath. – *Restaurierung* Th. Stöckl, BLfD.

Literatur M. Szabó/É. F. Petres, Decorated Weapons of the La Tène Iron Age in the Carpathian Basin. Inv. Praehist. Hungariae 5 (Budapest 1992). – B. Herbold/H. Krause/M. Schweissing, Arch. Jahr Bayern 2009, 70–72. – Stadt Erding (Hrsg.), Spangenbarrenhort Oberding. Gebündelt und vergraben – ein rätselhaftes Kupferdepot der Frühbronzezeit. Mus. Erding Schr. 2 (Erding 2017). – Ch. Later/M. Pauli, Arch. Deutschland 6/2020, 52.

Von der Wertach überschwemmt? Latènezeitliche Gräber in Bobingen

Landkreis Augsburg, Schwaben

Das Neubaugebiet „Point IV" in Bobingen liegt am westlichen Ortsrand unmittelbar südwestlich der Wertachstraße. Etwa 600 m beträgt die Entfernung zur heute begradigten Wertach, deren ehemalige Flussschlingen als verlandete Mäander im Luftbild immer noch gut zu erkennen sind.

Oberbodenabtrag – angepasstes Vorgehen

Ein bekanntes Bodendenkmal etwa 300 m südöstlich der „Point IV" führte zur Auflage, die Arbeiten archäologisch begleiten zu lassen, obwohl das Neubaugebiet selbst eher unverdächtig erschien. Bereits im Bereich der Erschließungstrasse ergaben sich jedoch einige Befunde, darunter Gräben, Pfosten und zwei Körperbestattungen.
Eine große Erschwernis bei der Grabung war, dass die Bauflächen sehr kleinteilig abgezogen wurden, um den Humus jeweils im Randbereich der Flächen zwischenzudeponieren. Dies führte zu schmalen Zwischenflächen und Fehlstellen und behinderte die Lesbarkeit der Befunde, vor allem der Gräben. Viele Befunde konnten dadurch nicht in ihrer Gesamtheit untersucht werden. Das betraf vor allem die das Areal durchziehenden Schwemmrinnen.
Der Oberbodenabtrag und später auch die Ausgrabungen wurden systematisch mit der Sonde begleitet. Dies ermöglichte es, vor allem auch im Bereich der mit dunklerem Material verfüllten Schwemmrinnen Metallfunde zu orten, die sonst wohl unerkannt geblieben wären.

137 *Bobingen. Plan der Grabung.*

Ein weiteres Problem war die Tatsache, dass zwei unterschiedliche Arten von Schwemmereignissen die Fläche geprägt haben: ausgedehnte Schwemmflächen und schmale, tiefere Schwemmrinnen. Um beide voneinander zu trennen, musste in diesen Bereichen ein zweites Baggerplanum angelegt werden. Die ausgedehnten Schwemmflächen waren sicher ein Grund, warum die archäologischen Befunde bisher in keinem Luftbild zu erkennen waren.

Gräben, Pfosten und Gruben

Markant sind auf den ersten Blick die überwiegend Westnordwest-Ostsüdost bzw. Nordnordost-Südsüdwest, also im rechten Winkel zueinander verlaufenden Gräben. Bedingt durch die Schwemmereignisse einerseits und die kleinteilige Öffnung der Flächen andererseits, konnten nicht alle Zusammenhänge befriedigend geklärt werden (Abb. 137).

Der Großteil der Funde aus den Gräben datiert in die römische Kaiserzeit. In der Fläche ist ziemlich in der Mitte eine Torsituation zu erkennen. Aus einem der zum Tor gehörigen Pfosten stammen, soweit erkennbar, eisengefütterte Münzen, die eine Datierung in das späte 2. und 3. Jahrhundert anzeigen.

Die Pfosten und Gruben lassen sich zwei Zeitabschnitten zuordnen, der Latènezeit und der römischen Kaiserzeit.

Eindeutig römischer Zeitstellung ist das von Gräbchen umfasste Gebäude im Norden der Fläche. Alle übrigen Grundrisse können nach einer ersten Durchsicht der Funde in die Latènezeit datiert werden.

Gräber

Insgesamt wurden auf der Fläche 20 Bestattungen unterschiedlicher Zeitstellung erfasst. Bereits in der Erschließungstrasse lagen zwei sehr stark gestörte Gräber. Grab 1 war ein annähernd geostetes Körpergrab in gestreckter Rückenlage, Grab 39 eine nordsüdlich orientierte Hockerbestattung. Beide waren ohne Beigaben.

Sicher der mittleren Kaiserzeit zuzuweisen sind zwei Brandbestattungen. Grab 224 war von einem rechteckigen Gräbchen eingefasst, lag also in einem sogenannten Grabgarten. Wohl ein Krug war sekundär zu einer Schüssel mit sauber geglättetem Rand als Urne umgearbeitet worden. Der Leichenbrand lag in und neben dem Gefäß. Ein kleines Balsamarium aus Glas, wohl der Form Isings 82 B1, war

138 *Bobingen. Grab 250 mit Beigaben.*

als Beigabe mitgegeben worden. Die beiden Gefäße weisen die Bestattung in das 2. und in die erste Hälfte des 3. Jahrhunderts. Nicht weit nördlich davon befand sich mit Grab 222 ein weiteres Brandgrab wohl ähnlicher Zeitstellung. Hier konnten nur einige Keramik- und Glasfragmente geborgen werden.

Gräberfeld der mittleren Latènezeit

Völlig überraschend wurde im Westen der Fläche ein Gräberfeld der mittleren Latènezeit (3. Jahrhundert v. Chr.) angeschnitten. Es handelt sich um elf Brand- und sechs Körpergräber. Die Körpergräber verteilen sich auf zwei in gestreckter Rückenlage und vier in Hockerstellung (darunter Grab 39 aus der Erschließungsstrasse). Die Ausrichtung der Grabgruben ist überwiegend nordsüdlich. Die vier Hockergräber waren alle beigabenlos. Eine Datierung in die Latènezeit ist jedoch aufgrund von vergleichbaren Befunden auf eindeutig keltischen Gräberfeldern möglich. Die Bestattung 193 in gestreckter Rückenlage führte ungewöhnliche Beigaben: In dem Grab eines 13–15 Jahre alten Mädchens lag knapp 10 cm über dem Skelett und längs der westlichen Grubenwand ein etwa 110 cm langer und etwa 3 cm starker Rundstab aus Holz (Abb. 139). An dem Stab waren in unterschiedlichen Abständen fünf bandförmige Eisenzwingen mit daran befestigten Ringen angebracht. Alle Ringe zeigten beim Freilegen nach oben. Ob man das Fundstück mit einem Stab aus Manching, der als Maßstab gedeutet wird, vergleichen kann, müssen weitere Untersuchungen zeigen. Der Stab wurde ob seiner Einmaligkeit im Block geborgen. Als Schmuck bzw. Kleidungszubehör trug das Mädchen noch vier Fibeln im Oberkörperbereich (zwei Eisenfibeln und zwei kleinere Buntmetallfibeln) sowie einen Gagatring am linken Unterarm.

Bei den Brandgräbern handelte es sich in sechs Fällen um größere ovale Gruben, die restlichen fünf einfachen Grabgruben waren klein und rund.

In zwei Gräbern, jeweils große Gruben, lag neben Fibeln und Keramik auch je eine eiserne Lanzenspitze. Eine dieser Lanzenspitzen war bereits durch Unbefugte aus dem Grab gerissen worden, ließ sich aber noch zuordnen. Diesem Toten war neben Fibeln und Keramik auch sein Schild auf den Scheiterhaufen gefolgt. Eine dritte Lanzenspitze konnte nur noch als Lesefund geborgen werden.

Bei den einfachen Brandgräbern sind zwei Bestattungen hervorzuheben: Aus dem Frauengrab 191 stammt neben Glasperlen auch eine bronzene Ring-Stangenglieder-Gürtelkette, wie sie zuletzt aus einem Grab in Egweil (Lkr. Eichstätt) beschrieben wurde (Abb. 140). In Grab 250 liegt möglicherweise ein gefaltetes

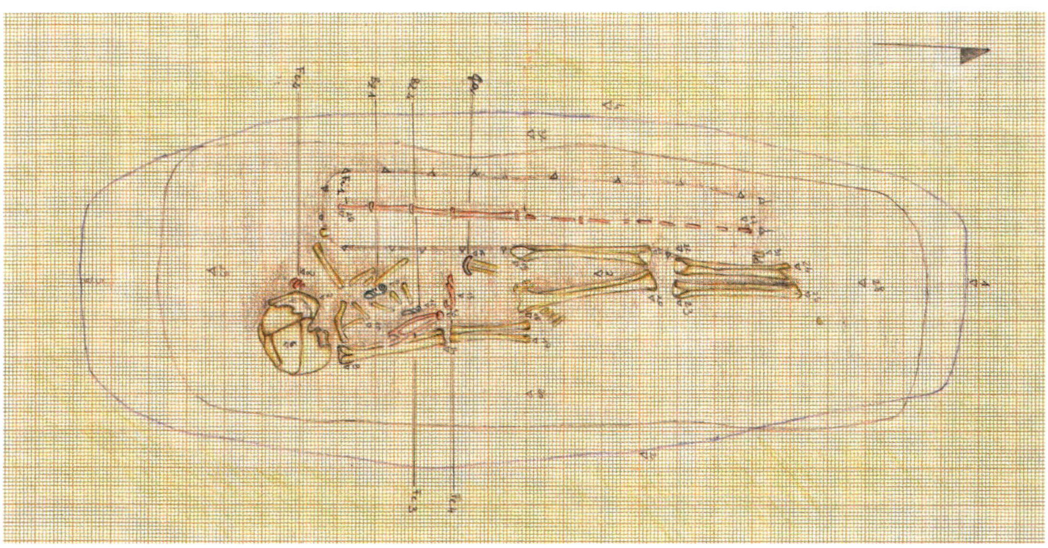

139 *Bobingen. Grab 193. Mädchengrab mit Holzstab links am Körper. Maßstab 1 : 20.*

Eisenschwert vor, weshalb man eine Blockbergung vornahm. Neben einer Keramikschüssel vervollständigt eine Speisebeigabe – mehrere zusammenhängende Wirbel eines Tieres – die Ausstattung (Abb. 138).

Überschwemmungsereignisse

Teile dieses Gräberfeldes lagen in einer der Schwemmrinnen, was die Erkennbarkeit der Befunde drastisch verringerte. Nur durch den konsequenten Einsatz des Metalldetektors konnten Funde und Befunde erkannt werden. Jedem Signal wurde nachgegangen, die Fläche geöffnet und geprüft, ob es sich um ein Grab oder einen Einzelfund handelt – wobei Letzteres deutlich häufiger der Fall war. Die Funde, meist eiserne Fibelfragmente und, soweit noch erkennbar, immer vom Mittellatèneschema, wurden eingemessen und geborgen. Danach wurde die Schwemmschicht großflächig um weitere ca. 20 cm, den Wirkungsbereich der Sonde, tiefer abgetragen, wiederum sondiert und Funde geborgen. Erst nach bis zu vier händischen Abhüben war der anstehende Boden erreicht.

Da aus den Schwemmrinnen auch viele römische Funde vorliegen, allen voran Ziegel, kann diese Überschwemmung in die römische Kaiserzeit datiert werden. Dabei wurden auch Teile des keltischen Gräberfeldes abgeschwemmt. Überhaupt verdichten sich in den letzten Jahren im römischen Fundbild Hinweise auf größere Überschwemmungen, wohl im Verlauf des 3. Jahrhunderts n. Chr.

140 *Bobingen. Grab 191 mit bronzener Gürtelkette.*

Jakob Leicht

Literatur H. Dannheimer (Hrsg.), Das keltische Jahrtausend (Mainz 1993) 294, Nr. 146. – Ch. Eggl/B. Herbold, Arch. Jahr Bayern 2008, 50–52 [Egweil].

Örtliche Grabungsleitung und Grabungsdokumentation J. Leicht und C. Saviano, Archäologisches Büro Anzenberger & Leicht GbR. – *Anthropologische Bestimmungen* AnthroArch GbR, Grafrath. – *Dank* für freundliche Mitteilungen und Literaturhinweise an Ch. Later und H. Krause.

Arbeitsteilung in der latènezeitlichen Großsiedlung in Steinebach a. Wörthsee

Gemeinde Wörthsee, Landkreis Starnberg, Oberbayern

Die mittlere und späte Latènezeit (3.–1. Jahrhundert v. Chr.) ist gekennzeichnet durch das Entstehen und den Bestand von Großsiedlungen im keltischen Raum. Es lassen sich unbefestigte und umwehrte Anlagen unterscheiden, die zum Teil frühstädtischen Charakter besitzen. Die mit einer sichtbaren Abgrenzung versehenen Siedlungen werden als *oppida* bezeichnet. Im Falle eines Fehlens dieser Umwehrung spricht man von offenen Großsiedlungen. Der Ursprung dieser Siedlungsform ist mit Sicherheit an ökonomische, infrastrukturelle, soziale sowie machtpolitische Faktoren gebunden. Greifbar wird dies im archäologischen Kontext durch entwickeltes Handwerk mit einer Trennung der Wohn- und Handwerksbereiche, Münzprägung, sakrale Areale, öffentliche Plätze und merkantile Aktivitäten. Nicht zu vernachlässigen ist die gute Verkehrsanbindung, die sich auch im Münzspiegel der Siedlungen nachweisen lässt. Als Vorgänger dieser Großsiedlungen sind kleinere Siedlungsstrukturen zu postulieren, die bereits im frühen 3. Jahrhundert v. Chr. nachweisbar sind.

Die latènezeitliche Siedlung von Steinebach liegt auf einer würmzeitlichen Randmoräne am Ostufer des Wörthsees. Eine wissenschaftliche Aufarbeitung erster archäologischer Maßnahmen erfolgte 2010 durch Magnus Kaindl.

Ausgrabung innerhalb eines Handwerkerareals

Das Untersuchungsareal mit einer Größe von knapp 630 m² erbrachte neben zahlreichen Pfostengruben 18 Gruben, sieben Gräben, fünf Grubenhäuser, zwei Brunnen und zwei Feuerstellen (Abb. 141). Wegen des hohen Anteils von Grubenhäusern, Gruben und Brunnen

141 *Steinebach a. Wörthsee. Gesamtplan der archäologisch untersuchten Fläche. Mit Nummern versehene Befunde sind im Text erwähnt.*

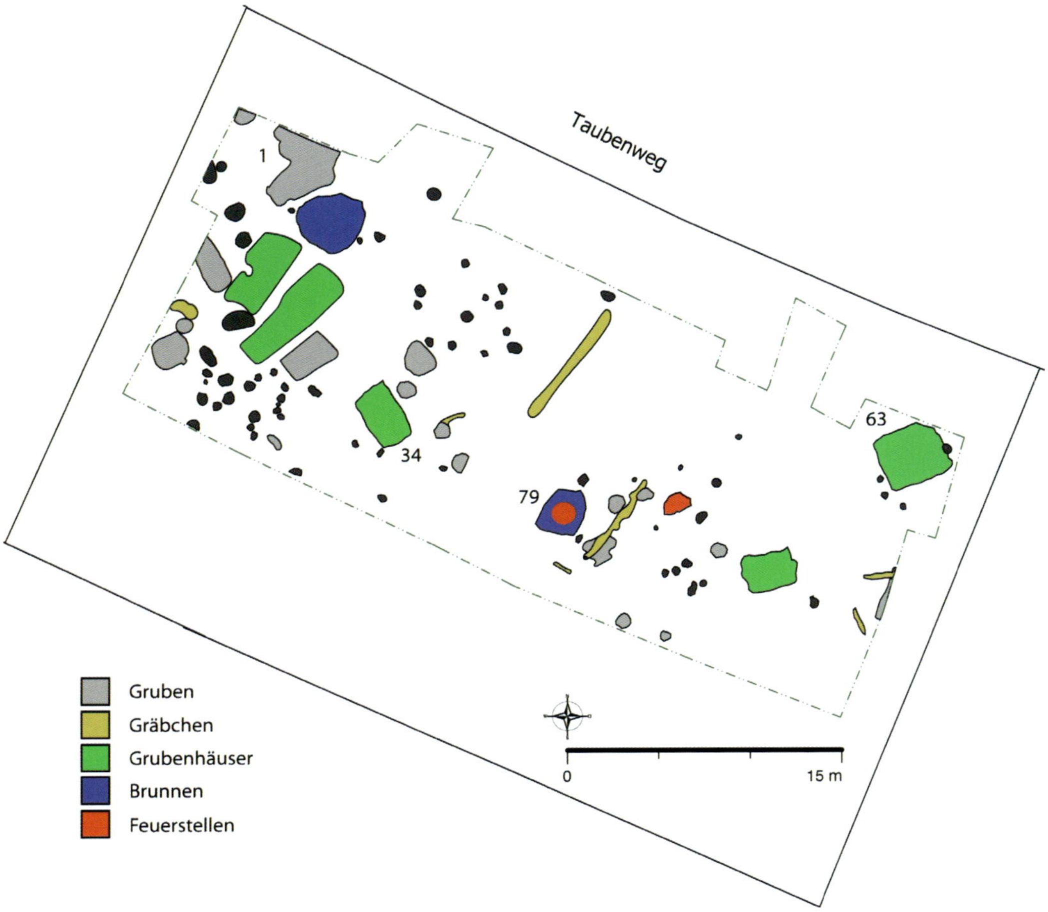

sowie der Zusammensetzung des Fundmaterials dürfte die Grabung einen überwiegend handwerklich genutzten Siedlungsbereich angeschnitten haben. Die hohe Befunddichte im Verhältnis zur Größe der Grabungsfläche legt eine mehrphasige Nutzung des Areals nahe und erschwert die Ansprache der einzelnen Befunde bezüglich ihrer Funktionalität. Einzig das Grubenhaus 34 könnte wegen der dort gefundenen Eisenschlacke in einem metallverarbeitenden Kontext gesehen werden.

142 *Steinebach a. Wörthsee. Brunnen 79, zweites Teilprofil A–B mit Feuerstelle im oberen Bereich und Abfallschichten.*

Bemerkenswerterweise wurden zwei Brunnenanlagen innerhalb der kleinen Untersuchungsfläche festgestellt. Brunnen 79 stellte hierbei eine Besonderheit dar, denn es konnten drei Phasen seiner Verwendung identifiziert werden (Abb. 142). Nach der Nutzung als Brunnen wurde er als Abfallgrube verwendet und in einer letzten Phase diente er im oberen Bereich als Feuerstelle. Insgesamt hatte der Brunnen eine Tiefe von 283 cm unter der rezenten Geländeoberkante. Bei den aus der Brunnensohle geborgenen Keramikscherben handelt es sich zum Teil um Fragmente geriefter Drehscheibenware, die nach erster Durchsicht in den Zeitraum vom 4. bis 2. Jahrhundert v. Chr. datiert werden können.

Vielfältig und älter als erwartet: die Funde

Das Fundgut umfasst alle Materialgruppen, wie sie aus latènezeitlichen Siedlungen bekannt sind: Gefäßkeramik, Tonwerkzeuge, gläserne Armringe, Tierknochen und Kleinfunde aus Kupferlegierungen und Eisen sowie Artefakte aus Bernstein und Sapropelit. Während die Glasarmringe in die gesamte Zeit der Mittel- bis Spätlatènezeit datieren, treten Sapropelitarmringe in der Spätphase der Frühlatènezeit auf.

Die Masse der Funde bestand aus Tierknochen, die zum Teil Hack- bzw. Schnittspuren trugen. Die Keramikfunde bestanden haupt-

sächlich aus fragmentierter scheibengedrehter Gebrauchsware, wobei auch geglättete Feinkeramik und grafitgemagerte Gefäße auftraten. Neben Kammstrich-, Wellen- und Rillenverzierung sowie schräger Strichzier an der Gefäßschulter kommen auch Scherben mit roter und weißer Bemalung vor.

Interessante Keramikfunde stellen zwei X-verzierte Gefäßfragmente dar (Abb. 144). Die Funde stammen zum einen aus Grube 1 und zum anderen aus Grubenhaus 63. Die Dekortechnik der Scherbe aus Grube 1 kann in Zusammenhang mit der sogenannten Vixien-Keramik gebracht werden, deren Verbreitung sich im westlichen Späthallstatt-/Frühlatènegebiet konzentriert. Ein ähnlicher Fund stammt aus München-Trudering. Für das Gefäß aus Grubenhaus 63 spricht wegen seiner Ähnlichkeit zu Gefäßen aus mährischen und böhmischen Siedlungen eine Datierung in den Übergang von der Früh- zur Mittellatènezeit.

Die Metallfunde können in Gebrauchsgeräte (Nadel, Beil und Rasiermesser), Zierelemente, Waffenbestandteile (?) und Kleidungsbestandteile unterteilt werden. Im Übrigen fand sich auch eine halbierte Münze aus einer Kupferlegierung, welche vermutlich als Kleingeldersatz diente.

Die Mehrzahl der eisernen Fibeln vom Mittellatèneschema ist den Gruppen 13–15 und 16–18 nach Rupert Gebhard zuzuordnen. Hervorzuheben ist der Fund einer bronzenen Certosafibel, die jetzt den Beginn der Fibelreihe aus Steinebach markiert (Abb. 143). Sie weist einen symmetrischen Nadelhalter, eine Kerbleiste auf der Bügelmitte und eine einseitige Spirale auf. Certosafibeln treten in dieser Ausformung am häufigsten in der Zeit um 380 v. Chr. auf.

Die neue Ausgrabung in der Großsiedlung von Steinebach bestätigt die dichte Besiedlung und arbeitsteilige Nutzung einiger Areale. Stärker noch als im bisher bekannten Fundmaterial treten Hinweise auf großräumige Fernbeziehungen zu Tage. Und mit der neuen Frühdatierung einiger Funde verstärkt sich der Eindruck eines jahrhundertelang bewohnten Zentralortes im keltisch besiedelten Südbayern.

Patricia Costache

143 *Steinebach a. Wörthsee. Certosafibel aus einer Kupferlegierung. Maßstab 1 : 1.*

144 *Steinebach a. Wörthsee. X-verzierte Keramik. Maßstab 1 : 3.*

Literatur M. Kaindl, Die jüngerlatènezeitliche Großsiedlung von Steinebach a. Wörthsee im Landkreis Starnberg. Ber. Bayer. Bodendenkmalpfl. 51, 2010, 127–195. – V. Salač, Oppida and Urbanisation Processes in Central Europe. In: M. Fernández-Götz/H. Wendling/K. Winger (Hrsg.), Paths to complexity. Centralisation and Urbanisation in Iron Age Europe (Oxford 2014) 64–75. – C. Tappert, Siedlungsdynamik und Gesellschaft während der Latènezeit im bayerischen Donauraum, Österreich und der Tschechischen Republik – Zusammenfassung der Ergebnisse. In: J. Prammer/R. Sandner/C. Tappert (Hrsg.), Siedlungsdynamik und Gesellschaft. Beiträge des internationalen Kolloquiums zur keltischen Besiedlungsgeschichte im bayerischen Donauraum, Österreich und der Tschechischen Republik, 2.–4. März 2006 im Gäubodenmuseum Straubing. Sonderbd. Jahresber. Straubing 3 (Straubing 2007) 433–442.

Örtliche Grabungsleitung und Grabungsdokumentation P. Costache, Fa. FARCH-Archäologie. – *Restaurierung* C. Köhler und Th. Stöckl, BLfD.

Am *murus gallicus* von Manching – Ein Wallschnitt im Nordwesten des spätkeltischen Oppidums

Landkreis Pfaffenhofen a.d. Ilm, Oberbayern

Das Oppidum von Manching hält auch nach jahrzehntelanger Forschung immer noch neue Erkenntnisse bereit. Vor allem die teilweise gut erhaltene Stadtmauer im Süden, Osten und Norden der monumentalen Anlage war seit den 1930er Jahren das Ziel von mittlerweile 18 mehr oder weniger gut dokumentierten Wallschnitten (Abb. 146). Der exakte Verlauf im Bereich der Paarniederung im Westen und Nordwesten blieb dagegen bisher noch weitgehend ungeklärt. Dies änderte sich im Mai 2020, als eine Baustraße zur Errichtung einer Hochwasserschutzmauer am nördlichen Ortsrand von Manching den hier zwar ungefähr vermuteten, obertägig jedoch nicht mehr sichtbaren Wall angeschnitten hatte.

145 *Manching. Hauptprofil durch die Wallkonstruktion mit stark erodierter Rampe und Resten der Steinlage am Rampenfuß (2), murus gallicus (3) sowie einer Pfostengrube (42) der Pfostenschlitzmauer. Markant treten die durch eine dunkle Bodenbildung auffallende späteisenzeitliche Oberfläche (26) und der im Westen unmittelbar anschließende jungholozäne Talhang zur Paarniederung hervor. Blick gegen Norden.*

146 *Manching. Wallschnitte seit 1936 (orange kartiert) mit der Grabung 2020/2021 im Nordwesten des Oppidums. Geobasisdaten: Bayerische Vermessungsverwaltung 2021.*

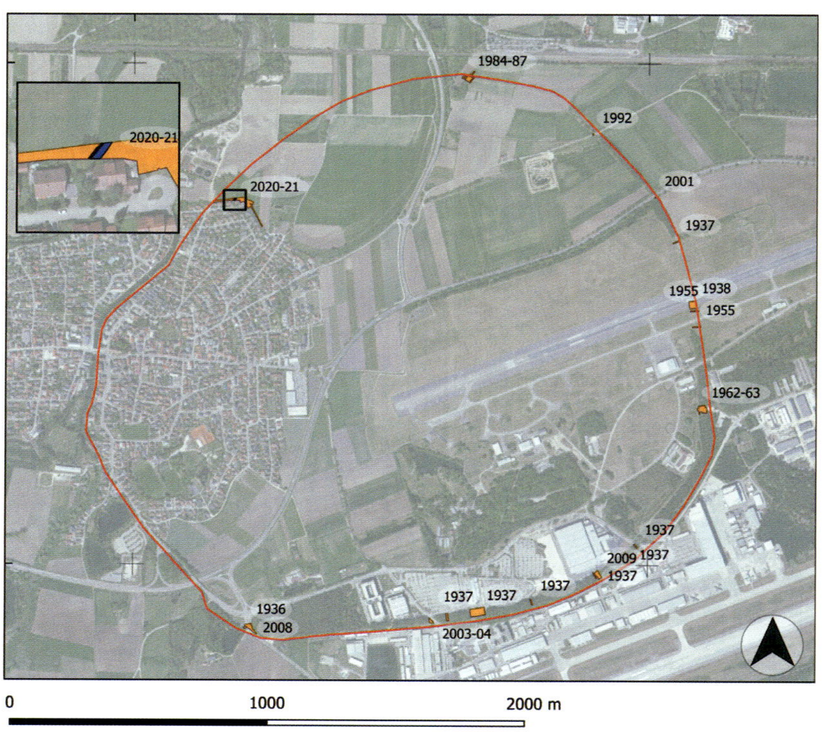

Die Situation im Nordwesten

Die stark verschliffenen Reste der Befestigung zeigten sich im ersten Planum zunächst als einzelne lockere Steinkonzentrationen. In einem 35 m langen Großprofil (Abb. 145) konnten alle wesentlichen Teilabschnitte des *murus gallicus* mit Pfostenschlitzmauer und vorgelagerter Rampe *(agger)* erfasst und im Rahmen einer sechsmonatigen Grabung dokumentiert werden. Der Profilschnitt folgt dem West-Ost orientierten, durch das Baugeschehen vorgegebenen Verlauf der Baustraße und liegt daher nicht exakt im rechten Winkel zum Wall.

Die Befestigung liegt an einem heute im Gelände nicht mehr sichtbaren jüngeren Paarmäander, dessen Präsenz erst nach Anlegen mehrerer Geosondagen erkannt werden konnte. Hier zeigte sich bis in eine Tiefe von fast 2 m eine Verfüllung mit Versturzmaterial aus einzelnen Mauersteinen und Kalksteinschutt an der Basis. Die zeitliche Einordung lässt sich noch nicht präzisieren, da die geoarchäologischen Untersuchungen dazu noch andauern.

Der westliche und nördliche Randbereich des Oppidums lag deutlich erhöht und somit hochwassergeschützt auf der würmzeitlichen Niederterrasse am Rande zur holozänen Paaraue. Überlagert von der latènezeitlichen Befestigung und daher vor Erosion geschützt, hat sich ein fossiler Auenboden erhalten, der die späteisenzeitliche Oberfläche widerspiegelt (Abb. 145,26). Es handelt sich hier im dünn besiedelten Randbereich der Keltenstadt jedoch nicht um eine mächtige Kulturschicht, wie sie aus der zentralen Kernzone des Oppidums bekannt ist, sondern um eine weitgehend sterile, aber sehr gleichmäßige Bodenbildung auf dem kalkhaltigen Terrassenschotter der Niederterrasse. Im Osten der Grabungsfläche ist der fossile Auenboden von einem jüngeren Auenmergel überlagert. Wie einzelne keramische Funde nahelegen, könnte dieser Vorgang mit der mittelalterlichen Aktivierung der Altarmschleife des Altmäanders „Dürre Au“ zusammenhängen, so wie sie auch schon in der Literatur beschrieben wird.

Wallaufbau im Grabungsbefund

Die zwischen 8 und 10 m lange Rampe war bis auf eine verbliebene Höhe von noch maximal etwa 1 m verschliffen. Eine 3,50 m breite, zwei- bis dreilagige Steinpackung aus mächtigen Kalksteinblöcken war schräg gegen den Rampenfuß gesetzt (Abb. 145,2). Die exakt parallele Ausrichtung der Steinpackung zum Verlauf des *murus gallicus* sowie ihr niveaubeständiger Ansatz auf der latènezeitlichen Oberfläche sprechen für einen direkten strukturellen Zusammenhang mit der Befestigung. Am Fuß der Steinpackung verlief ein ebenfalls parallel zum Wallverlauf ausgerichtetes Gräbchen, das teilweise wechselnd als Spitz- und Sohlgraben ausgebildet war. Hierzu sind noch keine abschließenden Aussagen möglich.

Vom insgesamt etwa 3,20 m breiten *murus gallicus* sind lediglich im südlichen Randbereich der Grabungsfläche die basale Rollierung sowie einzelne Frontblöcke der untersten Steinlage in situ erhalten geblieben (Abb. 147; 148; 150).

In nördlicher Richtung ist der Erhaltungszustand des Bodendenkmals deutlich schlechter. Hier konnte die Mauerfront nur noch als schmaler Streifen dokumentiert werden. Deren Fundament in Form einer Kalksteinrollierung war in ein 30–40 cm breites Gräbchen gesetzt worden, was auch schon an anderen Bereichen der keltischen Mauer mehrfach nachgewiesen wurde.

Dieser Grabungsbefund deckt sich mit den Erkenntnissen von Luftaufnahmen und LI-

147 *Manching. Fotogrammetrie der keltischen Stadtmauer im Planum 3.*

148 *Manching. Mauerfront des murus gallicus mit der basalen Rollierung und einzelnen verkippten Frontsteinen der ersten Steinlage sowie den Pfostengruben der vorgeblendeten Pfostenschlitzmauer im Planum 3 bzw. Teilplanum 4.*

DAR-Scans der letzten Jahre, die eine komplette Erosion des Walles im Nordwesten des Oppidums vor Augen führen. Im südlichen Abschnitt der Grabungsfläche war die Erhaltung noch deutlich besser, allerdings ist hier mit weitgehenden Zerstörungen durch undokumentierte Überbauung in den 1970er bis 1990er Jahren zu rechnen.

Die Mauer – Steinraub

Die radikale Zerstörung der verstürzten Mauer konnte durch die Dokumentation eines breiten Schachtes zur Steingewinnung nachvollzogen werden, der nach Ausweis weniger Scherben wohl im Mittelalter gezielt zwischen Rampe und Mauer getrieben worden war. Auf der Sohle dieses Steinraubgrabens lagen noch einige nicht zur weiteren Verwendung bestimmte, sondern aussortierte unförmige Kalksteinblöcke (Abb. 147; 150). Die unmittelbare Nähe des mittelalterlichen Manching und damit verbundene kurze Transportwege mögen die hier besonders starke Zerstörung der aufgehenden Teile des *murus gallicus* begünstigt haben. Auch die ungleich mühsamere Herangehensweise, sich von innen durch die Rampe an die verstürzte Mauer heranzugraben, deutet darauf hin, dass zu dieser Zeit vermutlich durch den vorangegangenen jahrhundertelangen Raubbau kaum noch leicht zugängliche Steine vorhanden waren.

Balkenrost

Trotz der weitgehenden Zerstörung durch Steinraub bis auf die Rollierung der Mauerbasis ließen sich stellenweise die Abdrücke der hölzernen Balkenlagen erkennen und deren Verlauf rekonstruieren. Bis zu 23 cm lange vierkantige Balkennägel fanden sich aller-

149 *Manching. Blick von Westen auf die geschnittenen Pfostengruben der Pfostenschlitzmauer. Dahinter die Mauerfront des murus gallicus.*

dings nur im Versturzmaterial, jedoch nicht in situ an den angenommenen Kreuzungspunkten der Längs- und Querbalken. Diese dürften etwa 25–30 cm stark gewesen sein. Einzelne erhaltene Frontsteine der untersten Steinlage waren deutlich nach außen verkippt und zeigten somit auch an dieser Stelle die klassischen Zerfallsmuster eines *murus gallicus,* nachdem sich der stützende Balkenrost zersetzt hatte.

Pfostenschlitzmauer

Im Abstand von 40–50 cm war der Mauerfront eine Pfostenschlitzmauer (Phase 2) vorgeblendet. Von dieser konnten acht zumeist kasten- oder auch kesselförmig 50–60 cm tief in den anstehenden Kies eingetiefte Pfostengruben dokumentiert werden. Die Abstände zueinander betrugen zwischen 70 und 90 cm (Abb. 148, Nr. 16, 44, 45, 46/47, 48, 49).

Die Konstruktion der Pfostenschlitzmauer und die Beschaffenheit der vergangenen hölzernen Konstruktionselemente zeigten sich besonders eindrucksvoll in den Pfostengruben 47, 48 und 49, die Durchmesser von 80–90 cm aufwiesen. In diesen waren die quadratischen Standspuren von 40–50 cm mächtigen, kantig gebeilten Pfosten nachweisbar. Die baumstarken Pfosten waren randlich in ein Gräbchen (51) gesetzt und auf der Gegenseite mit großen Steinen verkeilt. Zur Front des *murus gallicus* hin zogen die dezentral gesetzten Pfostengruben über den Rand des Grabens hinaus und schnitten diesen. Der Graben nahm außerdem das aus plattigen Kalksteinen bestehende Fundament der Pfostenschlitzmauer auf.

Um mögliche weitere Pfostenstellungen nicht zu übersehen, wurde der Bereich zwischen der Front des *murus gallicus* und dem Längsschnitt durch die Pfostengruben der Pfostenschlitzmauer (Abb. 149) händisch bis auf den anstehenden Kies abgetieft und jeweils Teilplana angelegt. Es konnten keine weiteren versetzten oder die dokumentierten Objekte schneidenden Pfostengruben festgestellt werden. Eine im Bereich des Osttores und später in verschiedenen Wallabschnitten nachgewiesene Zweiphasigkeit der Pfostenschlitzmauer, die zuweilen für das gesamte Oppidum in Anspruch genommen wird, möchten wir daher zumindest für den von uns untersuchten Bereich ausschließen.

Michael Seiler und
Britta Kopecky-Hermanns

150 *Manching. Basale Rollierung des murus gallicus mit Abdrücken von Längs- und Querbalkenzügen sowie die vorgeblendete Pfostenschlitzmauer im Planum 3. Drohnenaufnahme.*

Literatur S. Sievers/N. Mehler, Arch. Jahr Bayern 2003, 63–66. – S. Sievers, Die Wallgrabungen von Manching im Vergleich. In: S. Fichtl (Hrsg.), Murus celticus. Architecture et fonctions des remparts de l'âge du Fer. Table ronde internationale, 11.–12. Octobre 2006, Glux-en-Glenne. Collection Bibracte 19 (Glux-en-Glenne 2010) 175–186. – T. J. Brestel, Die Ausgrabungen in Manching-Süd von 1990–2009. Studien zur Siedlungsstruktur und Befestigungsanlage des Oppidums (Marburg 2016).

Örtliche Grabungsleitung und Grabungsdokumentation M. Seiler, ACS Archäologie Cichy & Seiler GbR. – *Geoarchäologie* B. Kopecky-Hermanns, Büro für Bodenkunde & Geoarchäologie, Aystetten. – *Finanzierung* Wasserwirtschaftsamt Ingolstadt und Markt Manching.

Die Insula 1 und das ältere Forum von *Cambodunum* – Älteste Spuren römischer Stadtkultur nördlich der Alpen

Stadt Kempten (Allgäu), Schwaben

Den Anfängen Kemptens auf der Spur

Seit den Ausgrabungen des späten 19. Jahrhunderts spielt *Cambodunum*/Kempten als Paradebeispiel frühkaiserzeitlicher Stadtplanung in der internationalen Forschung eine zentrale Rolle. Bis heute sind die damals erhobenen Daten, vor allem die im Zuge der oberflächlichen Freilegungen erstellten Grundrisspläne, eine wertvolle Quelle für Bauhistoriker und Archäologen. Die Grabungstechnik des 19. Jahrhunderts konzentrierte sich auf die Erstellung möglichst vollständiger Grundrisspläne, ohne die zeitliche Einordnung der freigelegten (Mauer-)Strukturen zu beachten. Gerade die tiefer gelegenen ältesten Siedlungsschichten wurden daher nur selten oder gar nicht erfasst. Umso schwerwiegender war der Verlust großer Teile der römischen Stadt in Folge der Überbauung in den 1930er und 1950er Jahren. Die Südwestecke der Insula 1, die seit 2019 in einem Kooperationsprojekt der Ludwig-Maximilians-Universität und der Stadtarchäologie Kempten untersucht wird, stellt das letzte noch nicht überbaute Quartier der antiken Stadt dar. Es bietet die Möglichkeit, neue Erkenntnisse über die Anfänge *Cambodunum*/Kemptens zu gewinnen. Das Ziel des Projektes ist es unter anderem, die in den vorausgegangenen Ausgrabungen hier dokumentierten, als Überreste eines älteren Forums interpretierten Mauerstrukturen zu untersuchen (Abb. 151). Sollte sich der frühe zeitliche Ansatz dieser 1888 von August Ullrich vorgelegten Baubefunde bestätigen, dürften diese zu den ältesten Spuren römischer Stadtkultur nördlich der Alpen zu zählen sein.

Grabungen in der Insula 1

Die in den letzten beiden Jahren durchgeführten Untersuchungen in der Südwestecke der Insula 1 konzentrierten sich auf die Portikus des sog. Haus 6 und die außerhalb anschließenden Bereiche (Abb. 152). Bereits in der ersten Grabungskampagne 2019 hat sich gezeigt, dass die älteren Sondagen den Baubefund der Insula 1 nicht wesentlich beeinträchtigt haben. Die Schürfungen Ullrichs sind, der Grabungstechnik der Zeit entsprechend, vor allem den erhaltenen Mauerresten gefolgt. Nur an wenigen, ausgesuchten Stellen hat er die erhaltenen Estrichböden durchschlagen und die schmalen Suchgräben weiter abgetieft. Ähnlich oberflächennah waren die Suchschnitte Paul Reineckes und Ludwig Ohlenroths angelegt worden. Die älteren, „vorinsulazeitlichen“ Befunde waren daher weitgehend ungestört erhalten geblieben. Die jüngeren, mittelkaiserzeitlichen und wohl auch spätantiken Nutzungsschichten scheinen dagegen durch modernen Bodenabtrag und die Gartennutzung des Geländes in den 1950er Jahren weitgehend verlorengegangen zu sein. Das Gros des in einigem Umfang geborgenen mittelkaiserzeitlichen Fundmaterials, darunter große Keramikfragmente,

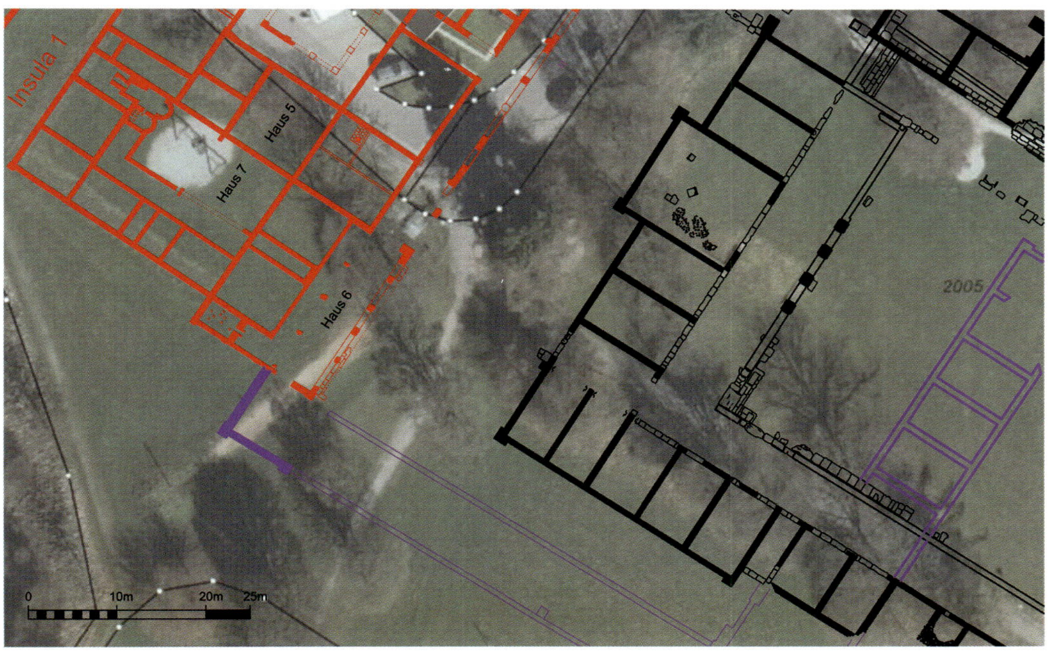

151 *Kempten (Allgäu). Die bis 2019 bekannten Mauerbefunde mit flavischem Forum (schwarz), sog. älterem Forum (lila) und Insula-Bebauung (rot). Plan genordet. Geobasisdaten: Bayerische Vermessungsverwaltung 2021.*

152 *Kempten (Allgäu). Fotogrammetrische Gesamtaufnahme der 2019 und 2020 untersuchten Flächen in der Südwestecke der Insula 1 (Haus 6) mit hallenartigem Anbau im Süden. Pfeil: Lage des Profils Abb. 153. Norden ist links.*

stammt aus der Verfüllung der Suchgräben des 19. Jahrhunderts und aus der mit rezentem Material vermischten Humusauflage.
Nachdem sich die Arbeiten 2019 vor allem darauf konzentriert hatten, die moderne Oberfläche und möglichst alle rezenten Störungen im archäologischen Befund der Insula 1 zu entfernen, konnten wir 2020 gezielt baugeschichtlich zentrale Gebäudebereiche untersuchen. Ausgehend von älteren Schnitten Ullrichs ist es dabei gelungen, zwei Sondagen bis auf den gewachsenen Boden abzutiefen. Ihre Profile zeigen eine komplexe Stratigrafie, die bis zu den Anfängen der römischen Siedlung zurückreicht (Abb. 153). Nach einer ersten bauvorbereitenden Planierung und Aufschüttung des Geländes scheint das Areal zunächst für handwerkliche Tätigkeiten genutzt worden zu sein. Estrich- und Holzböden sowie ein wahrscheinlich als Ofen anzusprechender Befund sind Hinweise auf intensive Aktivitäten auf dem Areal zu Beginn des 1. Jahrhunderts. Die „vorinsulazeitlichen“ Anlagen wurden, wahrscheinlich nach einem Brand, einplaniert und noch in der ersten Hälfte des 1. Jahrhunderts von der Insula 1 überbaut.

Das „ältere Forum“?
Der zweite Untersuchungsschwerpunkt galt einem „Anbau“ an der Südecke der Insula 1, der seit den Schürfungen Ullrichs als Vorgänger des flavischen Forums diskutiert wird. Die Ausgrabungen 2019 und 2020 haben gezeigt, dass es sich um die Reste eines großen, wohl

153 *Kempten (Allgäu). Westprofil der Fläche 3 in Haus 6 mit Stratigrafie der ersten Hälfte des 1. Jahrhunderts.*

hallenartigen Baus handeln dürfte, der von Osten über eine monumentale Treppenanlage aus großen Sandsteinblöcken erschlossen war. Eine Baufuge und ein Wechsel im Mauerwerk belegen, dass der „Hallenbau“ erst nachträglich an die Insula 1 angesetzt wurde. Die Interpretation als nordwestlicher Abschluss eines „älteren Forums“ (Abb. 151, lila) ist daher, beim derzeitigen Stand der Untersuchungen, fast auszuschließen. Eher scheint er, zumindest für einige Jahre, den westlichen Abschluss der großen „Thermenstraße“ gebildet zu haben. Brandschutt, darunter die verkohlten Reste massiver Balken, deutet darauf hin, dass der hallenartige Bau bereits in der ersten Hälfte des 1. Jahrhunderts zerstört und danach aufgegeben wurde.

Die „vorinsulazeitlichen“ Nutzungsphasen und der Bau der Insula 1 lassen sich mit Hilfe stratifizierter Funde innerhalb der ersten Hälfte des 1. Jahrhunderts gut datieren. Offen sind noch die zeitliche Einordnung und Interpretation des großen hallenartigen Baus, der 2021 weiter untersucht werden soll.

Um der Bedeutung des Bodendenkmals Römerstadt Kempten insgesamt gerecht zu werden und die Alleinstellungsmerkmale Kemptens weiter zu nutzen, soll die Kooperation zwischen der Stadt und der Universität München weiter ausgebaut werden. Die Ergebnisse der zunächst auf drei Kampagnen angelegten Untersuchungen in der Insula 1 bilden gleichzeitig die wissenschaftliche Grundlage für eine weitergehende Erschließung des archäologischen Geländes.

Salvatore Ortisi, Maike Sieler
und Sophie Hüdepohl

Literatur A. Ullrich, Erster Bericht über die vom Alterthumsverein Kempten vorgenommenen Ausgrabungen römischer Baureste auf dem Lindenberge bei Kempten (Kempten 1888). – G. Weber (Hrsg.), Cambodunum – Kempten. Erste Hauptstadt der römischen Provinz Raetien? (Mainz 2000). – G. Weber, Das Forum der Römerstadt Kempten-Cambodunum im Allgäu. In: L. Wamser (Hrsg.), Die Römer zwischen Alpen und Nordmeer. Zivilisatorisches Erbe einer europäischen Militärmacht. Katalog-Handbuch zur Landesausstellung des Freistaates Bayern 2000 Rosenheim (Mainz 2000) 95–97.

Örtliche Grabungsleitung 2019: S. Ortisi, LMU München; 2020: S. Hüdepohl, LMU München. – *Dendroarchäologie* F. Herzig, BLfD. – *Geomorphologie* D. Brönnimann, Universität Basel.

Altgrabung revisited – Römische Gräber im Langackertal bei Bad Reichenhall

Landkreis Berchtesgadener Land, Oberbayern

Die Siedlungslandschaft Karlstein und das Langackertal

Bereits in der Vorgeschichte trafen sich bei Bad Reichenhall mehrere Verkehrswege von Norden aus dem Chiemgau und dem Rupertiwinkel, die in den Pinzgau und über die Alpenpässe in die Hohen Tauern nach Süden führten. Der Kreuzungspunkt mehrerer Verkehrswege bei Karlstein und die hochgradig salzhaltigen Solevorkommen im Talboden der Saalach bei Reichenhall stellten bereits während der Vorgeschichte wirtschaftliche Gunstfaktoren dar.

Nördlich von Karlstein fließt der Langackergraben dem Seebach zu, der knapp 3 km weiter in die Saalach mündet. Am unteren Ende des Langackertals entwickelte sich im Laufe des 1. Jahrhunderts eine römische Siedlung, die mindestens bis ins 3. Jahrhundert bestand. Durch Grabungen am Ende des 19. Jahrhunderts sind mehrere, zum Teil hypokaustierte Steingebäude bekannt. Wahrscheinlich profitierte schon diese römische Siedlung von der Ausbeutung der nahen Solequellen, wie der antike Name *Ad Salinas* andeutet. Gesichert ist der Zusammenhang mit dem Begräbnisplatz auf den „Pilzenwiesen“ nordöstlich unterhalb der Siedlung.

Altgrabungen 1891/92

Das römische Gräberfeld wurde vor über 100 Jahren von Max von Chlingensperg auf Berg „geöffnet, untersucht und beschrieben“. In den Jahren zuvor waren beim Bau einer Wasserleitung erstmals Funde zu Tage gekommen, darunter eine Münze des Kaisers Hadrian. Daraufhin begann der Krämereibesitzer Maurer von Reichenhall im südwestlichen Bereich

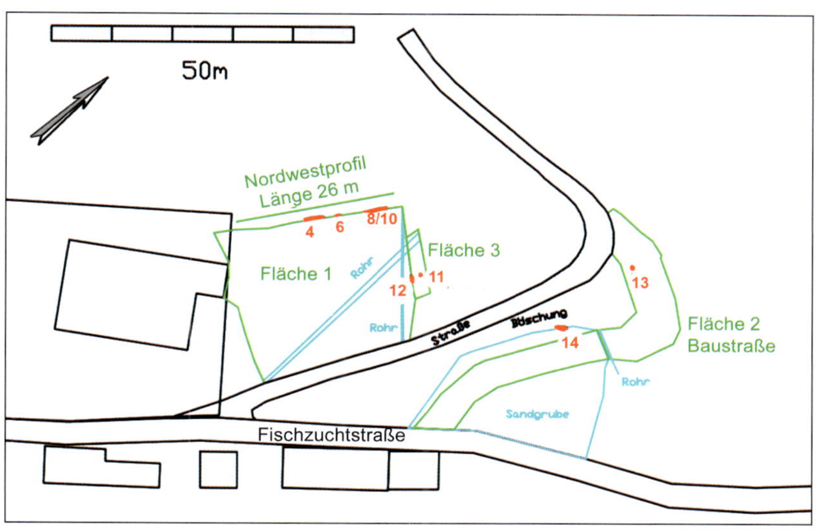

154 *Bad Reichenhall. Gesamtplan der Ausgrabungen 2020. Rot: römische Gräber.*

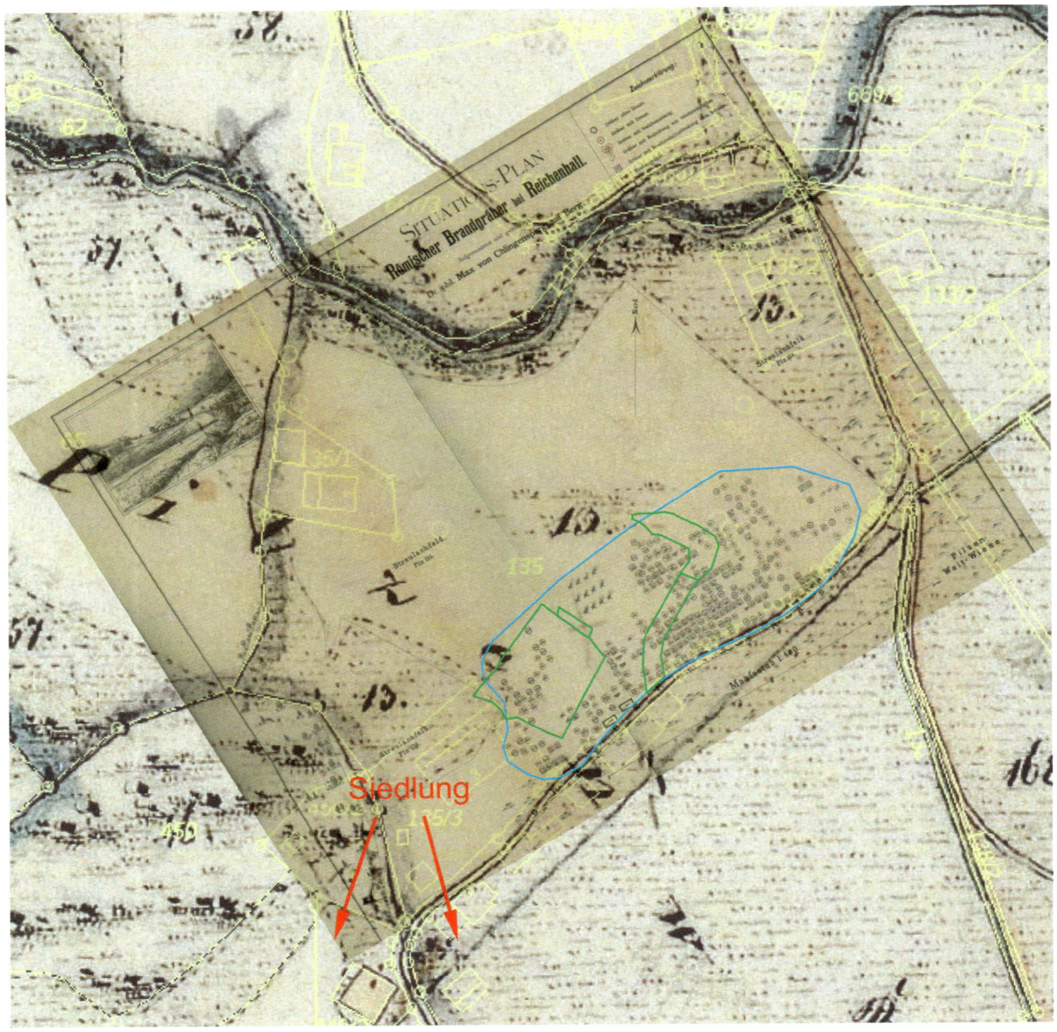

155 *Bad Reichenhall. Gesamtplan Chlingenspergs von 1896, eingepasst in die Renovationsaufnahme von 1852. Blau umrandet: bisher bekannte Ausdehnung des Gräberfeldes; grün umrandet: Grabungsgrenzen 2020. Ohne Maßstab. Geobasisdaten: Bayerische Vermessungsverwaltung 2021.*

des Gräberfeldes zwölf Gräber zu bergen, die durch Waldrodungsarbeiten schon gestört waren. In östlicher Richtung entdeckte Maurer weitere sieben unversehrte Gräber.

Chlingensperg ließ von 1891 bis 1892 auf der Nordseite des Langackergrabens den ganzen Hang entlang je 6 m breite Gräben von der Straße hangaufwärts ausheben. Mit dem ausgehobenen Erdreich wurde offenbar sogleich der hangabwärts gelegene Abschnitt des Grabens wieder verfüllt, sodass nur jeweils eine schmale Arbeitsgrube für die Arbeiter offen war.

Mit dieser Methode erfasste Chlingensperg 307 Brandgräber (Abb. 155). Zusammen mit den 19 zuvor von Maurer geborgenen Gräbern sind es also 326 Gräber. Die Anordnung der Gräber in Reihen auf dem Plan mag der Vorgehensweise mit Hangschnitten den Hang hinauf geschuldet sein.

Am häufigsten kamen Brandflächen- oder Brandschüttungsgräber vor, die mitunter mit Feldsteinen eingefasst und mit einer Steinplatte abgedeckt waren. Daneben kommen Urnengräber vor, die mit Feldsteinen eingefasst und mit Sandsteinplatten abgedeckt waren. Hinzu kommen aufwendigere Grabformen wie Steinkistengräber oder langrechteckige gemauerte Grabkammern, ebenfalls mit Sandsteinplatten als Abdeckung.

Lagerhalle, Fläche 1

Wegen der geplanten Errichtung einer Leergut-Lagerhalle für die Bad Reichenhaller Mineralwasser GmbH & Co. KG in der Fischzuchtstraße wurde eine archäologische Ausgrabung notwendig, denn der Bauplatz liegt genau im westlichen Bereich des Gräberfelds (Abb. 155). Es war damit zu rechnen, dass Chlingensperg nicht sämtliche Gräber erfasst hatte und noch „Restgräber" in der Fläche liegen könnten. Beim Abtrag des Oberbodens waren zunächst keine Verfärbungen, jedoch zahlreiche Sandsteinplattenfragmente zu sehen. Lang anhaltender Dauerregen und schwierige Bodenverhältnisse erschwerten das Erkennen von Befunden. Es schien relativ rasch der anstehende Boden erreicht zu sein.

Beim Absuchen des Aushubs mit dem Metalldetektor kamen jedoch römische Funde aus dem späten 1. bis ins frühe 3. Jahrhundert zu Tage, darunter fünf Fibeln (Abb. 158). Erst im rund 26 m langen Nordwestprofil wurden auch Befunde erkannt. Bei den Gräbern 4 und

6 sowie 8/10 (Abb. 157) handelt es sich um Überreste von Brandschüttungs- oder Brandflächengräbern. Grab 6 enthielt eine Menge Leichenbrand, verbrannte Keramik und verschmolzenes Glas. Einige Scherben von Terra sigillata der Formen Drag. 37, Drag. 18 und Drag. 18/31 zeigen einen Datierungsschwerpunkt zwischen dem ausgehenden 1. und dem zweiten Drittel des 2. Jahrhunderts. Der möglicherweise verlagerte, insgesamt 3,90 m lange und 55 cm hoch erhaltene Befund 8/10 hat eine verlagerte Steineinfassung und eine in Teilen erhaltene, 2–3 cm starke Sandsteinplatte als Abdeckung.

Erweiterung, Fläche 3

Im Nordosten der Baugrube wurde nachträglich der Oberboden für die Verlegung eines Rohres abgezogen (Fläche 3), wobei die Überreste von zwei weiteren Brandschüttungsgräbern zum Vorschein kamen (Abb. 154, 11 und 12). Grab 12 (Abb. 156) war durch eine moderne Wasserleitung stark gestört, aber die wannenförmige Grabgrube mit den Einfassungssteinen und der verlagerten Sandsteinplatte zur Abdeckung des Grabes waren noch gut zu erkennen. Der eigentliche Grabinhalt war offenbar schon bei der Altgrabung ausgenommen und daneben abgelagert worden. Neben einer vermutlich vorgeschichtlichen Scherbe kam auf der Sohle in einer Felsspalte das stark verbrannte Kopffragment einer norisch-pannonischen Flügelfibel Almgren 238 zu Tage.

Baustraße, Fläche 2

Durch die Bauarbeiten in dem extrem schwierigen, abschüssigen Terrain, das zusätzlich durch mehrere Quellhorizonte instabil ist, war die einzige Zufahrt zu dem Anwesen oberhalb der Fischzuchtstraße nicht mehr befahrbar, weshalb eine Ersatzstraße angelegt werden musste. Auch diese führt mitten durch das von Chlingensperg kartierte Gräberfeld (Abb. 154, Fläche 2; 155).

Beim Abzug des Oberbodens wurden zwei weitere Brandschüttungsgräber festgestellt. In Grab 13 war Leichenbrand, stark verschmolzene Metallteile, verbrannte norische Gebrauchsware und verbrannte Terra sigillata der Form Drag. 37 enthalten, die ab dem Ende des 1. Jahrhunderts auftritt.

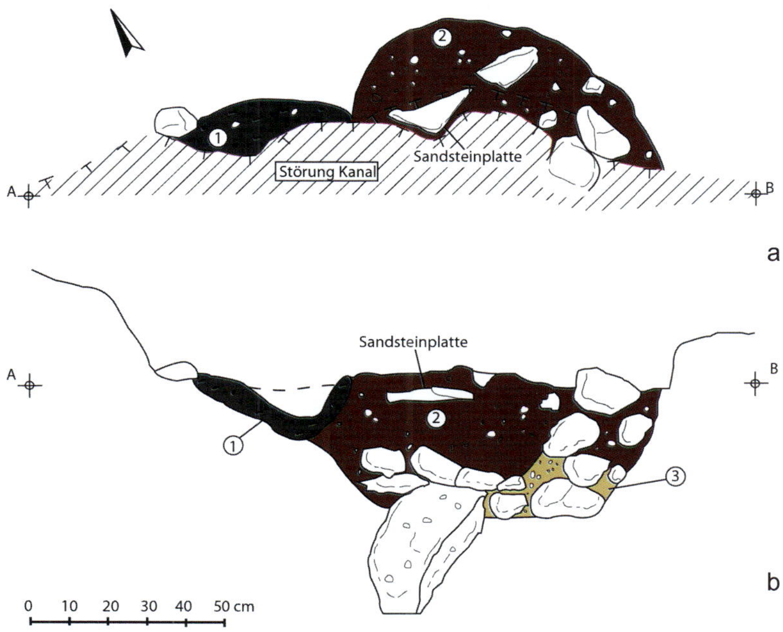

156 *Bad Reichenhall. Grab 12, römisches Brandschüttungsgrab. Schicht 1 = verlagerter Hauptanteil der Bestattung; Schicht 2 = Verfüllung der ursprünglichen Bestattung mit Resten einer Sandsteinplatte; Schicht 3 = Steinsetzung. a Planum; b Profil. Maßstab 1 : 20.*

Bei Grab 14 handelt es sich um die Überreste eines stark verzogenen Brandschüttungsgrabes, aus dessen Verfüllung nur noch sehr wenig Leichenbrand und stark verschmolzenes Glas geborgen werden konnte. Die wannenförmige Grabgrube wurde wie bei den anderen Brandschüttungsgräbern von seitlich eingebrachten Flusssteinen begrenzt.

Vergleich mit der Altgrabung

Der Gräberfeldplan Chlingenspergs zeigt im Bereich der Fläche 2 eine dichte Belegung (Abb. 155). Von diesen bereits 1891/92 ausgegrabenen Gräbern wurden bei der neuen Grabung keine Spuren mehr entdeckt. So blieb es bei den beiden aufgefundenen Brandschüttungsgräbern 13 und 14.

Im Bereich der kleinen Fläche 3 wurden bei der Altgrabung keine Gräber erfasst (Abb. 155). Das Grab 12 ist nach Süden durch eine Wasserleitung gestört worden. Der Eingriff in das Grab bzw. die Altgrabung wird durch die Deponierung des Leichenbrandes neben der Grabgrube sichtbar. Ob es sich bei der Störung des Brandschüttungsgrabs 12 um einen Eingriff Maurers handelt oder ob der Plan Chlingenspergs an dieser Stelle nicht ganz korrekt ist, lässt sich nicht entscheiden.

157 *Bad Reichenhall. Nordwestprofil der Baugrube in Fläche 1. 1–10 Befunde, davon 4, 6 und 8/10 römische Gräber.*

a

b

158 *Bad Reichenhall. Kniefibeln: a Typ Jobst 12E; b Typ Jobst 13D. Maßstab 1 : 1.*

Anders stellt sich die Situation im Bereich des Nordwestprofils in Fläche 1 dar. Dort verzeichnete Chlingensperg einige Urnen- und Brandschüttungsgräber, wie sie auch im Profil angetroffen wurden. Dass auf der Fläche selbst keine Gräber erfasst werden konnten, geht wohl auf die gründliche „Vorarbeit" Chlingenspergs zurück.

Datierung

Das Fundmaterial, mindestens ein Dutzend Münzen, 18 Fibeln, Fragmente von Handspiegeln sowie Fein- und Gebrauchskeramik, entspricht weitgehend dem bereits aus den Altgrabungen bekannten Spektrum, das mit vereinzelten Stücken aus dem zweiten Jahrzehnt n. Chr. einsetzt. Verstärkt treten erst Funde ab dem letzten Viertel des 1. Jahrhunderts auf. Ein noch nicht bestimmter Antoninian und zwei Kniefibeln – eine fast vollständig erhaltene vom Typ Jobst 12E und eine weitere vom Typ Jobst 13D – (Abb. 158) sind spätmittelkaiserzeitlich.

Im Fundmaterial der Altgrabungen waren auch spätantike Gürtelteile enthalten, die auf eine Fortdauer des Gräberfeldes bis ins 4. Jahrhundert hinweisen.

Bestattungsformen und Grabbauten

Sichere Anzeichen für Körpergräber liegen nicht vor. Ob es sich bei den spätantiken Fundstücken um Beigaben aus selten belegten spätantiken Brandgräbern handelt, bleibt offen.

Keine neuen Erkenntnisse lieferte die Grabung zu der Frage, wie die Grabmäler obertägig gekennzeichnet waren. In Noricum und auch im Salzburger Raum kommen in der römischen Kaiserzeit Grabhügel vor, die möglicherweise aufgrund des abschüssigen Terrains auf den Pilzenwiesen aberodiert sind.

Fazit und Ausblick

Die Ergebnisse der neuen Grabung zeigen, dass auch im Bereich der Altgrabung noch mit Überresten von Brandgräbern zu rechnen ist. Gleiches ist für den Bereich der Siedlung im Talboden des Langackertals anzunehmen. Aufgrund der aktuellen Erfahrung mit dem schwierigen Terrain sind alle weiteren archäologischen Maßnahmen besonders sorgfältig zu planen.

Die Neufunde wären ein willkommener Anlass, die römische Siedlungslandschaft im Langackertal, insbesondere den Zusammenhang mit der spätlatènezeitlichen Siedlung auf dem Karlstein, neu zu bewerten.

Martina Pauli, Philipp Zander
und Katharina Ramstetter

Literatur M. von Chlingensperg auf Berg, Die römischen Brandgräber bei Reichenhall in Oberbayern. Geöffnet, untersucht und beschrieben (Braunschweig 1896). – L. Mertig, Das Langackertal bei Bad Reichenhall in vor- und frühgeschichtlicher Zeit (Bad Reichenhall 1968).

Örtliche Grabungsleitung und Grabungsdokumentation
P. Heberer, Heberer Baugutachten; K. Heigermoser und Ph. Zander, Archäologie Hofmann & Heigermoser GbR.

Die Römer zum Schluss – Ein Grabenwerk in Schwabmünchen

Landkreis Augsburg, Schwaben

159 *Schwabmünchen. Quaderförmiger Würfel aus Bein mit Kreisaugen. Maßstab 1 : 1.*

Schwabmünchen ist der Fachwelt durch die dort am nördlichen Ortsrand verortete römische Töpfersiedlung *Rapis* an der Römerstraße von Kempten nach Augsburg bekannt. Weitere Fundstellen verschiedener Zeitstufen verteilen sich um den Ort, darunter auch eine Villa rustica im Süden.

Am südlichen Ortsrand an der Kaufbeurer Straße sollte nun eine Produktionshalle für dringend benötigtes Material für Covid-19-Tests gebaut werden. Das Gelände liegt rund 2,5 km südlich des Vicus *Rapis*, jedoch nur ca. 150 m westlich von der Römerstraße entfernt. Mit archäologischen Befunden war also zu rechnen. Es herrschte von Anfang an ein hoher Zeitdruck und die archäologischen Arbeiten auf einer mehr als 1 ha umfassenden Fläche gingen Hand in Hand mit den umfangreichen Bauarbeiten (Abb. 161). Dabei kamen zahlreiche Befunde verschiedener Epochen zu Tage.

Vom Stein zum Feuer

Die frühen Siedler lassen sich nur spärlich fassen. Am eindrucksvollsten ist in diesem Zusammenhang sicherlich eine langovale Grube mit einer Länge von ca. 140 cm und einer Breite von ca. 60 cm, die innerhalb eines größeren Grubenkomplexes lag. Bereits beim Putzen des Planums 1 wurde das Fragment einer Schädelkalotte und Keramikscherben eines neolithischen Topfes freigelegt. Bei der Bearbeitung des Befundes traten weitere menschliche Überreste in Form von Fragmenten eines Schulterblattes und eines Langknochens zutage. Die Form der Grube sowie die menschlichen Knochen in Kombination mit einem Keramiktopf als Beigabe lassen kaum Zweifel, dass es sich hierbei um eine gestörte steinzeitliche Bestattung handelt.

Für die Bronzezeit bzw. späte Bronzezeit konnte der nächste Besiedlungsschwerpunkt festgestellt werden. Die Befunde setzen sich vornehmlich aus Feuerstellen und Keramikdeponierungen zusammen. Befund 519 enthielt zum Beispiel neben einer zerscherbten, aber anscheinend in situ befindlichen Urne mit Leichenbrand und einer vollständigen Tasse auch große Mengen an Keramikscherben. Auf weitere Brandbestattungen lässt der geborgene Leichenbrand aus zwei anderen Befunden schließen.

Mehrere Feuerstellen zeigten alle dasselbe Erscheinungsbild. Im Planum 1 zeichneten sie sich als mittelgraubraune Befunde mit einer durch Hitzeeinwirkung rötlich-orange verfärbten Befundgrenze ab (Abb. 162). Sodann erschien im Planum 2 dieser Befunde eine geschlossene Schicht aus Steinen, wobei sich in den Zwischenräumen Holzkohleflitter fanden. Die zahlreichen bronzezeitlichen Keramikfragmente weisen sie dieser Zeitperiode zu.

Kelten und Römer

Eine Siedlungskontinuität bis in die späte Latènezeit konnte nicht nachgewiesen werden. Zumindest aber für die Zeit ab dem 2. Jahrhundert v. Chr. belegt das Fundmaterial wieder Siedlungstätigkeit. Mit Befund 540 konnte ein Grubenhaus der fortgeschrittenen Latènezeit ergraben werden. Im Planum 1 zeigte es sich als unregelmäßig ovale Grube mit den Maßen von ca. 8,00 × 4,50 m, wobei sich im Westen des Befundes deutlich eine dunkelgraubraune Verfärbung abhob. Beim weiteren Abtiefen konnten zwei darin enthaltene Pfostengruben erkannt werden. Ebenso ließen sich innerhalb des Grubenhauses Bereiche unterscheiden, die aufgrund ihrer abweichenden Färbung und förmlichen Abgrenzungen sowie den darin enthaltenen, konzentrierten Einschlüssen eigenständige funktionale Hausareale andeuten, wie beispielsweise eine Feuerstelle. In den Profilen war zu sehen, dass diese Bereiche unterschiedlich tief ausgehoben worden waren.

Aus dem Grubenhaus wurden zwei der bemerkenswerteren Funde der Ausgrabung geborgen: Neben dem Fragment eines gläsernen Armreifes aus der ersten Hälfte des 2. Jahrhunderts v. Chr. kam ein quaderförmiger Würfel mit Kreisaugen aus Bein zum Vorschein (Abb. 159).

Einige Pfostengruben von Hausgrundrissen enthielten sowohl latènezeitliches als auch

160 *Schwabmünchen. Münze, Prägung des Kaisers Constans, Vorder- und Rückseite. Maßstab 2 : 1.*

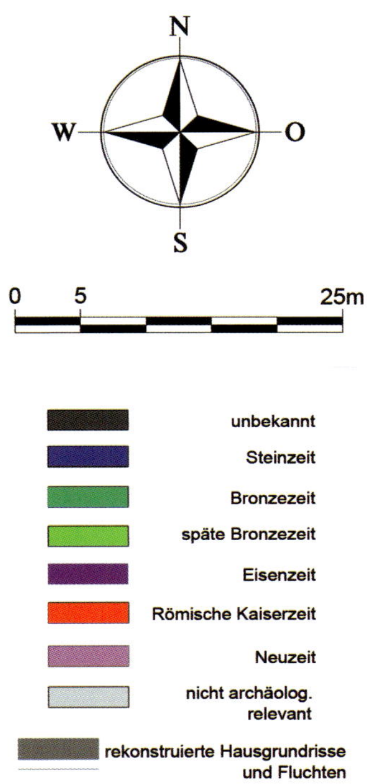

161 *Schwabmünchen. Nördlicher Ausschnitt aus dem Grabungsplan.*

162 *Schwabmünchen. Feuerstelle Befund 93 im zweiten Planum.*

römisches Fundmaterial. Latènekultur und römische Kaiserzeit „begegnen“ sich auch, indem der keltische Spitzgraben im Nordosten der untersuchten Fläche vom römischen Graben geschnitten wird.

Die frühesten römischen Funde fallen in die zweite Hälfte des 1. Jahrhunderts n. Chr. und korrelieren somit mit dem Siedlungsbeginn des römischen *Rapis*. Hierzu gehören Fragmente von Terra sigillata wie beispielsweise ein Teller der Form Drag. 18, eine kräftig profilierte Fibel des Typs Riha 2.7/Ettlinger 13 sowie ein silberplattierter und nielloverzierter Anhänger eines Pferdegeschirrs (Abb. 163).

Der Großteil des römischen Fundgutes datiert in das 2. und bis in die erste Hälfte des 3. Jahrhunderts n. Chr., was zugleich den römischen Besiedlungsschwerpunkt beschreibt. Die entsprechenden Funde umfassen vor allem Reibschüsseln aus den Töpferbetrieben vor Ort und teils reliefdekorierte Terra sigillata. Die jüngsten Münzen wurden unter Kaiser Constans geprägt und belegen eine Weiternutzung des Platzes bis in die spätrömische Zeit (Abb. 160).

Der römische Spitzgraben

Ein eindrucksvoller römischer Spitzgraben (Befund 95) mit einer Tiefe von mehr als 3,00 m scheint bereits in der Frühphase der römischen Besiedlung angelegt worden zu sein, wie daraus geborgene Terra-sigillata-Fragmente (Drag. 18) zeigen. Er weist zwei Verfüllungsphasen auf, jeweils dargestellt durch eine dunkelgraue Schicht und eine darüberliegende hellere Verfüllung (Abb. 164). Da sich in der unteren der beiden dunklen Schichten bereits Fundmaterial vom ausgehenden 1. bis in das 3. Jahrhundert n. Chr. befand, scheint der Graben nach einer Sedimentierung der Grabenspitze zunächst längere Zeit offen gestanden zu haben.

Die Form des Grabens, der mit einem Winkel von 105 Grad umbiegt, spricht deutlich für eine Interpretation als Teil einer Befestigung. In Ost-West- und Nord-Süd-Richtung konnte der Graben jeweils mehr als 60 m weit erfasst werden. Da sowohl der Graben als auch das anfallende Fundmaterial nicht für eine reguläre römische Siedlung sprechen, ist möglicherweise viel mehr von einem temporären Militärlager

163 *Schwabmünchen. Römischer Pferdegeschirranhänger aus Bronze, silbern plattiert und mit Niello verziert. Maßstab 2 : 3.*

auszugehen, wozu die aus dem Graben geborgenen Schuhnägel und der Pferdegeschirranhänger passen. Da temporäre Lager mit Zelten bestückt waren und nicht über gemauerte Gebäude verfügten, fehlen entsprechende Baubefunde im Inneren.

Mittelalterliches Fundmaterial liegt nicht vor. Demnach endet die Besiedlung nach der spätrömischen Zeit, was die guten Erhaltungszustände erklärt.

Armin Wanger

164 *Schwabmünchen. Profil des römischen Grabens.*

Literatur W. Czysz, Arch. Jahr Bayern. 1987, 123–132. – W. Czysz/G. Sorge, Das römische Töpferdorf Rapis bei Schwabmünchen. In: L.Wamser (Hrsg.), Die Römer zwischen Alpen und Nordmeer. Zivilisatorisches Erbe einer europäischen Militärmacht (Mainz 2000) 142–144. – G. Sorge, Die Keramik der römischen Töpfersiedlung Schwabmünchen, Landkreis Augsburg. Materialh. Bayer. Vorgesch. A 83 (Kallmünz 2001).

Örtliche Grabungsleitung A. Wanger und D. Anton, Büro für Archäologie Neupert, Kozik & Simm. – *Oberbodenabtrag* A. Struthmann, Fa. PlanaTeam Augsburg.

Am nördlichen Ende der Via Claudia Augusta bei Asbach-Bäumenheim

Landkreis Donau-Ries, Schwaben

Im Sommer 2020 konnte im Zuge einer Baugebietserschließung am südöstlichen Ortsrand von Asbach-Bäumenheim ein weiteres Teilstück der Via Claudia Augusta aufgedeckt werden. Diese verband zwischen dem 1. und 4. Jahrhundert n. Chr. Norditalien mit *Augusta Vindelicorum*/Augsburg, der Hauptstadt der römischen Provinz Raetien. Nördlich von Augsburg folgte die wichtige antike Nord-Süd-Verkehrsachse dem unteren Lechtal bis zu ihrem Endpunkt an der Donau.

Die Befundsituation

Im Rahmen der fünftägigen Grabung wurde der römische Straßenkörper aus Kies auf einer Länge von ca. 60 m untersucht (Abb. 166,3). Dieser hatte sich unterhalb des geschotterten Feldwegs und eines humosen, nicht weiter differenzierbaren Schichtpakets sehr gut erhalten. Während in den ersten beiden Plana zahlreiche Fahrspuren im kiesigen Straßendamm abschnittsweise mehr oder weniger gut als Bündel dunkler, humoser Längsstreifen zu erkennen waren, setzten sich darunter im schwärzlichen Paläohumushorizont wenige, jedoch sehr deutliche, etwa 20 cm breite, helle Kiesstreifen ab, die während der primären Phase des Straßenbaus mit Material verfüllt und dadurch konserviert worden sein müssen (Abb. 168). Inwiefern sich diese als Beleg einer älteren, unbefestigten Nutzung der Via Claudia Augusta deuten lassen oder die Fahrspuren direkt vor und während der Baumaßnahme bei der Trassenvorbereitung (z. B. Rodungsarbeiten, Feldvermessung und -markierung) entstanden, ist schwer zu beurteilen, da die Zeitspanne für deren Entstehung bislang nicht geklärt werden konnte.

Der Straßenkörper

Anhand zweier Querprofilschnitte lässt sich für den aus sandig-kiesigen Planierschichten bestehenden Straßenkörper erneut ein dreiphasiger Ausbau nachvollziehen. Neben der schrittweisen Erhöhung auf zuletzt bis zu 46 cm führte dies teils auch zu einer Verbrei-

165 *Asbach-Bäumenheim. Oben: Nördlicher Querprofilschnitt durch die Via Claudia Augusta während der Vorbereitung zur Dokumentation. – Unten: Interpretation des nördlichen Querprofils im Bereich des Straßendamms der Via Claudia Augusta (rot).*

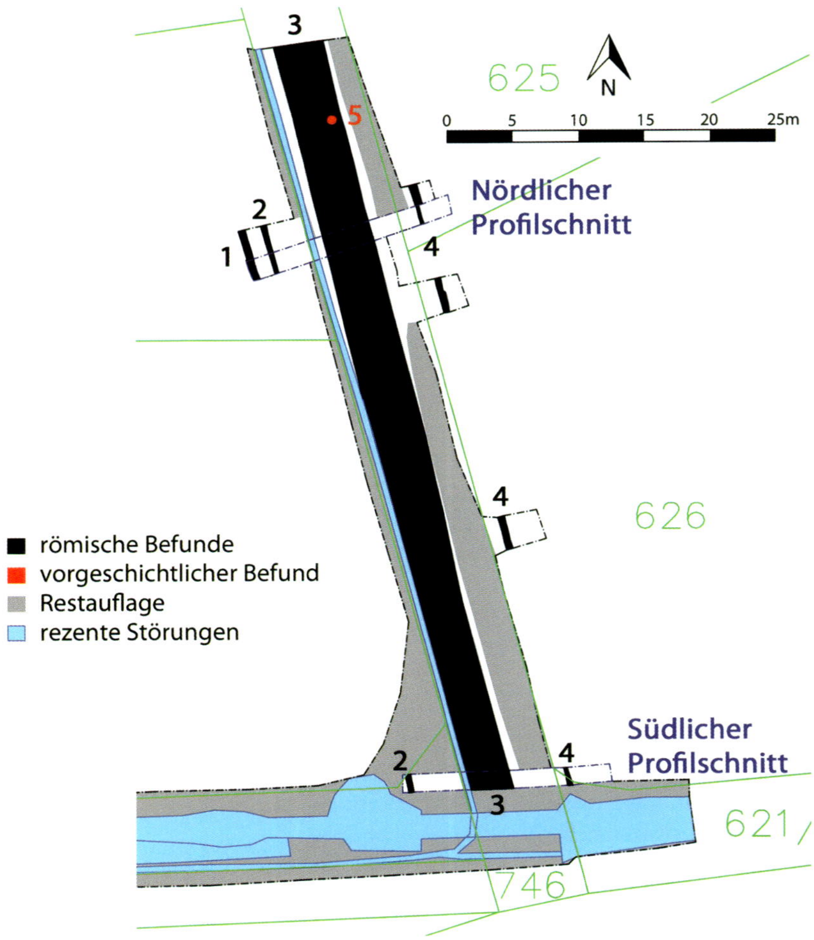

166 *Asbach-Bäumenheim. Grabungsplan mit Verteilung der archäologischen Befunde, Restauflagen und rezenten Störungen.*

terung der Fahrbahn (Abb. 165). Die Straße scheint aber mit maximal 4,60 m im aktuell untersuchten Abschnitt merklich schmaler zu sein, als dies bei der etwa 200 m südlicher durchgeführten Maßnahme im Jahr 2008 der Fall war, wo die Breite im Durchschnitt 5,50 m betrug. Die mittlere Phase scheint im neuen Teilstück weniger die Verbreiterung der Fahrbahn bezweckt zu haben, vielmehr führte diese insbesondere auf deren östlicher Seite zu einer spürbaren Erhöhung. Die in beiden Profilschnitten an die Straße anstreichenden Schwemmschichten legen die Vermutung nahe, dass hierbei auch ein verbesserter Hochwasserschutz im Fokus gestanden haben könnte. Ferner lässt die in beiden Querprofilen festzustellende, klare Asymmetrie des auf der Westseite kontinuierlich ausdünnenden und auf der Ostseite abrupt endenden Straßendamms vermuten, dass vor der letzten Ausbauphase ein größeres Flutereignis stattgefunden haben dürfte, welches der Via Claudia Augusta hier auf ihrer östlichen Seite einen Teil der Fahrbahn raubte. Falls dem wirklich so ist, könnte darin der Grund für die dritte Phase gelegen haben, die im Rahmen dieser Reparatur vor allem auf der abgewandten Westseite zu einer deutlichen Verbreiterung führte. Zudem könnte die ursprüngliche Konstruktionsweise einen weiteren Hinweis liefern, dass aufgrund der Lage in der Donau-Lech-Mündungsebene schon von Beginn an der Schutz der Fahrbahn vor saisonalen Hochwassern eine Rolle spielte, denn der Straßenkörper wurde hier nicht in die antike Humusdecke eingetieft, sondern direkt als Straßendamm aufgeschüttet.

Während der Grabung stand für die auffällig dunklere, schwärzliche Schicht innerhalb des Paläohumushorizontes direkt unterhalb des Straßendamms zunächst die Deutung eines vergangenen, hölzernen Vorgängers in Form eines Bohlenweges oder Knüppeldamms im Raum. Um diese Fragestellung zu untersuchen, wurde mit einem Metallprofil eine ungestörte Sedimentprobe des unteren Straßenkoffers und des darunter schwarzen Sedimentes entnommen und in Epoxidharz fixiert. Anschließend wurde von diesem Block ein Dünnschliff zur mikroskopischen Analyse des Sedimentgefüges angefertigt.

Die angenommene Deutung ließ sich jedoch anhand der mikromorphologischen Analyse der Dünnschliffprobe vom Übergang zwischen Kiesplanierung zur schwarzen Schicht nicht bestätigen. Stattdessen zeigte sich eine scharfe Grenze zwischen der Aufschüttung des Straßenkörpers aus Kies mit sandigem Material in den Zwischenräumen und dem darunter liegenden kalkhaltigen Auenlehm. Diese scharfe horizontale Schichtgrenze war nur durch einzelne vertikale Wurzel-/Tiergänge aufgelöst, in die das sandige Material des Straßenkoffers eingelagert war. Innerhalb des Auenlehms war die Verteilung der amorphen organischen Substanz relativ gleichmäßig und lieferte damit keinen positiven Beleg, dass es sich um eine ehemalige Oberfläche mit einem ausgeprägten Humushorizont gehandelt haben könnte. Ebenso wie Hinweise auf eine hölzerne Substruktion des Dammes fehlten Indikatoren für eine nachträgliche künstliche Verdichtung des Auenlehms vor Aufschüttung des Kieskoffers.

Gräben und Grube

Die beiden Straßengräben begleiten die Fahrbahn im Westen bzw. im Osten jeweils mit einem Abstand zwischen 3,8 und 4,0 m und wurden bisher nur in kurzen Abschnitten innerhalb der Hausanschlüsse bzw. in den Profilschnitten erfasst (Abb. 166,2.4). Die zwei Sohlgräbchen erreichten maximale Breiten zwischen 60 und 80 cm und Tiefen von 30 bzw. 50 cm. Zudem konnte im Nordwesten ein weiterer Graben auf einer Länge von ca. 4 m und einer Breite von etwa 60 cm aufgedeckt werden, dessen ebene Sohle in einer Tiefe von 70 cm lag (Abb. 166,1). Aufgrund des Fundmaterials ist für ihn gleichfalls ein römischer Kontext anzunehmen. Obwohl der untersuchte Ausschnitt relativ gering erscheint, deutet sich ein räumlicher Bezug zum Straßenverlauf

167 *Asbach-Bäumenheim. Linke Wangenklappe eines eisernen römischen Legionarshelms aus Graben 1 nach der konservatorischen Erstversorgung. Maßstab 1 : 2.*

an. Entweder handelt es sich dabei um eine Materialentnahmegrube oder, wahrscheinlicher, den Bestandteil eines großflächigen, beiderseits der Via Claudia Augusta bereits nachgewiesenen römischen Grabensystems. Vielleicht diente dieses neben der Funktion zur Gliederung des Raumes hier auch zur Trockenlegung der angrenzenden Parzellen.

Des Weiteren konnte im Norden auch eine vorgeschichtliche Siedlungsgrube (Abb. 166,5) dokumentiert werden, die wegen eines wenige Zentimeter starken, orangefarbenen Saums entlang ihrer wannenförmigen Sohle zumindest temporär als Feuerstelle gedient haben dürfte. Ihre Verfüllung enthielt zwar kein Fundmaterial, jedoch legt die Lage des Befundes unterhalb des durch die Via Claudia Augusta versiegelten Paläohumushorizontes eine vorgeschichtliche Zeitstellung nahe. Zudem belegt ein Fundschleier vereinzelter Scherben aus dem Paläohumus und den römischen Befunden eine vorgeschichtliche Präsenz vor Ort.

Das Fundspektrum

Neben den vorgeschichtlichen Streufunden bilden die in Kombination mit dem schrittweisen maschinellen Abtrag des Kiesdamms sukzessiv durch Metallprospektion lokalisierten Einzelfunde den Großteil des Spektrums an Artefakten. Unter diesen Metallfunden dominieren klar die Stücke aus Eisen, bei den Sondierungen konnte lediglich ein Bronzeartefakt entdeckt werden. Zu den Eisenfunden zählen vor allem unspezifische, stark korrodierte Fragmente, die hauptsächlich von einfachen Nägeln und Beschlägen stammen dürften. Manche erlauben auch bereits ohne restauratorische Bearbeitung konkretere Funktionsdeutungen, die – wie im Kontext einer Straße zu erwarten – allgemein mit Pferden, Reisen und Militärausrüstung in Verbindung gebracht werden können. Hierzu zählen mehrere Ringfragmente aus Eisen, die von Trensen oder Verteilern des Pferdezaumzeugs stammen könnten. Zudem dürften zwei Bruchstücke zu einem Hufschuh bzw. einer Hipposandale gehören. Ein Blechfragment könnte möglicherweise mit einer Schutzbewafffnung in Verbindung stehen. Zwei unscheinbare Fragmente können als römische Sandalennägel gedeutet werden. Ein füßchenartiges Eisenbruchstück könnte Teil eines kleinen, mobilen Dreibeins oder Pfannenrosts sein, mit dem Reisende möglicherweise einst ihre Speisen zubereiteten. Bei einem leicht geschwungen Eisenobjekt dürfte es sich um den Bügelteil einer Fibel handeln. Zweifelsfrei gilt dies für das Kopffragment einer kräftig profilierten Fibel aus Bronze, die in der römischen Kaiserzeit zwischen dem 1. und 2. Jahrhundert n. Chr. zu den sehr gebräuchlichen Formen zählt.

168 *Asbach-Bäumenheim. Orthofoto der Fahrspuren im Paläohumushorizont unterhalb des Straßendamms der Via Claudia Augusta.*

Einen besonderen Fund stellt die linke Wangenklappe *(buccola)* eines eisernen Legionarshelmes dar, die aus der Verfüllung des nur randlich erfassten Grabens 1 stammt (Abb. 167). Die Klappe dürfte ursprünglich an der oberen Schmalseite mit einem Scharnier am Helm angebracht gewesen sein. Die fünf noch erkennbaren Durchlochungen entlang der besser erhaltenen, hinteren Längsseite sowie vermutlich zwei weitere auf der vorderen Längsseite dienten wohl zur Befestigung einer Innenpolsterung, wie sie tendenziell eher bei spätrömischen Helmtypen zu finden ist. Der Fund bezeugt daher wohl eher die Spätphase der römischen Nutzung der Via Claudia Augusta im 3. bis 4. Jahrhundert n. Chr.

Manfred Woidich und Zoltán Havas

Literatur W. Czysz/M. Dumler, Arch. Jahr Bayern 2008, 68–70. – B. Steidl, Einige Aspekte zur Verkehrsinfrastruktur und zu den Vici in Raetien. In: Römische Vici und Verkehrsinfrastruktur in Raetien und Noricum. Colloquium Bedaium Seebruck, 26.–28. März 2015. Schriftenr. Bayer. Landesamt Denkmalpfl. 15 (München 2016) 68–83.

Örtliche Grabungsleitung Z. Havas und M. Woidich, Archäologiebüro Dr. Woidich GmbH. – *Grabungstechnik* S. Tifui, Archäologiebüro Dr. Woidich GmbH. – *Analyse und Interpretation eines Dünnschliffs* S. Heinrich, MPI für Evolutionäre Anthropologie in Leipzig.

Wo die Canabae enden – Ausgrabungen an der Bruderwöhrdstraße im Osten Regensburgs

Oberpfalz

Befundsituation vor dem Ostentor

Selbst in einer dicht bebauten Stadt wie Regensburg, die obendrein aufgrund der seit Jahrhunderten gesammelten archäologischen Informationen einen sehr guten Kenntnisstand der Befundlage vorweisen kann, ist man vor Überraschungen nicht gefeit. Das bewies eine Ausgrabung im Bereich eines „Nachverdichtungsbauvorhabens“ in der Bruderwöhrdstraße, außerhalb der historischen Altstadt.

170 m vor dem bekannten Ostentor, von dessen einst weit größerer Toranlage der imposante Torturm erhalten und zum Wahrzeichen Regensburgs geworden ist, wurde 2020 ein 1245 m² großes Grundstück im Vorgriff auf die flächige Bebauung mit Tiefgarage archäologisch untersucht. Da das Grundstück, auf dem zum Schluss die Altkleidersammelstelle der Caritas stand, im Zwickel zwischen zwei Denkmalflächen liegt, musste der Vermutungsfall greifen: Nur 100 m entfernt befinden sich die östlichsten nachgewiesenen Gebäudereste der mittelkaiserzeitlichen *canabae legionis*, während wenige Meter südlich davon im späten 19. Jahrhundert Gräber angeschnitten wurden (Abb. 172). Sie gehören zu einem größeren Gräberfeld, das sich entlang der römischen Donau-Süd-Straße nach Straubing erstreckte. Zu diesem Bestattungsplatz liegen nur vage Fundnotizen vor, die von Brand- und

169 *Regensburg, Bruderwöhrdstraße. Blick von Süden auf die Ausgrabung mit zahlreichen mittelalterlichen Öfen. Im Profil die mächtigen Überschwemmungsschichten.*

Urnengräbern berichten und verschiedene Funde und Münzen erwähnen. Leider sind die jeweils genannten Fundorte und -umstände nicht ohne Weiteres zu eruieren. Es scheint sich jedoch abzuzeichnen, dass der Friedhof ca. 120 m vom Ostentor entfernt ansetzte und sich ca. 170 m nach Osten fortsetzte. Nach römischer Gepflogenheit erstreckte er sich entlang der Straße, die vom Legionslager nach Osten verlief und im Stadtgebiet in etwa dem Verlauf der heutigen Ostengasse, Adolf-Schmetzer-Straße und Straubinger Straße entsprach. Während sich Gräber bis 135 m südlich dieser Achse nachweisen lassen, konnten nördlich des Straßenzuges bislang keine Bestattungen erfasst werden, obwohl dort bereits mehrere Baumaßnahmen stattfanden, die archäologisch begleitet wurden.

Kolluvien und spätmittelalterliche (?) Öfen

In dieser Lage, außerhalb der beiden bekannten römischen Nutzungsareale, war mit Spannung abzuwarten, was in der Baustelle an der Bruderwöhrdstraße zum Vorschein kommen würde. Zunächst stieß man jedoch auf die in Regensburg mittlerweile fast regelhafte Befundsituation außerhalb der Stadtmauern: Nahezu hundert schlüssellochförmige Öfen übersäten das erste Planum (Abb. 169–170). Wie leider üblich, enthielten sie fast kein Fundmaterial, sodass ihre zeitliche Einordnung nur vage ins Spätmittelalter vorgenommen werden kann. Auch lieferten die Befunde keinerlei Hinweis auf die einstige Funktion. Vermutet wird, dass es sich um Backöfen oder Darren handelt, die wegen der Feuergefahr nicht innerhalb des Stadtgebietes betrieben werden durften. Spätmittelalterliche Öfen wurden in der näheren Umgebung dieser Grabung bereits beidseitig der Adolf-Schmetzer-Straße, weiter östlich in der Bruderwöhrdstraße sowie in großer Zahl im sogenannten Marinaquartier bei Baumaßnahmen angeschnitten. Es handelt sich vorwiegend um Areale, die aufgrund ihrer Nähe zur Donau stark von Überschwemmungen gefährdet waren. Solche ließen sich auch in der aktuellen Grabungsfläche nachweisen in Form von drei teils mächtigen Kolluvien, in die diese Öfen eingetieft waren (Abb. 169). Anhand der Ergebnisse der Großgrabung am Donaumarkt ist bekannt, dass diese massiven Überflutungen der Donau erst im Hochmittelalter einsetzten. Das römische *Castra Regina* mit seinem unmittelbaren Umland blieb hingegen von Überschwemmungen verschont.

Römische Gruben – Ostende der Canabae

Vor diesem Hintergrund ist nicht verwunderlich, dass man in der aktuellen Ausgrabung unter den Kolluvien auf ca. zehn größere Gruben stieß, die ausschließlich römisches Fundmaterial enthielten (Abb. 170, blau). Nach einer ersten Sichtung handelt es sich um Keramik aus der Zeit um 200 und dem ersten Drittel des 3. Jahrhunderts (Abb. 171). Da sich unter den Fragmenten auch qualitätvolle Terra-sigillata-Ware befindet, dürfte es sich um den Abfall eines nahe liegenden Wohnhauses handeln, der in den Gruben entsorgt wurde. Zur Lage dieses Anwesens sind bislang keine Indizien vorhanden und das nächste

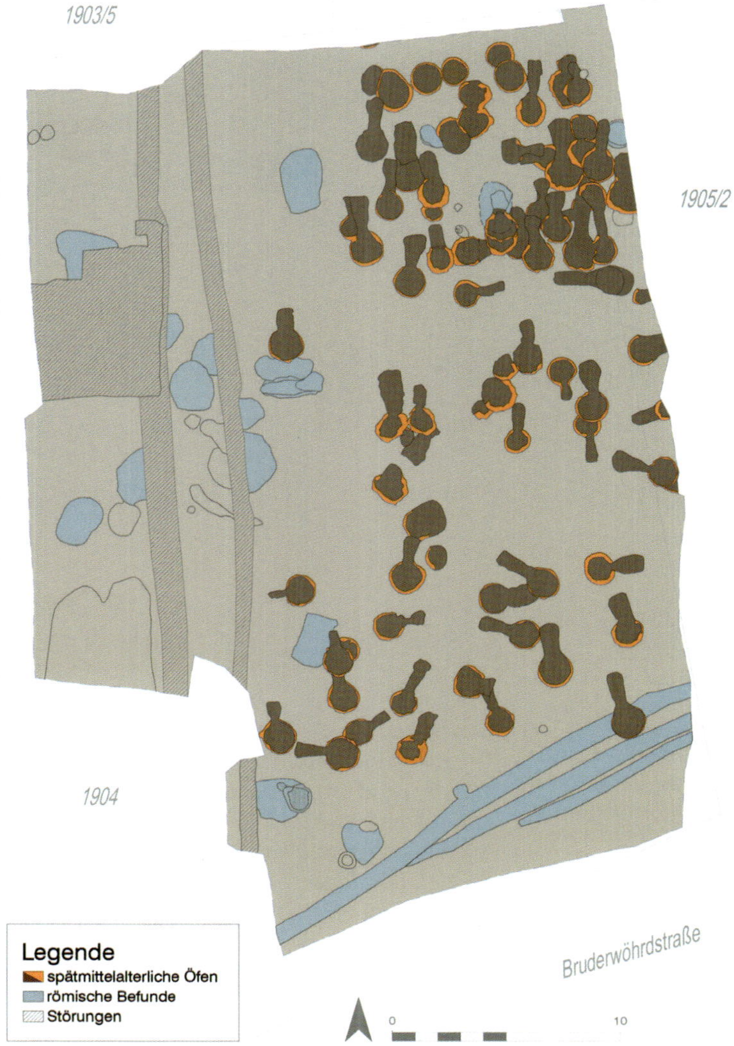

170 *Regensburg, Bruderwöhrdstraße. Gesamtplan der Grabung.*

171 *Regensburg, Bruderwöhrdstraße. Auswahl von Terra-sigillata-Fragmenten aus den römischen Gruben.*

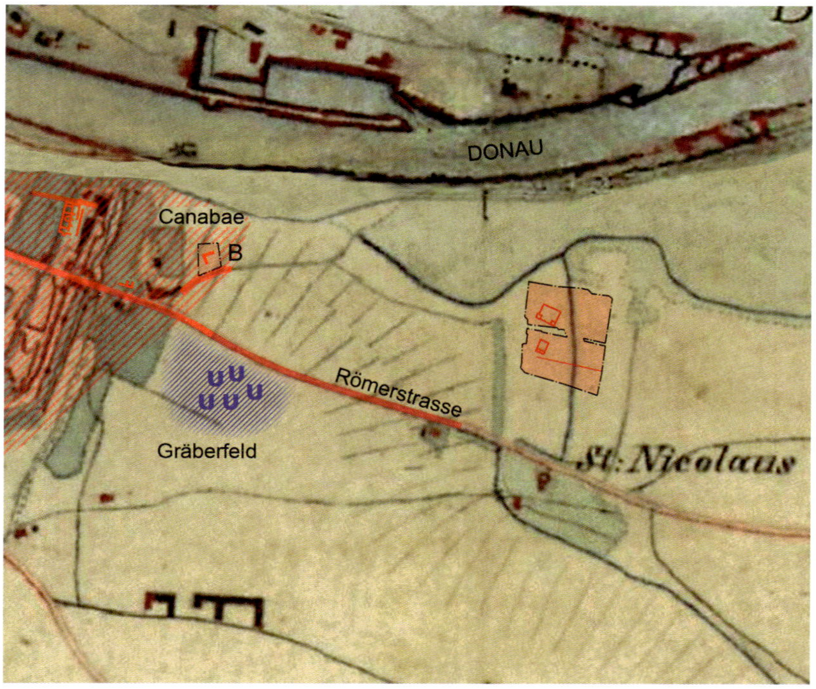

172 *Regensburg. Urpositionsblatt mit der Eintragung der römischen Fundstellen und Straßen innerhalb der östlichen canabae legionis, des Gräberfeldes und der Villa rustica. B = die Fundstelle an der Bruderwöhrdstraße. Kartengrundlage Bayerische Vermessungsverwaltung 2020.*

römerzeitliche Gebäude liegt ca. 100 m weiter westlich (Abb. 172). Es könnte im unmittelbar angrenzenden Grundstück gestanden haben, vielleicht unter dem schönen Biergarten des benachbarten Gasthauses, denn die römischen Befunde lagen vorwiegend in der westlichen Hälfte der Grabungsfläche und dünnten nach Osten merklich aus. Bislang markieren die nun festgestellten Gruben die östliche Grenze der *canabae legionis*.

Wegführung – Römische Infrastruktur

Am Südrand der Grabungsfläche kamen unter den Kolluvien drei mehrphasige Gräben zum Vorschein, die mit einem leichten Gefälle schräg nach Nordosten verlaufen (Abb. 170, blau). Es handelt sich offensichtlich um Entwässerungsgräben zur Donauniederung hin, die wohl einst einen Weg säumten. Dieser könnte in etwa der Trasse der heutigen Bruderwöhrdstraße entsprochen haben. Ein Blick auf den Urkataster, mehr noch auf das Urpositionsblatt (Abb. 172), zeigt, dass dieser Weg zur Donau hinabführte und dort einen kleinen Bach, den Pürkelgutgraben, kreuzte, der von Süden her kommend in die Donau mündet. An diesem Bächlein stand einst eine römische Villa rustica, die vor wenigen Jahren im bereits genannten Marinaquartier entdeckt wurde. Möglicherweise war sie das Ziel des Weges.

Beide, der Gutshof und die Abfallgruben an der Bruderwöhrdstraße, lagen am Übergang zur bzw. in der Donauniederung. Oberhalb und ca. 3–4 m höher lag die Niederterrasse, an deren nördlicher Kante die römische Ausfallstraße verlief. Angesichts dieser neuen Befunde ist nun offensichtlich, weshalb nur südlich der Straße bestattet wurde. So hat die aktuelle Grabung trotz „unspektakulärer“ Befunde neue Erkenntnisse zu beiden eingetragenen Denkmalflächen erbracht, in deren „Zwickel“ sie lag.

Silvia Codreanu-Windauer

Literatur F. Loré, Arch. Jahr Bayern 2014, 138–140. – K. Dietz/Th. Fischer, Regensburg zur Römerzeit (Regensburg 2018) 174 mit Abb. 166. – St. Reuter, Untersuchungen zu den Canabae des Legionslagers von *Reginum*/Regensburg. Diss. Univ. München 2020, Kat.Nr. 50: 153; Kartierung: Beil. 1.

Örtliche Grabungsleitung M. Klar/S. Jäh, Fa. Adilo, Parsberg.

Vicus und Wehrgräben des Kastells Boiodurum: Ausgrabungen an der Kapuzinerstraße zu Passau-Innstadt

Niederbayern

Der Vicus

Im Vorgriff auf die geplante Erweiterung eines Lebensmittelmarktes kam es 2020 zur archäologischen Untersuchung einer 2300 m² großen Fläche an der Kapuzinerstraße. Das Grabungsgelände liegt zwischen dem mittelkaiserzeitlichen Kastell Boiodurum im Norden und dem steil ansteigenden Hang des Hammerbergs im Süden. Auf dem östlich angrenzenden Grundstück war 1998 eine römische Badeanlage in großen Teilen dokumentiert worden (Abb. 173). Die Binnenstruktur des Vicus ist in großen Zügen durch zahlreiche, leider bis heute unpubliziert gebliebene Ausgrabungen bekannt, die seit 1986 vom BLfD, der Stadtarchäologie Passau sowie – in jüngster Zeit – auch von Grabungsfirmen durchgeführt wurden. Die größten dokumentierten Flächen erstrecken sich südlich und südöstlich des Kastells, einige weitere liegen westlich davon. Hier stieß man auf Spuren einer typischen Streifenhausbebauung sowie handwerkliche Produktionsstätten. Zuletzt konnten 2018 im sog. Paradiesgarten römische Gebäudestrukturen erfasst werden. Der Vicus Boiodurum dürfte sich demnach auf eine Länge von mindestens 850 m auf dem schmalen Streifen zwischen Inn/Donau im Norden und Mariahilf- bzw. Hammerberg im Süden erstreckt haben.

Vicusbebauung in Flächen 1 und 2

Angelegt wurden insgesamt drei Grabungsflächen. Fläche 1 im Süden liegt im Bereich des geplanten Lebensmittelmarkt-Gebäudes. Fläche 2 umfasst das nördlich davon liegende Parkplatzareal. Hier wurden auf dem nur geringmächtig abgetieften einzigen Planum noch keine archäologischen Befunde erreicht.
Im Bereich von Fläche 1 entsprechen die Plana 1 bis 4 weitgehend den Besiedlungsperioden Neuzeit – Hoch- bis Spätmittelalter – römische Kaiserzeit (zwei Perioden).
Unter einer neuzeitlichen Bebauung erstreckte sich über das gesamte Untersuchungsareal ein massives, hoch- bis spätmittelalterliches Überschwemmungspaket. Überliefert sind zahlreiche Hochwasserkatastrophen in Passau zwischen 1060 und 1595, namentlich das Magdalenenhochwasser vom Juli 1342. Überdeckt von diesen Überschwemmungen des Hoch- bis Spätmittelalters fanden sich in den Plana 2 und 3 insgesamt 36 Lehmkuppel- und Rennfeueröfen, die vermutlich der Eisengewinnung aus Raseneisenerz dienten.
Nach einer Befundlücke im Frühmittelalter offenbarte sich der römisch-kaiserzeitliche Horizont mit zwei aufeinanderfolgenden Siedlungsperioden. Wenn auch die Zahl eindeutiger römischer Bebauungsspuren (etwa Überreste von Streifenhäusern u. ä.) hinter den Erwartungen zurückblieb, boten die angetroffenen Befunde dennoch Einblicke in die Struktur des Kastellvicus: So fanden sich Reste von Pfostenbauten, steinfundamentierte Bauten, Brunnen und ein Probierofen.
Einer der steinfundamentierten Bauten besaß mit Hohlziegeln *(tubuli)* verkleidete Wände, ohne dass sich jedoch Hinweise auf die Existenz einer Hypokaustanlage fanden (Abb. 174). Möglicherweise wurden die Hohlziegel in diesem Fall (in Zweitverwendung?) zur Dämmung der Wände eingebaut.

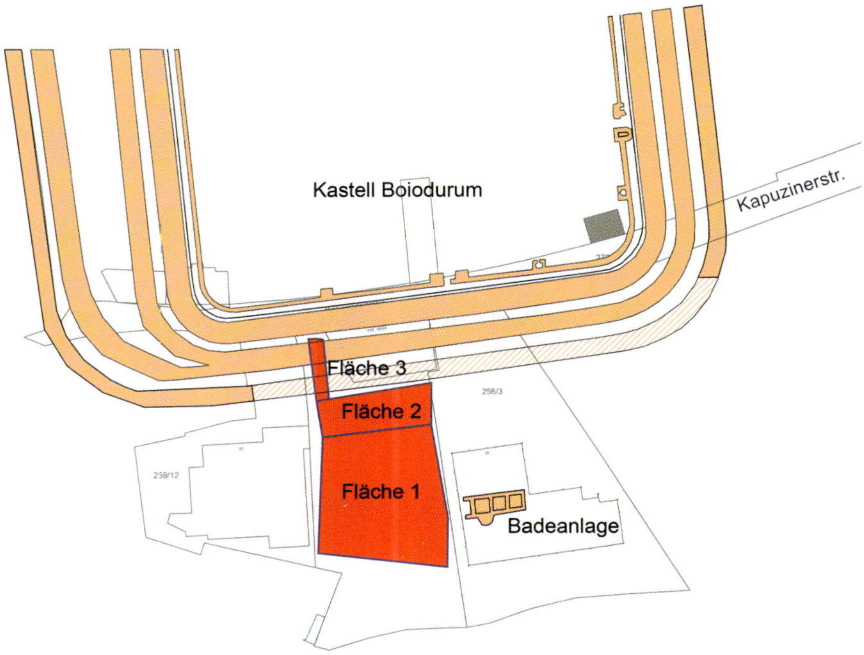

173 *Passau-Innstadt. Lage der Grabungsflächen (rot) südlich der Kapuzinerstraße. Unmittelbar östlich der Grabungsflächen liegt das 1998 entdeckte römische Kastellbad.*

Römische Badeanlage

Bei der Entdeckung des mutmaßlichen Kastellbades 1998 konnte lediglich dessen westlicher Abschluss nicht dokumentiert werden, da er schon außerhalb der damaligen Grabungsfläche lag. So war die Hoffnung groß, diesen im Rahmen der aktuellen Grabung – deren Ostgrenze nur wenige Meter von der alten Grabungsfläche entfernt lag – erfassen zu können. Leider fanden sich keinerlei Spuren des Gebäudes; offenbar reichte das Bauwerk weniger weit nach Westen als angenommen. Aus diesem Negativbefund ergibt sich aber immerhin, dass das Gebäude ursprünglich aus vier aneinandergereihten Räumen bestand und eine Länge von nicht mehr als 25 m gehabt haben dürfte. Ein vom Grundriss her vergleichbares Bad ist aus dem Vicus des donauabwärts gelegenen Kastells Schlögen bekannt (allerdings mit 14 m Länge deutlich kürzer).

174 *Passau-Innstadt. Überreste einer steinfundamentierten Wand mit Hohlziegelverkleidung.*

175 *Passau-Innstadt. Anthropomorpher Bronzebeschlag. Höhe 6 cm. Maßstab 2 : 3.*

Schnitt durch die Wehrgräben des Kastells

Seit der Entdeckung des Kastells durch Franz Josef Engel vor über einhundert Jahren hat sich die Forschung immer wieder auch mit der Rekonstruktion der Kastellumwehrung beschäftigt. Bereits Engels hatte vor der östlichen Kastellmauer einen Spitzgraben erkannt – und vergeblich nach einem zweiten gesucht. Auch Hans Schönberger konstatierte 1956 noch: „Ein zweiter, äußerer Graben existiert nicht.“

Erst bei Grabungen der Stadtarchäologie Passau in den 1990er Jahren zeigte sich, dass sicher zwei, an der Ostseite des Kastells sogar drei Wehrgräben existierten. Die Spitzen des zweiten und dritten Grabens lagen hier 10,5 m voneinander entfernt. Eine Zuordnung der Gräben zu verschiedenen Bauphasen des Kastells ist freilich nicht gelungen.

Schwierig einzuschätzen war bisher die Situation an der Südseite des Kastells. Sondagen der Stadtarchäologie erbrachten hier in der Vergangenheit den Nachweis eines zweiten Grabens und wenigstens Anhaltspunkte für einen dritten. Umso willkommener war es daher, dass sich im Rahmen der Grabung 2020 die Möglichkeit bot, unmittelbar südlich der Kapuzinerstraße einen Suchschnitt durch die Kastellumwehrung anzulegen (Fläche 3).

Erwartungsgemäß zeigte sich hier der Ansatz der südlichen Böschung des schon von Schönberger beobachteten ersten Grabens (der größtenteils unter der Kapuzinerstraße liegt) sowie ein zweiter Wehrgraben. Eine zwischen beiden Gräben offenbar parallel verlaufende, randlich jeweils noch leicht in die Grabenböschungen ziehende dünne Schicht aus grobem Kies (Breite gut 5 m, Dicke 10–20 cm) rührt möglicherweise von einer pflasterartigen Befestigung der römerzeitlichen Geländeoberfläche *inter fossas* her. Trifft diese Annahme zu, dann hätte Graben 2 eine Tiefe von gut 2 m besessen. Unmittelbar südlich des zweiten Grabens konnte eine weitere, ähnlich dicke Rollierung dokumentiert werden, die auf einer Breite von 6,7 m nahezu horizontal verläuft und unmittelbar auf dem gewachsenen Boden sitzt. Ein Ansatz für ein Absinken in eine mögliche weitere Grabenböschung zeigte sich nicht. Dass hier also ein dritter Graben existiert hat, scheint aufgrund dieser Beobachtung eher unwahrscheinlich. Lediglich unter Annahme weit größerer Abstände zwischen den Kastellgräben bleibt die Existenz eines dritten Wehrgrabens an der Südseite des Kastell Boiodurum theoretisch möglich.

Alternativ zu einer Ansprache der Kiesschicht als geländestabilisierendes Pflaster bietet sich auch eine Deutung als befestigte Straße an. Dafür könnten zwei niedrige Gräbchen im Bereich der Rollierung sprechen (Abstand ca. 3,5 m). Nach Lage der Dinge müsste eine solche Straße allerdings nachkastellzeitlich datiert werden.

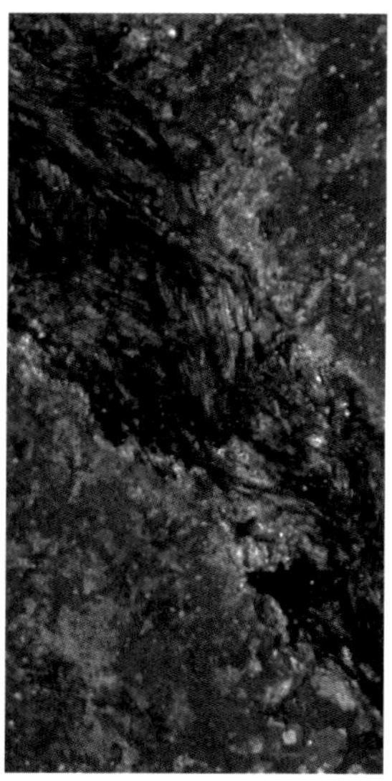

176 *Passau-Innstadt. Ovale, schwach gewölbte Bronzescheibe vom Pferdegeschirr (?). Länge 12 cm, Breite 9,7 cm. Maßstab 1 : 2; oben vergrößertes Detail der Vorderseite mit organischen Anhaftungen.*

Ausgewählte Funde

Das Fundmaterial ist zum allergrößten Teil in das fortgeschrittene 2. und 3. Jahrhundert n. Chr. zu datieren und bewegt sich damit in dem bisher für Boiodurum bekannten Zeitrahmen. Besonders augenfällig wird dieser Ansatz bei Betrachtung des Sigillataspektrums, das sich fast ausschließlich aus Erzeugnissen Rheinzaberner und Westerndorfer Produktion zusammensetzt. Die wenigen Münzen und Fibeln weisen in die gleiche Richtung.

Unter den Kleinfunden sind besonders zwei Stücke aus Bronze von größerem Interesse: Zum einen handelt es sich um ein anthropomorphes Bronzeköpfchen, welches – leicht nach vorne geneigt – aus einer Basis „herausschaut“ (Abb. 175). Die Rückseite der Basis ist hohl gearbeitet, mittig sitzt ein kräftiger Eisenstift. Es handelt sich also um einen Zierbeschlag, der möglicherweise – wie an der Rückseite haftende Holzkohlereste andeuten – auf einer hölzernen Unterlage, etwa einem Kasten oder einem Möbelstück, befestigt war.

Als Zweites zu erwähnen ist eine ovale, leicht gewölbte Bronzescheibe, die auf der Rückseite einen kräftigen Befestigungsstift mit Gegenknopf und einen Riemendurchzug aufweist (Abb. 176). Ähnliche Scheiben – wenn auch nicht exakt in dieser Form und Größe – sind aus Kontexten des 3. Jahrhunderts bekannt und werden dem Pferdegeschirr zugerechnet. Eine Untersuchung der auf der Vorderseite anhaftenden organischen (textilen?) Reste, darunter eine „zopfartig“ geflochtene Struktur, wird möglicherweise weitere Hinweise zur Verwendung des Stückes erbringen.

Alexander Niederfeilner und Thomas Maurer

Literatur H. Schönberger, Das Römerkastell Boiodurum-Beiderwies zu Passau-Innstadt. Saalburg-Jahrb. 15, 1956, 42–78 mit Beil. – J.-P. Niemeier, Arch. Jahr Bayern 1998, 92–94. – M. Bloier, Boiodurum. Forschungsgeschichte – Befunde – Rekonstruktion. Passauer Jahrb. 55, 2013, 25–63. – R. Hempelmann, Arch. Jahr Bayern 2018, 93–95.

Örtliche Grabungsleitung und -dokumentation A. Niederfeilner und St. Patrasc, Fa. ArcTron. – *Vermessung* D. Westermann, Fa. ArcTron. – *Restaurierung Metallfunde* E. Lehr-Stempel, München.

Reiterkrieger in Vöhringen – Ausschnitt eines frühmittelalterlichen Reihengräberfeldes

Landkreis Neu-Ulm, Schwaben

Bereits im Jahr 1936 hatte man bei Bauarbeiten in Vöhringen vier frühmittelalterliche Bestattungen beobachtet. Diese lagen im westlichen Nachbargrundstück des aktuell untersuchten Areals an der Memminger Straße 12 und wurden in einer Tiefe von rund 0,75–1,10 m angetroffen. In Erwartung der Fortsetzung eines Reihengräberfeldes kam nun beim Oberbodenabtrag überraschend ein mächtiger Kreisgraben mit einem Durchmesser von rund 20 m und einer Grabenbreite von ca. 3 m zu Tage (Abb. 177; 180,1). In der Mitte des vom Kreisgraben umschlossenen Bereichs lagen in geringem Abstand hintereinander zwei große, jeweils West-Ost orientierte, rechteckige Grabgruben. An der Ostseite knapp außerhalb des Kreisgrabens fanden sich zudem in der Flucht der Grabgruben die Standspuren zweier Holzpfähle, deren Funktion jedoch bislang nicht eindeutig geklärt ist.

Wenige Meter nordnordöstlich der ersten Anlage wurde ein weiterer, etwas kleinerer Kreisgraben mit einem Durchmesser von gut 14 m aufgedeckt (Abb. 180,2). Hier lag der zentrale Grabbereich allerdings außerhalb der Untersuchungsfläche. Den Kreisgräben zeitlich nachfolgend, wurden zwischen und zum Teil auch in den nun verfüllten Gräben neun weitere Individuen bestattet. Ebenfalls diesen späteren Grablegen zuzurechnen sind eine singuläre Kinderbestattung im südlichen Abschnitt des großen Kreisgrabens (Abb. 180,3) und eine Pferdebestattung in der Südwestecke der Grabungsfläche (Abb. 180,4). Da sich der Bereich südlich des großen Kreisgrabens bis zur Grabungsgrenze als großflächig und tiefgehend modern gestört erwies, kann es sein, dass hier ursprünglich noch weitere Gräber vorhanden waren.

177 *Vöhringen. Die beiden Kreisgrabenanlagen im Luftbild. Norden ist links oben.*

178 *Vöhringen. Zentrale Grabkammer, Planum 7.*

Die große Kreisgrabenanlage

Besondere Beachtung verdient die größere der beiden Kreisgrabenanlagen, die möglicherweise beide sichtbar überhügelt waren. Hier war in einer exakt im Zentrum angelegten hölzernen Grabkammer mit einer Größe von 2,50 × 1,25 m offenkundig eine wohlhabende und einflussreiche Persönlichkeit bestattet worden (Abb. 178). Obwohl nahezu alle Beigaben augenscheinlich bereits relativ kurz nach der Beisetzung aus dem Grab entnommen worden waren, ist der Bestattete über ein in der zweiten Grabgrube beigesetztes, enthauptetes Pferd als frühmittelalterlicher Reiterkrieger zu erkennen. Es ist anzunehmen, dass der Tote ursprünglich mit einer umfassenden Waffenausstattung (Gürtelgarnitur, Sax, Spatha, Lanze, Schild, Sporen und Pferdegeschirr) beigesetzt wurde. Hiervon zeugen einige wenige Reste silbertauschierter Gürtelbeschläge sowie mehrere bronzene Beschlagfragmente einer Saxscheide.

Die Sitte der Beigabe von kopflosen Pferden ist im süddeutschen Raum für die jüngere Merowingerzeit bereits mehrfach nachgewiesen. Eindeutige Hackspuren an den Wirbelknochen, genauer den beiden Facies articulares superiores des Atlas, belegen, dass der Kopf absichtlich abgetrennt wurde. Interessanterweise fanden sich Reste eines Pferdeschädels auf der Sohle des Kreisgrabens im Bereich der beiden östlich gelegenen Pfostenstellungen. Ob und inwieweit hier ein Zusammenhang besteht, könnte eine eingehende Untersuchung des Knochenmaterials ergeben.

Bemerkenswert ist, dass das Grab nach der Erstbelegung in der zweiten Hälfte des 6. Jahrhunderts n. Chr. bis zum Ende des 7./Anfang des 8. Jahrhunderts n. Chr. in regelmäßigen Abständen von etwa einer Generation wiederholt belegt wurde. Insgesamt wurden, teils in der hölzernen Grabkammer, später darüber, mindestens sechs Erwachsene beigesetzt – meist ältere Personen beiderlei Geschlechts.

In der südwestlichen Ecke der Kammer lagen auf dem ehemals hölzernen Boden die Knochen von drei Individuen übereinander (Abb. 179). Vermutlich sind die bereits skelettierten Überreste der Toten durch in die noch intakte Kammer eindringendes Schichtenwasser dorthin verlagert worden. Das sehr eisenhaltige Wasser führte dabei zu einer starken rotbraunen Verfärbung der Knochen. Ebenfalls eine deutliche Verfärbung zeigten die Überreste eines oberhalb der Grabkammer sekundär bestatteten Individuums. Anscheinend wurden in diesem Fall die erhaltenen Bestandteile des Skeletts vor der erneuten Belegung der Grabkammer aus dieser entfernt und sorgsam in einer kleinen Ausbuchtung niedergelegt, die im oberen Baugrubenbereich der südwestlichen Grabkammerwandung eigens dafür geschaffen wurde. Die über der Grabkammer liegenden Knochen von noch mindestens zwei weiteren Individuen wiesen hingegen keinerlei Verfärbungen auf.

Sämtliche Nachbestattungen waren beigabenlos und liefern daher keine Hinweise zum sozialen Stand der Verstorbenen. Allein die

179 *Vöhringen. Zentrale Grabkammer, Planum 9 mit verlagerten Resten dreier Toter.*

Tatsache der Niederlegung im Zentralgrab unterscheidet sie von den außerhalb des Grabhügels bestatteten Individuen. Ob und in welcher verwandtschaftlichen Beziehung die Verstorbenen untereinander standen, können nur weitergehende anthropologische Analysen klären.

Das Gräberfeld

Zum Zeitpunkt ihrer Errichtung befanden sich die Kreisgrabenanlagen wohl etwas abseits am Rand des Gräberfeldes. Erst im 7. und 8. Jahrhundert wurde, parallel zur fortgesetzten Belegung im Zentrum der größeren Anlage, das Areal zwischen den beiden Grabhügeln für weitere Bestattungen genutzt. Die naturwissenschaftliche Datierung des Skelettmaterials ergab, dass beide Kreisgräben spätestens zu Beginn des 8. Jahrhunderts verfüllt waren. Wie die anthropologischen Untersuchungen zeigen, spiegeln die Bestattungen die gesamte Bandbreite der damaligen Bevölkerung wider. Es sind beide Geschlechter und alle Altersgruppen von vier bis über 60 Jahren vertreten. Aufgrund der zeittypischen Beigabenarmut – lediglich in einem Grab war eine kleine ovale Eisengürtelschnalle beigegeben – lassen sich keine Aussagen zum sozialen Stand der teils in Holzsärgen und Leichentüchern niedergelegten Menschen treffen.
Ein zweites Pferdegrab fand sich im äußersten Südwesten der Grabungsfläche (Abb. 180,4). Das Tier wurde mit stark angewinkelten Beinen auf der linken Körperseite niedergelegt, den Kopf im Osten. Es ist anzunehmen, dass auch hier im direkten Umfeld des Pferdes ein zugehöriges und entsprechend ausgestattetes (Reiter-)Grab existierte. Möglicherweise ist dieses außerhalb der untersuchten Fläche noch erhalten.
Obwohl die große Kreisgrabenanlage durch die zahlreichen Nachbestattungen bereits alt gestört war und kaum mehr Beigaben enthielt, ist der in Vöhringen insgesamt ergrabene Ausschnitt eines Gräberfeldes aus der Zeit des 6. bis 8. Jahrhunderts n. Chr. dennoch als archäologisch bedeutsam zu werten. Mit Sicherheit gehörte die zentrale Bestattung der großen Anlage einer hochstehenden Gesellschaftsschicht an. Der Befund steht, trotz fehlender Beigaben, anderen Reitergräbern – beispielsweise dem im Jahr 2019 geborgenen Reitergrab von Nordendorf – in der Bedeutung nicht nach.

Anja Struthmann

Literatur M. Zobl/R. Sandner, Arch. Jahr Bayern 2019, 96–98 [Nordendorf]. – R. Sandner/A. Struthmann, Arch. Deutschland 6/2020, 51–52.

Ausgrabung PLANAteam, Augsburg. – *Örtliche Grabungsleitung* A. Struthmann. – *Anthropologische Bestimmungen* A. Grigat, AnthroWerk, München. – *Archäozoologie* A. Struthmann. – *^{14}C-Daten* S. Lindauer, Curt-Engelhorn-Zentrum Archäometrie GmbH, Mannheim.

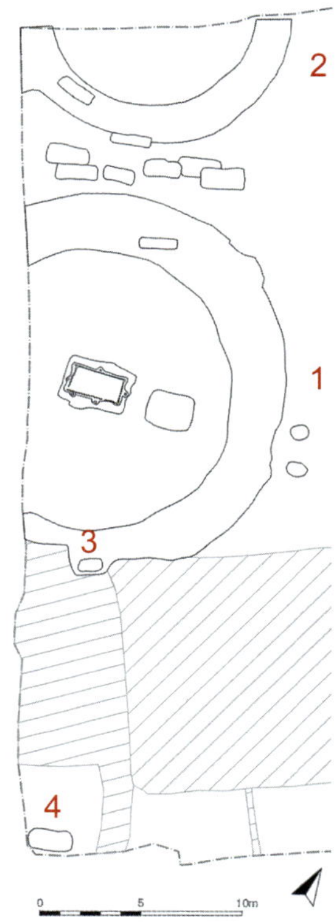

180 *Vöhringen. Gräberfeldplan. Zusammenschnitt aller wesentlichen Plana. 1, 2 Grabanlagen mit Kreisgraben; 3 Kinderbestattung; 4 Pferdebestattung.*

Reiter mit Sporen: Ein Hügelgrab der ausgehenden Merowingerzeit in Aying

Landkreis München, Oberbayern

Aying liegt unterhalb eines topografisch hervorgehobenen Geländesporns an alten Wegeverbindungen, die bis in römische Zeit zurückreichen. Hier sind bereits Siedlungsreste und Körpergräber des frühen Mittelalters bekannt geworden, ehe im Jahr 2016 östlich der Ortschaft über Luftbildaufnahmen auch ein Kastell der späten römischen Kaiserzeit entdeckt wurde. Etwa 2 km weiter im Süden wird im heutigen Kleinhelfendorf eine römische Straßenstation an der dort verlaufenden Fernstraße vermutet; für das 7. Jahrhundert weiß man von einem agilolfischen Herzogsgut.
Im April 2020 fanden am Lindacher Weg auf einem Privatgrundstück archäologische Ausgrabungen statt. Die Fundstelle befindet sich im Nordosten des Ortes, nur ca. 200 m nördlich des Kastells. Ihr Abstand zu den Flächen mit frühmittelalterlichen Siedlungszeugnissen und Grabfunden ist sogar noch wesentlich geringer.

Die Befunde

Den Großteil der Befunde auf dem ca. 800 m² großen Areal stellen einzelne Gruben dar, deren Anordnung keine Zusammenhänge erkennen lässt. In der südwestlichen Hälfte der Fläche zeigte sich ein bogenförmiger Graben (Abb. 181–182). Im Norden war der Graben durch ein inzwischen abgerissenes Gebäude gestört. Der Bogen umfasste rechteckige Gruben und wurde im Süden von einem anderen Grabenstück überlagert. Eine der Gruben stellte sich als Grabgrube heraus. Im Südwesteck des Areals wurde ein weiteres, einzelnes Körpergrab aufgedeckt.

Das Hügelgrab mit Kreisgraben

Der unvollständige Kreisgraben lässt sich mit 17,90 m Außendurchmesser rekonstruieren. In seinem Zentrum liegt die Grabgrube, die den Befund somit als ehemaliges Hügelgrab kenn-

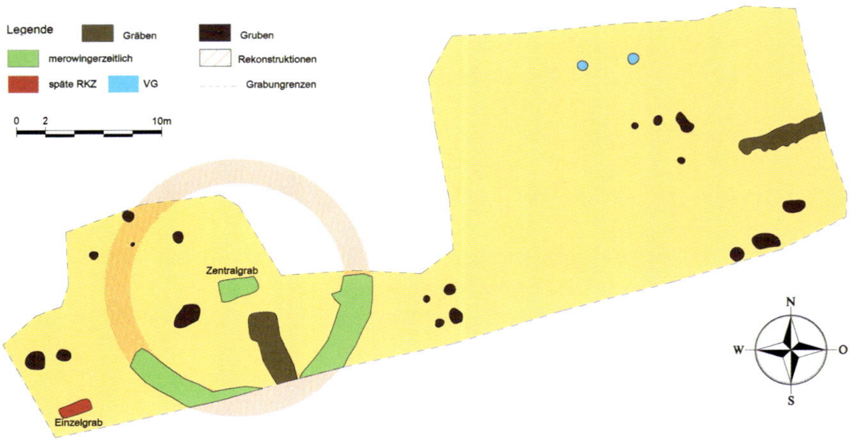

181 *Aying. Befundplan der Ausgrabung.*

zeichnet. Bei einer Breite von bis zu 2,18 m und einer erhaltenen Tiefe von 0,36 m weist der trichterförmige Graben einen Innendurchmesser von 14,80 m auf. Weitere Befunde innerhalb des Kreisgrabens sind eine sehr flache Grube westlich der Bestattung ohne Fundmaterial und eine rechteckige Grube, die sich als moderne Pflanzgrube herausstellte. Demnach ist dem Hügelgrab mit Bestimmtheit nur der Kreisgraben und die Bestattung zuzuweisen, die Überhügelung selbst bleibt hypothetisch. In der Grabenverfüllung geborgene hochmittelalterliche Keramik deutet auf ein längeres Offenstehen des Grabens hin.

Die Zentralbestattung

Im Zentralgrab befanden sich nur noch zwei Füße mit Unterschenkeln bis zum Knie und vereinzelte Fingerknochen in situ (Abb. 185); die übrigen Bestandteile des Skeletts waren in der Südwestecke der Grabgrube angehäuft. Die Füße lagen im Osten der Grube, der Kopf also ursprünglich im Westen. An den Füßen hatte sich noch ein Paar Schlaufensporen aus Eisen mit kurzem Dorn erhalten, deren Basis jeweils mit einer Silberblechmanschette und Perldrahtfassung versehen ist (Abb. 183–184). Mittig auf den Schenkeln ist je ein kleiner Zierperlrandniet aus Silber angebracht. Teile der Sporengarnitur haben sich erhalten, darunter zwei Eisenschnallen mit rechteckigem Bügel, ein Laschenbeschlag und je zwei Perlrandniete, eine facettierte, leicht taillierte und rundendige Riemenzunge mit zwei silbernen Perlrandnieten sowie der Rest eines rechteckigen Riemenschiebers aus Eisen. Große Ähnlichkeit zeigen die Sporen aus Aying mit einem Exemplar aus Rothenstein bei Weißenburg. Lederreste an der Innenseite der Sporen können als Schuhleder angesprochen werden, weitere Reste ergaben mindestens zwei unterschiedliche Textilien. Kleine Holzreste an und unter den Knochen könnten auf einen Sarg oder einen Holzeinbau hindeuten.

Bei der Bergung zeigte sich, dass das Skelett bis auf die Oberschenkelknochen beinahe vollständig ist. Die vorgefundene Skelettlage ist einer wohl antiken Beraubung zuzuschreiben. Möglicherweise hatten an den Oberschenkeln wertvollere Objekte, z. B. ein Schwert oder Bestandteile eines Gürtels, gelegen, die sich schwer lösen ließen, und so entfernte man diese kurzerhand mitsamt den Knochen. Eine zeitliche Einordnung der Beraubung lässt sich

182 *Aying. Kreisgraben mit zentraler Bestattung sowie jüngeren Befunden. Norden ist unten.*

183 *Aying. Eisensporn mit Riemenzunge, Riemenschieber, Perlrandniet und Eisenschnalle der zentralen Bestattung. Maßstab 1 : 2.*

184 *Aying. Eisensporn und Eisenschnalle der zentralen Bestattung. Maßstab 1 : 2.*

nicht geben, allerdings sind Graböffnungen in der Merowingerzeit ein lang bekanntes Phänomen. Da die Reitersporen und das Hügelgrab auf einen Angehörigen einer elitären Schicht schließen lassen, kann man nur vermuten, welches Fundmaterial durch die Beraubung verloren gegangen ist.

Das Individuum konnte als männlich, zwischen 20 und 30 Jahre alt, bestimmt werden. Eine ^{14}C-Analyse der Knochen ergab ein Sterbedatum zwischen 681–768 n. Chr. Zudem war eine starke Entzündung am Schädel festzustellen, die zum Todeszeitpunkt nicht verheilt gewesen ist. Ob die Entzündung die Folge einer gewaltsamen Auseinandersetzung darstellt, ist nur zu vermuten.

Die ^{14}C-Analyse sowie die paarige Beigabe der Sporen, die Form des Stimulus an den Sporen und die Perlrandniete an deren Schenkeln datieren das Grab klar ins frühe 8. Jahrhundert, in die späte Merowingerzeit. Die Keramikfunde innerhalb des Kreisgrabens deuten auf dessen Verfüllung im Hochmittelalter hin.

Ein spätrömisches Körpergrab

In der Südwestecke der Grabungsfläche kam ein einzelnes Körpergrab zutage. Die langrechteckige Grabgrube maß 2,06 × 0,64 m und beinhaltete ein komplett erhaltenes Skelett. Die Arme waren über dem Becken verschränkt und die Hände etwa auf der Hüfte aufliegend. Der Kopf lag, hangaufwärts, im Osten. Das Individuum konnte als männlich, zwischen 30 und 60 Jahre alt bestimmt werden. Bis auf ein kleines Keramik- und ein Hüttenlehmfragment wurden keine Beigaben gefunden, welche Aufschluss über die Datierung geben könnten. Um diese Frage zu klären, wurde auch hier eine ^{14}C-Analyse der Knochen durchgeführt. Dabei ergab sich ein Niederlegungszeitraum von 256–375 n. Chr. Damit dürfte das Grab mit dem wohl unvollendeten spätrömischen Kastell im Zusammenhang stehen.

Einordnung

Grabhügel der Merowingerzeit sind nicht besonders häufig, ist diese Zeit doch überwiegend durch Reihengräberfelder gekennzeichnet. Oft wurden die Hügel im Zuge landwirtschaftlicher Feldbearbeitung eingeebnet. Bei der Verteilung der Grabhügel in Bayern lassen sich mehrere Ballungen feststellen. Der Grabungsstelle am nächsten ist eine Region im mittleren Isartal und Vilstal im Raum Landshut, mit einem Ausläufer nach Westen. Eine kleinräumige Konzentration im Osten der Münchner Schotterebene deutet sich südlich

185 *Aying. Zentrale Bestattung. Nur die Beine sind in situ erhalten.*

davon an, mit Hügelgräbern in Poing, Aschheim und Kirchheim b. München-Hausen. Das Voralpenland südlich davon ist weitgehend grabhügelfrei, bis auf zwei Kreisgräben im Gräberfeld von Freilassing-Salzburghofen im Vorfeld der Stadt Salzburg. In diesem „grabhügelfreien" Gebiet ist nun auch Aying, am Südostrand der Münchner Schotterebene, hinzuzufügen.

In Zeiten gesellschaftlicher Instabilität, wie im späten 7. Jahrhundert in Bayern, können Grabhügel als Versuch einer dynastischen Legitimation durch Machtdemonstration betrachtet werden. Das Vorfinden eines Einzelhügels – bislang sind ähnliche Grabhügel weder aus der direkten Nachbarschaft noch dem Kleinraum südlich von München bekannt – kann dabei auf ein mögliches Scheitern der Legitimation hindeuten oder auf eine frühzeitige Stabilisierung der gesellschaftlichen Situation vor Ort. Denkbar ist auch, dass bei einer auf Fernwirkung ausgerichteten topografischen Lage, wie sie in Aying vorzufinden ist, von Beginn an nur ein Hügel zur Kennzeichnung eines ganz besonderen Grabes vorgesehen war. Inwieweit die benachbarten frühmittelalterlichen Gräber einen Bezug zu dem Grabhügel haben, muss noch untersucht werden.

Eine Beraubung in merowingerzeitlichen Grabhügeln ist keine Seltenheit und erfolgte teilweise schon durch die jeweilige Bestattungsgemeinschaft selbst. Die Gründe hierfür sind noch nicht eindeutig geklärt; erbrechtliche oder herrschaftliche Ansprüche, wirtschaftliche Zwänge, Übergangsriten, Formen des Toten- und Ahnenkultes bis hin zu Exhumierung und Umbettung könnten dabei eine Rolle gespielt haben. Wann die Beraubung in Aying stattfand, ist nicht erkennbar. Archäologisch kann nur wahrscheinlich gemacht werden, dass die Bestattung zum Zeitpunkt der erneuten Öffnung bereits vollständig skelettiert war. Eine Beraubung unmittelbar nach der Bestattung kann damit ausgeschlossen werden. Möglicherweise deutet der achtlose Umgang mit den menschlichen Überresten sogar auf die bewusste Zerstörung einer noch in Erinnerung befindlichen alten Elite hin. Offen bleibt auch das Rätsel der fehlenden Oberschenkelknochen.

Michaela Zietlow

Literatur F. Stein, Adelsgräber des achten Jahrhunderts in Deutschland. Germ. Denkmäler Völkerwanderungszeit A 9 (Berlin 1967). – J. Faßbinder u. a., Arch. Jahr Bayern 2016, 93–96. – Ch. Later, Frühmittelalterliche Grabhügel in Altbayern – ein vielgestaltiges Phänomen. Fines Transire 29 (in Vorb.).

Örtliche Grabungsleitung M. Zietlow, Fa. Neupert, Kozik & Simm. – *Restaurierung* D. Albert, BLfD. – *Anthropologische Bestimmung* K. v. Heyking, AnthroArch. – *^{14}C-Daten* S. Lindauer, Curt-Engelhorn-Zentrum Archäometrie gGmbH: Probennr. 46508, Probenname Ay28, Kalibrierung 1 cal AD 681–768, Kalibrierung 2 cal AD 670–825. Probennr. 46509, Probenname Ay29, Kalibrierung 1 cal AD 256–375, Kalibrierung 2 cal AD 251–403.

Wo Karl der Große Spuren hinterließ: Ein Siedlungsplatz bei Langendorf

Gemeinde Elfershausen, Landkreis Bad Kissingen, Unterfranken

Hammelburg – ein Zentrum des Frühmittelalters

Das Gebiet der Fränkischen Saale zwischen Hammelburg und Bad Kissingen ist reich an archäologisch bedeutsamen Stätten. In diesem Zusammenhang nimmt die Kleinstadt Hammelburg eine herausgehobene Stellung ein, da sie bereits im frühen Mittelalter die Funktion eines Zentralortes innehatte. Während die urkundliche Ersterwähnung des *hamulo castellum* in das Jahr 716 fällt, nahm seine Bedeutung in karolingischer Zeit mit der Schenkung an das Kloster Fulda durch Karl den Großen weiter zu. Obwohl Hammelburg damit anderen Zentralorten dieser Zeit – wie Karlburg am Main – in nichts nachsteht, ist der archäologische Forschungsstand hierzu vergleichsweise dürftig. Umso größeren Stellenwert haben die in unmittelbarer Nähe gelegenen Fundstellen. Knapp 3 km östlich von Hammelburg erstreckt

186 *Langendorf. Planumsaufnahme von Grubenhaus 4.*

187 *Langendorf. Grubenhaus 4 im Negativ.*

sich die kleine Ortschaft Langendorf, an deren Südrand die Bundesstraße B 287 verläuft. Da sich in der Vergangenheit sowohl im Bereich der Ortsanbindung als auch an der Auffahrt zur Autobahn A 7 die Zahl der Verkehrsunfälle stark erhöht hatte, sollte die Situation hier durch die Anlage eines Kreisverkehrs und die Neugestaltung der Ortszufahrt entschärft werden. Der neue Trassenverlauf nimmt den südlichen Abschnitt eines durch Lesefunde bekannten Bodendenkmals ein, dessen zeitlicher Rahmen von der Linearbandkeramik bis ins Frühmittelalter reicht.

Eine Brandbestattung der späten Urnenfelderzeit

Im Zuge der archäologischen Untersuchung wurde ein etwa 250 m langer Streifen auf einer Breite von bis zu 15 m vom Oberboden befreit, wobei insgesamt 34 Befunde zu Tage traten. Diese verteilten sich über die gesamte Länge des Grabungsschnittes, wobei eine leichte Zunahme der Bodenverfärbungen in westliche Richtung zu beobachten war. Gleichzeitig ließ sich nach Süden hin ein Ausdünnen der Grubenbefunde feststellen, sodass sich die angenommene Abgrenzung des Bodendenkmals an dieser Stelle als richtig erwies.

Obwohl vom Bodendenkmal zahlreiche Lesefunde des Frühneolithikums vorliegen, lassen sich keine Gruben der aktuellen Untersuchung gesichert dieser Phase zuweisen. Während ein großer Teil der einfachen Pfostengruben nicht datiert werden kann, steht eine Zuordnung von Befund 26 zur ausgehenden Bronzezeit außer Frage. Bereits im angelegten Baggerplanum waren zahlreiche kleinteilige Keramikreste vorgeschichtlicher Zeitstellung ohne erkennbaren Schwerpunkt über die gesamte Befundoberfläche verstreut und zeigten damit die Auswirkungen der intensiven Beackerung des Geländes an. Erst beim Schneiden enthüllte sich die eigentliche Funktion der Grube (Abb. 188). In ihrem Zentrum barg sie das noch erhaltene Unterteil eines größeren Keramikgefäßes, das auf allen Seiten von einer aus bis zu 0,35 m großen Muschelkalksteinen gebildeten Grubenauskleidung umgeben war. Zudem traten unter einer Buntsandsteinplatte im Inneren des Gefäßes weitere, durch die Auflast zerdrückte Keramikfragmente zu Tage. Hierzu gehörten die Reste eines Zylinderhalsgefäßes mit geradem Randabschluss und ein vollständiges Kegelhalsgefäß mit geknickter Wandung und hängenden Girlanden im Schulterbereich. Das Gefäßensemble stand auf einer weiteren großen Muschelkalkplatte und ist als Brandbestattung der späten Urnenfelderzeit zu interpretieren. Ähnlich wie in Langendorf sind solche Befunde des Öfteren vereinzelt oder in kleineren Gruppen in gewässernaher seichter Hanglage vorzufinden. Wahrscheinlich ist die

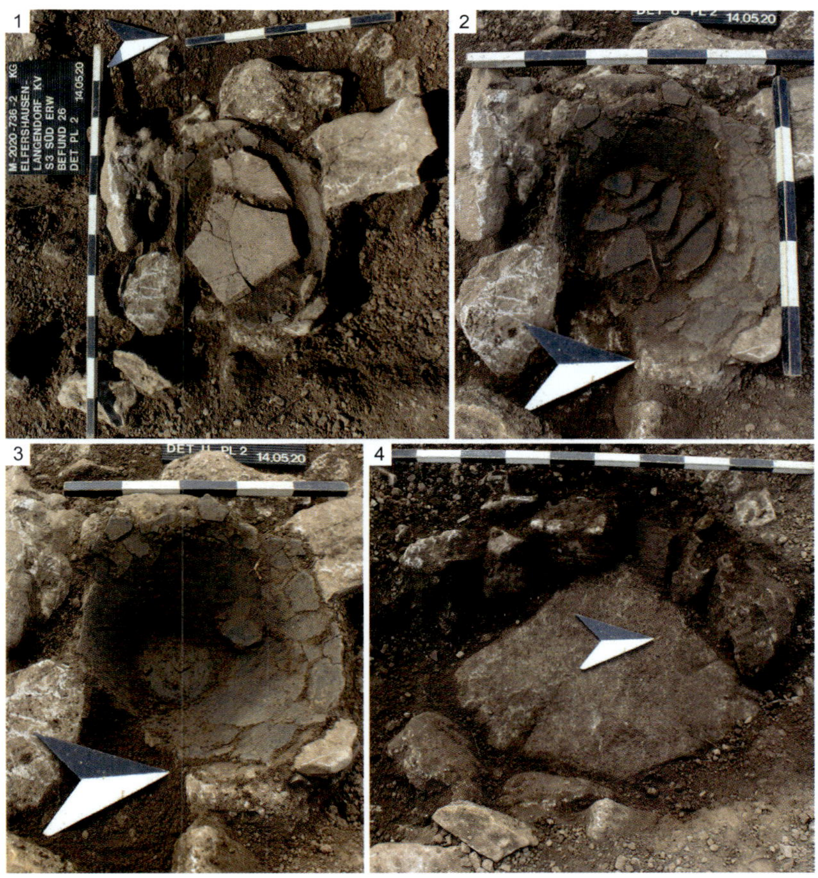

188 *Langendorf. Urnenbestattung 26 in den Freilegungsstadien 1–4.*

189 *Langendorf. Karolingische Münzfibel aus Grubenhaus 4. Maßstab 2 : 1.*

190 *Langendorf. Verzierte Knochennadel aus Grubenhaus 4. Maßstab 1 : 1.*

zugehörige Siedlung weiter nördlich und damit eher im Zentrum des Bodendenkmals zu vermuten.

Vier frühmittelalterliche Grubenhäuser

Ein besonderer Stellenwert kommt vier frühmittelalterlichen Grubenhäusern zu, die allesamt im Westteil der Grabungsfläche liegen. Diese waren von gedrungen rechteckiger bis annähernd quadratischer Grundform von bis zu 4,50 × 3,50 m, wobei ihre Längsachse ungefähr Nordost-Südwest oder Nordnordost-Südsüdwest ausgerichtet war. Die Häuser waren noch bis zu einer Tiefe von 0,80 m erhalten, was wohl auch der Festigkeit des anstehenden Lehm-Kies-Gemenges geschuldet sein mag.

Im Hinblick auf die Konstruktionsweise ließen sich verschiedene Grundtypen herausarbeiten. Den einfachsten Aufbau mit einem jeweils in der östlichen und westlichen Schmalseitenmitte eingebrachten First- sowie vier Eckpfosten wiesen die Häuser 4 und 6 auf (Abb. 186–187). Im letzteren Fall ragten die Holzstützen deutlich nach außen vor und bildeten damit im Planum auffällige Ausbuchtungen. Darüber hinaus deuten mehrere im rechten Winkel angeordnete Stakenlöcher hier auf eine Abtrennung des Innenraumes mittels einer einfachen Flechtwerkwand hin. Eine stark mit Asche- und Holzkohlerückständen sowie Keramikscherben mit Rußanhaftungen durchsetzte nierenförmige Verfärbung im Inneren von Grubenhaus 4 ist dagegen als Relikt einer Feuer- oder Herdstelle anzusprechen. Sowohl bei Haus 4 als auch bei Haus 6 waren die Pfosten bis zu 0,30 m unter die Grubensohle eingebracht und teilweise sorgfältig mit Keilsteinen aus Muschelkalk ausgekleidet worden, um dem dachtragenden Holzständer die nötige Stabilität zu verleihen.

Im Fall von Grubenhaus 13 stellt ein zusätzlicher Pfosten in der nach außen gewölbten nordöstlichen Giebelseite einen Hinweis auf eine ehemalige Zugangssituation dar. Nur bei Haus 18 sind paarige Eck- und Firstpfosten zu beobachten.

Zum obertägigen Aufbau der Häuser sind keine gesicherten Aussagen möglich, weil dieser nicht zuletzt vom Winkel der Dachneigung abhängt. Naheliegend sind lehmverstrichene Flechtwerkwände, da aus allen Grubenhäusern Bruchstücke gebrannten Lehms mit Abdrücken des hölzernen Rutengerüstes und geglätteten Oberflächen geborgen werden konnten.

Webgewichte und Knochennadeln

Das Fundmaterial erlaubt Rückschlüsse auf die Wirtschaftsweise der mittelalterlichen Siedlung. So verweist eine größere Anzahl kugeliger Webgewichte aus schwach gebranntem Ton, abgeflachter Spinnwirtel und wohl ebenfalls als Schwunggewicht beim Fadenspinnen dienender, durchbohrter Keramikscherben auf eine lokale Textilverarbeitung. Wahrscheinlich im selben Zusammenhang sind mehrere aus Knochen gefertigte Nadeln zu sehen, die in den Grubenhäusern 4 und 18 zum Vorschein kamen. Zumeist handelte es sich hier um einfache Nadeln mit sich verbreiterndem, durchbohrtem Kopf. In einem anderen Kontext steht wohl ein Nadelfragment aus Haus 4. Hier gestattet der dickere, sorgfältig polierte Schaft mit abwechselnder Rillen- und Kreisaugenzier in umlaufenden Bändern eine Ansprache des Objektes als Schmucknadel oder Haarpfeil (Abb. 190).

Reich an Metallfunden

Erstaunlich sind die in großer Zahl auftretenden Metallfunde der Grabung. So sind die vor allem in Haus 6 gehäuft auftretenden Schlackefunde als Beleg für Metall- und Glasverarbeitung zu interpretieren. Mit Ausnahme von Haus 13 stammen aus sämtlichen Grubenhäusern zahlreiche eiserne Messer und Klingenfragmente. Ob sie als Beleg für eine Fertigung vor Ort oder als Hinweis auf einen speziellen Wirtschaftszweig zu verstehen sind, kann im Moment nicht abschließend geklärt werden. Ergänzt wird das Fundspektrum durch den Zügelring eines Pferdezaumzeugs, der in Haus 18 zu Tage trat und über Vergleichsfunde aus Paderborn-Balhorn in die Zeit um 800 datiert werden kann.

Die größte Überraschung hielt jedoch Grubenhaus 4 parat, das eine zur Fibel umgearbeitete Silbermünze erbrachte. Nadelrast und -halter dieser Kompositfibel waren aus Buntmetall bzw. Eisen gefertigt. Die Münze selbst trägt die umlaufende Inschrift „+D(ominus) N(oster) KARLUS IMP(erator) AUG(ustus) REX F(rancorum) ET L(angobardorum)“ und stellt Karl den Großen im Stil eines römischen Kaisers mit zugehöriger Kaisertitulatur dar (Abb. 189). Dies gestattet eine zeitliche Einordnung des Stückes in die Jahre 810 bis 812. Derzeit sind 18 vergleichbare Porträtdenare des Herrschers bekannt, von denen jedoch nur ein in den Staatlichen Museen zu Berlin aufbewahrtes Exemplar sekundär zur Gewandbrosche umgearbeitet worden ist.

Eine handwerklich geprägte Ansiedlung
Nicht zuletzt dieser exzeptionelle Fund hebt eindrucksvoll die Bedeutung dieser Siedlungslandschaft unweit der Stadt Hammelburg hervor. Hier bestand nach einer mehrphasigen vorgeschichtlichen Nutzung im 9. und 10. nachchristlichen Jahrhundert unweit der Saale eine handwerklich geprägte Ansiedlung, die jedoch weitreichende Beziehungsgeflechte zu erkennen gibt. Die geborgene Keramik fügt sich gut in die Fundstellen der unmittelbaren Umgebung ein. Hierzu gehört neben einer bereits in den 1960er Jahren ergrabenen Ansiedlung zwischen Mühlweg und Tränkstraße im heutigen Langendorf auch ein bisher nur durch Oberflächenfunde bekanntes Bodendenkmal auf einem Acker etwa 400 m nordwestlich der aktuellen Untersuchungsfläche. Inwieweit die umgebenden Höhen – darunter die sogenannte Schwedenschanze nahe Elfershausen – ebenfalls im frühen Mittelalter aufgesucht wurden, ist derzeit noch Gegenstand archäologischer Diskussionen.

Marcel Günther

Örtliche Grabungsleitung und Grabungsdokumentation M. Günther, Fa. Ausgrabungen Specht. – *Auflistung karolingischer Porträtmünzen* S. Coupland, Universität Cambridge (auf Vermittlung R. Obst, BLfD).

Leben im Schatten Gottes – Eine frühmittelalterliche Siedlung gegenüber der Abtei Münsterschwarzach

Stadt Schwarzach a. Main, Landkreis Kitzingen, Unterfranken

Karolingische Wurzeln
Im hochwasserfreien Bereich vor der Einmündung der Schwarzach in den Main liegt die Abtei Münsterschwarzach. Als eng mit dem karolingischen Herrscherhaus verbundenes Frauenkloster wurde es im 8. Jahrhundert vermutlich unter Mitwirkung von Fastrada, der zweiten Ehefrau Karls des Großen, gegründet. Theodrada, eine Tochter Karls des Großen, verließ zwischen 828 und 842 ihr Kloster Argenteuil an der Seine und zog nach Schwarzach, was die Bedeutung des Klosters zu jener Zeit unterstreicht. Im Jahr 877, nach der Umsiedelung der Nonnen ins Fraumünster in Zürich, übernahmen Benediktinermönche des Klosters Megingaudshausen die Abtei.
Beim Neubau der Abteikirche im Jahr 1936 wurden Reste eines karolingischen Vorgängerbaus ergraben. Weitere Untersuchungen beim Anlegen eines Parkplatzes und eines Busbahnhofs westlich des Klosters zum Main hin in den Jahren 1966 und 2008 erbrachten

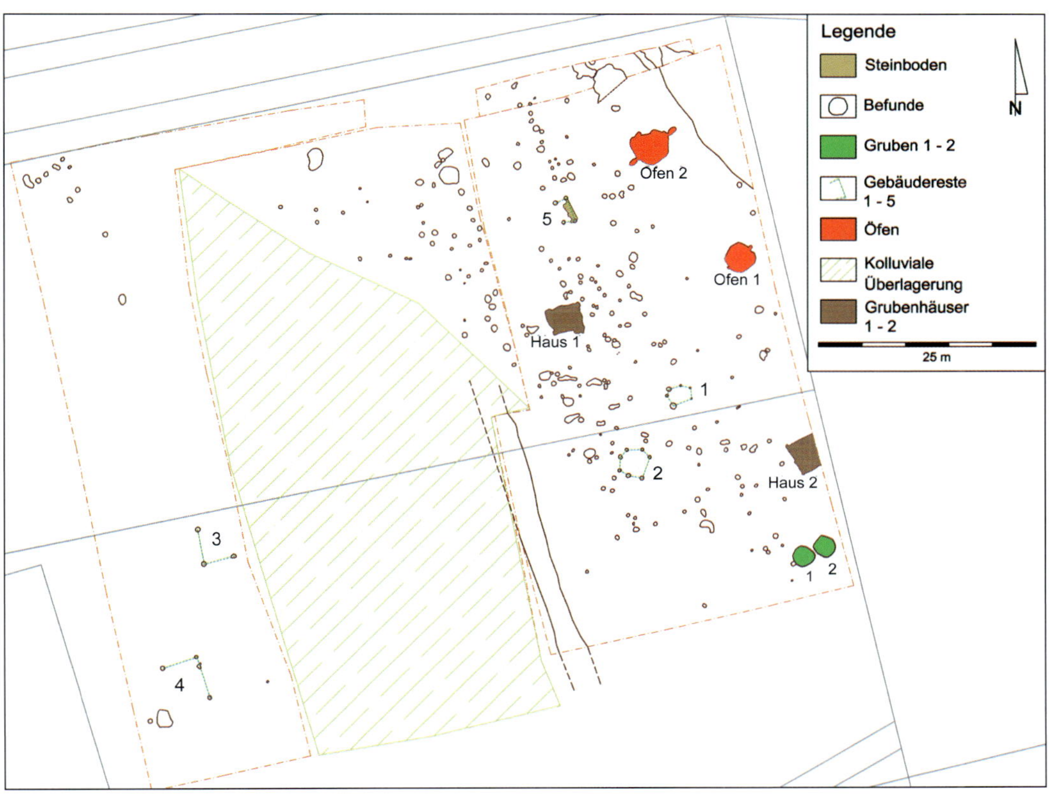

191 *Schwarzach a. Main. Schematischer Gesamtplan des untersuchten Areals.*

Siedlungsspuren des frühen und hohen Mittelalters.
Die Planung eines Einkaufsmarktes, der direkt an diese Fundstellen angrenzt, machten eine bauvorgreifende archäologische Grabung notwendig.

Die Grabungsfläche

Das Gelände fällt nach Süden und Westen Richtung Main leicht ab. Nicht überall konnte der anstehende Boden erreicht werden. Ein Teil der kolluvialen Überdeckung war befundfrei. Am westlichen Ende des Baufelds, in dem tiefer abgegraben werden musste, waren Befunde ins Kolluvium eingetieft. Das Vorhandensein weiterer Befunde unter dem Kolluvium ist anzunehmen, allerdings wurde hier eine konservatorische Überdeckung vorgenommen. Die Befunde konzentrieren sich auf den östlichen, am höchsten gelegenen Teil des Areals und waren hier in das anstehende Gestein bzw. dessen Verwitterungsschichten eingetieft.
Es wurden zahlreiche Pfosten- und Siedlungsgruben, zwei große Öfen und zwei Grubenhäuser untersucht (Abb. 191). Obwohl eine Vielzahl an Pfostengruben vorliegt, zeichnen sich nur wenige Hausgrundrisse ab. Mehrere Pfosten gruppieren sich möglicherweise zu zwei Speicherbauten (1, 2). Weitere Gebäudestrukturen (3, 4), gebildet von jeweils nur wenigen Pfosten, fanden sich im Südwesten der Fläche. Ein weiterer Gebäuderest (5) wird von vier Pfostengruben gebildet, dazwischen fand sich der Rest eines Stampflehmbodens.

Grubenhäuser

Zwei Grubenhäuser waren deutlich erkennbar (Abb. 193). Haus 1 wurde komplett erfasst, Haus 2 liegt an der östlichen Grabungsgrenze und konnte nur etwa bis zur Hälfte ausgegraben werden. Beide Grubenhäuser sind von ähnlicher Größe. Schon im Planum zeichneten sich bei beiden deutliche Eckpfosten ab. Bei Haus 1 konnte zusätzlich je ein Pfosten in der Mitte der Hausseiten beobachtet werden, bei Haus 2 ließ sich nur an der Firstseite ein zusätzlicher Pfosten nachweisen. In der Südostecke von Haus 1 fanden sich noch drei weitere Pfosten. Ob es sich um Reparaturen oder eine Binnengliederung handelt, muss offenbleiben. Ähnliches gilt für Haus 2, hier fand sich in der Nordwestecke des Hauses ebenfalls ein zweiter Pfosten, der vermutlich zum Ausbessern oder Stabilisieren gedient haben dürfte. Die Pfosten waren in den Felsen eingetieft. Die Sohle der Grubenhäuser lag oberhalb des Felsens im Verwitterungshorizont (Abb. 194–195). Beide Grubenhäuser erbrachten reichlich Fundmaterial.

Öfen

Zwei weitere Befunde waren ähnlich gut zu erkennen wie die Grubenhäuser: Die Form und die Brandrötung am Rand wiesen sie als Öfen aus. Ofen 1 hatte einen Durchmesser von 3 m, Ofen 2 eine Ausdehnung von 4,8 × 3,6 m. Beide waren direkt in den felsigen Untergrund eingegraben, der ihnen als Wandung diente. Ofen 1 wies zwei sehr deutliche Schür- oder Belüftungskanäle auf, bei Ofen 2 waren die-

192 *Schwarzach a. Main. Knochenplättchen aus Ofen 2. Maßstab 1 : 1.*

193 *Schwarzach a. Main. Luftbild, Ausschnitt der Grabungsfläche. Ofen 1 und die Grubenhäuser 1 und 2 sowie die Gruben 1 und 2 sind gut erkennbar. Norden ist links.*

se nicht ganz so ausgeprägt. Die Funktion der Öfen erschließt sich am ehesten über Ofen 1. Die 20–25 cm tiefe rötliche Verfärbung des anstehenden Materials deutet auf eine sehr starke Hitzeentwicklung in der Brennkammer hin (Abb. 196). Dieser Umstand und die in der Ofenverfüllung deutlich erkennbaren weißen Schichten aus Kalk lassen vermuten, dass der Ofen zum Kalkbrennen verwendet wurde. Er enthielt kein Fundmaterial. In der Ofenverfüllung von Ofen 2 fanden sich neben Speiseresten (Muschelschalen und Tierknochen) auch viele Keramikscherben und ein verziertes, quadratisches Knochenplättchen mit runden Löchern in den Ecken (Abb. 192). Das Plättchen könnte zum Erstellen von Zierborten, dem sogenannten „Brettchenweben", gedient haben. Doch hilft dieses Fundmaterial durch den sekundären späteren Eintrag nicht bei der Bestimmung der Funktion. Auf dem ganzen Grabungsfeld gab es keine größeren Schlacke- bzw. keinerlei Glasflussreste. Auch fanden sich keine Hinweise auf Töpferei.

Einordnung

Ausgehend von diesen und den angrenzenden Befunden im Bereich der älteren Untersuchungen ist von einer größeren Siedlung auszugehen, deren Ausdehnung bisher noch unbekannt ist.

Das Fundmaterial datiert insgesamt ins frühe bis hohe Mittelalter, wobei die geschlossenen Fundkomplexe eine zeitliche Untergliederung erlauben. Haus 2 enthält wohl das ältere Material. Ränder von Knickwandtöpfen datieren hier spätmerowingisch bis frühkarolingisch, während Haus 1, Ofen 2 und das Material aus den größeren Gruben karolingisch bzw. ottonisch zu sein scheint. Die Warenarten lassen wenig fränkische Importkeramik erkennen. Zumindest bei dem im Jahr 2020 untersuchten Bereich der Siedlung befinden wir uns mit den älteren Funden in Haus 2 in der Zeit der Klostergründung bzw. vermutlich sogar davor. Dies überrascht nicht gänzlich, da der hochwasserfreie Bereich an der Mündung der Schwarzach in den Main und die Nähe einer Furt über den Main einen günstigen Siedlungsplatz mit sehr guten Handelsmöglichkeiten zwischen Thüringern, Franken und Slawen darstellt.

Andrea Thomas und Dieter Heyse

Örtliche Grabungsleitung und -dokumentation A. Thomas und A. Claaßen, Büro für Ausgrabungen und Dokumentationen Heyse GmbH & Co. KG.

Literatur F. Büll, Das Monasterium Suuarzaha. Ein Beitrag zur Geschichte des Frauenklosters Münsterschwarzach von 788 (?) bis 877 (?). Münsterschwarzacher Stud. 42 (Münsterschwarzach 1992). – F. Büll, Das Frauenkloster Münsterschwarzach. In: F. Büll (Hrsg.), Magna Gratulatio. 1200 Jahre benediktinische Mönchsgemeinschaft von Münsterschwarzach 816–2016. Münsterschwarzacher Stud. 55 (Münsterschwarzach 2016) 23–42.

194 *Schwarzach a. Main. Schneiden des Grubenhauses 1.*

195 *Schwarzach a. Main. Grubenhaus 1 nach Ausnehmen eines Quadranten. Im Felsen sind die eingetieften Pfostengruben erkennbar.*

196 *Schwarzach a. Main. Ofen 1, Profil. Die rötliche Verfärbung des umgebenden Materials und die weiße Kalkschicht in der Ofenverfüllung sind gut sichtbar.*

Die mittelalterliche Burganlage von Neunburg vorm Wald

Landkreis Schwandorf, Oberpfalz

Siedlungsentwicklung auf dem Burgplateau
Neunburg vorm Wald liegt im Nordosten Bayerns im Schwarzachtal. Die Burg und große Teile der Altstadt erstrecken sich auf einem West-Ost ausgerichteten, dreieckigen Granitplateau, welches sich etwa 15–20 m über dem Tal erhebt. Im Norden umfließt die Schwarzach, im Süden der Rötzerbach das seit dem Mittelalter besiedelte Areal.
Der Ort kann auf eine lange Siedlungsgeschichte zurückblicken, die bis in die karolingische Zeit zurückreicht. Die frühmittelalterliche Siedlung „Aign", die bereits über eine hölzerne Wehranlage verfügt haben soll, lag am westlichen Fuß des Plateaus. Doch bereits um 900 begann die Errichtung der „neuen Burg" auf der Hochfläche, da die Spornlage mit ihrem höchsten Punkt im Westen dafür besonders geeignet erschien. Diese neue Burg gab der Ortschaft ihren heutigen Namen und mit ihrem Bau ging die Verlagerung des Siedlungsschwerpunktes auf das Plateau einher. Die erste urkundliche Erwähnung dieser neuen Siedlung mit Burg fällt in das Jahr 1017.

197 *Neunburg vorm Wald. Die ungarnzeitliche Trockenmauer im Planum, Ansicht von Norden.*

198 *Neunburg vorm Wald. Schauseite der ungarnzeitlichen Trockenmauer (Structure from motion 3D-Modell).*

Wittelsbacher Residenzstadt
Ortsansässige Adelsgeschlechter der „Neunburger", Ortenburger und Truhendinger regierten in Neunburg, bis 1261 der wittelsbachische Herzog Ludwig der Strenge den Ort kaufte. Neunburg erlangte um 1300 das Stadtrecht und fungierte ab 1354 für die Dauer von 100 Jahren als Residenzstadt der Wittelsbacher Herzöge und Pfalzgrafen. Dieser neu erlangte Status und die damit verbundenen repräsentativen Funktionen des Ortes schlugen sich in einer deutlich gesteigerten Bautätigkeit innerhalb des Stadtgebietes nieder. Im Zuge dessen wurde die Stadtbefestigung zwischen dem 14. und 15. Jahrhundert um eine Zwingermauer und einen umlaufenden Stadtgraben erweitert. Vor allem Pfalzgraf Johann (1404–1443) sticht in dieser Epoche als bedeutendster Herrscher und Bauherr hervor, nicht zuletzt auch durch seinen Sieg in der Schlacht von Hiltersried im Jahr 1433 über die Hussiten.
Als ein Effekt dieses stadtpolitischen Aufschwungs ist die Errichtung eines neuen Rathausgebäudes zwischen 1410 und 1415 an Stelle des Halsgrabens im Osten der Burg zu bewerten. Die Wehrhaftigkeit Neunburgs wurde von da an durch die umgestaltete und erweiterte Stadtmauer gewährleistet, wie sich bereits im Jahr 1418 bei einer erfolglosen Belagerung durch die Hussiten zeigte. Die Burg wurde sukzessive überformt, mittelalterliche Bauteile wurden abgetragen und die Anlage zum „Alten Schloss" umgebaut. Somit läutete der Bau des Rathauses unter Pfalzgraf Johann bereits den Verlust ihrer Eigenständigkeit als fortifikatorische und verwaltungstechnische Einheit innerhalb der Stadt ein. Mit der Errichtung des „Neuen Schlosses" als zweigeschossiger Anbau im 16. Jahrhundert fand der Umbau seinen Abschluss.
Die Erweiterung des Rathauses nach Abbruch des benachbarten Anwesens „Im Berg 7" war nun Anlass zu einer archäologischen Untersuchung im Randbereich der Burganlage.

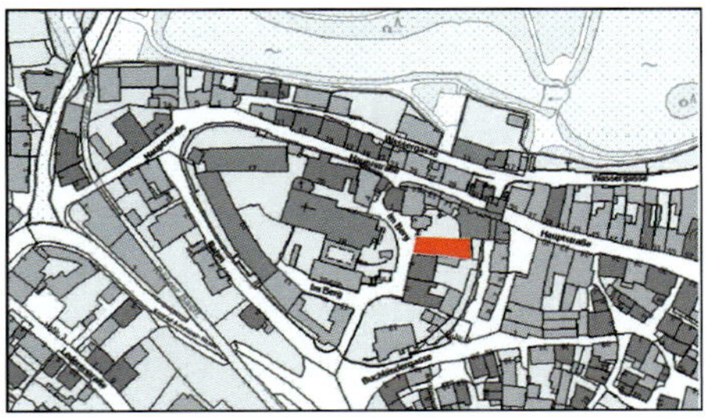

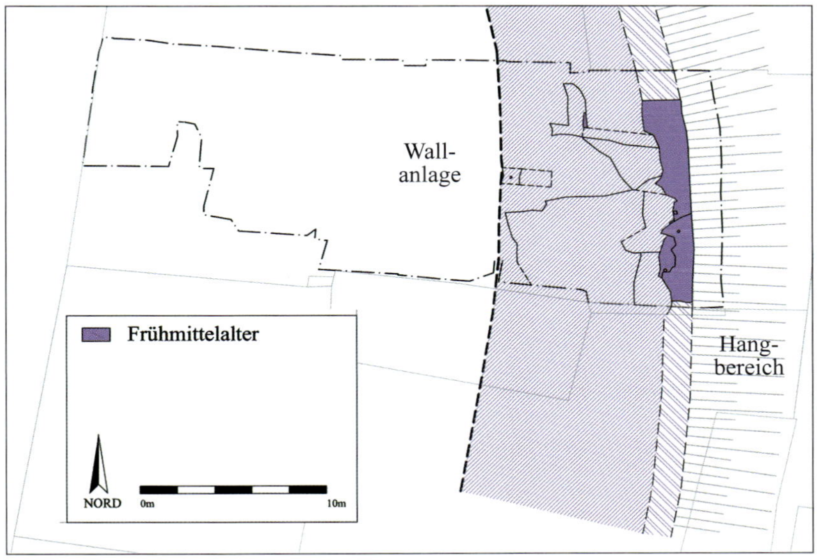

199 *Neunburg vorm Wald. Oben: Lageplan. Rechts: Befunde der frühmittelalterlichen Burganlage: vermuteter Verlauf von Mauer (violett) und Wall.*

Die frühmittelalterliche Burganlage

Das Grundstück liegt am östlichen Rand innerhalb der Burg. Eine alte Oberfläche mit nur seichtem Ostgefälle konnte im Rahmen der Grabung in diesem Bereich freigelegt werden. Die Annahme einer frühen Wallanlage an genau dieser Stelle lag daher nahe und bestätigte sich auch im weiteren Grabungsverlauf durch den Befund einer frühmittelalterlichen Trockenmauer als Verblendung eines Erdwalls (Abb. 199). Diese bestand aus lagig geschichteten Granitsteinen sowie vereinzelten Kalksteinen mit Schauseite im Osten (Abb. 197–198). Zur Rückverankerung dieser Mauer wurden keilförmige Mauerfortsätze auf der Rückseite angebracht. Die drei dokumentierten Pfostenstellungen innerhalb der Mauersteine lassen außerdem die Vermutung zu, dass es sich um eine Holz-Erde-Konstruktion handelte, wie sie beispielsweise in der karolingischen Burg von Oberammerthal vorliegt. Jedoch fehlte für die Mauer in Neunburg der Nachweis von weiteren Holzbefunden, die eine ähnlich systematische Bauweise wie im Vergleichsfall belegen könnten. Zweifelsfrei handelte es sich aber um einen bis zu 10 m breiten Erdwall, verblendet mit einer steinernen Trockenmauer.

Entnommenes Probenmaterial in Form von Holzkohle und Holz aus dem Wall und der Mauer ergaben ^{14}C-Daten innerhalb einer Zeitspanne vom späten 9. bis zur Mitte des 10. Jahrhunderts. Die Anlage des Walls fällt damit in die Zeit der Ungarneinfälle, die verstärkt im frühen 10. Jahrhundert das Ostfränkische Reich bedrohten. In dieser Phase errichtete Ungarnwälle und Ungarnrefugien sind als Reaktion auf die Plünderungszüge magyarischer Reiterverbände errichtet worden. Typisch sind Abschnittsbefestigungen auf Spornlagen mit vorgelagerten Spitzgräben sowie weiteren Annährungshindernissen. Im Fall von Neunburg haben sich zwar derartige Befunde nicht erhalten, jedoch reiht sich die Beschaffenheit der Trockenmauer mit Wall trefflich unter bekannte Anlagen ein. Der vorliegende Wall riegelt eine relativ große Fläche von 1,7 ha ab. Innerhalb der Untersuchungsfläche fehlen

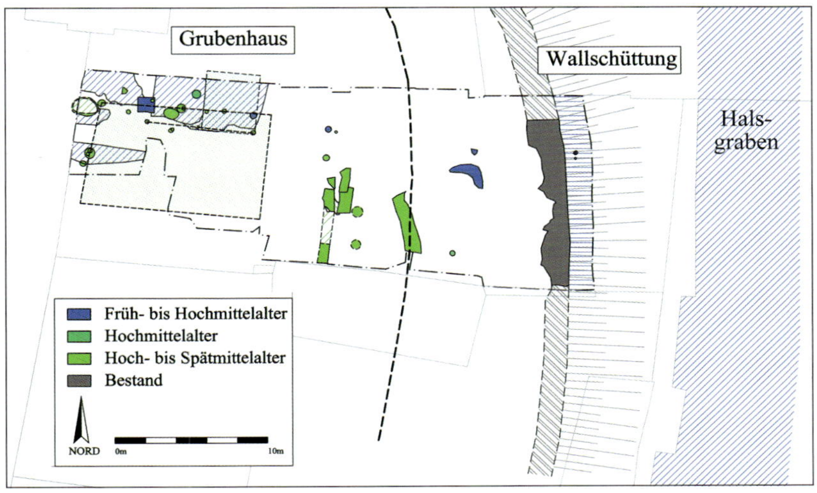

200 *Neunburg vorm Wald. Befunde vom Übergang zum Hoch- bis Spätmittelalter.*

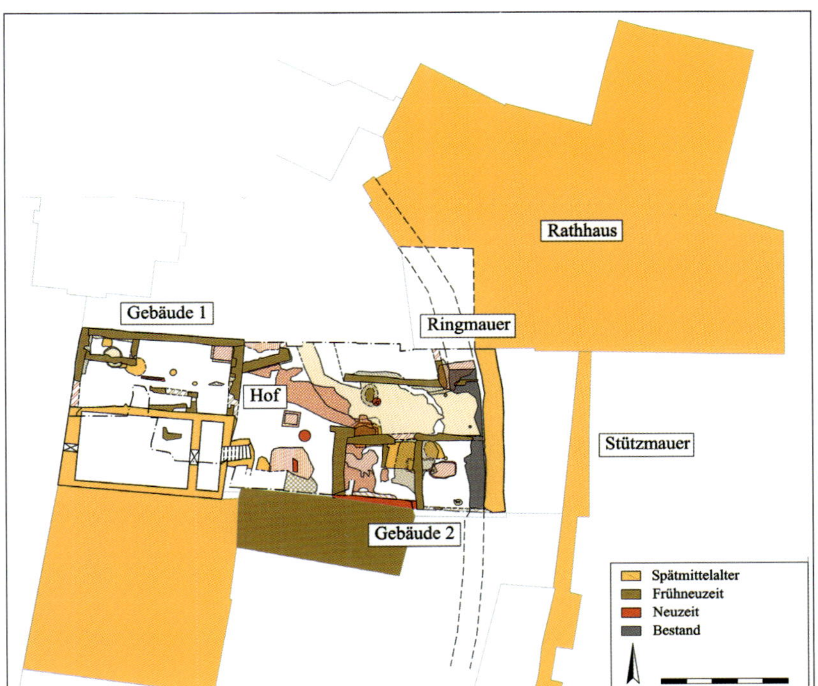

201 *Neunburg vorm Wald. Befunde vom Spätmittelalter bis zur Neuzeit.*

202 *Neunburg vorm Wald. Wallschüttung an die Wallanlage von Osten. Blick von Norden.*

Reste einer frühmittelalterlichen Innenbebauung, was ebenfalls die Annahme eines Refugiums unterstützt. Grundsätzlich handelt es sich bei dem Wall um den ältesten gegenwärtig bekannten Baubefund der Burganlage von Neunburg vorm Wald. Die Gründung der Burg um 900 auf dem Plateau ist damit in einen archäologischen Kontext gebettet und in ihrer frühesten Gestaltung nachgewiesen.

Hoch- und Spätmittelalter

Am Übergang zum Hochmittelalter wurde Erdmaterial von Osten an die Trockenmauer angefüllt (Abb. 200; 202). Die Umgestaltung des Walls fällt vermutlich mit der Anlage des neuen Halsgrabens im Osten der Burg zusammen, der auch in nachfolgenden Jahrhunderten weiter ausgebaut wurde. Die Trockenmauer scheint in Teilbereichen abgerutscht zu sein. Daraus resultierte die Verschleifung zu einem Wall. Eine neu errichtete Ringmauer in Mörtelbauweise, die jenen Wall gekrönt haben könnte, erscheint plausibel, jedoch fehlt innerhalb der Grabungsfläche der direkte Nachweis. Immerhin haben sich Reste der Ringmauer der jüngeren Bauphase der Burg im Norden außerhalb der Grabungsfläche, heute Teil des Rathauses, erhalten. Die alte Ringmauer nimmt dabei auf der Innenseite die Flucht der älteren Trockenmauer auf und bestätigt diese These.
Außerdem liegt innerhalb der Burg der Befund eines kleinen Grubenhauses (3,5 × 2,5 m) vor. Am Übergang zum Spätmittelalter verdichtet sich die Besiedlung in diesem Bereich deutlich. Hier konzentriert sich eine Vielzahl an Pfostengruben. Diese lassen die Rekonstruktion eines großen scheunenartigen Gebäudes zu, wie es als typisch für die Bebauung einer Vorburg gelten darf. Weitere Gruben und mehrere kleinere und größere Öfen belegen eine intensive Nutzung dieses Bereichs (Abb. 203).

203 *Neunburg vorm Wald. Pfostengruben, Gruben und Ofenbefunde im Westen der Fläche.*

Spätmittelalter bis Neuzeit

Bereits im Spätmittelalter und der einsetzenden Frühneuzeit erfolgte eine Ablösung dieser Holzbauphase durch eine Steinbauphase (Abb. 201). Mit der Aufgabe der älteren Wallanlage erfolgt nun die Neuerrichtung einer davor gelagerten Ringmauer. Zugleich begann eine Anhebung und Einebnung des gesamten Grundstücks im Osten. Der Hang wurde weiter abgegraben und mit einer Stützmauer verblendet. Nach dem Bau eines großen Gewölbekellers im Südwesten der Fläche gliedert sich das Grundstück fortan in ein straßenseitiges Gebäude (1) im Westen mit Durchfahrt zu einem Hinterhof im Osten.
Waren die Grundmauern des vorderen Gebäudes (1) an der Straße nahezu vollständig erhalten, gestaltete sich die Befundlage im Hinterhof diffuser. In einer Zwischennutzung wurden hier mehrere Abfallgruben angelegt, die Reste von Brandschutt enthielten. Denkbar ist eine Einplanierung der spätmittelalterlichen Hinterhofbebauung im Zuge eines der zahlreichen Stadtbrände Neunburgs.
In der Neuzeit entstand im Südosten des Hinterhofs ein schmales Wirtschaftsgebäude (2). Der Hof wurde mit einem Granitsteinpflaster befestigt, wodurch sich eine weitere Zufahrt im Norden des Grundstücks andeutet. Im 20. Jahrhundert erfolgte eine Sanierung und moderne Überprägung beider Gebäude, die dem gegenwärtigen Neubau des Rathausanbaus weichen mussten.

Christian Peschke

Literatur P. Ettel, Karlburg – Roßtal – Oberammerthal. Studien zum frühmittelalterlichen Burgenbau in Nordbayern. Mat. u. Forsch. 5 (Rahden/Westf. 2001).

Örtliche Grabungsleitung Ch. Peschke, Archäologische Dokumentation Jochen Scherbaum, Bamberg. – *^{14}C-Daten* Curt-Engelhorn-Zentrum Archäometrie gGmbH, Mannheim.
Labornr. MAMS 45242, Befund 8 SAD, Neunburg v.W., (Cal 1-sigma) cal AD 894–966, ± 21, charcoal.
Labornr. MAMS 45244, Befund 47 SAD, Neunburg v.W., (Cal 1-sigma) cal AD 894–968, ± 22, wood.
Labornr. MAMS 45245, Befund 136 SAD, Neunburg v.W., (Cal 1-sigma) cal AD 888–963, ± 20, wood.

Ein Querschnitt durch den Burgberg – Zu den Anfängen der Nürnberger Kaiserburg

Mittelfranken

Lange Leitungen – ein Schnitt durch die ganze Burganlage

Im Zuge der touristischen Aufwertung der Nürnberger Kaiserburg finden seit einigen Jahren großflächige Sanierungs- und Restaurierungsarbeiten statt. Die damit verbundenen Bodeneingriffe machten umfangreiche baubegleitende archäologische Untersuchungen notwendig. Diese wurden in mehreren Bauabschnitten von verschiedenen Fachfirmen durchgeführt. Das hier vorgestellte Teilprojekt stand in Zusammenhang mit der Anlegung mehrerer neuer Leitungstrassen, die vom Innenhof mit Palas durch die Vorburg und bis hinab vor die Burgtore zum sog. Affenfelsen führen (Abb. 205). Hierdurch ergab sich die seltene Gelegenheit, einen Schnitt durch einen Großteil der Burganlage dokumentieren zu können – und damit einen Schnitt durch die über 1000 Jahre währende Burggeschichte, von den Anfängen bis zur Gegenwart.

Die hier erläuterte Grabung im Rahmen der Leitungsverlegungen und der zugehörigen Pflastererneuerung begann im August 2018 und wurde Ende 2020 abgeschlossen. Dabei sind, auch wenn die abschließende Auswertung noch aussteht, wichtige Erkenntnisse gewonnen worden. Diese konnten teils Theorien früherer Untersuchungen bestätigen, teils aber auch überraschende neue Informationen ans Licht bringen, die das bisherige Bild der Geschichte der Nürnberger Kaiserburg in einigen Bereichen verändern werden.

Die Anfänge

Die erste Erwähnung der Kaiserburg ist für das Jahr 1050 überliefert. Von einer älteren Besiedlung und wohl auch Befestigung ist aber auszugehen. Gemäß bestehender Forschungsmeinung wurde diese ältere Befestigung vor dem Bau der Kaiserburg zerstört. Funde aus früheren Untersuchungen reichen bis in das 9./10. Jahrhundert zurück. Auch bei der hier vorzustellenden Grabung wurde Keramik aus dem Frühmittelalter geborgen, die ältesten Fragmente stammen aus dem 8./9. Jahrhundert. Erfasst werden konnte bei den Ausgrabungen erstmals auch die offenbar älteste (natürliche) Oberfläche auf dem Burgberg in Form eines Horizonts aus verbranntem und möglicherweise brandgerodetem Pflanzenbewuchs auf dem anstehenden Sand mit einem

204 *Nürnberg. Arbeiten in der Leitungsstrasse entlang Himmelsstallung und Merian-Garten an der Doppelkapelle. Blick von Nordosten (Abb. 205,C).*

205 *Nürnberg. Übersichtsplan der Kaiserburg mit Bezeichnung der wichtigsten Gebäude. In Rot die Ausdehnung der Grabung in den Leitungstrassen des Bauabschnitts III. A Lage der Abb. 207; B Lage der Abb. 206; C Leitungsabschnitt der Abb. 204; D Lage der Abb. 208).*

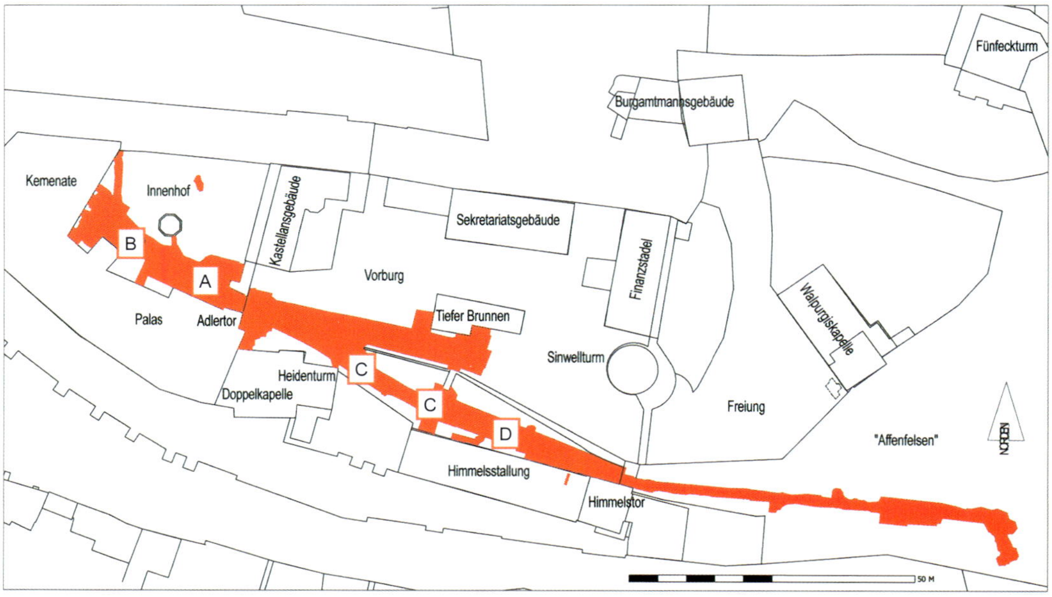

zugehörigen Entfärbungsbereich darunter, einem Podsol (Abb. 205,A; 207). Diese mögliche Brandrodung wurde an zahlreichen Stellen in der Kernburg und der Vorburg dokumentiert. Sie lässt sich bisher ohne genauere naturwissenschaftliche Auswertung der Proben nur indirekt datieren, ist aber wohl ins späte Frühmittelalter zu setzen. In diese Zeit gehören auch mehrere Pfostenlöcher und Gruben.

Unter dem Podsol liegt normalerweise nur noch der anstehende Sand bzw. die obere Verwitterungsschicht des gewachsenen Felses. Allerdings wurden einige wenige Gruben auch *unter* dem Bewuchshorizont und Podsol erfasst. Sie waren zwar fundleer, aus einer davon konnte jedoch Holzkohle geborgen werden, deren ^{14}C-Datierung noch während der Grabung veranlasst wurde. Sie setzt die Grube in die Zeit um 3000 v. Chr. Eine Datierung auch der anderen Befunde unter dem Podsol in die Vorgeschichte liegt nahe. Die Nutzung des Burgbergs seit der Vorgeschichte ist damit eindeutig nachgewiesen und damit auch eine (wie auch immer geartete) Besiedlung des Stadtgebietes bereits im späten Neolithikum.

206 *Nürnberg. Blick vom Palas auf den ersten Grabungsschnitt mit der Ostmauer des vermuteten Wohnturms des 12. Jahrhunderts (Abb. 205,B).*

Innenhof – hochmittelalterliche Bebauung in der Kernburg

Im Innenhof mit der Kaiserlinde, dem ältesten Kernbereich der Kaiserburg, zeigten sich Reste einer vielfältigen hochmittelalterlichen Bebauung mit zahlreichen Mauerresten, Bau- und Abbruchhorizonten, Verfüll- und Planierschichten sowie Pfostenlöchern und Gruben. Eine Nutzung mindestens seit dem 11. Jahrhundert war hier gut abzulesen. Manche der erfassten hochmittelalterlichen Sandsteinmauern stellten dabei Fortsetzungen von bereits bei früheren Untersuchungen dokumentierten Mauerresten dar, andere waren bisher völlig unbekannt. Der erste bei der hier erläuterten Grabung freigelegte Mauerrest beispielsweise, eine bis 2 m breite, auf den Felsen gegründete Sandsteinmauer, gehört zu einem bereits im Palas und im Innenhof erfassten Gebäude (Abb. 205,B; 206). Birgit Friedel postulierte hier einen großen, zwischen 1130 und 1140 errichteten Wohnturm, dessen Ostmauer nun in ihrem Verlauf bestätigt werden konnte. Im Nordwesteck des Innenhofes, dicht an der Kemenate und unter diese ziehend, wurden zusätzlich mehrere bisher unbekannte hochmittelalterliche Mauerreste erfasst. Diese stellen offenbar eine Abfolge von Gebäuden vor der Errichtung der heutigen Kemenate des 13.

Jahrhunderts (wiederaufgebaut nach 1945) dar, darunter möglicherweise auch ein weiterer Wohnturm bzw. ein Mauerabschnitt mit anscheinend mehreckigem Verlauf. Eine genaue Deutung und Datierung der vielen Bauteile im Innenhof ist sehr schwierig, da sie in den häufig engen Leitungsgräben fast immer nur ausschnitthaft erfasst werden konnten.

Vorburg – ältere Außenmauern

Im Vorburgbereich, im Aufgang zum Adlertor, wurden ebenfalls zahlreiche Mauerreste, Lauf- und Planierhorizonte erfasst (Abb. 205,C; 204), allerdings auch diese nur ausschnitthaft. In der Nähe der Doppelkapelle wurden möglicherweise Spuren der alten östlichen Außenmauer der Kernburg vor dem 13. Jahrhundert freigelegt; ferner liegen Hinweise auf einen hochmittelalterlichen Vorgänger der Doppelkapelle vor, sie sind allerdings nicht genauer zu datieren.

Hinter dem Himmelstor des 15. Jahrhunderts wurden Reste einer Mauer des 13. oder 14. Jahrhunderts freigelegt. Bei dieser handelt es sich möglicherweise um eine ältere östliche Außenmauer der Vorburg (Abb. 205,D; 208). Sie liegt mehr als 10 m weiter westlich als die heutige Außenmauer mit dem Himmelstor und zeigt damit eine ältere Vorburg mit einer deutlich geringeren Ausdehnung an als von der Forschung bisher angenommen.

Auf Höhe der Himmelsstallung am Abgang zum Himmelstor lag ein Gebäude mit Säulen entlang den Innenseiten der Außenwände, wohl ins 12. Jahrhundert zu datieren. Möglicherweise wurde hier ein Vorgänger der spätmittelalterlichen Himmelsstallung erfasst, worauf auch eine stark tiermisthaltige Abfallschicht oberhalb des Fußbodens hindeutet. Nach Aufgabe des Gebäudes wurde der Bereich offenbar gezielt aufplaniert und ein Plateau erstellt, vermutlich im Zusammenhang mit den großflächigen Umbauten der späten Stauferzeit.

Funde

Der Großteil der Funde und Befunde stammt – wenig verwunderlich – aus der Blütezeit der Kaiserburg, vor allem dem 11. bis 13. Jahrhundert. Spätmittelalterliche und neuzeitliche Funde liegen in deutlich geringerem Umfang vor, was mit der schwindenden Bedeutung und Nutzung der Kaiserburg ab dem Spätmittelalter zu erklären ist. Zwar konnten nur wenige Befunde ins Frühmittelalter datiert werden, dennoch zeigt sich auch anhand des Fundmaterials deutlich eine Nutzung des Burgbergs seit mindestens dem 8./9. Jahrhundert und auch sogar bereits in der Vorgeschichte. Zu wünschen ist nun eine detailliertere Auswertung und Aufarbeitung der inzwischen recht zahlreichen und damit großflächigen archäologischen Untersuchungen der letzten Jahre. Bereits die hier erläuterte Grabung kann zahlreiche neue Informationen und Theorien zur Geschichte der Kaiserburg liefern. Für künftige archäologische Forschungen verbleiben nach Abschluss der aktuellen Baumaßnahmen allerdings nur noch sehr wenige kleine ungestörte Restflächen im Bereich dieses bedeutenden Bodendenkmals.

Johanna Aas

Literatur Th. Liebert, Arch. Jahr Bayern 2004, 159–161. – B. Friedel, Die Nürnberger Burg. Geschichte, Baugeschichte und Archäologie. Schr. Dt. Burgenmus. 1 (Petersberg 2007). – M. Nadler, Spätneolithikum auf der Kaiserburg. Arch. Deutschland 4/2020, 51 f.

Örtliche Grabungsleitung J. Aas, ReVe Büro für Archäologie Bamberg und München. – *^{14}C-Daten* R. Friedrich/CEZA (Probennummer 39355, CEZA; cal 1-sigma: BC 3090–2944; cal 2-sigma: BC 3094–2929).

207 *Nürnberg. Hochmittelalterliche Nutzungshorizonte und Planierungen sowie Gruben. Darunter der abgebrannte Bewuchshorizont (dunkelgrau) auf dem Podsol (grauweißlich) mit Ortstein oberhalb des anstehenden Sandes (linker Profilbereich) (Abb. 205,A).*

208 *Nürnberg. Arbeiten in einer der Leitungstrassen entlang der Himmelsstallung. Mittig die mutmaßliche ehemalige östliche Außenmauer der Vorburg, auf dem anstehenden Fels gegründet (östlich der Mauer sichtbar). Ansicht von Norden (Abb. 205,D).*

Leben an der Grenze – Ein spätmittelalterlicher Keller aus Bärnaus Stadtgründungszeit

Landkreis Tirschenreuth, Oberpfalz

Ein Ackerbürgerhaus mit neuem Konzept
Rund 2 km vor der Grenze zu Böhmen gelegen, ist die kleine Stadt Bärnau ein beliebtes Zwischenziel für Reisende von und nach Tschechien. Um dem Leerstand in der Innenstadt entgegenzuwirken, plant der Verein Ackerbürgerhaus e.V. in Bärnau zusammen mit der Stadt, einem seit über dreißig Jahren leerstehenden denkmalgeschützten Gebäude, dem sog. Ackerbürgerhaus (Bischof-Senestry-Straße 2; Abb. 211), mit einem neuen Nutzungskonzept wieder Leben einzuhauchen. Es soll neben einem musealen Bereich Platz für Arbeitsräume und eine Kleinkunstbühne sowie vor allem eine Mitmachbrauerei entstehen.

Das Gebäude wurde um 1840 als traufenständiges Wohnhaus im Massivbau mit einer Toreinfahrt und Stall errichtet (Abb. 209–210). Ein Ackerbürgerhaus verbindet als Schnittstelle zwischen Bürger- und Bauernhaus die Gebäudefunktion des städtischen Lebens mit denen des landwirtschaftlichen Bedarfs. Ein großes Tor ist jedoch auch bei anderen Handwerkshäusern und Brauereien vorhanden.
Das Gebäude befindet sich im historischen Stadtkern und weist Bausubstanz auf, die der Gründungszeit der Stadt zugeschrieben wird. Es ist in leicht abschüssiger Lage an den Hang gebaut, in direkter Nähe zum Marktplatz und zur Ortskirche, die sich am höchsten Punkt der Stadt befinden. Wegen dieser zentralen Position im Stadtgefüge war bei den nötigen Umbau- und Sanierungsmaßnahmen mit archäologischen Befunden zu rechnen. Seit 2019 werden daher die Bau- und Renovierungsmaßnahmen im Ackerbürgerhaus archäologisch vom Lehrstuhl für Archäologie des Mittelalters und der Neuzeit der Universität Bamberg begleitet.

Ein Keller aus dem späten 13. Jahrhundert
Nachdem 2019 bereits ein Teil des Hinterhofes sowie einzelne Räume untersucht worden waren, kam 2020 der für die Gärtanks der Mitmachbrauerei vorgesehene Raum an die Reihe (Abb. 209). Drei kurze Kampagnen konnten stellenweise als Lehrgrabung der Universitäten Bamberg und Pilsen stattfinden. Trotz der durch Coronaauflagen erschwerten Arbeitsbedingungen war es möglich, einen städtischen Keller aus dem 13. Jahrhundert zu erforschen.

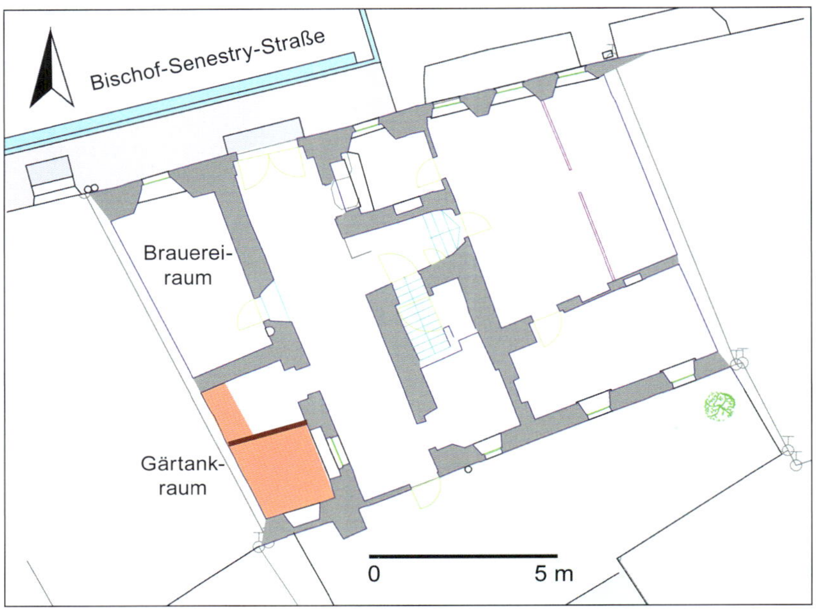

209 *Bärnau. Grundriss des Ackerbürgerhauses mit farblicher Hervorhebung der mittelalterlichen Unterkellerung im künftigen Gärtankraum. Braun: Nordwestprofil Abb. 213.*

210 *Bärnau. Front des sog. Ackerbürgerhauses, erbaut um 1840. Zustand vor der Renovierung.*

Seine Bedeutung erhält der Keller unter dem künftigen Gärtankraum dadurch, dass er uns in oder sogar vor die Stadtgründungsphase zurückführt.

Dieser Keller (Abb. 212) ist Nordwest-Südost orientiert und lässt sich nur in seiner Länge von 2,4 m vollständig erfassen. Nach Südosten ist er durch eine Steinmauer begrenzt, nach Nordwesten durch die Abbruchkante der Kellereintiefung in den anstehenden Boden. Im Westen verlaufen die Schichten der Kellerverfüllung unter der Fundamentmauer zum Nachbarhaus hin weiter und gehen somit über die Schnitt- und historische Parzellengrenze hinaus. Nach Osten hin ist der Kellerbefund durch ein neuzeitliches kegelförmiges Schüttfundament gestört. Die Breite des Kellerraums ist demnach nur mit mindestens 2,1 m anzugeben.

Der Kellerraum war 1,1 m in den anstehenden Felsen eingetieft. Die Abbruchkante verläuft zunächst senkrecht und dann mit einer konkaven Ausbuchtung des anstehenden Felsens weiter nach unten, bis sie die horizontal angelegte, leicht abschüssige Kellersohle erreicht.

Während der Kellerraum nach Süden hin durch die Steinmauer eingefasst ist, belegen schlecht erhaltene, jedoch auf der gesamten Breite der untersuchten Quadranten dokumentierte Holzreste, dass die nordöstliche Kellerwand aus einer Holzkonstruktion bestand. Vermutlich wurde eine Bohlenwand auf einem Schwellbalken befestigt und zum Teil mit einem Seil verbunden. Darauf weisen die Seilreste hin, die in den verwitterten Holzresten geborgen werden konnten. Zwischen Holzbalken und dem Felsen wurde eine Reihe von sorgfältig gelegten Bruchsteinen dokumentiert, die den Schwellbalken wahrscheinlich abstützen sollten. Der Raum zwischen Holzwand und anstehendem Fels wurde mit dem gleichen sandigen Material des Verwitterungshorizonts wieder aufgefüllt und verfestigt. ^{14}C-Analysen datieren die Holzwandreste in einen Zeitraum zwischen dem späten 12. und dem späten 13. Jahrhundert.

Wie der Boden des Kellerraums ausgestattet war, lässt sich bisher nicht bestimmen, da weder ein Lehmestrich noch Holzbohlen festgestellt werden konnten.

Die unterste Schicht der Kellerverfüllung ist stark humos und weist viele Holzkohlebrocken auf, die stellenweise auf dem anstehenden Boden Abdrücke hinterließen. Aus der gut 20 cm dicken, ziemlich horizontal verlaufenden unteren Schicht konnten wir viele Keramikscherben bergen. Dies lässt die Überlegung zu, ob es sich hier um einen ehemaligen, vielleicht hölzernen Laufhorizont handelt, der durch die Grundwasserverhältnisse überformt wurde. Im nördlichen Bereich der Kellerverfüllung konnten an der Oberkante der untersten

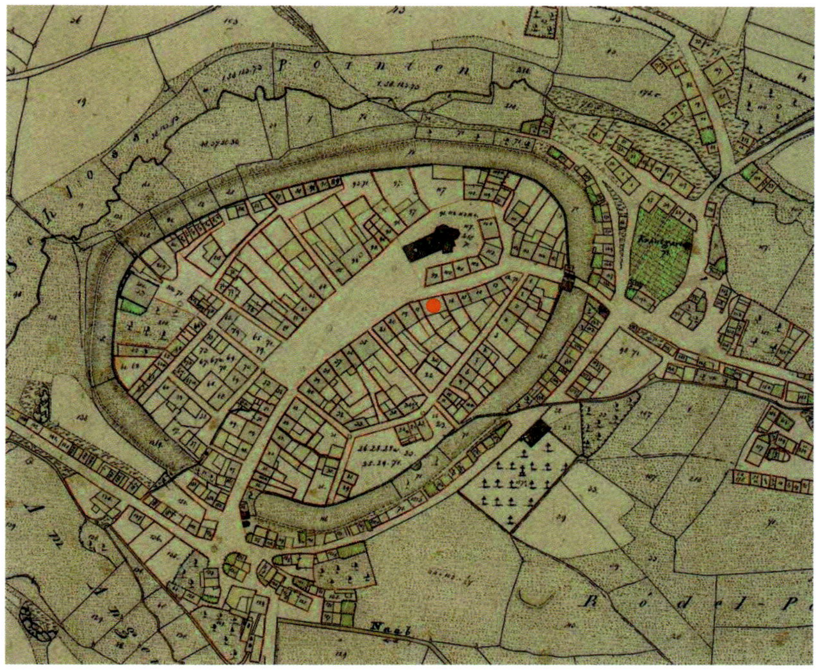

211 *Bärnau. Lage des Ackerbürgerhauses markiert im Stadtplan von 1840. Geobasisdaten: Bayerische Vermessungsverwaltung 2021.*

212 *Bärnau. Blick in den Kellerraum gegen Südwesten. Im Hintergrund: mittelalterliche Steinmauer; rechts: Restbefundblock der Kellerverfüllung.*

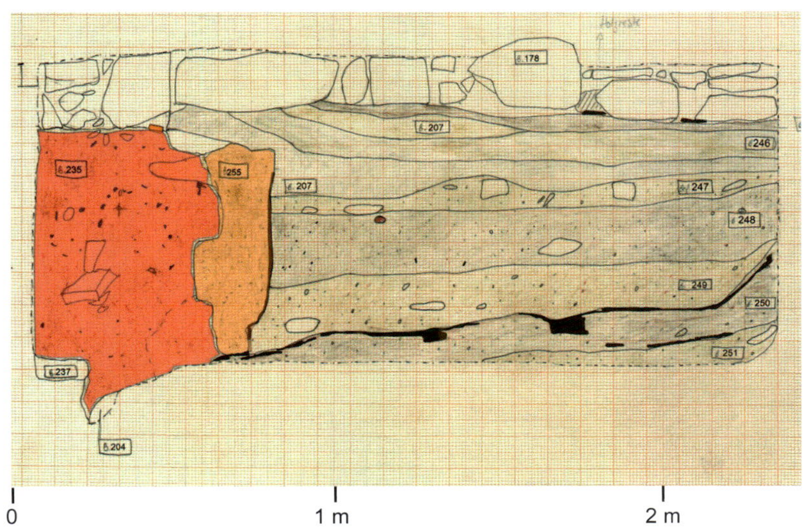

213 *Bärnau. Kellereingangssituation im Nordwestprofil. Hervorhebung rot: Kellerverfüllung; orange: Pfostengrube.*

214 *Bärnau. Keramikfunde des späten 13. Jahrhunderts aus der Kellerverfüllung.*

Schicht sehr schmale, horizontal verlaufende, Holzreste festgestellt werden.

Zugänglich war der Keller von der zur Straße und Kirche gewandten Seite über einen ebenfalls in den anstehenden Boden eingetieften Zugang mit einer Holzkonstruktion. Zwei Bauhölzer werden dieser Konstruktion zugeordnet. Zum einen handelt es sich um einen senkrecht verlaufenden Pfosten von ca. 10 cm Stärke, der jedoch so schlecht erhalten war, dass er nur als Verfärbung bzw. weiches Material dokumentiert wurde. Das waagerechte Holz verläuft auf der Sohle des Kellerzugangs und ist auf einer Länge von 1,75 m erfasst, bis es unter der nordwestlichen Fundamentmauer weiterzieht. Die Vermutung liegt nahe, dass es sich hier um eine hölzerne Treppe handelt (Abb. 213).

Warum der Keller aufgegeben wurde, ist zum jetzigen Zeitpunkt noch nicht eindeutig erklärbar. Die erwähnten Holzkohlehäufungen in der untersten Verfüllschicht könnten auf ein Brandereignis hindeuten, doch wurden keine Verziegelungen oder ähnliche Spuren festgestellt. Dennoch wurde der Keller wohl relativ zügig mit zwei mächtigen heterogenen Materialeinschüttungen verfüllt. Keramikfunde aus dieser Schicht weisen Charakteristika des späten 13. Jahrhunderts auf: reduzierend gebrannte Irdenware, Kragenränder und in einem Fall eine Bodenmarke in Form eines Kreuzrades (Abb. 214). Um den aufgegebenen Keller eben zu verschließen, wurde eine Lage Granitstein gelegt und diese mit einem sandig-lehmigen Material versiegelt und mit einem Holzboden abgedeckt (Abb. 215). Die Keramik oberhalb der Steinlage weist nach jetzigen Abschätzungen in das 15.–16. Jahrhundert.

Ähnliche mittelalterliche Steinkeller oder Grubenhäuser sind z. B. in Pilsen bekannt und werden dort als Souterrainhaus bezeichnet. Ob sich hieraus ein kultureller Austausch im mitteltalterlichen Neuböhmen ableiten lässt, sollen vergleichende Betrachtungen noch zeigen.

215 *Bärnau. Granitsteinlage über mittelalterlichem Keller.*

Älteste bekannte Baustruktur der Stadt

Das städtische Gefüge des heutigen Bärnau und dessen Parzellierung stimmen noch mit dem Stadtplan von 1840 überein. Anhand der Ausmaße des Kellerbefunds kann gezeigt werden, dass in mittelalterlicher Zeit eine andere, eventuell schmalere Parzellengliederung in Bärnaus Stadtzentrum vorhanden war. Zudem scheint der Keller mehr nach Norden ausgerichtet gewesen zu sein als der heutige Raum. Wie aus anderen mittelalterlichen Städten bekannt, könnte ein Holzbau zur Straße hin vorgelagert gewesen sein. Im Jahr 2019 konnten wir im zur Straße hin an den Gärtankraum anschließenden Brauereiraum Befunde einer bisher unbestimmten Konstruktion mit zwei parallellaufenden Balkengruben nachweisen, die in den anstehenden verwitterten Fels eingebracht wurden.

Die zeitliche Einordnung des Kellers in das späte 13. Jahrhundert, in die frühe Stadtgründungsphase, belegt, dass Bärnau bereits vor der ersten Vergabe der Stadtrechte durch Ludwig den Bayern 1343 städtische Züge aufwies. Als Zeugnis dessen soll ein Teil des Mauerbefundes in Zukunft als Bodendenkmal für Besucher des Ackerbürgerhauses sichtbar erhalten bleiben.

Viviane Diederich

Literatur A. Busl, Bärnau – Stadt und Land I. Geschichte bis zum Ende des Alten Reiches (Pressath 2004). – H. Steuer, Freiburg und das Bild der Stadt um 1100 im Spiegel der Archäologie. In: H. Schadek/T. Zotz (Hrsg.), Freiburg 1091–1120. Neue Forschungen zu den Anfängen der Stadt. Freiburger Forsch. Südwestdeutschland 7 (Stuttgart 1995) 79–124.

Örtliche Grabungsleitung V. Diederich, Univ. Bamberg. – *^{14}C-Daten* CEZ Archäometrie gGmbH, Mannheim. – *Herzlichen Dank* an Michal Preusz und Petr Netolický, dem Verein Ackerbürgerhaus e.V., der Stadt Bärnau, dem Lkr. Tirschenreuth, Bezirk Oberpfalz und ArchaeoCentrum Bayern-Böhmen für die Unterstützung des deutsch-tschechischen Forschungsprojekts „Socioeconomic Spaces crossing borders: Archäologische Untersuchungen einer Stadt an der bayerisch-böhmischen Grenze“, gefördert durch die Bayerisch-Tschechische Hochschulagentur.

Spätmittelalter unter dem ehemaligen Brauereigasthof Zum Braunen Hirsch in Dinkelsbühl

Landkreis Ansbach, Mittelfranken

Beim Durchschreiten des Ortskerns von Dinkelsbühl steht dem Betrachter unmittelbar der für Süddeutschland herausragende Erhalt historischer Bausubstanz vor Augen. Innerhalb der eindrucksvollen Stadtbefestigung des 14. und 15. Jahrhunderts liegt der Baubeginn von annähernd der Hälfte der Bestandsgebäude noch im Spätmittelalter. Durch die fortwährende Bewahrung und Erlebbarmachung dieses bedeutenden kulturellen Erbes gilt Dinkelsbühl heute als eine der schönsten Altstädte Deutschlands.

Neben dem weitgehend unzerstörten Stadtbild wirken sich die geringen Kriegsschäden bis in die heutige Zeit zudem sehr günstig auf die bodendenkmalpflegerischen Belange aus. Das Ausbleiben jüngerer Planier- und Abbrucharbeiten sowie die grundsätzliche Beibehaltung der historischen Baustruktur zeigen bei archäologischen Baubegleitungen immer wieder, dass der rezente Straßenbau mitunter unmittelbar oberhalb der mittelalterlichen Kulturhorizonte ansetzt. Auf diese Weise lassen sich bereits bei Aushubarbeiten mit sehr geringer Zieltiefe wertvolle Erkenntnisse aus über 800 Jahren Stadtgeschichte gewinnen, unter denen die staufische Gründungszeit sowie die durch Handel und Handwerk bedingte Blüte ab dem späten 13. Jahrhundert von hervorragender Bedeutung sind. Zuletzt konnte im Frühjahr 2020 im Rahmen des Umbaus und der Sanierung des ehemaligen Brauereigasthofs Zum Braunen Hirsch in der Turmgasse eine solche Tiefbaumaßnahme archäologisch begleitet werden (Abb. 216). Die Untersuchungen zeigen erneut, dass auch geringfügigste Bodeneingriffe im Ortskern stadtgeschichtlich bedeutsame Informationen zutage fördern können.

Historisch-topografischer Überblick

Die Grabungsfläche im Hof der Turmgasse 3 befindet sich innerhalb der staufischen Kernstadt und liegt unweit südlich des Münsters St. Georg sowie des Marktplatzes. Auf einer leichten Anhöhe im östlichen Anschluss, etwa zwischen Kloster- und Wethgasse, wird die frühmittelalterliche Keimzelle der Ortschaft vermutet. Das Areal verläuft im Bereich von zwei sich kreuzenden Fernverbindungen, deren Absicherung und Kontrolle durch die Einrichtung eines Stützpunktes an dieser strategisch günstig gelegenen Stelle gewährleistet werden konnte. Im Vorfeld dieser Station entwickelte sich im Laufe der Zeit zunächst die präurbane Siedlung, die wahrscheinlich im 12. Jahrhundert zum Markt sowie 1274 zur Reichsstadt erhoben wurde und in der Folge rasch an wirtschaftlicher Bedeutung gewann. Die zwei Hauptzüge der historischen Straßenmärkte lassen den innerstädtischen Verlauf der Handelswege noch gut erkennen, an deren Kreuzung die heutige Turmgasse ansetzt und in Richtung des barocken Deutschordenshauses führt. Sowohl der 1814 abgerissene spätmittelalterliche Geldturm als auch der vom Straßenzug aus gut sichtbare, auf Portalniveau romanische Turm des Münsters gelten als Namensgeber der Gasse.

Das frühneuzeitliche Brauereigebäude

Bis vor wenigen Jahren befand sich auf der Rückseite des Braunen Hirschs ein langgezogener Brauereianbau, der wohl ebenso wie das Gasthaus selbst in die zweite Hälfte des 17. Jahrhunderts zurückreicht. Die aus Sandsteinbrocken und Ziegelbruch in reichlich Mörtel errichteten, bis zu 60 cm tief greifenden Fundamente des Anbaus konnten auf der Ostseite in Teilen freigelegt werden und beziehen einen aus Sandsteinquadern errichteten frühneuzeitlichen Brunnenschacht mit ein (Abb. 217). Während sich innerhalb des Gebäudes

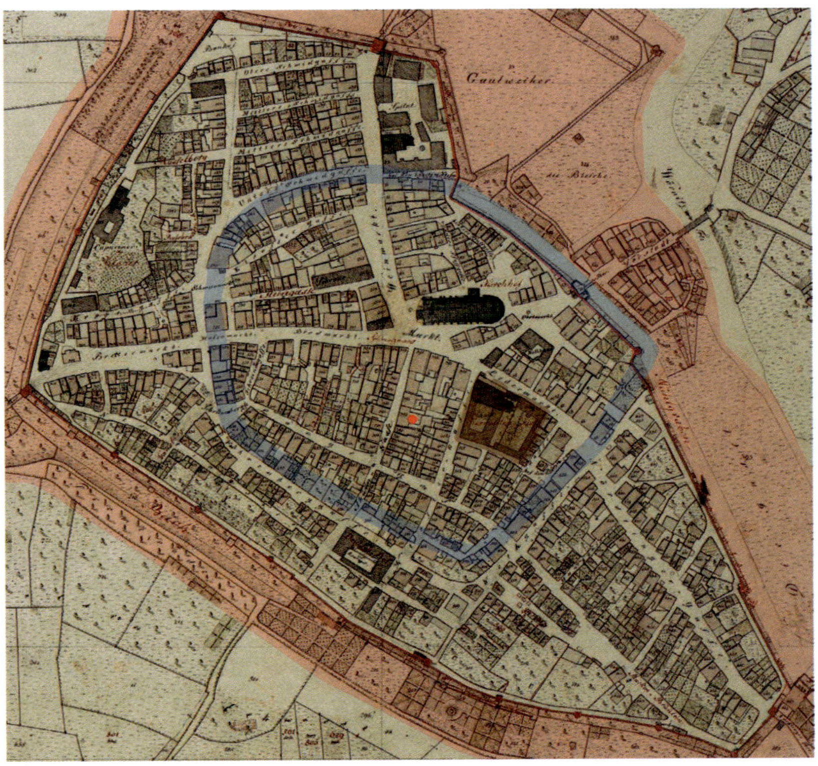

216 *Dinkelsbühl. Urkataster des 19. Jahrhunderts mit einer Auswahl der im Bayerischen Denkmal-Atlas kartierten Bodendenkmäler. Der rote Punkt zeigt die Lage der Grabungsfläche. Blau = hochmittelalterliche Stadtbefestigung; rot = spätmittelalterliche Stadtbefestigung; braun = karolingische Kapelle und spätmittelalterliches Karmelitenkloster. Geobasisdaten: Bayerische Vermessungsverwaltung 2020.*

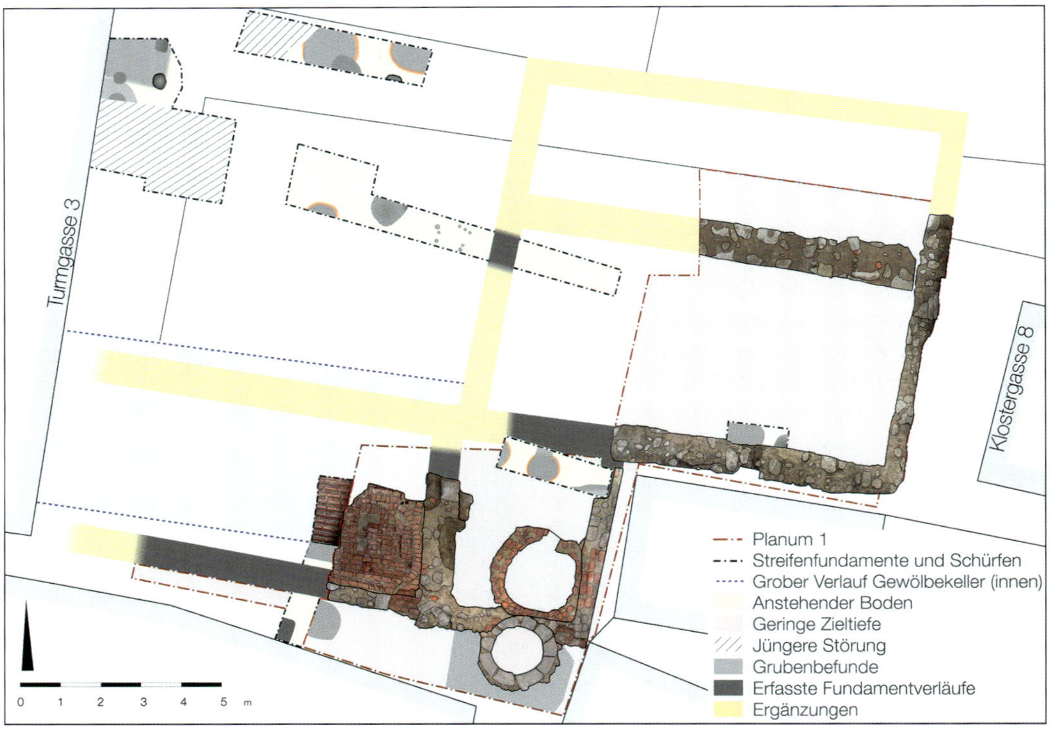

217 *Dinkelsbühl. Vereinfachter Übersichtsplan der Ausgrabung mit den fotogrammetrisch aufgenommenen Fundamenten der abgegangenen frühneuzeitlichen Hofbebauung.*

mehrere jüngere Kesselunterbauten fanden, zeugen nordöstlich des Brauhauses weitere Fundamentreste von einem teilunterkellerten, im frühen 20. Jahrhundert abgebrannten Scheunenbau. Nur sehr ausschnitthaft wurde schließlich die aus abwechselnden Läufer- und Binderreihen bestehende Außenseite eines tonnengewölbten Backsteinkellers freigelegt, dessen etwa 57 m² messender Innenraum noch heute zugänglich ist.

Spätmittelalterlicher Werkbereich

Während bei Baumaßnahmen auf dem unweit nördlich gelegenen Weinmarkt der gewachsene Boden bereits knapp unterhalb der heutigen Geländeoberkante erreicht wurde, fand sich unter der rezenten Hofpflasterung in der Turmgasse ein bis zu 1,2 m mächtiges Paket spätmittelalterlicher Planier- und Abbruchhorizonte. Diese teilweise sehr fundreichen Auffüllungen überlagerten einen Ofenhorizont mit mehreren Abfallgruben und Feuerstellen des späten 13. bis frühen 14. Jahrhunderts (Abb. 218). Die nur ausschnitthaft aufgedeckten Erdöfen dürften vornehmlich birnenförmig zu ergänzen sein und setzen sich aus einem runden bis ovalen, grubenartig eingetieften Brennraum mit Anziegelungen im Randbereich und

218 *Dinkelsbühl. Beispiele der Erdöfen mit deutlichen Anziegelungen im Randbereich und Ansatz der Schüröffnung.*

ebener Sohle sowie einer länglichen Schüröffnung zusammen.
Die Befunde sind Teil einer Gruppe multifunktionaler Öfen, die in größeren Ansammlungen vermehrt in der Nähe von Marktplätzen vorkommen. Die gängigsten Interpretationen umfassen durch die häufige Ermangelung aussagekräftiger Beifunde sowohl Backöfen als auch temporäre Baustelleneinrichtungen oder brauhandwerkliche Darren. Am Boden der Anlagen aus der Turmgasse fand sich stets ein Band aus Asche und größeren Holzkohlebrocken, die zusammen mit den teilweise lediglich angeziegelten Brennräumen auf niedrigere Betriebstemperaturen schließen lassen. Bodenproben aus den Ofensohlen erbrachten zudem geringfügig archäobotanische Makroreste, unter denen sich nach einer ersten Durchsicht mehrere verkohlte Getreidekörner befinden. Eine noch ausstehende fachgerechte Untersuchung der Proben könnte weitere Rückschlüsse zu den Ofenprozessen ermöglichen. Hierbei drängt sich insbesondere die Frage auf, ob der späteren Nutzung des Areals als Brauerei eine weiter zurückreichende Produktionstradition vor Ort vorausging.

Heizanlage des 13.–14. Jahrhunderts

Entlang der Ostfassade des ehemaligen Gasthofs wurden in einer kleinen Schürfgrube bereits unmittelbar unterhalb der Bestandsfundamente mehrere hoch- und spätmittelalterlich datierende Kulturhorizonte erfasst, in die eine rechteckig bis quadratisch zu rekonstruierende Grube mit einer zugehörigen Pfostenbebauung einschnitt (Abb. 219). Der Befund zeigte an der Sohle ein stark holzkohlehaltiges Laufniveau sowie eine Feuerstelle und einen stufenartigen Zugang an der Ostseite. Er barg ein reiches keramisches Fundinventar, unter dem sich eine größere Menge teils vollständig rekonstruierbarer Becherkacheln sowie ein in Franken bislang seltener Flachdeckel mit Rollstempelzier und Ringgriff befindet (Abb. 220). Bei der typologisch recht einheitlichen Ofenkeramik dürfte es sich um Abbruchmaterial eines einzelnen kachelüberwölbten Heizsystems handeln, dessen Reste nach dem Rückbau spätestens in der zweiten Hälfte des 14. Jahrhunderts in der Grube entsorgt wurden. Von der Anlage zeugen ferner zahlreiche vergesellschaftete Fragmente des aus Lehm errichteten Verbaus mit Kachelabdrücken und durchglühte sowie bearbeitete Sandsteine. Angesichts des sehr kleinen Baufensters lässt sich nur vermuten, dass es sich bei der Grube möglicherweise um einen Arbeitsbereich im östlichen Vorfeld der mittelalterlichen Vorgängerbebauung der Turmgasse 3 handelt, der eventuell zur Befeuerung der nach Abbruch in der Grube beseitigten Heizanlage genutzt wurde.

Arne Kluge

219 *Dinkelsbühl. Ausschnitt der wohl als Arbeitsgrube genutzten Eintiefung im Profil; Fotogrammetrie und Digitalisierung.*
1 hochmittelalterlicher Kulturhorizont; 2 Siedlungsgrube; 3 spätmittelalterlicher Kulturhorizont; 4 verfüllte Grube; 5 Laufhorizont.

Literatur A. Orendi, Mittelalterliche Ofenbefunde aus Ingolstadt. Beitr. Gesch. Ingolstadt 9/2 (Ingolstadt 2013). – S. Glaß/M. Rabe, Arch. Jahr Bayern 2018, 121–123. – G. Arnold, Dinkelsbühler Hauslexikon S–W (Dinkelsbühl 2019).

Örtliche Grabungsleitung und Grabungsdokumentation A. Kluge. – *Fotogrammetrie* J. Happe und R. Arnadottir; alle Fa. exTerra Archäologie Happe & Glaß GbR.

220 *Dinkelsbühl. Keramikfunde aus der Grubenverfüllung. 1–3 Auswahl der vollständig rekonstruierbaren Becherkacheln; 4 Flachdeckel mit Rollrädchendekor. Maßstab 1 : 3.*

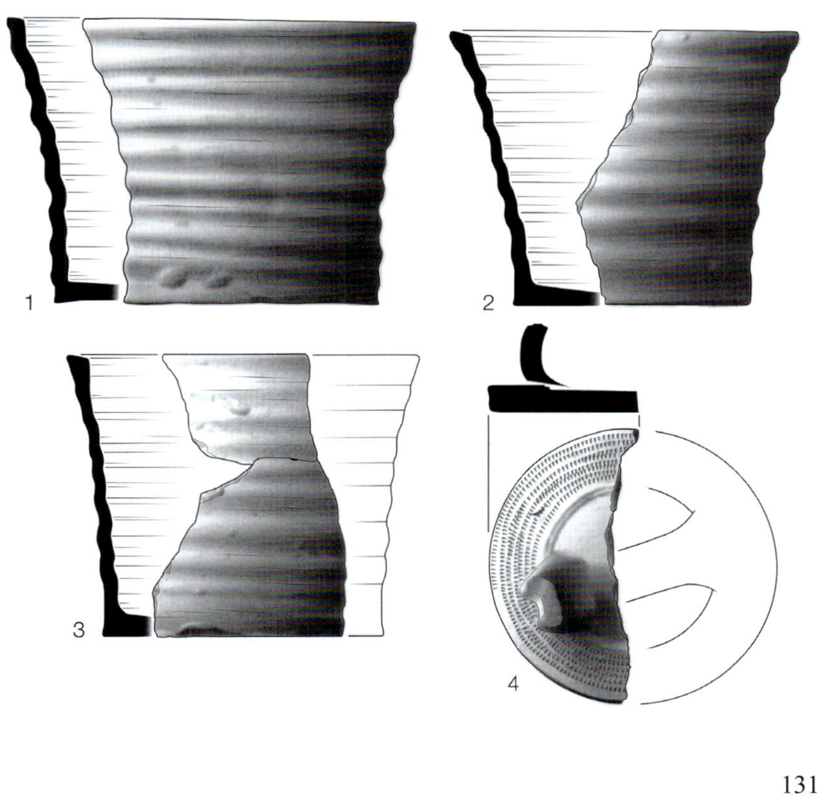

Ein spätmittelalterlicher Töpferofen an der Stadtmauer von Schlüsselfeld

Landkreis Bamberg, Oberfranken

Das Städtchen Schlüsselfeld liegt rund 30 km südwestlich von Bamberg. Konrad II. von Schlüsselberg gründete 1336 die Siedlung *„Slüzzelfeld"*, die seither auch die Marktrechte besaß und im Jahr 1396 die Stadtrechte erhielt. Zahlreiche historische Bauten aus mehreren Jahrhunderten prägen das heutige Stadtbild, vor allem die noch sichtbaren Abschnitte der Stadtmauer mit den Türmen und dem erhaltenen „Oberen Tor".

Archäologische Spuren sind dagegen aufgrund der dichten denkmalgeschützten altstädtischen Bebauung und der bisher geringen modernen Bautätigkeit kaum aufgetreten. Deshalb bot die Errichtung eines Hauses im südlichen Stadtkern in unmittelbarer Nähe der Stadtmauer eine vielversprechende Gelegenheit, archäologische Erkenntnisse zu gewinnen. Hier befand sich bis vor Kurzem noch eine der wenigen unbebauten Lücken im urbanen Gefüge der Altstadt (Abb. 221). Westlich an diese angrenzend steht der barocke Neubau der Marienkirche von 1724, deren Vorgängerbau erstmals 1484 als Vierzehnnothelferkapelle urkundlich erwähnt wurde.

Im Rahmen der Maßnahme wurden auf einer Fläche von etwa 180 m² jedoch nur einzelne archäologische Befunde des 13.–18. Jahrhunderts angetroffen, von denen ein gut erhaltener spätmittelalterlicher Töpferofen des 15. Jahrhunderts hervorzuheben ist. Weitere komplexe bauliche Strukturen fanden sich an dieser Stelle nicht. Vielmehr verwiesen mächtige, weit unter die Eingriffstiefe der Baumaßnahme reichende Planierschichten auf umfangreiche Erdbewegungen in spätmittelalterlicher Zeit.

Im späten Mittelalter schloss hier die Stadtbefestigung unmittelbar an. Die Etablierung eines mit Feuergefahr verbundenen Gewerbes innerhalb der Stadtgrenzen deutet darauf hin, dass es sich hier um mittelalterliches Bauerwartungsland gehandelt haben könnte.

221 *Schlüsselfeld. Lage des spätmittelalterlichen Töpferofens innerhalb der Grabungsfläche (Planum 1). Wenige Meter südlich der Grabungsgrenze verlief die mittelalterliche Stadtmauer. Drohnenaufnahme. Norden ist oben.*

Der Töpferofen

Der annähernd West-Ost orientierte und in seiner Grundform ovale Töpferofen lag unmittelbar an der südlichen Grabungsgrenze (Abb. 221). Der 3,50 × 2,30 m große Ofen war in eine fundreiche Planierschicht eingetieft worden, die dem keramischen Fundspektrum zufolge nur wenig älter sein dürfte und wohl dem 13.–14. Jahrhundert zuzuweisen ist.

Es handelt sich um einen im fränkischen Raum mehrfach nachgewiesenen, gut erhaltenen liegenden Ofentyp (Abb. 222–223). Als Besonderheit ist hervorzuheben, dass die Anlage aus Lehmziegeln gesetzt war. Die Ofenwandung aus regelmäßig rechteckigen, etwa 25 × 18 × 8 cm messenden Lehmziegeln von auffallend einheitlicher Größe und Form war noch bis in eine Höhe von 30–43 cm bzw. drei bis vier Ziegellagen hoch erhalten.

Einzelne Abschnitte der Lehmziegelwandung waren durch große Hitzeeinwirkung stark verglast und zeigten eine glatte, grünlich-glasige Oberfläche (Abb. 225).

Die Wandung zieht bereits im Bereich der untersten drei Ziegellagen deutlich nach innen ein. Vermutlich bestand die Kuppel ebenfalls aus Lehmziegeln. Möglich erscheint jedoch auch eine mit Lehm verstrichene Flechtwerkkuppel, wie einzelne Lehmbrocken mit Flechtwerkabdrücken oder -einschlüssen aus der Verfüllung nahelegen.

Die Feuerungsöffnung befand sich im Osten; hier schlossen direkt die rechteckige Arbeitsgrube und eine nicht näher abgrenzbare grubenartige Struktur an, deren Verfüllung mit zahlreichen Keramikfragmenten durchsetzt war. Darunter befanden sich auch einige durch Feuereinwirkung deformierte Stücke, was eine Interpretation als Abwurfgrube für Fehlbrände zulässt.

Unmittelbar gegenüber der Feuerungsöffnung wies der Ofen im Westen eine gut 40 cm breite Öffnung auf, die bis an die Sohle der Ofenwandung reicht. Dabei dürfte es sich um eine Lüftungs- oder Abzugsöffnung, möglicherweise um den Ansatz eines Schornsteins handeln. Die Sohle des Brennraums fällt von Osten nach Westen hin deutlich ab (Abb. 222). Im Bereich der Feuerungsöffnung sind bogenförmig Lehmziegel aneinandergelegt, die an den beiden Enden der Ofenwandung ansetzen. Denkbar wäre eine Ansprache als Brennhilfen in Form mobiler Kellensteine. Westlich schloss eine grünlich bis leicht gräulich gefärbte Schicht aus kompaktem schluffigem Sand an. Sie erstreckt sich über den gesamten Innenraum des Ofens, strich aber nach Westen hin aus.

Offenbar wurde der Ofen gezielt nach jedem Brand ausgeräumt und anschließend wiederholt Lehmschläge und Sandlagen eingebracht, um Niveauunterschiede bei der Errichtung einer neuen Brennraumsohle auszugleichen und diese abzudichten. Der Schichtabfolge nach zu urteilen, kann von einer mindestens dreimaligen Erneuerung des Töpferofens und einer entsprechenden Anzahl von Bränden ausgegangen werden.

Sorgfältig aneinandergesetzte Lehmziegel fanden sich auch auf der Sohle des Brennraumes (Abb. 223). Die Unterkanten dieser gezielt im Brennraum positionierten Lehmziegel schlossen mit der Unterkante der basalen Ziegellage der Ofenwandung ab, sie scheinen also primär mit der Konstruktion der Ofenwandung in Verbindung zu stehen. Möglicherweise handelt es sich hierbei um einen Unterbau für die Aufnahme einer mobilen Abgrenzung zwischen Feuerungs- und Brennraum. Hinweise auf technische Elemente wie Feuergitter aus Ton- oder Topfsäulen, senkrechte Ständer- oder Prellwände fanden sich jedoch nicht.

Funde aus dem Töpferofen

Die Verfüllung des Ofens enthielt zahlreiche Keramikfragmente, ferner wenig Glas und Tierknochen sowie ein kleines Stück einer Kruselerpuppe. Prinzipiell gleichartige Kera-

222 *Schlüsselfeld. Der Töpferofen mit Feuerungsöffnung, vorgelagerter Arbeitsgrube und seitlicher Abwurfgrube (links im Bild). Planum 1–3.*

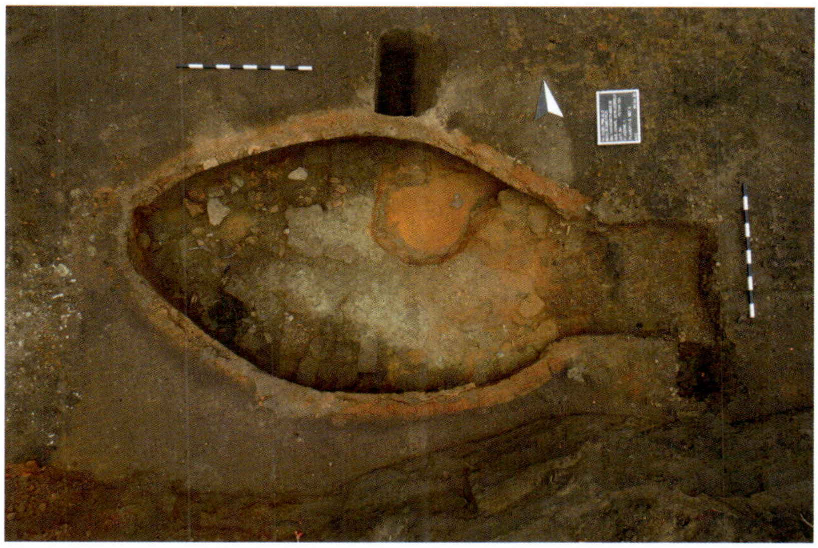

223 *Schlüsselfeld. Der Töpferofen mit gesetzten Lehmziegeln auf der Brennraumsohle. An der Nord- und Südseite sind die unmittelbar an die Ofenwandung gesetzten Lehmziegel erkennbar. Planum 1–3. Drohnenaufnahme.*

224 *Schlüsselfeld. Schüsselkachel. Maßstab 1 : 3.*

mik konnte in größerer Anzahl aus der östlich angrenzenden Arbeitsgrube und der Töpfereiabwurfgrube geborgen werden.
Die Keramik fügt sich gut in das bekannte Spektrum der spätmittelalterlichen Irdenware Oberfrankens im 15. Jahrhundert ein. Es handelt sich um klingend hart gebrannte, unglasierte Ware. Es dominieren Töpfe mit dreifach profiliertem Karniesrand (Abb. 225), gefolgt von vierzipfligen, viereckigen Schüsselkacheln mit an der Innenseite verstärktem, umgelegtem Rand (Abb. 224). Nur wenige Stücke weisen die klassischen Merkmale von Fehlbränden auf. Daher muss auch hier – wie vielfach andernorts belegt – mit einer gezielten Abfallentsorgung in einem abgeräumten Ofen gerechnet werden. Dies legen auch die vereinzelt aus der Verfüllung geborgenen Tierknochen und Glasfragmente nahe.

Die Bedeutung des Befundes

Bislang gibt es trotz langjähriger Wüstungs- und Stadtkernforschung nur wenige gut erhaltene und befriedigend dokumentierte einschlägige archäologische Belege für die Produktionsstätten von Gebrauchskeramik zwischen dem ausgehenden 14. und dem frühen 16. Jahrhundert. Dies gilt im engeren Sinne für den bayerischen Raum, hat aber darüber hinaus selbst im gesamten mitteleuropäischen Kontext bis heute seine Gültigkeit behalten. Die aufgrund des reichhaltigen Fundmaterials mögliche Datierung in das 15. Jahrhundert und die erstmals gelungene vollständige Dokumentation einer weitgehend unzerstörten Anlage zeichnet den Töpferofen von Schlüsselfeld aus. Innerhalb dieses Zeitfensters können bislang kaum Öfen für einen direkten Vergleich herangezogen werden. Ähnliche Töpferofenbefunde liegen zwar aus Bamberg, Strullendorf, Ingolstadt und Kipfendorf vor. Allerdings sind diese entweder bei ihrer Auffindung bereits stark zerstört gewesen oder mangels ausreichender Publikationen kaum näher zu erschließen. Singulär erscheint darüber hinaus in der Zusammenschau mit den wenigen vergleichbaren zeitgenössischen Öfen auch die Konstruktion der Ofenwandung aus sorgfältig gesetzten Lehmziegeln.
Wahrscheinlich hat es im Umfeld des durch einen glücklichen Zufall vollständig dokumentierten Töpferofens an der Stadtmauer weitere technische Anlagen zur Keramikproduktion gegeben. In den heute brachliegenden oder gärtnerisch genutzten, unbebauten Freiflächen im näheren Umfeld unseres Töpferofens bietet sich für die Zukunft ein nicht zu unterschätzendes, bisher jedoch noch kaum wahrgenommenes archäologisches Potenzial.

Ingrid Tamerl-Seiler und Michael Seiler

Literatur A. Heege, Töpferöfen – Pottery kilns – Four de potiers. Die Erforschung frühmittelalterlicher bis neuzeitlicher Töpferöfen (6.–20. Jh.) in Belgien, den Niederlanden, Deutschland, Österreich und der Schweiz. Basler H. Arch. 4 (Basel 2007). – F. Lempe, Die Hafnerei in der Harderstraße in Ingolstadt. Eine mittelalterliche Werkstatt für gehobene Keramik. Ber. Bayer. Bodendenkmalpfl. 49, 2008, 423–425. – L. Löw, Keramik des späten Mittelalters und der frühen Neuzeit aus dem westlichen Oberfranken. Dissertation Universität Bamberg (2001). Veröffentlicht unter: https://fis.uni-bamberg.de/bitstream/uniba/63/1/Dokument_1.pdf (Abruf 17.06.2020).

Örtliche Grabungsleitung und Dokumentation I. Tamerl-Seiler, ACS Archäologie Cichy & Seiler GbR.

225 *Schlüsselfeld. Brennraum des Töpferofens mit verglaster Lehmziegelwandung, gesetzten Lehmziegeln auf der Brennraumsohle und Lehmverstrich sowie Fragmenten von Töpfen mit dreifach profiliertem Karniesrand. Detail Planum 2.*

Bestattung über Bestattung: Ausgrabungen im Umfeld der Pfarrkirche St. Jakobus in Creußen

Landkreis Bayreuth, Oberfranken

An der evangelischen Pfarrkirche St. Jakobus in Creußen finden derzeit umfangreiche Renovierungen statt. Infolgedessen sind im Umfeld der Kirche zahlreiche Bodeneingriffe geplant. Neben der Erneuerung der maroden Leitungen soll ein Regenrückhaltebecken im Süden und ein Toilettenanbau im Norden der Kirche errichtet werden. Das Areal um St. Jakobus wurde bis zum Jahr 1806 als Friedhof genutzt. Bereits die Voruntersuchungen im Jahr 2018 ließen auf eine dichte Belegung schließen.
Die urkundliche Ersterwähnung Creußens datiert ins Jahr 1003, dort wurde die Zerstörung der Burg, die sich oberhalb der Kirche befand, schriftlich niedergelegt. Erste Aufzeichnungen zu einer Pfarrei finden sich ab dem frühen 13. Jahrhundert, weshalb von einer Belegungszeit von mindestens 600 Jahren auszugehen ist. Die bisher unterste Lage Bestattungen im Bereich des Regenrückhaltebeckens weist nun auf eine deutlich längere Bestattungskontinuität hin. Dort fanden sich zwei silberne Kopfschmuckringe sowie in drei Grabgruben Messerbeigaben. Dies deutet auf eine Belegung des Friedhofs spätestens ab dem 9. bis 10. Jahrhundert hin. Es liegen also deutliche Hinweise vor, dass Creußen älter ist als bislang angenommen. Derzeit sind die Grabungen noch nicht abgeschlossen. Bisher konnten knapp 300 Bestattungen ganz oder teilweise dokumentiert werden.

Kirchenmauern und Stadtmauern

Die bauliche Situation der Kirche weist einige Besonderheiten auf. Sie wurde am Hang errichtet, sodass der leicht abgewinkelte Chor hoch hinausragt. Unter dem Chor befindet sich eine Krypta mit Durchgang zum Nordbereich der Kirche. Im Osten grenzt die Kirche direkt an die ehemalige Stadtbefestigung und bildet einen Teil derselben. Der Nordteil des Friedhofs lag im Zwingerbereich, der Südteil eingebettet zwischen Stadtmauer, Kirche und ehemaliger Lateinschule. Diese baulichen und topografischen Besonderheiten begrenzten auch den Platz für einen Friedhof und sind ein Grund für dessen dichte Belegung. Der heutige Kirchenbau stammt zum großen Teil aus dem 15. Jahrhundert, nachdem der Vorgänger bei den Hussiteneinfällen zerstört worden war. Unter den aufgedeckten Baubefunden wie der Stadtmauer des 13. Jahrhunderts und der Fundamente des heutigen gotischen Kirchenbaus konnten Reste der romanischen Vorgängerkirche gefunden werden. Im Kanalbereich unter dem Chor wurde das Fundament der halbrunden Apsis freigelegt (Abb. 227). Der Vorgängerbau stand also bereits an gleicher Stelle und war nur unwesentlich kleiner als sein Nachfolger.

Dichte Belegung

Im Norden und im Süden der Kirche zeigte sich jeweils ein dicht belegter Friedhof (Abb. 228) in einem mehrfach aufgeschütteten Gelände mit mindestens sechs bis neun übereinander liegenden Bestattungshorizonten. Dabei liegen die Bestattungen so dicht, dass sie sich häufig schneiden oder überlappen. Anders als bisher angenommen, reichte der Friedhof auf der Südseite im Osten bis an die Stadtmauer und sogar darüber hinaus.
In der Regel sind die Gräber West-Ost orientiert, doch gibt es teilweise Abweichungen. Vereinzelt fanden sich Nord-Süd ausgerichtete Gräber. Zwei Bestattungen lagen mit dem Kopf im Osten und den Füßen im Westen. Im Süden weisen die jüngeren Bestattungen mit den Füßen in Richtung Chor, während ältere genau West-Ost orientiert sind.
Im Norden konnte zudem eine große Anhäufung wiederbestatteter Knochen aus aufgelösten Gräbern festgestellt werden. Da über dieser Anhäufung eine Bestattung lag, fand diese Auflösung während der Belegungszeit des Friedhofs statt.

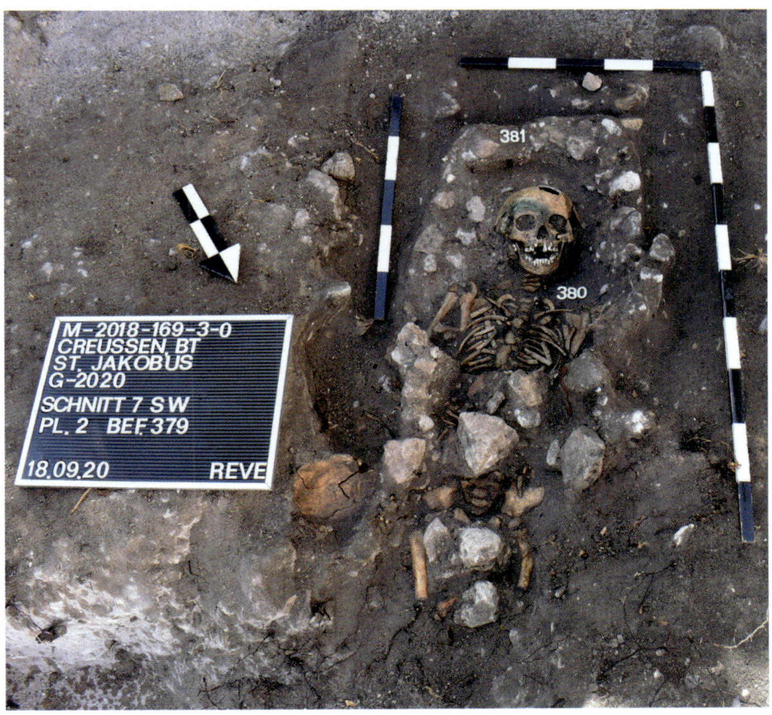

226 *Creußen. Kinderbestattung mit Steinsetzung und Resten einer Totenkrone.*

227 *Creußen. Chorfundament vom Vorgängerbau der Kirche.*

Teilweise waren mehrere Individuen zusammen bestattet worden. Südlich der Kirche fand sich unter anderem eine mittelalterliche Dreifachbestattung von Kindern (Abb. 228). Im Beinbereich eines Kindes wurde ein vermutlich aus einem darunter liegenden Grab verlagerter silberner S-Schleifenring geborgen (Abb. 229). Südlich davon lassen sich weitere früh-/hochmittelalterliche Grabgruben erkennen. Im Nordteil des Friedhofs fanden sich in einer sehr engen Grabgrube mindestens sechs bis sieben neuzeitliche Bestattungen, zumeist Kinder. Ein erwachsenes Individuum war dort auf der Seite liegend beerdigt. Diese Mehrfachbestattung ist noch nicht vollständig untersucht.

Die zahlreichen Kinderbestattungen weisen auf eine hohe Kindersterblichkeit hin. Insgesamt wurde das gesamte Altersspektrum erfasst vom Frühgeborenen bis zum alten Menschen.

Totenkronen, Krankheiten und Wiedergänger

Einige der neuzeitlichen Bestattungen hatten Reste von Kleidungsbestandteilen, unter anderem mit Knöpfen und Gewandhaken. Mehrere Kinder und Frauen trugen eine Totenkrone. In dem feuchten Lehm, vor allem im Norden der Kirche, hatten sich zum Teil organische Materialien wie Sargbretter, Leder und Textilreste erhalten. Eine Bestattung hielt eine Schere in der Hand. Die hochmittelalterlichen Gräber waren dagegen wie üblich beigabenlos.

An einigen Skeletten waren Anomalien und Krankheitsanzeichen zu erkennen. So wiesen mehrere Bestattungen Merkmale auf, die auf

228 *Creußen. Bestattungshorizont Planum 6 mit einer Dreifachbestattung von Kindern (markiert).*

Syphilis schließen lassen. Zudem fanden sich Anomalien an Zähnen, verheilte Knochenbrüche oder Veränderungen an Gelenken. Eine Frau war wohl während der Geburt gestorben, mit dem in Beckenendlage liegenden Kind im Beckenbereich.
Über alle Bestattungshorizonte hinweg fanden sich Hinweise auf einen Wiedergänger- und Wiederzehrerglauben. Zwei Verstorbene hatten Steine in den Mund geklemmt bekommen. Auf mehreren Bestattungen wurden intentionell größere Steine abgelegt, die den Leichnam am Aufstehen hindern sollten (Abb. 226).

Selten werden im Kirchenumfeld solch großflächige Bodeneingriffe vorgenommen. Es konnte somit ein detaillierter Einblick in die Bevölkerungsstruktur und das Bestattungswesen von der Frühzeit Creußens bis in die Neuzeit gewonnen werden, wie dies nur selten möglich ist. Auffallend ist dabei der erstaunlich hohe Anteil an Sonderbestattungen.

Maria Messingschlager

229 *Creußen. Silberner S-Schleifenring. Größter Durchmesser 4,9 cm.*

Literatur J. Kröll, Geschichte von Creußen (Bad Neustadt/Creußen 2003) 72–80. – Ev. Kirchengemeinde Creußen, St. Jakobus, Eine besinnliche Führung durch die Stadtkirche der evang.-luth. Kirchengemeinde Creußen (Weißenstadt 2003) 29–34. – St. Pfaffenberger, Von der urbs Crusni zum Slos Krewsen. Die Creußener Burganlage im Spiegel archäologischer und schriftlicher Quellen des hohen und späten Mittelalters. Arbeiten Arch. Süddeutschland 21 (Büchenbach 2007) 11.

Örtliche Grabungsleitung M. Messingschlager, ReVe Büro für Archäologie Bamberg und München. – *Anthropologische Bestimmungen* B. Jungklaus, Anthropologie-Büro Jungklaus.

Zugbrücke hoch! Zur Baugeschichte der Willibaldsburg in Eichstätt

Landkreis Eichstätt, Oberbayern

Auf der Willibaldsburg – markant auf einem Bergsporn westlich der Altstadt von Eichstätt, 464 m ü. NN gelegen – finden seit Anfang 2020 umfangreiche Sanierungsmaßnahmen zur Verbesserung der Besucherinfrastruktur statt. Die Arbeiten werden archäologisch begleitet, da die Burg unter Denkmalschutz steht.
Der erste Bischofssitz seit seiner Gründung im 8. Jahrhundert befand sich in der Eichstätter Altstadt neben dem Dom. Nach dem Aussterben der Schutzgrafen von Hirschberg am Anfang des 14. Jahrhunderts musste der Bischof die militärische Sicherung des Bistums selbst organisieren. Bischof Berthold von Zollern begann 1351/54 mit dem Ausbau der wehrhaften Residenz der Bischöfe von Eichstätt. Während des 16. und 17. Jahrhunderts fanden mehrere Modernisierungen, Aus- und Umbauten des repräsentativen Renaissanceschlosses statt. Seit 1900 ist die Burg im Besitz des Freistaats Bayern und beherbergt zwei Museen (Abb. 232).
Die Verlegung neuer Gas-, Wasser- und Elektroleitungen im Boden ermöglichte Einblicke hinsichtlich des geologischen Untergrunds und der damit zusammenhängenden Bebauung sowie der Mächtigkeit der modernen und älteren Auffüllungen über den historischen Strukturen.

Wasserversorgung
In der Vorburg konnten wir Reste der Handwerkerunterkünfte und Werkstätten dokumentieren. Innerhalb eines Leitungsgrabens wurde eine 3 m tiefe Zisterne (Abb. 230) angetroffen. Ihre Lage war offenbar sorgfältig gewählt, da sie in den weicheren, verwitterten Felsen eingetieft worden ist. Weniger als 1 m östlich davon steht der härtere, gewachsene Fels an, dessen Aushöhlung deutlich mehr Zeit und Arbeitskraft in Anspruch genommen hätte.

230 *Eichstätt, Willibaldsburg. In den verwitterten anstehenden Dolomitfelsen eingetiefte Zisterne.*

231 *Eichstätt, Willibaldsburg. Hofpflaster über dem Kellergewölbe mit eingebautem Zisternenschacht.*

In der Nähe des Burggrabens wurden an mehreren Stellen Zeugnisse eines entwickelten Abwassersystems dokumentiert: Verschieden geformte Rinnen (in den Felsen gemeißelte oder aus Kalkstein errichtete Rinnensegmente) sammelten das Flächenwasser und leiteten es in den Burggraben oder in Behälter ab.
Im Bereich des zukünftigen Kassengebäudes (neben der Burgschänke) wurde ein flächiges Katzenkopfpflaster freigelegt, das ins 17. Jahrhundert datiert. Später entfernte man dieses Pflaster im nordöstlichen Teil der Baugrube und durchbrach ein im 16. Jahrhundert errichtetes Kellergewölbe, um hier eine Zisterne aus Ziegel und Kalkbruchsteinen zu bauen (Abb. 231). Sie gründet im Keller und diente als Zisterne für Regenwasser aus dem Hof. Um dies zu gewährleisten, wurden im Hof mehrere Wasserrinnen angelegt. Die Willibaldsburg liegt ca. 75 m über der Altmühl. Von acht bekannten Brunnen/Zisternen auf dem Burgberg reicht nur der „Tiefe Brunnen“ bis ins Grundwasser, weshalb der Wasserversorgung auf der Burg wohl immer eine besondere Bedeutung zukam. Auch im Katzenkopfpflaster wurden mehrere Rinnen eingebaut (Abb. 231, links). Eine weitere Zisterne befindet sich im untersten Bereich des Kellers. Sie ist oval mit ca. 80 m² Fläche. Die Wände sind ca. 1,8 m hoch und mit einem wasserfesten Mörtel verputzt. Innerhalb des Schaumberghofs wurden in die Kellergewölbe Schächte eingebaut, damit das Wasser – teils durch kupferne Trichter – in die Zisterne fließen kann. An einer Stelle, wo die neue Erschließung unter dem Kassengebäude verläuft, konnte dieses System näher erforscht werden.

Brücke und Keller

Untersuchungen im Bereich des zukünftigen Kassengebäudes ergaben, dass das Kellersystem unter dem Schaumberghof nicht im 14., sondern im 16. Jahrhundert erbaut wurde. Das Mauerwerk, das zwei Höfe voneinander trennt und an das die Kellermauern hinziehen (ohne Verzahnung), ist verputzt. Dies spricht dafür, dass im Bereich zwischen dieser Mauer und dem Burggraben zuerst nur die Brücke existierte, die Keller erst später errichtet wurden. Folglich muss es eine Möglichkeit gegeben haben, diese Lücke zu überqueren. Bauforscher

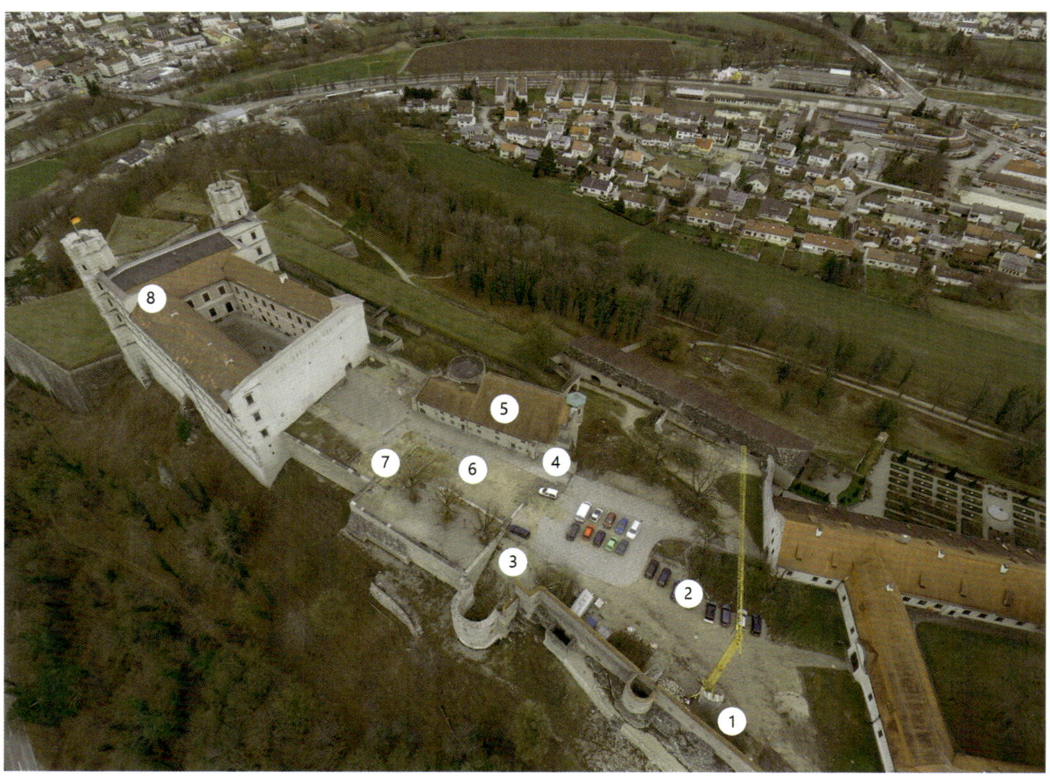

232 *Eichstätt. Luftbild der Willibaldsburg. Norden ist oben. 1 Handwerkerbereich; 2 Vorburg; 3 Burggraben; 4 Torturm; 5 Schaumbergbau; 6 Schaumberghof; 7 Kassengebäude; 8 Museen.*

gehen daher davon aus, dass sich an dieser Stelle der Burg eine Brücke befand. Belege für diese Theorie wurden bei den Aushubarbeiten für die sog. Lastverteilerplatte entdeckt. Im Zuge dieser Teilmaßnahme wurden die Kellergewölbe (Abb. 233) auf einer Fläche von ca. 300 m² vollständig freigelegt, dokumentiert und schließlich saniert. Entlang dem Schaumbergbau befinden sich fünf Tonnengewölbe, die sich auf vier Mauern stützen. Diese 3,2 m langen und 1,2 m breiten Kalksteinmauern dienten offenbar als Pfeiler einer früheren Brücke. Die Qualität der Verarbeitung und die Auswahl der großformatigen Quader sprechen dafür, dass diese Mauern ehemals auch vollständig sichtbar gewesen sein könnten. Die Gewölbe waren an mehreren Stellen durch Leitungsverlegungen im 20. Jahrhundert und durch die neuzeitliche Modernisierung des Wasserablaufsystems (Abb. 235) im Hof beschädigt. An der westlichen Seite des Torturmes konnten wir die originale Torangel aus Stein in situ entdecken. Sie liefert den Hinweis, dass das frühere Laufniveau innerhalb des Torturmes 40 cm tiefer lag als die heutige Oberfläche.

233 *Eichstätt, Willibaldsburg. Freigelegte Kellergewölbe unter dem ehemaligen Biergarten im Schaumberghof.*

Umplanung am Burggraben

Im Bereich des Burggrabens war an der Stelle der früheren Brücke lediglich eine Tragplatte über den verfüllten Graben geplant. Die nun vorliegenden Brückenreste (Abb. 234) gaben den Ausschlag, die Pläne zu ändern und hier nun doch wieder eine Brücke zu bauen, und zwar so, dass die historischen Brückenreste wenigstens von der Seite sichtbar sein werden. Die statische Untersuchung hinsichtlich der Tragfähigkeit der freigelegten Strukturen ergab nämlich, dass der in der Mitte des 8 m breiten Burggrabens stehende Pfeiler aus Kalkstein (5,4 × 1,9 m) im flach bearbeiteten Felsboden des Burggrabens 8 m unter heutigem Laufniveau gründet, also ausreichend Stabilität gewährleistet. Die beidseitigen, nur ansatzweise erhaltenen Entlastungsbögen bestehen aus Ziegel (zum Torturm), auf der anderen Seite aus Kalkstein. Auf der Felsseite des Burggrabens (Vorburg) wurden Belege für mehrere Bauphasen der Bögen und der Brückenreste dokumentiert.

Die Zugbrücke

Innerhalb des Torturmes kam überraschend eine Art Schacht (sog. Brückenschacht) zu Tage (Abb. 234, linke Hälfte). Es handelt sich um einen bisher unbekannten, langrechteckigen, verfüllten Schacht, der offenbar das Gegengewicht des beweglichen Fallbrückenteils aufnahm, wenn die Brücke hochgeklappt war. Dieser Schacht konnte vollständig untersucht werden: In den untersten Verfüllungsschich-

234 *Eichstätt, Willibaldsburg. Luftbild der freigelegten Brückenreste im Burggraben. Norden ist links oben.*

235 *Eichstätt, Willibaldsburg. Innenbereich des Torbaus mit der Torangel und Wasserkanäle.*

ten lagen neben Keramik auch viele eiserne Fundstücke und Glas. Erwähnenswert sind ein Nürnberger Rechenpfennig aus dem Jahr 1645 und ein eiserner Gegenstand unbekannter Funktion in Form eines Hammers. Er wiegt über 30 kg und gehörte möglicherweise zum Kettensystem der Zugbrücke. Der Schacht wurde höchstwahrscheinlich vor dem Dreißigjährigen Krieg verkleinert und erhielt somit eine asymmetrische Form. Anfang des 17. Jahrhunderts wurde auch das Fundament des Torturmes innerhalb des Burggrabens mit großformatigen Quadern ausgebessert (verkleidet), von denen einige das Monogramm „HA" tragen. Es könnte sich hier um die Initialen des Baumeisters Hans Alberthal handeln, der zwischen 1609 und 1619 auf der Willibaldsburg tätig war.

Anton Steger

Literatur F. Mader, Die Kunstdenkmäler von Bayern. Mittelfranken I. Stadt Eichstätt (München 1924; Nachdruck München, Wien 1981) 485–520. – A. Rauch, Stadt Eichstätt. Denkmäler in Bayern I.9/1 (München, Zürich 1989) 30–33. – D. Burger, Der Schaumberg-Bau auf der Willibaldsburg bei Eichstätt. In: Wartburg-Gesellschaft (Hrsg.), Der frühe Schloßbau und seine mittelalterlichen Vorstufen. Forschungen zu Burgen und Schlössern 3 (München, Berlin 1997) 115–133. – R. Vrla, Das Eingangstor der Burg Křídlo und mittelalterliche Fallbrücken der Wippenkonstruktion. Dějiny staveb 2006, 94–108.

Grabungsleitung A. Steger. – *Grabungsdokumentation und CAD* R. Eva, D. Kormaňáková, G. Loga, S. Morvayová, M. Ramirez Pereyra, B. Simon, F. Steimer; alle Pro Arch Prospektion und Archäologie GmbH, Ingolstadt.

Unbequeme Ruhestätte – Bestattungen am Galgen in Ochsenfurt

Landkreis Würzburg, Unterfranken

Mit seiner Lage am südlichen Maindreieck, inmitten der mainfränkischen Gäuplatten, zählt das heutige Stadtgebiet von Ochsenfurt zu einer der siedlungsgünstigsten Kleinlandschaften Bayerns. Seit Beginn der Jungsteinzeit lässt sich hier eine intensive Siedlungstätigkeit nachweisen, was sich in einer enormen Vielzahl an archäologischen Bodendenkmälern ausdrückt.

Die hier betroffene Denkmalfläche liegt südöstlich der Stadt, etwa 400 m ostsüdöstlich der Kapelle St. Wolfgang. Weil das Gewerbegebiet „Industriepark St. Wolfgang" nach Norden erweitert werden sollte, bestand Anlass für Sondagen und Ausgrabungen.

Verzeichnet war die Denkmalfläche als „verebnete vorgeschichtliche Grabhügel" und fügte sich somit gut in das Bild einer vorgeschichtlich dicht besiedelten Landschaft. Der fruchtbare Lössboden führte zu einer jahrhundertelangen Nutzung als landwirtschaftliche Anbaufläche. Auch zu Beginn der Ausgrabungen im April 2020 war der Acker noch mit Weizen eingesät. Das Bodendenkmal war durch seine in einem Luftbild sichtbare charakteristische Form – kreisrunder Ring mit rechteckiger Struktur im Zentrum – erfasst worden (Abb. 236). Weil außer dieser bekannten Kreisanlage mit weiteren Grabhügeln zu rechnen war, wurde das gesamte Grundstück untersucht.

Befundlage im Planum 1

Tatsächlich wurde im Bereich der Denkmalfläche unmittelbar unter dem Pflughorizont ein ringförmiger Befund von ca. 9 m Durchmesser freigelegt. Es handelt sich um einen mit Kalksteinbrocken verfüllten Kreisgraben mit einer Steinsetzung ungefähr in der Mitte des Kreises. Dort kam im Planum 1 eine einzelne menschliche Kniescheibe (Patella) zu Tage. Auch im Inneren des Rings waren bereits im Planum stark beschädigte und in Ost-West-Richtung streuende dislozierte menschliche Knochen zu sehen. 9 m südlich dieses Befundensembles fand sich eine Pfostengrube mit Holzkohle- und Brandlehmresten. Sowohl im abgezogenen Oberboden als auch im Planum 1 wurde vorgeschichtliche, mittelalterliche sowie neuzeitliche Keramik geborgen. Die Lage der Befunde unmittelbar unter bzw. teilweise schon im Pflughorizont hatte für eine gründliche Durchmischung des Fundmaterials mit Ackerkeramik und modernem Bauschutt gesorgt. Die Befunde waren teilweise bereits stark angepflügt. Man kann davon ausgehen, dass das Bodendenkmal in den kommenden Jahren irreversible Schäden davongetragen hätte bzw. vollkommen zerstört worden wäre (Abb. 237).

Wirklich ein Grabhügel?

Im weiteren Verlauf der Grabung traten Zweifel auf, ob man es hier wirklich mit einem vorgeschichtlichen Grabhügel mit zentraler Bestattung zu tun habe. Eine Archivrecherche brachte schnell Klarheit. So berichtet der Stadtchronist Johann Baptist Kestler über die Lage der Richtstätten in Ochsenfurt:

„Die Stätte für Hinrichtungen durch das Schwert, Verbrennen, Rädern u. dergl. war gewöhnlich der untere Viehvasen und geschah die letzte Hinrichtung mit dem Schwerte am 23. April 1755 an einer Kindsmörderin aus Obernbreit. Der Galgen hingegen befand sich in der ältesten Zeit innerhalb der Stadtmauer im Bocksviertel, wo an der Mauer die drei Säulen noch sichtbar sind. Der in der neuesten Zeit eingelegte Galgen unweit der nach Uffenheim ziehenden Landstraße war Mittwochs nach Bartholomäi des Jahres 1551 aufgerichtet worden.“ (Kestler 1845, 179)

Die „nach Uffenheim ziehende Landstraße“ trägt auch heute noch den Namen Uffenheimer Straße und verläuft etwa 400 m westlich der Grabungsfläche. Die genaue Lokalisierung des Galgens war bislang unbekannt.

Bestätigung lieferte das Steinsetz- und Ausmessungsbuch der Stadt von 1751. Dort ist die Richtstätte nahezu übereinstimmend mit der Lage der Grabungsbefunde verzeichnet. Ein handschriftlicher Vermerk besagt: 1819 eingelegt (Abb. 241). Von wann der Vermerk ist, ist unbekannt, aber er deckt sich mit der Aussage „in neuester Zeit eingelegt“ bei Kestler aus dem Jahr 1845. Auch in Karten des frühen 19. Jahrhunderts ist die Richtstätte noch verzeich-

236 *Ochsenfurt. Der Steinkreis im Luftbild. BLfD – Luftbilddokumentation, Aufnahmedatum 30.07.1978, Fotograf Otto Braasch, Archiv-Nr. 6326/003-1; Dia-Nr. 89-33.*

237 *Ochsenfurt. Der freigelegte Kreis mit zentraler Steinsetzung dicht unter der Oberfläche in Planum 1. Die Grasnarbe zeigt das rezente Bodenniveau.*

238 *Ochsenfurt. Bestattung 6. Dekapitation mit Deponierung des Kopfes an den Knien.*

net, zuletzt 1813. Die Richtstätte wurde gemäß der Schriftquellen also 1551 errichtet und 1819 abgerissen. Auf den historischen Karten ist ein steinerner Rundbau mit dreischläfrigem Galgen zu sehen, was sich gut mit der Befundlage deckt. Der Rundbau war durch eine Tür begehbar, sodass die Toten im Inneren begraben werden konnten. Ein gut erhaltenes Beispiel für eine solche Konstruktion findet sich in Burglengenfeld in der Oberpfalz (Lkr. Schwandorf).

Die Hingerichteten

Zentral unter der Steinabdeckung konnten die Überreste von mindestens drei Individuen geborgen werden (Bestattung 3; Abb. 239). Der Befund war bereits angepflügt, eine Stratigrafie oder weitere Baubefunde waren nicht erkennbar. Das Auseinanderhalten der Individuen war selbst während der anschließenden laboranthropologischen Untersuchung nicht immer eindeutig möglich.

Individuum 1 wurde in Rückenlage und ohne Kopf und Halswirbelsäule aufgefunden, Individuum 2 befand sich in Bauchlage darüber. Beide Personen waren erwachsen, es fanden sich zusätzlich dislozierte Knochen von mindestens einem weiteren erwachsenen Individuum.

Individuum 1 weist ein perimortales Schnitttrauma am obersten Brustwirbel auf, welches als Indiz für eine Enthauptung gewertet werden kann, insbesondere da Schädel und Halswirbelsäule fehlten. Beide Individuen haben zudem mögliche perimortale Knochenbrüche an den Unterarmen.

Die anthropologischen Daten untermauern eine Interpretation als offenbar mehrfach genutzter Platz zur Niederlegung von Hingerichteten im Inneren des Rundbaus, die dann noch mit Steinen beschwert wurden. Ob die Steinbeschwerung einen abergläubischen oder rein praktischen Hintergrund hat, ist unklar.

Außerhalb des Zentrums, in der südöstlichen Hälfte des Rundbaus, fand sich eine weitere Bestattung mit Dekapitation (Bestattung 6). Hier wurde der Kopf neben den Knien deponiert (Abb. 238). Es handelt sich um einen wahrscheinlich männlichen Erwachsenen ohne sonstige Pathologien oder Traumata. Die ersten beiden Halswirbel befanden sich noch am Schädel und wurden mit diesem im Block geborgen, sodass eine Untersuchung der Wirbel bislang nicht erfolgen konnte. Deshalb kann aktuell nicht unterschieden werden, ob es sich um eine Hinrichtung durch das Schwert handelt oder um ein postmortales Enthaupten aus abergläubischer Praxis, z. B. mittels eines Spatens.

Während Bestattung 6 offenbar sehr sorgfältig platziert wurde – mit einer bedacht wirkenden Deponierung des Schädels mit Blickrichtung Norden – weist die weiter nordwestlich gelegene Bestattung 8 auf eine genau gegenteilige Art der Beisetzung hin. Schon im Feld entstand der Eindruck, dass der Tote regelrecht hingeworfen wurde, was trotz der weitgehenden Störung durch den Pflug noch gut erkennbar war. Die stark angewinkelten Beine, wie sie im Kontext von Richtstätten häufig zu beobachten sind, könnten auf eine zu kleine Grube hinweisen („Verlochung"). Ein weiteres interessantes Detail sind ausgeprägte Schnittspuren an Femur und Becken (Abb. 240). Möglicherweise handelt es sich hier um ein Indiz für eine Vierteilung, bei der – üblicherweise nach dem Tod – das Zerschneiden von Arm- und/oder Beinsehnen notwendig sein konnte.

239 *Ochsenfurt. Bestattung 3. Zentraler Niederlegungsplatz mit Überresten von mindestens drei Individuen und Steinbeschwerung.*

Ein 15 m östlich der Richtstätte aufgefundenes Rinderskelett ist in der Zuweisung fraglich. Der Pflug hatte bereits mehr als die Hälfte davon in den Oberboden gezogen und die ursprüngliche Lage massiv gestört. Denkbar wäre aber ein Zusammenhang im Sinne eines Tierprozesses oder Entsorgung von Vieh durch den Abdecker im Umfeld des Richtplatzes.

Fazit

Unzweifelhaft ist dank der ^{14}C-Untersuchungen an Knochenmaterial aus den Bestattungen 3, 6 und 8, welche das BLfD hat machen lassen, dass es sich trotz vorhandener vorgeschichtlicher Keramik nicht um die Nachnutzung eines vorgeschichtlichen Grabhügels handelt. Das Knochenmaterial ergab eine Datierung von 1446–1619 cal AD (cal. 2sigma) (Bestattung 6), cal AD 1508–1648 (Bestattung 8) und cal AD 1488–1619 (cal. 2sigma) bzw. cal. AD 1666–1950 (Individuen aus Bestattung 3), jeweils ± 20 Jahre, die Daten passen also gut in den Nutzungszeitraum von 1551–1819.

Das Auftreten von vorgeschichtlichem Fundmaterial ist am ehesten mit Fundverschleppung zu erklären, z. B. durch das Verbringen von Humus im Rahmen der Landwirtschaft. Lehrreich bleibt, dass es sich auch bei vermeintlich vorgeschichtlichen Befunden immer lohnt, die historischen Quellen und Archive zu Rate zu ziehen.

Sarah Wolff

Literatur J. Kestler, Beschreibung von Ochsenfurt (Würzburg 1845). – J. Auler (Hrsg.), Richtstättenarchäologie 1–3 (Dormagen 2008, 2010, 2012). – M. Genesis, Geköpft und verscharrt, Bestattungen auf dem Richtplatz. Eine archäologisch-historische Betrachtung. Heimat Thüringen H. 3, 2009, 35–43. – S. Codreanu-Windauer/ L.-M. Dallmeier, Arch. Jahr Bayern 2013, 146–149 [Regensburg].

Örtliche Grabungsleitung und Grabungsdokumentation S. Wolff, ADW Archäologische Dienstleistungen Wolff. – *Anthropologische Bestimmungen* A. Malcherek und S. Wolff, Fa. ADW. – *^{14}C-Daten* Curt-Engelhorn-Zentrum Archäometrie gGmbH: Labornummer: MAMS 47016, 47017, 47018 und 47019, Kalibrierung: OxACal, Standardabweichung: MAMS 47016: 333 BP, MAMS 47017: 392 BP, MAMS 47018: 302 BP, MAMS 47019: 163 BP (je ± 20).

240 *Ochsenfurt. Bestattung 8. Schnittspuren am Becken, möglicherweise Indiz für eine Vierteilung. Maßstab 1 : 1.*

241 *Ochsenfurt. Abbildung im Steinsetz- und Ausmessungsbuch der Stadt Ochsenfurt von 1751. Rechts unten ist der dreischläfrige Galgen zu sehen, oben die Kapelle St. Wolfgang an der Uffenheimer Straße. Norden ist rechts.*

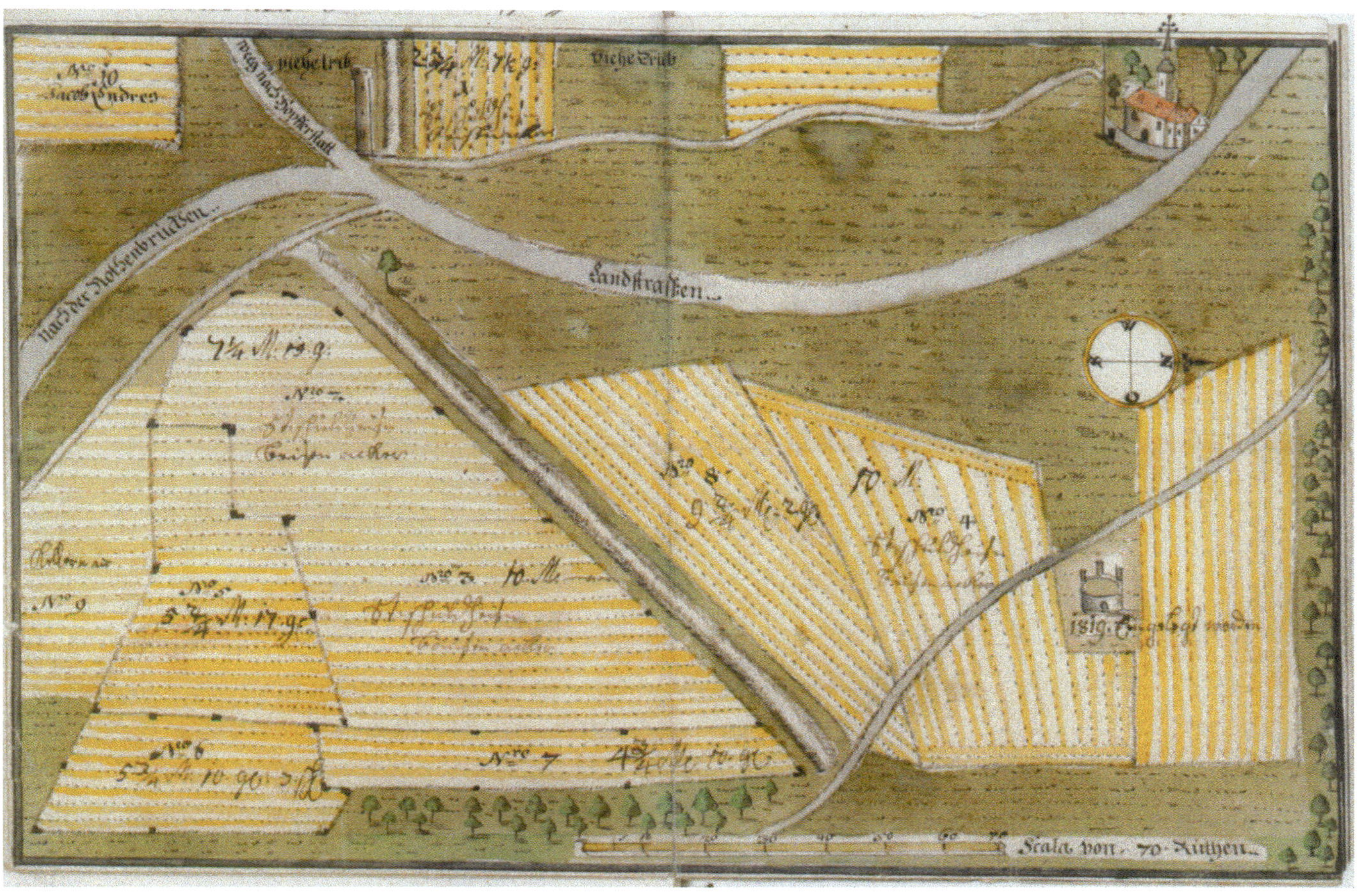

Vom First in die Zisterne – Nachweise spätmittelalterlicher Kalkplattendächer in Hemau

Landkreis Regensburg, Oberpfalz

Hemau wurde im 12. Jahrhundert erstmals in den Schriftquellen erwähnt und nach rasanter Entwicklung bereits um 1300 zur Stadt erhoben. Südlich des Marktplatzes und nahe der ehemaligen Stadtbefestigung konnte im August und September 2020 ein 586 m² großes Areal am Bräugassl untersucht werden (Abb. 244). Wie sich schnell herausstellte, war die innerhalb der spätmittelalterlichen Stadterweiterung gelegene Fläche nur im Westen durch den ehemaligen Sommerkeller des Löwenwirts gestört. Der überwiegende Teil des Geländes, das jeweils die westliche Hälfte von vier ehemaligen Hausparzellen umfasst, war lediglich durch zwei kleinere Keller des 19./20. Jahrhunderts beeinträchtigt. Alle archäologisch datierbaren Befunde deuten auf zwei intensivere Bauphasen hin.

Das Spätmittelalter

Die Stadtbefestigung von Hemau muss den Schriftquellen zufolge spätestens Mitte des 14. Jahrhunderts schon vollständig vorhanden gewesen sein. Mit dem sich über viele Jahre erstreckenden Bau der Erweiterung derselben beginnt um 1450 auf allen vier Parzellen eine umfangreiche Bautätigkeit mit massiven Pfostengruben und zahlreichen, zum Teil recht tiefen Gruben. Dies ist bemerkenswert, da dieser Bereich dem Marktplatz abgewandt ist und hier zunächst nur eine Hinterhofbebauung zu erwarten gewesen wäre. Es wurden einige Zisternen angetroffen, welche die Wasserversorgung in Hemau bis ins 19. Jahrhundert stark geprägt haben. Die spätmittelalterlichen Zisternen sind ohne Wandverkleidung und weniger tief als die frühneuzeitlichen, aus Kalksteinen gesetzten.

Eine verfüllte Zisterne

Eine der um 1450 verfüllten Zisternen (Befund 59) erbrachte mehrere nahezu vollständige Töpfe, ein Haushuhnskelett sowie zahlreiche, sehr qualitätvolle Glasprodukte, namentlich bauchige Flaschen, Nuppenbecherfragmente sowie einen Teil eines Destillierstutzens (Abb. 243). Aus dieser Zisterne konnten auch große Mengen an 1–2 cm starken, lagenweise eingefüllten Kalksteinplatten geborgen werden (Abb. 245). Dabei handelt es sich um den ältesten archäologischen Nachweis der Kalkplattendächer in Hemau und Umgebung. Diese werden landläufig auch als Legschieferdächer bezeichnet, weil sie mit mehrfach geschichteten, lediglich aufgelegten und nicht genagelten, dünnen Jurakalkplatten eingedeckt sind.

242 *Aquarellierte Federzeichnung des Amtes und des Gerichts Hemau von Jörg Knod, 1561. Die zahlreichen grau eingefärbten flachen Dächer sind als Kalkplattendächer zu interpretieren.*

Der derzeit früheste Nachweis für derartige Steindächer im Altmühlgebiet datiert mit einiger Wahrscheinlichkeit in das 11. Jahrhundert. Archäologische Grabungen im Bereich der Burg Dollnstein konnten 2007 ein salierzeitliches Kalkplattendach nachweisen, das spätestens um 1100 entstanden sein muss. Bis dahin galt als ältestes gesichertes Beispiel eines Gebäudes mit Legschieferdach ein gegen Ende des 12. Jahrhunderts errichtetes und bei einem Stadtbrand im 14. Jahrhundert zerstörtes Haus in Eichstätt, 1981 in der Pedettistraße entdeckt.
Heute geht man davon aus, dass die flachgeneigten Kalkplattendächer bereits im 14. Jahrhundert im Altmühlgebiet weit verbreitet waren und sich dann spätestens im 18. und 19. Jahrhundert weitgehend gegen Strohdächer und andere Dachdeckungen durchgesetzt hatten. Dies dürfte wohl auch für die Gegend um Hemau zutreffen, wie eine Karte aus dem Jahr 1561 (Abb. 242) und die lokale historische Überlieferung vermuten lassen. Da archäologische Nachweise für Legschieferdächer in Hemau und Umgebung bislang noch nicht geführt werden konnten, blieb man hier auf die nach wie vor überschaubaren Ergebnisse der Bauforschung angewiesen. Ein dendrochronologisch auf das Jahr 1388 datierter Dachstuhl des sog. Fuchserer-Anwesens in Hemau lässt eine bauzeitliche Kalkplattendeckung vermuten. Das gleiche gilt für zwei weitere Gebäude in der Stadt, die 1511 bzw. 1623 errichtet wurden.

Die frühe Neuzeit

Nach einem relativen Stillstand der nachweisbaren Bautätigkeit in den vier Parzellen zwischen 1550 und 1700 ist zwischen 1700 und 1800 wieder eine intensive Bebauung durch nun kleinere Pfostengruben sowie weiterhin zahlreiche und vor allem fundreiche Gruben festzustellen. Das Fundmaterial wurde in großen Mengen in die Gruben eingebracht und deckt das haushaltsübliche Inventar einer Hausgemeinschaft ab. Bemerkenswert sind auch die insgesamt mit zehn Exemplaren recht zahlreichen Münzen, die zum Teil gehäuft in einzelnen Befunden zu Tage traten. Es handelt sich um spätmittelalterliche und frühneuzeitliche Groschen und Kleinmünzen.
Die kleinteilige Innenbebauung der Parzellen läuft nach 1800 allmählich aus; neben dem Sommerkeller des Löwenwirtes sind ein Pflanzgarten mit gedeckter Kegelbahn und ein Sommerhäuschen historisch (aber bisher nicht archäologisch) belegt. Ab 1843 werden ein Brauhaus und später eine Malzdörre errichtet. Relikte des Brandes von Brauhaus, Stadel und Stallungen im Januar 1857 fehlen bemerkenswerterweise. Der unmittelbar folgende Wiederaufbau scheint hier mit einer umfangreichen Beräumung einhergegangen zu sein. Die letzte bauliche Maßnahme auf dem Areal stellt

243 *Hemau. Spätmittelalterlicher Destillierstutzen aus Glas aus Zisterne 59. Etwa halbe natürliche Größe.*

244 *Hemau. Blick von Südosten auf die Grabungsfläche im Ortskern.*

245 *Hemau. Profil der Zisterne 59 mit kompakten Lagen dünner Jurakalkplatten.*

ein kleiner Luftschutzkeller aus dem Zweiten Weltkrieg dar.

Bedeutung

Die erste größere archäologische Grabung im Stadtkern von Hemau brachte wichtige Erkenntnisse zu Bauphasen und Flächennutzung im Lauf der Stadtgeschichte. Ein Mitte des 15. Jahrhunderts abgerissenes Kalkplattendach ist der älteste archäologische Beleg für die noch an einigen umliegenden Gebäuden sichtbare Dachdeckungsform. Weitere Nachweise der Legschieferdächer aus anderen Befunden der Hemauer Grabung von 2020 datieren vom 15. bis zum 18. Jahrhundert. Eine wissenschaftliche Auswertung der qualitativ hochwertigen Funde verspräche weitere Erkenntnisse über die ehemals wichtige Station an der Reichsstraße von Nürnberg nach Regensburg.

Thomas Feuerer und Matthias Tschuch

Grabungsleitung M. Tschuch, Fa. AST.

Düstere Tage im Kloster – Ausgrabungen im ehemaligen Zisterzienserkloster Aldersbach

Landkreis Passau, Niederbayern

Feuchtigkeit wird zum Sicherheitsrisiko

Die Bausubstanz der Kirche Mariae Himmelfahrt im ehemaligen Zisterzienserkloster Aldersbach (Abb. 247) war durch aufsteigendes Kapillarwasser stark geschädigt. Die Feuchtigkeit wirkte sich desaströs auf kunstgeschichtlich bedeutende Werke wie die wasserempfindlichen Stuckornamente aus. Teile der den Gebrüdern Asam zugeschriebenen Fresken begannen sich vom Objektträger zu lösen und ihren gravitativ vorbestimmten Weg einzuschlagen, sodass die Begehungssicherheit selbst mit göttlichem Beistand nicht mehr gewährleistet werden konnte.

Die Sanierung der Klosterkirche erforderte die Anlage von Leitungsgräben an den Außenmauern; die etwa 80–100 cm breiten und bis zu 80 cm tiefen Gräben verliefen im Gebäudeinneren entlang der Außenwände des Chorbereichs. Die Erdarbeiten wurden von Dezember 2019 bis März 2020 archäologisch betreut.

Romanische Bauphase (~1180–1206)

Die erste Weihung der Klosterkirche Mariae Himmelfahrt erfolgte 1207. Die während der Maßnahme dokumentierten Grabungsbefunde zeigten eine Drei-Konchen-Kirche mit drei

halbrunden Apsiden am östlichen Chorabschluss (Abb. 246; 249).
Die nördliche Außenmauer des romanischen Langhauses wurde in der Bernhardskapelle erfasst. Das 0,86 m breite Streifenfundament aus rechtwinklig bearbeiteten Granitquadern bildete am östlichen Ende des Raumes eine kraftschlüssig verzahnte Ecksituation aus.
Spiegelsymmetrisch zu dieser Mauer wurde in dem Korridor südlich des Chores ein auf einer Länge von 10,70 m erhaltenes Sockelfundament aus bruchrauen, großformatigen Granitbrocken erfasst, welches mittels Kalkmörtel in einen Fundamentgraben vergossen worden war (Abb. 250). Das Fundament, welches 60 cm aus der Flucht des aufgehenden Mauerwerks auskragte, war parallel zum südlich ansteigenden Gelände angelegt worden und erfüllte daher die Funktion einer Terrassierungsmauer.
Aufsitzend auf dem Fundamentsockel wurden Teile des aufgehenden Handquadermauerwerks des 12. Jahrhunderts dokumentiert. Während im westlichen Teil des Korridors nur eine Steinlage erhalten war, konnte im Osten die Südostecke des Kirchenbaus dokumentiert werden. Das als regelmäßiges Schichtenmauerwerk ausgeführte Handquadermauerwerk besaß Schichtenhöhen zwischen 12 und 18 cm; die würfelförmigen Quader waren winkelrecht zugerichtet, die sichtbaren Oberflächen der Steine waren eben abgetrieben, es wurden Arbeitsspuren von Spitzeisen, Beilen/Flächen, Schlag- und Scharriereisen und Pillen (kleine Spitzhacke) registriert.
Im Osten wurde (anschließend an den Fundamentsockel) das Viertelkreissegment der südlichen Konche erfasst (Abb. 246); die großen, unbearbeiteten Granitbrocken des 1,20 m starken und mit einem äußeren Radius von etwa 2 m konstruierten Segments waren mittels Vergusstechnik in einen Fundamentgraben verbracht und mit Kalkmörtel vergossen worden.

246 *Aldersbach. Chorumgang Süd, Blick nach Norden. Südliche Konche des Dreikonchenchors der romanischen Bauphase.*

247 *Aldersbach. Luftbild der Klosteranlage; Blick von Nordwesten. BLfD – Luftbildarchiv, Aufnahmedatum 30.05.2011, Fotograf Klaus Leidorf, Archiv-Nr. 7544/021, Dia-Nr. 9247-20.*

Das Erscheinungsbild der romanischen Klosterkirche findet Vergleichsbeispiele in der im 11. Jahrhundert errichteten Klosterkirche St. Maria des Benediktinerklosters Niedernburg in Passau oder dem Regensburger Niedermünster.

Chorneubau um 1617–1620

Unmittelbar vor Beginn des Dreißigjährigen Krieges wurde unter Abt Michael Kirchberger (1612–1635) der Drei-Konchen-Chor der Klosterkirche zu einem eingezogenen Fünf-Achtel-Chor mit Strebepfeilern umgebaut; zudem richtete sich Kirchberger schon zu Lebzeiten an der nördlichen Langhausseite eine persönliche Grablege mit Andachtskapelle und Wandepitaph ein. Hier, in der Bernhardskapelle, wurde an der südlichen Begrenzungsmauer der Fundamentbereich der neu errichteten Chorwand freigelegt. In dem Mischmauerwerk aus Ziegeln und Granitquadern verbaut fanden sich zahlreiche sekundär verwendete Bauelemente des romanischen Chores, darunter ein mit Rundstab profilierter Gewändestein sowie zwei Quader mit erhaltener polychromer Fresko-Bemalung (Abb. 248). In der stratigrafischen Sequenz der Bernhardskapelle fanden sich Hinweise auf ein mittelschweres Brandereignis in der zweiten Hälfte des 15./ersten Hälfte des 16. Jahrhunderts.

248 *Aldersbach. Bernhardskapelle. Bemalter Kalkputz auf einem sekundär verbauten Quader der romanischen Bauphase. Länge des Maßstabs 20 cm.*

Der Bodenbelag der Grabkapelle Kirchbergers bestand aus rechteckigen Ziegelplatten (29 × 24 × 4,5 cm). Unter dem Plattenbelag wurde die westliche Einfassungsbegrenzung einer Grablege aus Ziegeln bzw. Ziegelfragmenten mit Auflagefalz für einen Epitaph entdeckt, die Grabgrube war ausgeräumt und mit der darüber liegenden Bodensubstruktion verfüllt. Die Korrelation der Bau- und Bodenbefunde ergab eine Translozierung des Wandepitaphs um 100 cm nach Norden während der letzten Umbauphase der Grabkapelle um 1735.

Kapellenkranz und Sakramentskapelle (1651–1705)

Nach Beendigung des Dreißigjährigen Krieges wurde die in Mitleidenschaft gezogene Bausubstanz des Klosters erneuert. Um den Fünf-Achtel-Chor wurde ein ca. 3 m breiter Kapellenkranz angelegt und im Osten die Sakramentskapelle, ein 6 m hoher Rundbau mit einem Durchmesser von 5,50 m, angebaut.
Unter der gesamten Länge der Sakramentskapelle wurde ein Nord-Süd verlaufendes, 1 m breites Streifenfundament erfasst, dessen ca. 25–30 cm breite Schalen aus Granitquadern und Ziegeln gebildet wurden. Das Streifenfundament wird anhand der aus den anlaufenden Bodenschichten geborgenen Materialien und der historischen Quellen des Klosters als die westliche Außenmauer der ehemals östlich des Chors stehenden Katharinakapelle (errichtet um 1327) interpretiert. Dieses war verantwortlich für die Fraktur, welche den gesamten Kuppelquerschnitt der Sakramentskapelle durchzog.

Bestattungen

Westlich des Streifenfundaments wurden die Füße eines adulten Individuums mit massiven Verkalkungen am rechten Achillessehnenansatz freigelegt; die Bestattung, ehemals im Außenbereich östlich des Chores angelegt, wurde bei Errichtung der Sakramentskapelle am Ende des 17./Beginn des 18. Jahrhunderts überbaut.
Im Chorumgang Süd wurden vier bis fünf weitere Bestattungen erfasst, von denen drei aufgrund ihrer Ausrichtung (West-Ost) durch die Überbauungsarbeiten am Ende des 17. Jahrhunderts unversehrt blieben und komplett freigelegt werden konnten (Abb. 250). Ein weibliches adultes Individuum wies eine starke, doppelte Wirbelsäulenverkrümmung (Skoliose) auf. Drei bronzene Gewandhaken im Halsbereich legen eine Bestattung in Sepulkraltracht nahe. Im östlichen Bereich des Kapellenkranzes wurden zwei übereinander bestattete Individuen dokumentiert, von denen nur das oben liegende, weibliche adulte Individuum freigelegt werden konnte. Der Schädel des unteren Skeletts wurde unter dem Schwellbereich zum angrenzenden Raum erfasst; die Ansätze seiner Nackenmuskulatur weisen auf einen äußerst robust gebauten Mann Ende 50 hin.
Die Bestattungen werden als Grablegen des 16.–17. Jahrhunderts von dem nordöstlich der Klosterkirche gelegenen Hospital interpretiert, welches über einen Friedhof vor dem südöstlichen Chorbereich verfügte.

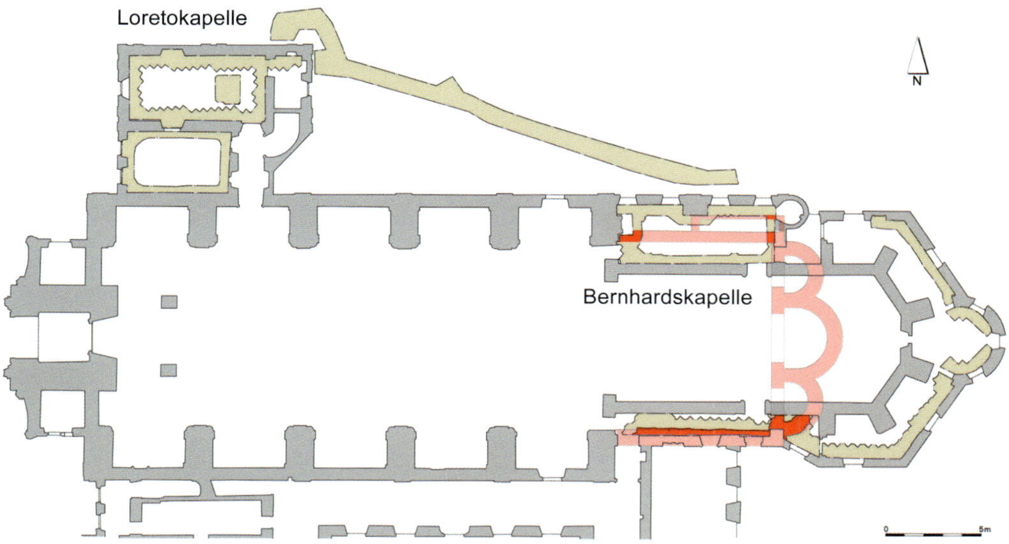

249 *Aldersbach. Grabungsplan. Braun: Grabungsflächen; rot: Mauern; hellrot: Rekonstruktionen.*

Außenbereich Nord

Nördlich der Klosterkirche wurde in westnordwest-ostsüdöstlicher Richtung ein 40 m langer und ca. 1 m breiter Leitungskanal von der im 18. Jahrhundert erbauten Loreto-Kapelle bis zum nördlichen Kapellenkranz angelegt. Im westlichen Bereich dieses Grabens wurde ein rechteckiger Revisionsschacht freigelegt, der den Zugang zu einem 50 × 50 cm breiten Entwässerungskanal ermöglichte. Der Südost-Nordwest verlaufende Kanal entwässerte das Gelände mit einem durchschnittlichen Gefälle von 2,5 %. Die Bausubstanz der Struktur sowie seine Interaktion mit den stark gestörten Schichtsequenzen im Außenbereich lassen eine Entstehung des Schachtes am Ende des 17. oder Beginn des 18. Jahrhunderts vermuten.
6 m östlich des Schachtes wurde in dem Suchschnitt die Südwestecke einer Fundamentierung erfasst. Die etwa 1,30 m breite, zweischalige Struktur besaß auf ihrer westlichen Außenflucht ein isodomes Mauerwerk aus rechteckig zugerichteten Granitquadern.
Östlich der Fundamentierung wurde eine weitere (adulte) Bestattung in gestreckter Rückenlage erfasst, deren Hände im Beckenbereich gekreuzt abgelegt waren.

Die düstere Atmosphäre des Winters, eine kontinuierliche Arbeitsinnentemperatur von 3 °C bei einer Luftfeuchtigkeit von über 50 %, die stickige, mit Schimmelpilzsporen angereicherte Luft sowie der drohende Ausbruch einer weltweiten Pandemie verliehen der Arbeitsatmosphäre im Kloster – noch verstärkt durch die Bilderwelt abendländischer Paradies- und Höllenvisionen – einen wahrhaft apokalyptischen Charakter.

Hardy Maaß

Literatur M. Untermann, Forma Ordinis. Die mittelalterliche Baukunst der Zisterzienser (München, Berlin 2001). – W. Melzer (Hrsg.), Mittelalterarchäologie und Bauhandwerk (Soest 2005). – T. Sterba, Herders neues Klöster-Lexikon (Freiburg, Basel, Wien 2010). – Chronik der Pfarrei Aldersbach: www.aidenbach.de/.../Chronik_Aldersbach/Chronik_Aldersbach.pdf.

Örtliche Grabungsleitung und Dokumentation H. Maaß, Fa. Phoinix. – *Anthropologische Bestimmungen* A. Grigat.

250 *Aldersbach. Chorumgang Süd, Blick nach Westen. Extramurale Bestattungen des zum Klosterhospital gehörenden Friedhofs, durch den Bau des Kapellenkranzes ins Kircheninnere verlagert.*

Von der Burg zur Kaserne – Unter dem Schulhof des Wirsberg-Gymnasiums in Würzburg

Unterfranken

Sanderau – eine geschichtsträchtige Nachbarschaft

Das Wirsberg-Gymnasium im Würzburger Stadtteil Sanderau liegt am Willy-Brandt-Kai direkt am Main. Ein neuer Anbau erhielt nun eine Tiefgarage unter dem Schulhof, um die Parkplatzsituation zu verbessern.

Der Schulhof schließt unmittelbar an die **Stadtbefestigung** der ersten Stadterweiterung um 1200 an, welche die Vorstadt Sand(au) umfasste. Noch heute steht der südwestlichste Wehrturm dieser Befestigungsanlage, der Hirtenturm. Ebenfalls erhalten sind drei – heute nur noch halbrunde – Wehrtürme in der West-Ost verlaufenden Stadtmauer. Dabei fällt auf, dass zwei dieser Wehrtürme recht nah beieinander stehen (Abb. 253).

Genau in der Südwestecke der Stadtbefestigung begann Bischof Gerhard von Schwarzburg (1373–1400) eine Burg, die **Neunburg**, zu errichten. Auf einer Abbildung in der Irmelshäuser Frieschronik ist dieser Bau zu erkennen. Bischof Gerhard starb jedoch und der Bau wurde nicht fertiggestellt. 1429 nahm sein Nachfolger Bischof Johann von Brunn den Bau der Burg wieder auf, aber bevor er vollendet war, haben ihn Bürger der Stadt 1432 zerstört. In der Irmelshäuser Chronik sind die zwei nah zusammenstehenden Wehrtürme der Stadtmauer, die flankierenden Tortürme der Neunburg, eingetragen. Auch der heute viereckige Hirtenturm ist zu erkennen, und zwar noch in seiner ursprünglichen runden Form.

Später wurde in der Südwestecke der Stadtbefestigung unter Balthasar Neumann 1722–1724 die **Alte Infanteriekaserne** gebaut. Der Hirtenturm wurde in den Kasernenbau integriert und bildete die Südwestecke des Gebäudes.

Im Zweiten Weltkrieg wurde der Südteil der Kaserne bei der Bombardierung Würzburgs am 16. März 1945 zerstört. Das Areal wurde aufgeschüttet, der Hirtenturm rekonstruiert und das Wirsberg-Gymnasium errichtet. Im nördlichen Teil der Infanteriekaserne entstanden Wohnungen.

Östlich des Wirsberg-Gymnasiums erstrecken sich noch heute die Gärten des Reurerklosters aus der Barockzeit, **Reurergärten** genannt. Sie reichten ursprünglich weiter nach Westen. Auf Nachkriegsbildern ist zu erkennen, dass die Vorkriegsbebauung stark überformt war, sodass der gesamte Bereich des Schulhofs zunächst um ca. 2 m abgegraben werden konnte. Erst ab dieser Tiefe erfolgten archäologische Sondierungen, bei denen einige Mauerreste festgestellt wurden, darunter aufgehendes Mauerwerk der Alten Infanteriekaserne. Es folgte ein weiterer flächiger Abtrag. Neben zahlreichen unterschiedlichen Mauerkronen wurde auch das Straßenpflaster der ehemals dort verlaufenden Kasernengasse freigelegt. Damit war klar, dass erst jetzt das Bodenniveau, über das 1945 die Bürger der Stadt liefen, erreicht war (Abb. 251).

Weitere Sondierungen gingen den Hinweisen auf eine frühe Wall-Graben-Befestigung der

251 *Würzburg. Aufgehendes Mauerwerk der Alten Infanteriekaserne und Bodenpflaster der Kasernengasse.*

Vorstadt, die beim Bau einer Trafostation im direkt angrenzenden Reurergarten archäologisch erfasst wurde, nach. Diese konnte allerdings nicht festgestellt werden. Das ursprüngliche Gelände fällt zum Main stark ab. Weitere Mauerbefunde ließen zudem eine andere archäologische Befundsituation erwarten. Auch der letzte Bodenabtrag musste flächig archäologisch begleitet werden. Wieder wurden Mauerbefunde unterschiedlicher Zeitstellung und Funktion vorgefunden (Abb. 253).

Die Grabungsbefunde

Der Einfachheit halber erfolgt die Beschreibung der wichtigsten Befunde von den jüngeren zu den älteren. Mit noch teilweise aufgehendem Mauerwerk erhalten waren Reste der unter Balthasar Neumann gebauten Infanteriekaserne im Westen der Fläche (Abb. 251). Ein fast 2 m breiter Mauerzug, der Süd-Nord verläuft, bildet die östliche Außenfront der **Kaserne**. Von diesem verlaufen nach Westen hin einige schmalere Fundamentmauern, die stumpf angesetzt sind. Diese treffen im Westen auf eine vermutlich ähnlich mächtige Fundamentmauer, deren Breite jedoch nicht geklärt werden konnte. Die westliche Außenseite der Kaserne liegt außerhalb des Baufeldes und konnte deshalb nicht aufgenommen werden. In einem der rechteckigen Räume fand sich eine Kanonenkugel (Abb. 254). Dass die Kaserne nicht die erste Bebauung war, zeigt eine West-Ost verlaufende Fundamentmauer (s. u.).

Einige Mauern konnten durch eine Überlagerung mit der Uraufnahme von 1832 den **Reurergärten** zugeordnet werden. Dazu gehört die Nord-Süd verlaufende Mauer, welche die ehemalige Kasernengasse im Osten begrenzte. Zu der Gartenanlage gehörte auch ein Brunnen, für den eine ältere Mauer durchbrochen wurde, sowie der südliche Teil einer Ziermauer oder Brunnenanlage im Garten. Eine West-Ost verlaufende Mauer könnte die Terrassierungsmauer der Gartenanlage sein, so wie sie im aktuellen Bestand östlich der Grabungsfläche noch vorhanden ist. Bei näherer Betrachtung fällt allerdings auf, dass es sich um mehrere Mauern handelt, die in einer Flucht gesetzt wurden. An dem östlichsten Teilstück der Mauer konnte zum Beispiel Verputz festgestellt werden. Bei der Mauer, die als südliche Begrenzung der Reurergärten identifiziert worden ist, könnte es sich auch um die innere Mauer der Stadtbefestigung handeln, die dort noch bis 1871 gestanden haben soll. Die Mauer ist recht massiv gebaut und fast 2 m breit. Der Abstand zwischen der Außenseite der Mauer bis zur äußeren Stadtbefestigung beträgt 5,5 m; hier war wohl der Zwinger. Nördlich dieser massiven, an der südlichen Grenze der Grabungsfläche verlaufenden Mauer konnte ein barocker Kanal freigelegt werden, der ebenfalls zu den Gartenanlagen des Reurerklosters gehört haben könnte. Er verläuft zunächst Ost-West und knickt dann nach Südwesten ab.

Einige Fundamente wurden sowohl von den Mauern der Infanteriekaserne als auch von denen der Gartenanlage überlagert, könnten also noch von der **Neunburg** stammen. Diese Mauerzüge ähneln sich in Mauerstärke, Aufbau und Mörtel, scheinen also in einem zeitlichen Zusammenhang zu stehen. Eine davon befindet sich im Bereich der Infanteriekaserne. Der Mauerzug verläuft ziemlich exakt von West

252 *Würzburg. Fundament der Neunburg, übermauert beim Bau der Infanteriekaserne.*

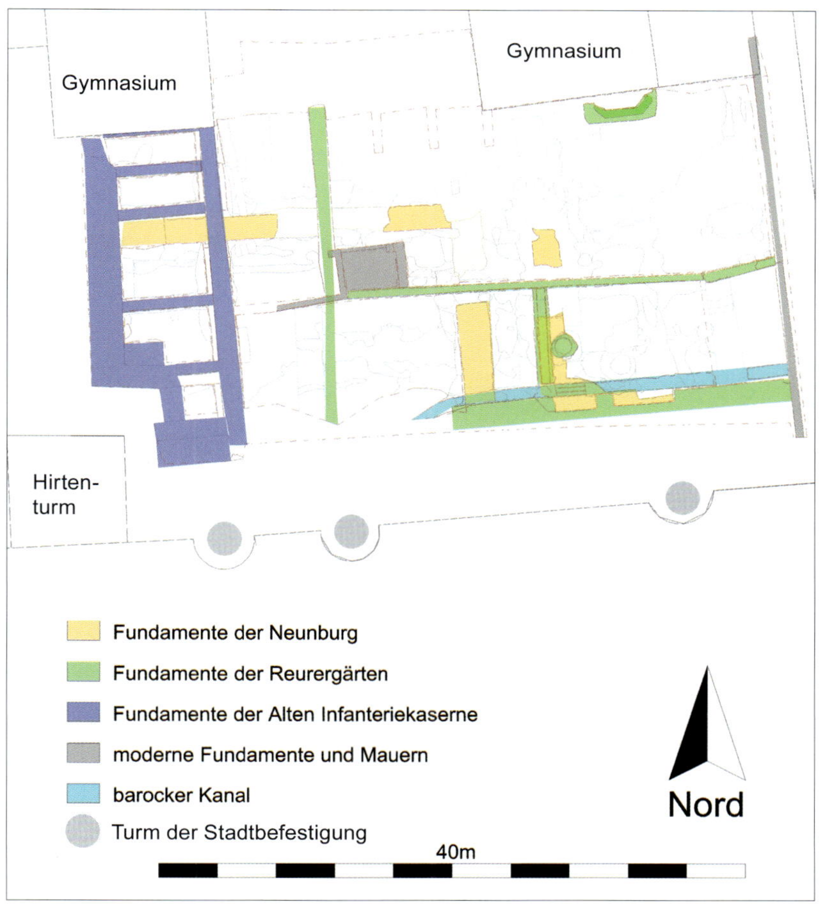

253 *Würzburg. Schulhof südlich des Gymnasiums. CAD-Plan Überlagerung.*

254 *Würzburg. Drohnenaufnahme mit Fundamenten der Kaserne. Norden ist rechts.*

nach Ost. Er ist nicht mit den Fundamenten der Infanteriekaserne verbunden, sondern bogenförmig übermauert (Abb. 252). Dies wurde vermutlich gemacht, damit die Statik der Kasernenmauern sich nicht mit denen der älteren Mauer verbinden konnte. Der Mauerzug verläuft unter der ehemaligen Kasernengasse und bricht dann ab. Möglich ist, dass die Mauer für den Bau der Westmauer des Reurergartens in diesem Bereich abgebrochen wurde, denn weiter im Osten setzt sie sich in einem weiteren Mauerstück offenbar fort.
Nordsüdlich verlaufen zwei parallele Mauerstücke, die zeitlich mit dem West-Ost verlaufenden Fundament zusammengehören dürften (Abb. 253 gelb). Beide beginnen im Süden an einer massiven von West nach Ost verlaufenden Mauer und brechen nach etwa 7 m ab. Kurz nach dem Abbruch quert die Terrassierungsmauer der Gartenanlage. Nördlich von dieser ist eine Mauerausbruchgrube im Planum zu erkennen, die mit dem von Westen kommenden Mauerstück zusammengehören dürfte.
Das östliche Mauerstück ist etwa in der Mitte durch den Bau eines Brunnens in den Reurergärten durchbrochen. Bei einem rund gemauerten Bereich im Süden handelt es sich wohl um das Fundament eines recht mächtigen Turms (Abb. 255).
Aufgrund von Störungen durch Baumaßnahmen am Gymnasium in den 1960er Jahren oder durch einen Bombentreffer ließen sich weiter nördlich keine archäologischen Strukturen mehr erkennen.

Unter ca. 4 m dicken unterschiedlichen Aufschüttungen sind neben der Vorkriegsbebauung auch die Reste einer barocken Gartenanlage des Reurerklosters, Kasernenbauten aus der Zeit von Balthasar Neumann und Fundamente der nie fertig gebauten bischöflichen Neunburg dokumentiert worden. Damit konnten in einer Grabung fast 800 Jahre Würzburger Stadtgeschichte nachverfolgt und mit Fakten untermauert werden.
Erhalten blieben Schichten des hohen Mittelalters um 1200 und möglicherweise ältere Spuren unter einer konservatorischen Überdeckung.

Dieter Heyse und Alexandra Klingelhöfer

Literatur F. Seberich, Die Stadtbefestigung Würzburgs, Teil I. Mainfränk. H. 39 (Würzburg 1962). – U. Wagner/W. Ziegler (Hrsg.), Lorenz Fries, Die Miniaturen der Bischofschronik (Würzburg 1996). – D. Heyse/F. Feuerhahn/P. Mößlein, Arch. Jahr Bayern 2003, 114–117.

Örtliche Grabungsleitung A. Klingelhöfer, BfAD Heyse GmbH & Co. KG.

255 *Würzburg. Fundamente der Neunburg. Rechts Turmfundament; unten Brunnen des Reurergartens, der in die ältere Fundamentmauer einschneidet.*

Zurück in die Zukunft – Untersuchungen im Schloss Geyerswörth in Bamberg

Oberfranken

Nicht nur städtebaulich gehört Schloss Geyerswörth – auf der gleichnamigen Regnitzinsel in unmittelbarer Nachbarschaft zum Bamberger Brückenrathaus gelegen (Abb. 256–257) – zu den bedeutendsten Baudenkmälern Bambergs. Benannt nach den ursprünglichen Besitzern des Wörths, der aus Nürnberg stammenden Patrizierfamilie Geyer, entstand der um einen fünfeckigen Innenhof angeordnete Schlossbau in den 1580er Jahren als fürstbischöfliche Residenz. Im Kern weist die Anlage noch Reste der spätmittelalterlichen Vorgängerbebauung auf, so etwa in Form des markanten Turms, und beherbergt mit dem sog. Renaissancesaal auch einen der repräsentativsten Räume der Stadt.

Vom fürstbischöflichen Stadtschloss zum Behördensitz

Mit Fertigstellung der Neuen Residenz auf dem Domberg diente Schloss Geyerswörth ab dem 18. Jahrhundert als Verwaltungs- und Ämtergebäude, zuletzt als städtische Dienststelle. Auch nach den derzeit laufenden, umfassenden Sanierungsarbeiten soll das einstige Stadtschloss der Fürstbischöfe wieder einen Teil der Stadtverwaltung aufnehmen. Als zentrale Anlaufstelle für Besucher ist dabei im Erdgeschoss des Ostflügels ein Foyer geplant, welches vom Innenhof aus barrierefrei zu erreichen sein wird. Durch den Rückbau moderner Binnenwände entsteht hier ein großzügiger Raum, der einen deutlichen Bezug zur bauzeitlichen Situation schafft: So waren mit Ausnahme des Westflügels die ebenerdigen Geschosse ursprünglich als offene Hallen mit zum Hof hin rundbogigen Arkaden konzipiert und wurden erst im Zuge jüngerer Umbauten sukzessive zugesetzt. Damit einher ging auch eine Anhebung des Laufniveaus im Ostflügel, das zuletzt knapp 1 m oberhalb der rezenten Hofpflasterung lag. Dementsprechend waren im Bereich des künftigen Foyers nach dem Rückbau der modernen Bodenaufbauten weitere Eingriffe erforderlich, die archäologisch begleitet wurden (Abb. 256). Dabei zeigten sich unter den zwischenzeitlich zur Niveauanhebung eingebrachten Auffüllungen umfangreich erhaltene Baubefunde.

Renaissancezeitliche Relikte

Den ältesten Befund aus der Frühzeit des Schlosses, der gleichzeitig die maximale Eingriffstiefe definierte, markiert ein Fußbodenhorizont aus großformatigen Sandsteinplatten (Abb. 258; 259,1a), der im Süden durch einen 1 m breiten Abschnitt aus Ziegeln (Abb. 259,1b) ergänzt wird. Letztere könnten dabei eine sekundäre Ausbesserung darstellen oder – worauf das sorgfältige Verlegemuster hindeutet – bewusst als optischer Kontrapunkt zu den Sandsteinplatten verlegt worden sein. Im Südwesten orientiert sich das Höhenniveau des Bodens am Innenhof, was mit der bereits erwähnten ursprünglich offenen Arkadenge-

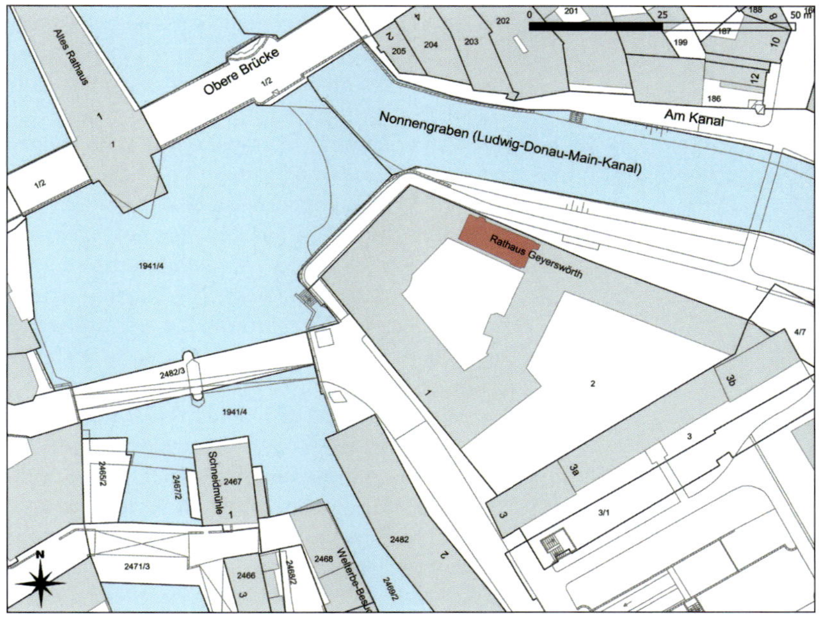

256 *Bamberg. Lageplan mit Eintragung der Untersuchungsfläche im Bereich des künftigen Foyers von Schloss Geyerswörth.*

257 *Bamberg. Luftbild mit Schloss Geyerswörth (Bildmitte) und dem in der Regnitz gelegenen Alten Rathaus (unten rechts). Blick von Norden.*

staltung des Renaissanceschlosses korrespondiert. Welcher Nutzung diese erdgeschossigen Räume einst dienten, lässt sich anhand der Befunde nicht eindeutig ermitteln. Auffällig ist jedoch, dass der Bodenbelag nach Nordosten hin ein deutliches Gefälle aufweist, das in eine kleine quadratische Abflussöffnung für Abwässer oder eindringendes Oberflächenwasser in der Außenwand mündet (Abb. 258). Ob der Plattenboden ursprünglich im gesamten Ostflügel verlegt war, ist durch einen im nördlichen Bereich der Untersuchungsfläche freigelegten, jüngeren Fußboden (Abb. 259,6) nicht abschließend zu beantworten. Zumindest lässt sich aber durch ein ansatzweise aufgedecktes und im Verbund mit den Außenmauern stehendes Querfundament (Abb. 259,2) sowie durch entsprechende Putzbefunde an der Ostwand eine bereits bauzeitliche Unterteilung der vierjochigen Arkade in zwei Hälften belegen.

Das südliche Ende des Sandstein- bzw. Ziegelbodens bildet ein knapp 40 cm hoher und mit identischen Sandsteinplatten belegter „Sockel" (Abb. 259,3), der interessanterweise ebenfalls über eine Entwässerungseinrichtung in Form einer steinernen Rinne im Plattenbelag verfügte (Abb. 259,4). Letzterer reicht nach Süden bis an die ursprüngliche Abschlusswand des Ostflügels (Abb. 259,5). In westlicher Richtung haben jüngere Einbauten die Situation leider verunklärt, sodass hinsichtlich der einstigen Ausdehnung keine Aussagen getroffen werden können. Auch funktional bereitet eine Ansprache des Befundes noch Schwierigkeiten.

Im nördlichen Drittel des Ostflügels konnte flächig der bereits erwähnte jüngere Laufhorizont freigelegt werden. Dieser besteht aus einem Ziegelboden (Abb. 259,6a), der in seinem Westteil eine sekundäre Ausbesserung durch einen Ziegelsplittestrich (Abb. 259,6b) erfahren hat. Das Niveau des Fußbodens liegt rund 30 cm höher als im Südteil des Flügels und weist auch kein Gefälle auf. Dieses war auch nicht notwendig, da die zeitgleiche Zusetzung des entsprechenden Arkadenbogens einen abgeschlossenen Raum belegt, der ausweislich stratigrafischer und bauhistorischer Beobachtungen im Laufe des 17. Jahrhunderts entstanden war. Ursprünglich setzte sich dieser bis zum Ansatz des Nordflügels fort, wie ein zugehöriger Wandputz samt Fassungsresten, welcher hinter der stumpf gegen die Außenwände gesetzten Nordwand (Abb. 259,7) durchläuft, belegt.

Amtsstuben statt Repräsentation

Mangelnder Bauunterhalt und die endgültige Umwandlung des einstigen Schlosses in ein Ämtergebäude mündeten in den 1740er Jahren schließlich in umfangreiche Baumaßnahmen, die auch im archäologischen Befund ihren Niederschlag fanden. So führte etwa der Einzug dreier Quermauern (Abb. 258; 259,7–9) zu einer vollständigen Neuaufteilung des Ostflügels. Dabei blieb im entstandenen nördlichen Raum der ältere Ziegelboden anfangs erhalten und wurde im Bereich der Baugruben für die neu eingespannten Wände durch einen Mörtelestrich ergänzt. Im Mittelteil wurde die bislang offene Arkade nun ebenfalls zugesetzt und der Sandsteinboden des späten 16. Jahrhunderts verschwand unter einer Planierung, auf der man einen neuen Ziegelboden verlegte. Dessen Höhenniveau entsprach jetzt dem im nördlich anschließenden Raum, welcher über eine im Westen der Trennwand gelegene Tür verbunden war (Abb. 258). In deren Flucht befand sich auch in der Nordwand ein später zugesetztes Portal. Etwas anders stellte sich hingegen die Situation im südlich gelegenen Raum dar: Hier wurde das Laufniveau um bis zu 1 m angehoben und zusätzlich eine Nord-Süd verlaufende Wand (Abb. 259,10) eingezogen. Die so geschaffene Situation korres-

258 *Bamberg. Renaissancezeitlicher Plattenboden im Ostflügel von Schloss Geyerswörth. Rechts unten Mauer Nr. 9, oben Mauer Nr. 8 mit zugesetztem Durchgang, in der Bildmitte Mauer Nr. 11 und rechts in der Außenwand die quadratische Abflussöffnung.*

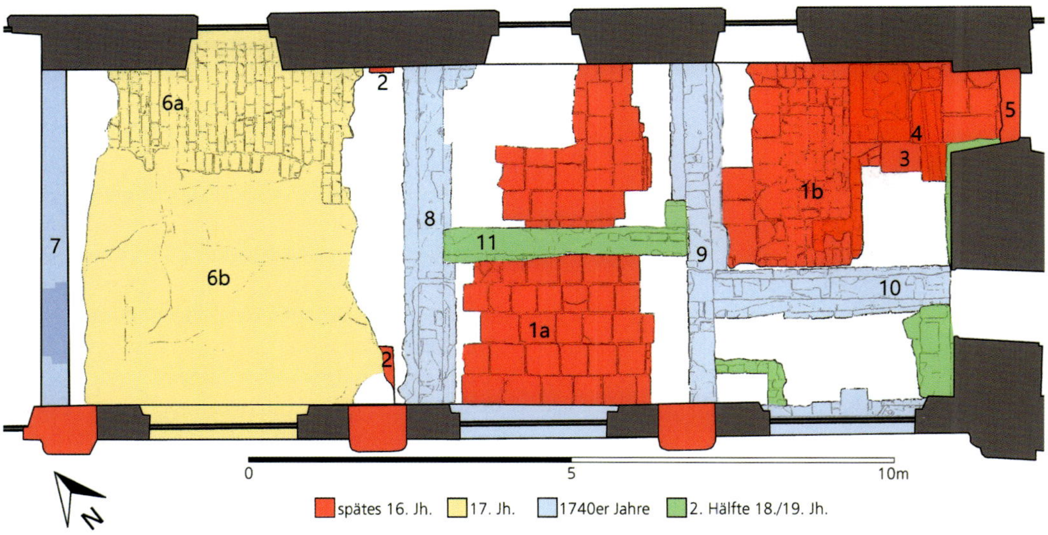

259 *Bamberg. Gesamtbefundplan der Untersuchung im Ostflügel von Schloss Geyerswörth mit Bauphasen.*

pondierte nun mit einem im südlich anschließenden Bauteil verlaufenden Korridor, der die dort anliegenden Amtsstuben erschloss.

Nach einem Brandereignis, welches anhand der Befundlage nur die beiden nördlichen Räume betraf, kam es im ausgehenden 18. Jahrhundert zu weiteren Veränderungen. So wurde analog zum Südteil des Ostflügels, wo zeitgleich keine strukturellen Veränderungen vorgenommen wurden, das Laufniveau abermals angehoben. Im Anschluss wurde der mittlere Raum noch durch das Einziehen einer Längswand (Abb. 258; 259,11) in zwei Hälften unterteilt. Da der Laufhorizont im Erdgeschoss des Ostflügels nun bereits weitestgehend dem modernen entsprach, lassen sich hinsichtlich der Gestaltung der Fußböden keine Aussagen mehr treffen. Bauhistorische Beobachtungen aus zahlreichen weiteren Räumen des Schlosses deuten jedoch auf einen Dielenboden hin.

Aufgrund statischer Schäden im Ober- und Dachgeschoss erfolgte im späten 19. Jahrhundert schließlich die Anhebung der Decke über dem Erdgeschoss des Ostflügels. Infolgedessen gab man auch die barocke Raumaufteilung auf. Die anschließend hier eingerichteten Büros erhielten durch das Einziehen neuer Zwischenwände eine gänzlich andere Struktur, welche erst im Zuge der jüngsten Maßnahmen zurückgebaut wurde.

Stefan Pfaffenberger

Örtliche Grabungsleitung S. Pfaffenberger, Stadtarchäologie Bamberg.

Ein fürstlicher Lustgarten – Die Mainterrasse mit Grotte von Schloss Johannisburg in Aschaffenburg

Stadt Aschaffenburg, Unterfranken

Vorarbeiten

Seit Jahrzehnten erfolgt die endgültige bauliche Wiederherstellung des im Zweiten Weltkrieg schwer getroffenen Aschaffenburger Schlosses. Im Zuge dieser Maßnahme ist geplant, auch die sogenannte Mainterrasse als öffentlich zugänglichen Schlossgarten grundlegend neu zu gestalten. Im Vorgriff der Arbeiten war in einem eigenen Projekt das umfangreiche Archivmaterial zu den Bautätigkeiten am Schloss gesichtet und ausgewertet worden. Auf diese Weise entstand der Zugang nicht nur zu überlieferten Abbildungen und Plänen, sondern auch zu detaillierten Rechnungen für Materiallieferungen und Handwerksarbeiten. Für den bis dato unerforschten Bereich der Mainterrasse wurde darüber hinaus im Rahmen der Planungsphase die hier vorgestellte archäologische Voruntersuchung beauftragt. Erhaltene Bau- und Gartenstrukturen, die den Zerstörungen des Zweiten Weltkriegs und der nachfolgenden Aufräumarbeiten entgangen waren, sollten lokalisiert und gegebenenfalls bei den Planungen mitberücksichtigt werden.

Zur Baugeschichte des Schlosses und Anlage der Mainterrasse

Das heutige Schloss steht an der Stelle einer mittelalterlichen Burg, die, auf einem Bergsporn über dem Main gelegen, den Fluss und das weite Umland kontrollierte (Abb. 263).

Die aus der Quellenlage heraus kaum erschlossene Burg ist durch archäologische Grabungen im Schloss und im Innenhof in

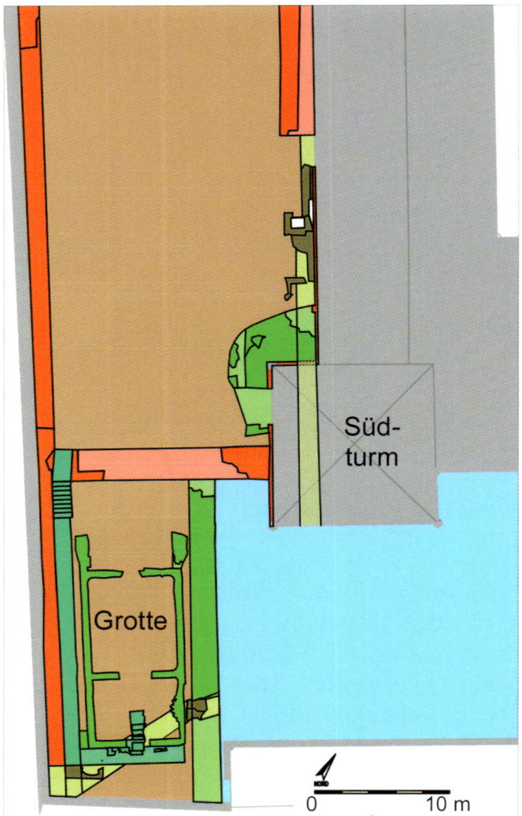

260 *Aschaffenburg. Schloss Johannisburg. Bauphasenplan vom südwestlichen Bereich der Mainterrasse.*

261 *Aschaffenburg. Die freigelegten Fundamente der Grotte. Blick von Nordosten.*

den 1980er Jahren nachgewiesen. Im Zweiten Markgräflerkrieg 1552 wurde sie in weiten Teilen zerstört. Anstelle eines Wiederaufbaus gab Kurfürst Johann Schweikard von Kronberg den Neubau des Schlosses Johannisburg in Auftrag. Dieser erfolgte in den Jahren 1605 bis 1614 durch den Straßburger Architekten und Baumeister Georg Ridinger als streng symmetrische vierflügelige Anlage im Stil der Renaissance. Von der Vorgängerburg schien nach bisherigen Erkenntnissen nur der große Bergfried, als fünfter Turm im Hof stehend, in den Neubau der Vierflügelanlage integriert worden zu sein. Jüngste, bisher unveröffentlichte baubegleitende Beobachtungen zeigen jedoch, dass auch an verschiedenen anderen Stellen ältere Bausubstanz vorhanden ist.

In Bauvorbereitung für den mainseitigen Schlossflügel errichtete man in den Jahren 1607/08 am Fuße des ursprünglich zum Main hin abfallenden Steilhanges eine mächtige, ca. 20 m hohe Stützmauer mit dem weithin sichtbaren Schauwappen des Bauherrn. Der Bereich zwischen Wappenmauer und Schloss wurde als Terrasse aufgefüllt. Die so gewonnene Mainterrasse diente in der Folgezeit als Garten, der durch Treppenanlagen von den herrschaftlichen Gemächern aus erreichbar war.

Heute läuft diese Terrasse auf einer Ebene an der Südwest- und der Südostseite um das Schloss, wobei die zur Stadt gewandte Südostseite durch eine hohe Futtermauer zum Schlossplatz hin mehr den Charakter eines tiefen Zwingers hat. Vom Schlossplatz erfolgt mittig der Zugang zum Schloss über eine befahrbare Brücke.

Grabungsbefund Wassergraben

Die aktuelle Grabung zeigte nun, dass die Abgrenzung zur Stadt hin ursprünglich noch sehr viel deutlicher gestaltet war. Die heute umlaufende Terrasse erstreckte sich anfangs nur bis zur Mitte des Südturms. Gleichzeitig mit dem Südturm des Schlosses war 1608 von dort eine Quermauer zur 1607 errichteten Wappenmauer erbaut worden, die den nördlichen Gartenbereich nach Süden begrenzte (Abb. 260 rot).

Südlich dieser Mauer und das Schloss im Südosten und Nordosten umziehend lag ein breiter Wassergraben. Die ursprüngliche Grabensohle konnte in einem Grabungsschnitt am Südturm sowie in mehreren Bohrsondagen sicher in ca. 6 m Tiefe unter dem heutigen Gartenniveau ermittelt werden. Die Grabensohle bestand aus einer künstlich eingebrachten Lehmabdichtung, auf der sich eine Schicht aus Faulschlamm abgelagert hatte. Der Graben

wurde durch den westlich der Stadt verlaufenden Röderbach gespeist und entwässerte mit einem Überlauf am Südende der Wappenmauer. Dort trieb das Wasser eine Mühle am Fuß der Mauer an.
Durch diesen Kunstgriff entstand für den von der Stadt auf das Schloss blickenden Besucher der Eindruck eines Wasserschlosses hoch über dem Main mit einem mächtigen Wassergraben, der allerdings, für den Betrachter vor dem Schloss nicht sichtbar, hinter der Turmecke endete.

Die Gartengrotte

Unter dem Kurfürsten und Erzbischof Anselm Franz von Ingelheim erfolgte in den Jahren 1692 bis 1694 eine einschneidende Umgestaltung des Gartens auf der Mainterrasse. Angeregt durch italienische oder französische Vorbilder sollte der Garten nun eine künstliche Felsgrotte erhalten. Für den Neubau musste Platz geschaffen werden. Zu diesem Zweck wurde der Wassergraben durch Einzug einer Mauer parallel zur Wappenmauer am Südende verkürzt und der auf diese Weise abgetrennte Bereich bis auf Höhe eines bereits bestehenden Umganges entlang der Wappenmauer aufgefüllt (Abb. 260 grün). Ein in der Auffüllung verlaufender Entwässerungsstollen leitete den Überlauf des Grabens weiterhin über die Wappenmauer ab.

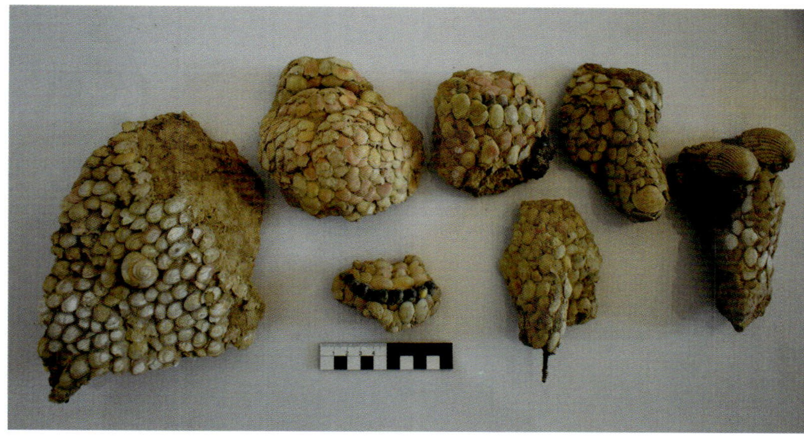

Die Existenz einer Grotte ist durch eine Vielzahl von Hofrechnungen dokumentiert und in einem Gartenplan von 1744 angedeutet (Abb. 264). Ihr Standort war bisher jedoch nicht zweifelsfrei lokalisiert, ihre Dimensionen und die Gliederung des Baukörpers waren unbekannt. Die archäologischen Befunde konnten diese Lücke nun schließen.
Das Bauwerk nahm eine Fläche von 16,20 × 7,50 m ein (Abb. 261). Die Grundmauern waren noch 0,5 m hoch erhalten und hatten kein ausgeprägtes Fundament. Die Grotte war in drei Räume unterteilt; die Eingänge lagen an den Schmalseiten im Südosten und Nordwesten. Der nordwestliche, gartenseitige Zugangs-

262 *Aschaffenburg. Dekorationselemente aus dem Grotteninneren. Fragmente einer überlebensgroßen Figur (Neptun?).*

263 *Aschaffenburg. Schloss Johannisburg im Luftbild. Blick von Süden. Bayerisches Landesamt für Denkmalpflege – Luftbilddokumentation, Aufnahmedatum 19.03.2015, Fotograf Klaus Leidorf, Archiv-Nr. 6120/009 Bild 7D202100.*

264 *Aschaffenburg. Entwurfszeichnung zur Gartenplanung „Riss über die herrschaftlichen Gärthen zu Aschaffenburg. 1744" (Ausschnitt). Rechts unten die „Crotten".*

raum dürfte eine halboffene Form gehabt haben und vermittelte so zwischen Architektur und Garten. Der südöstliche Raum war von einem Sandsteinplattenweg über eine Türöffnung mit flacher Innentreppe zugänglich. Das Mauerwerk bestand – soweit erhalten – aus vermörteltem Gneisbruch, der Grottenboden aus Flusskieseln. Die Innenraumecken waren ursprünglich mit überwölbten Nischen versehen. Die Innenwände waren mit Applikationen in teilweise farbigem Kalkmörtel bedeckt, weitere Zierelemente fanden sich im Abbruchschutt (Abb. 265).

Verwendet wurden natürliche Materialien wie Steingranulat und Kiesel, Bergkristalle und Amethystdrusen, Muscheln, Schnecken-Schildpatt (Abb. 262), ferner künstliche Stoffe wie Metallschlacke, Abfälle der Glasherstellung wie Glasfluss und Glas in Eiszapfen- oder Pyramidenform. Das Grotteninnere muss im Laternenschein gefunkelt und geglitzert haben. Partielle Steinsetzungen aus Riffkalkbruch dienten als Wandvorlagen oder umgrenzten mögliche Standorte von Figuren vor den Innenwänden. Eine westlich der Grotte verlaufende Bleiwasserleitung diente wohl als Zulauf für Wasserspiele innerhalb der Grotte. Archivalisch ist der Kauf von zwölf Messinghähnen belegt. Eine teilweise ergrabene Rechteckgrube im Grottenboden mit Spuren von Wasserpflanzen sowie eine verlagerte Brunnenschale sind ebenfalls Relikte der üppigen Innenausstattung.

Die prächtige Innenwanddekoration gibt Grund zu der Annahme, dass die Gartengrotte von Schloss Johannisburg als Vorbild für den 1729 fertiggestellten Gartensaal („Sala terrena") im Schloss Weißenstein in Pommersfelden, einem ab 1711 errichteten Privatschloss des Mainzer Kurfürsten und Fürstbischofs Lothar Franz von Schönborn, gedient hat. Die archäologisch wieder ans Tageslicht geholte künstliche Grotte auf der Mainterrasse markiert sicherlich einen kunsthistorischen Höhepunkt in der barocken Gartenarchitektur.

265 *Aschaffenburg. Grotteninneres mit Wandapplikationen und abbruchzeitlicher Verfüllung.*

Umgestaltung der Gartenanlage und Abriss der Grotte im 18. Jahrhundert

Wohl im Rahmen einer Neugestaltung der Mainterrasse nach einem Gartenentwurfsplan des Architekten Emanuel Joseph von Herigoyen 1774/75 erfolgte im Jahr 1783 die weitere Verfüllung des verbliebenen Wassergrabens, der Abbruch der Grotte, ein Teilabbruch der Zwischenmauer und eine einheitliche Aufplanierung bis auf das Niveau der nördlichen Mainterrasse zur Erweiterung des Lustgartens nach Süden. Inwieweit der Plan in Teilen oder vollständig zur Ausführung kam, bleibt zunächst unklar, zumal viele jüngere Gartenstrukturen wie der Landschaftsgarten des 19. Jahrhunderts durch tiefgreifende Geländeplanierungen nach dem Zweiten Weltkrieg beseitigt waren.

Holger Fries, Jochen Scherbaum
und Heike Palm

Literatur K. H. Franck/L. Wamser, Arch. Jahr Bayern 1983, 166–170. – G. Ermischer, Schlossarchäologie (Aschaffenburg 1996).

Örtliche Grabungsleitung und -dokumentation H. Fries, Archäologische Dokumentation Jochen Scherbaum, Bamberg. – *Archivrecherche* H. Palm, Hannover.

„Die heuwt, die henk ich in den Bach" – Eine frühneuzeitliche Gerberei an der Hauptstraße in Haßfurt

Landkreis Haßberge Unterfranken

Die Anlage der Kernstadt von Haßfurt auf einer leicht nach Westen geneigten Terrasse nördlich des Mains geht auf den hochmittelalterlichen Ausbau durch den Landesherrn, den Würzburger Bischof Herrmann von Lobdeburg zurück, der dem Ort in den 1230er Jahren auch das Stadtrecht verlieh. Die Kernstadt schließt sich von Westen an eine ältere Siedlung an, die sich anhand archäologischer Funde bis in karolingische Zeit zurückverfolgen lässt, dann jedoch im Laufe der Zeit an Bedeutung verlor. In der westlichen Kernstadt hat sich das regelmäßige Straßenraster der Gründungszeit bis heute erhalten. Südlich des zentralen Marktplatzes verläuft die Hauptstraße, ursprünglich als Steinweg oder Steingasse bezeichnet, in Ost-West-Richtung. Durch eine weitere Hauptachse in Nord-Süd-Richtung zum Main hin ergeben sich etwa gleich große Viertel, die im Inneren durch breite Straßen parallel zum Main erschlossen sind.

Ein aktuelles Bauvorhaben im südwestlichen Stadtviertel unweit des Rathauses bot jetzt die Gelegenheit zur archäologischen Untersuchung von drei zentral gelegenen Innenstadtparzellen, darunter das ehemalige Grundstück Hauptstraße 47.

Mittelalterliche Erdbefunde und jüngere Steinbebauung

Bei der archäologischen Sondierung, der eine flächige Ausgrabung bis zur notwendigen Bautiefe folgte, zeigte sich eine sehr intensive Nutzung des Quartiers seit dem Hochmittelalter. Die älteren Strukturen, insbesondere Gruben- und Erdbefunde, lagen in der südlichen Hälfte des Areals teilweise nur 15–20 cm tief unter flächig ausgebreiteten Planierschichten im lehmigen Verwitterungshorizont des anstehenden Muschelkalks (Abb. 266). Es handelt sich um ein weites Spektrum an Siedlungsbefunden, wobei die Funktion der Gruben nicht immer eindeutig war.

Der überwiegende Teil an Fundamentmauerzügen auf dem Areal dürfte erst in der Neuzeit entstanden sein. Es ist zu beobachten, dass die Fundamente mittelalterliche Erdbefunde schneiden oder überlagern. Meist füllt das Mauerwerk die ausgehobenen Fundamentgräben vollständig aus, weshalb eine genauere Ansprache, beispielsweise durch Keramikfunde aus dem Bauzusammenhang, selten möglich ist. Insgesamt passen sich die breiteren Außenfundamente in die alten Flurgrenzen ein. Oft gehören sie zum bekannten aufgehenden Bestand, der erst im Zuge der aktuellen Baumaßnahme abgebrochen wurde.

Eine Gerberei der frühen Neuzeit

Im rückwärtigen Teil des Anwesens konnte eine Nutzung als Gerberei nachgewiesen werden. Für die Standortwahl dieses Gewerbes im Stadtgebiet war neben der Versorgung mit Wasser, hier über den hauseigenen Brunnen, ebenso die Nähe zu einem fließenden Gewässer entscheidend. Mit den auf der Parzelle angetroffenen unterschiedlichen Fassformen – für die verschiedenen aufeinanderfolgenden Gerbvorgänge – konnten typische Bestandteile der Rot- oder Lohgerberei, einem Gerbverfahren, das mit pflanzlichen Bestandteilen wie Eichen- oder Fichtenrinde arbeitet, in Verbindung gebracht werden.

Insgesamt wurden acht Standorte von eingegrabenen Gerberbottichen erfasst (Abb. 266).

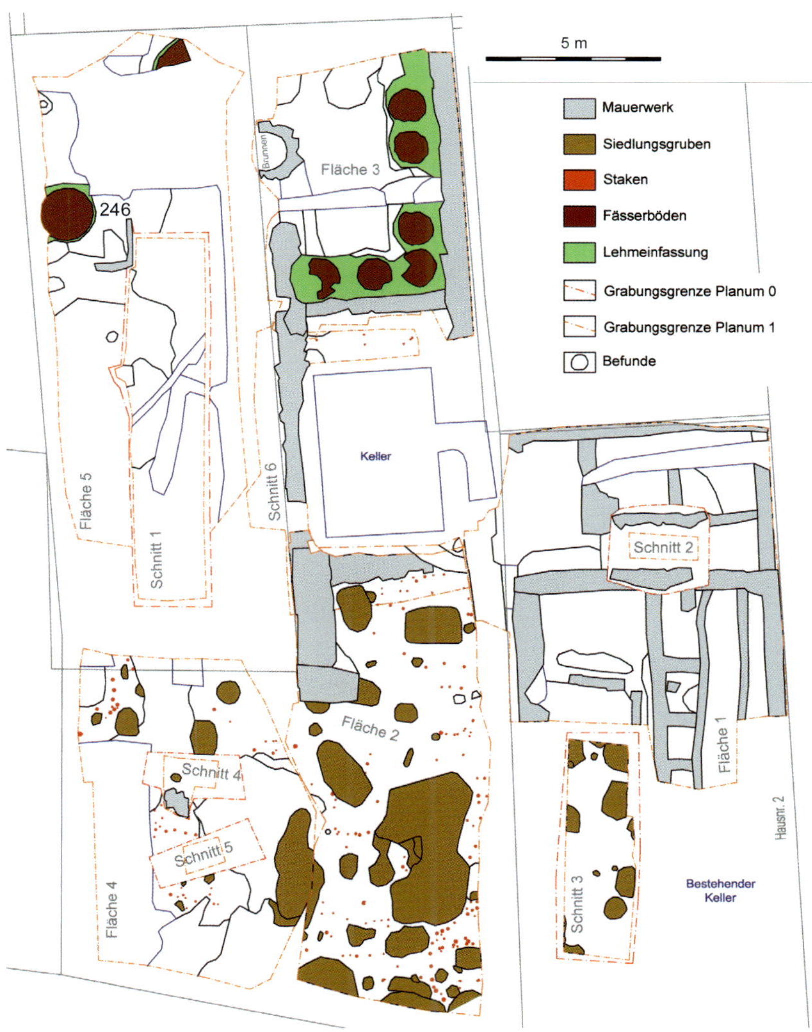

266 *Haßfurt, Hauptstraße 47. Übersichtsplan.*

Davon lagen sechs im Nordteil des Seitenflügels und zwei im heutigen Hofbereich. Alle Fassstandorte waren durch eine kompakte türkisgrüne Lehmpackung nach außen isoliert (Abb. 267). Die einheitliche, L-förmig umlaufende Lehmisolierung lässt für die meist etwas kleineren Bottiche mit Durchmessern zwischen 0,95 und 1,10 m im Gebäudeinneren einen einheitlichen Entstehungszeitpunkt vermuten, wenngleich die Einbautiefe etwas variiert. Am besten erhalten war der sehr große und tief eingegrabene Bottich 246 an der Grenzmauer zum westlichen Nachbarn (Abb. 268). Anders als bei den meisten Bottichen, die sich nur als weich humoses Material bzw. als Negativabdruck in der Lehmisolierung zeigten, waren dort der gezimmerte Fassboden, die unteren 30–40 cm der seitlichen Dauben sowie mehrere Fassreifen aus gespaltenen Birkenästen mit Querwickelung noch vorhanden (Abb. 269). Die Konstruktion des kegelstumpfförmigen Bottichs mit einem Außendurchmesser von knapp 1,70 m konnte genau nachvollzogen werden. Durch die Baugrube lässt sich eine Mindesthöhe von 1,0 m rekonstruieren. Sehr wahrscheinlich war dieser Bereich entlang der Nachbarmauer ursprünglich überdacht, was aus der übereinstimmenden Lage eines schmalen Nebengebäudes im Urkatasterblatt mit den Resten eines abgewinkelten Fundamentstreifens im archäologischen Befund geschlossen werden kann. Stratigrafisch und aus Funden in den Einbau- bzw. Isolierschichten lässt sich die Errichtung und Nutzung der Bottiche im 17. Jahrhundert und die Aufgabe der Gerberei spätestens im 18. Jahrhundert folgern. Für einen der Fassstandorte ist eine zwischenzeitliche Erneuerung wahrschein-

267 *Haßfurt, Hauptstraße 47. Fläche 3, Übersicht mit sechs Standorten von Gerberfässern in heller Lehmisolierung im rückwärtigen Seitenflügel. Blick von Nordosten.*

268 *Haßfurt, Hauptstraße 47. Fläche 5, Übersicht Planum 1 mit Gerberbottich 246 an der Mauer, vorne der geöffnete Brunnen in Fläche 3. Blick von Nordosten.*

269 *Haßfurt, Hauptstraße 47. Gerberbottich 246: Außenseite der Fassdauben mit gespaltenen Birkenästen als Fassreifen.*

lich. Neben den Fässern gehörten aber auch große Flächen sowohl im Hof als auch im Gebäudeinneren zu den typischen Kennzeichen eines Gerbereianwesens. Das gleichzeitig als Wohn- und Werkstatt genutzte Haus mit seiner charakteristischen Architektur, dem hohen und geräumigen Dachstuhl zum Trocknen und Lagern der Häute und des Leders und dem kühlen Keller lässt sich sicher dem spezifischen, besonders im süddeutschen Raum herausgebildeten Gebäudetyp eines Gerberhauses zurechnen.

Archivalische Recherchen

Nach Recherchen des Stadtarchivs Haßfurt lässt sich die archäologisch nachgewiesene Gerberei im Haus an der Hauptstraße 47 sehr wahrscheinlich mit einem archivalisch belegten Rotgerber in Verbindung bringen. Laut dem Bethprotokollbuch von 1615, das eine Art städtische Abgabenliste darstellt, war im betreffenden Stadtviertel nur ein Rotgerber namens Klaus Hofstätter am Steinweg, der heutigen Hauptstraße, ansässig. Auch das Symbol am Portalschlussstein mit der Jahreszahl 1593 wird als Zunftwappen der Gerber identifiziert. Es zeigt, wenngleich stark verkürzt, die gekreuzten Schabeisen über dem senkrechten Falzeisen und oben wahrscheinlich den gerundeten Schabebock. Ein in Erwägung gezogener Zusammenhang der Fässer mit der Produktion von Bier kann somit ausgeschlossen werden. Dieser Verdacht hatte sich ergeben, da das Anwesen Anfang des 19. Jahrhunderts vom Wirt Johann Adam Rüdel als Gasthaus „Zu den drey Kronen“ zum Verkauf angeboten wurde. In seinem Inserat hatte er auf einen „Platz zur Einrichtung eines Bräuhauses“ verwiesen. Der Käufer Andreas Metz, Kaminkehrermeister aus Würzburg, beantragte vergeblich, die Wirtshauskonzession des Vorbesitzers zugesprochen zu bekommen.

Ein Beitrag zur Gewerbetopografie

Dass die Gerbertradition auf dem Grundstück bis in das Spätmittelalter zurückreicht, kann nicht belegt werden. Zwar ist eine intensive Nutzung des Bereichs, in den später die Bottiche eingebaut wurden, durch eine Vielzahl auch größerer, rundlicher Gruben gesichert, eine typische Lehm- oder Kalkmörtelisolierung fand sich aber an keiner der älteren Gruben. Der archäologische Nachweis und die genaue Verortung eines bislang nur aus Schriftquellen allgemein im Stadtviertel bekannten Gerbereibetriebes stellen einen bedeutenden Beitrag zur Geschichte der Gerberzunft und zur weiteren Erforschung der Gewerbetopografie in Haßfurt dar. Gleichzeitig bietet sich die Möglichkeit, das Gerberhandwerk mit den anderen, davon abhängenden Handwerken wie dem Schuhmacher, Riemenschneider, Flickschuster oder dem Pelzer, aber auch dem Knochenhauer, Schlachter, Abdecker etc. zusammen zu sehen und die Stadt als dynamischen Raum zu begreifen. Bemerkenswert erscheint ferner die prominente Lage, also dass dieses bekanntermaßen geruchsintensive und stinkende Gewerbe an der Hauptstraße mitten in der Stadt angesiedelt war.

Martin Wortmann, Markus Köllner und Gesa Wilhelm-Kazman

Literatur R. Gutbier, Haßfurter Bürgerhäuser. In: 750 Jahre Stadt Haßfurt (Haßfurt 1985). – U. Müller, Gerberei im späten Mittelalter. Überlegungen zur Anwendung der Theorien sozialer Praktiken für die Erforschung handwerklicher Tätigkeiten (2018). PDF: www.ufg.uni-kiel.de. – W. Jäger, Handwerke und Zunftwesen in Haßfurt. (unveröffentlichtes Manuskript).

Örtliche Grabungsleitung und Grabungsdokumentation M. Wortmann, BfAD Heyse GmbH & Co. KG.

Frühneuzeitliche Bestattungen um die Pfarrkirche St. Martin in Eggolsheim

Landkreis Forchheim, Oberfranken

Das Umfeld der St. Martinskirche in Eggolsheim soll neu gestaltet werden. Daher wurden im Frühjahr 2020 Sondagegrabungen vorgenommen, um im Vorhinein die Befundsituation zu klären. Auf diese Weise sollten umfangreichere Ausgrabungen bei der eigentlichen Sanierung vermieden werden. Insbesondere galt es, Informationen über die Tiefe der dort vorhandenen Bestattungen zu gewinnen und ggf. Reste des Vorgängerbaus der Kirche zu eruieren. Um den vorgegebenen Rahmen nicht zu sprengen, wird hier lediglich auf Schnitt 7 beispielhaft Bezug genommen.

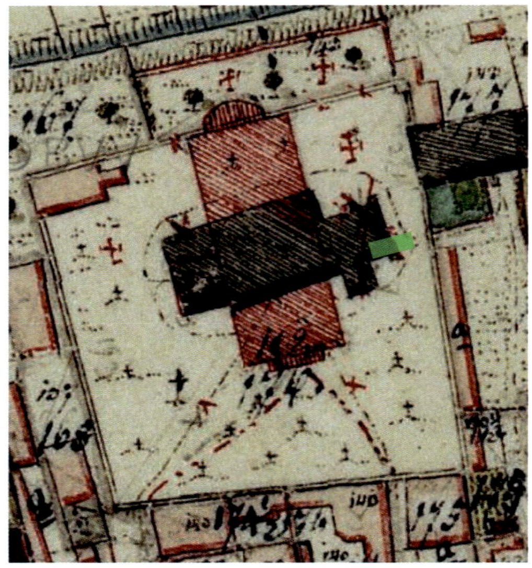

270 *Eggolsheim. Urkataster von 1821 mit Lage der neuen (rot) und alten (schwarz) St.-Martinskirche; Schnitt 7 (grün eingetragen). Geobasisdaten: Bayerische Vermessungsverwaltung 2021.*

271 *Eggolsheim. Bestattung einer schwangeren Frau mit Fötusknochen im Becken- und Bauchbereich. Blick von Osten.*

St. Martin und seine Vorgängerbauten

Die St. Martinskirche in ihrer heutigen Form geht auf einen Neubau von 1827–1830 zurück (Abb. 273). Die Vorbilder für diesen Bau entlieh der Architekt Leo von Klenze der italienischen Renaissance. Die heutige Kirche ist Nord-Süd orientiert, während der Vorgängerbau West-Ost ausgerichtet war. Im Urkataster sind die Grundflächen beider Kirchenbauten eingetragen (Abb. 270). Eine Handzeichnung wohl des frühen 19. Jahrhunderts zeigt die Südseite der Vorgängerkirche mit dem Turm, einem gedrungenen Langhaus und einem niedrigeren Choranbau (Abb. 272). Dieser spätmittelalterliche Vorgängerbau wurde abgebrochen, jedoch hat sich der markante Turm (Bauinschrift von 1305) bis heute erhalten.

Aus den Schriftquellen geht hervor, dass es nach der Errichtung der Saalkirche mit Turm im frühen 14. Jahrhundert noch weitere Baumaßnahmen gab: Ein Ölberg wird in der Mitte des 16. Jahrhunderts angefügt. 1632 wird Eggolsheim von schwedischen Truppen niedergebrannt, der Wiederaufbau erfolgt ab 1634. 1644/45 wird ein neuer Turmhelm mit Scharwächtertürmchen aufgesetzt, evtl. ist auch der Dachreiter in diese Bauphase zu datieren.

Eine vermutete frühmittelalterliche Kirche konnte nur indirekt erschlossen werden. Unweit entfernt befindet sich ein Reihengräberfeld der Karolingerzeit. Eine als Lesefund bereits in den 1980er Jahren geborgene Scheibenfibel des 10. Jahrhunderts fand sich südlich des Bestandsgebäudes; einzelne Keramikscherben derselben Zeitstellung stammen aus Planierungen des 19. Jahrhunderts. Die im Auftrag des BLfD durchgeführte Radiocarbondatierung einer Kinderbestattung (kalibriert 1027 ± 17 Jahre) legt nahe, dass im direkten Umgriff der Kirche ein frühmittelalterlicher Vorgängerbau vorhanden gewesen sein muss.

Traufkinder am Choranbau

In Schnitt 7 konnte festgestellt werden, dass es sich bei dem in der Zeichnung des frühen 19. Jahrhunderts (Abb. 272) abgebildeten

Choranbau um eine Erweiterung im Zuge des Wiederaufbaus nach den Zerstörungen des Dreißigjährigen Kriegs ab 1634 handelt. Zwischen der Außenmauer des Anbaus und der ursprünglichen östlichen Außenmauer der Kirche wurden mehrere Kleinkinder- und Säuglingsbestattungen („Traufkinder“) freigelegt. Aus konservatorischen Gründen wurden nur diejenigen Bestattungen entnommen, die zur Freilegung der Mauer nötig waren, weshalb die absolute Anzahl der Bestattungen und die Tiefe des erhaltenen Bestattungshorizontes unklar bleiben muss.
Außerhalb des Anbaus aus der Mitte des 17. Jahrhunderts fanden sich zahlreiche Bestattungen erwachsener Personen, hierbei vor allem Frauen mit aufwendigeren Kleidungsbestandteilen des 17. und 18. Jahrhunderts, wie z. B. ein Breverl, d. h. ein mit Heiligenbildern, Sinnsprüchen, Gebeten oder Bibelversen versehener Faltzettel, der in einer metallenen Fassung mit Glasfenster als Anhänger getragen wurde.

Anthropologische Befunde

Insgesamt konnten aus den sieben Schnitten rund um die Kirche 26 Individuen dokumentiert werden, zusätzlich wurden aus allen Schnitten umgelagerte menschliche Überreste analysiert. Die bestatteten Individuen lagen fast alle in Rückenlage mit gestreckten Beinen, die Armhaltung variierte von seitlich angelegt bis an Bauch, Becken oder Brust gekreuzt.

272 *Eggolsheim. Umzeichnung einer Federskizze des frühen 19. Jahrhunderts: Südseite von St. Martin (vor 1827).*

273 *Eggolsheim. Luftbild, Blick von Süden. Bayerisches Landesamt für Denkmalpflege – Luftbilddokumentation, Aufnahmedatum 07.02.1996, Fotograf Klaus Leidorf, Archiv-Nr. 6332/017, Dia-Nr. 7431-19.*

In Schnitt 1, außerhalb der ehemaligen Friedhofsmauer des 15. Jahrhunderts, wurde ein männliches Skelett seitlich in einem im Profil trichterförmigen Loch bestattet. Er lag auf seiner linken Seite mit Blick nach Norden, die Arme parallel am Körper platziert. Die Altersbestimmung des Individuums ergab ein Sterbealter von mindestens 40 Jahren. Die geborgenen Knochen zeigten häufig ausgeprägte Muskelansätze, was auf schwere körperliche Arbeit hindeuten kann. An beiden Wirbelbögen des dritten und vierten Halswirbels konnten schmerzhafte Knochenauswüchse festgestellt werden, welche auf Dauerbelastung zurückzuführen sind.
Ein Fall, wie man ihn nur selten publiziert findet, liegt vor mit einer zwischen dem 25. und 35. Lebensjahr verstorbenen Frau, die in einem späten Stadium der Schwangerschaft oder beim Geburtsvorgang starb (Abb. 271). Die noch vorhandenen Knochen des Säuglings lagen in ihrem Bauch- und Beckenbereich. Anhand osteometrischer Analysen konnte festgestellt werden, dass der Fötus zwischen 38 und 40 Wochen alt war. Da die Mutter eine komplette Gelenkversteifung zwischen Kreuz- und Darmbein hatte, welche die normale Bewegung des Beckens und Kreuzbeins verhindert hat, war ein natürlicher Geburtsvorgang nicht möglich. Durch die Lage des Fötus kam es ebenfalls zu Problemen: Anhand der Position der Knochen kann geschlussfolgert werden, dass der Fötus in Querlage mit möglichem Armvorfall im Mutterleib lag, was noch heute zu großen Komplikationen für Mutter und Kind führen kann.
Mehrere pathologische Veränderungen konnten an den umgelagerten Knochen sowie an den bestatteten Individuen festgestellt werden: Am häufigsten treten Verschleißschäden in den Gelenken oder Veränderungen, die mit Mangelernährung in Verbindung stehen, auf. Zusätzlich fanden sich Fehlwüchse, Hinweise auf Individuen mit der sog. Glasknochenkrankheit, Rachitis und auch falsch verheilte Knochenbrüche.

Julian Decker

Literatur J. Urban, Kirchen und Kapellen der Pfarrei Eggolsheim (Wangen im Allgäu 1990). – J. Haberstroh, Arch. Jahr Bayern 1995, 135–137. – J. Schenk, Frühneuzeitliche Grabfunde. In: H. Bender, Die Ausgrabungen 1978–1980 in der Klosterkirche Heiligkreuz zu Passau-Niedernburg. Materialh. Bayer. Arch. 108 (Kallmünz 2018) 625–675.

Anthropologische Bestimmungen B. Krooks, ITV-Grabungen Bamberg. – *^{14}C-Daten* Curt-Engelhorn-Zentrum Archäometrie gGmbH, Mannheim.

Im Regen stehen gelassen – Brückenpfähle in Nittenau

Landkreis Schwandorf, Oberpfalz

Unsere moderne postindustrielle Gesellschaft ist hochmobil geworden. Waren, Dienstleistungen, Menschen – alles muss „just in time" verfügbar, lieferbar sein und somit auch transportiert werden. Straßen bilden das Rückgrat dieser Mobilität. Hindernisse wie Flüsse oder Täler werden heute durch aufwendige Brückenbauten, die den Anforderungen der modernen Verkehrsströme gerecht werden müssen, gequert. In früheren Zeiten dienten zunächst oftmals Furten dem gleichen Zweck. Wo dies nicht möglich war, erfolgte ein Brückenschlag von einem Ufer zum anderen. Im Laufe der Zeit traten Brücken an die Stelle der Furten oder Fähren. Die heutigen Verkehrswege folgen häufig den seit Jahrhunderten begangenen und ausgefahrenen Pfaden, ständige Reparatur- und Umbauphasen belegen die historische Kontinuität.

274 *Nittenau. Übersichtsfoto Planum 1.*

Die Brücke zwischen Nittenau und Bergham

Der Markt Nittenau liegt am südlichen Ufer des Regen an einer wichtigen Verkehrsachse. Hier kreuzten sich die beiderseits des Flusses verlaufenden Handelswege mit der von Regensburg via Cham-Further-Senke nach Böhmen führenden Straße.
Eine Holzbrücke über den Regen erwähnt schon folgender archivalische Eintrag: „... die Kirche Roding will aber laut Erklärung vom 29. April 1589 die 8 fl. auf Weihnacht nicht wie

275 *Nittenau. Bergen und Lagern der Holzpfähle.*

üblich entrichten wegen der Reparatur der Regenpruck und des Kirchturms".
Ein Kupferstich von Matthäus Merian aus dem Jahr 1644 zeigt vom nördlich gegenüberliegenden Bergham aus die siebenjochige hölzerne Regenbrücke mit vorgelagerten Eisbrechern. Diese Brücke führt zur Angerinsel, im Hintergrund ist eine weitere Brücke mit Brückentürmen dargestellt, die zum mit einem Mauerbering umgebenen Nittenau führt.
1808 wird eine sechsjochige Holzbrücke erwähnt. 1853 und 1857 erfolgte die Erneuerung der Widerlager auf einem zwei- bzw. dreireihigen Holzrost. 1880 wurden zwei Flusspfeiler auf Stampfbetonfundamenten errichtet, die zum Schutz während der Bauphase mit Holzspundwänden umgeben und auf dreireihigen Pfahlrosten errichtet wurden. Am 24. April 1945 erfolgte die Sprengung der Brücke beim Herannahen der amerikanischen Truppen. Unmittelbar nach dem Krieg baute man etwa 60 m flussabwärts eine hölzerne Notbrücke, die in den Jahren 1950/1951 durch einen Neubau aus Eisen und Stein an alter Stelle ersetzt wurde.

276 *Nittenau. Holzpfähle der Regenbrücke in situ.*

Bergung der Brückenpfähle

Nach fast 70 Jahren Bestandszeit hat der stetig anwachsende Verkehr dem Bauwerk zugesetzt und das Staatliche Bauamt Amberg-Sulzbach veranlasste einen Neubau an Stelle der alten Brücke. Die geplanten Eingriffe erforderten eine archäologische Begleitung, die im Flussbett des Regen nur parallel zu den Bauarbeiten erfolgen konnte. Zur Durchführung der Baumaßnahme musste der Fluss abschnittweise aufgestaut werden und erhebliche, technisch aufwendige Baukonstruktionen waren nötig. Baubegleitend konnte bislang eine etwa 35 × 47 m große Fläche innerhalb des Flusses untersucht werden; hinzu kommen weitere Flächen im Randbereich der Brückenauflager.

Die Mitarbeiter der Grabungsfirma mussten unter großem Zeitdruck die auftauchenden Holzpfähle freilegen, dokumentieren und mit Maschineneinsatz bergen (Abb. 274–276). Jedes Holz wurde nach Möglichkeit in situ fotografiert, eingemessen und in einem Bestandsplan erfasst. Die in situ befindlichen Hölzer wurden anschließend größtenteils unter Maschineneinsatz gezogen und seitlich gelagert. Im Verlauf der Jahrhunderte waren so viele Pfähle in den Untergrund getrieben worden, dass einzelne Pfahlspitzen ältere Pfähle durchstoßen hatten. Damit die Bautätigkeit möglichst nicht ins Stocken geriet, wurden die Hölzer per Lkw zur weiteren Untersuchung auf einen Sammelplatz transportiert (Abb. 275; 278). Dort erfolgte die fotografische Dokumentation jedes einzelnen Holzes.

Als deutlich wurde, dass mit sehr vielen Hölzern zu rechnen sei, wurden Dokumentation und Beprobung der Hölzer in intensivem Kontakt mit dem Bayerischen Landesamt für Denkmalpflege (BLfD) abgestimmt. Man entschied sich für eine möglichst vollständige Beprobung, welche die Chance bietet, eine komplexe Abfolge an Bau- und Reparaturphasen zu erstellen, zumal es sich bei diesen Brückenpfählen um den größten Komplex von Hölzern aus dem Bayerischen Wald handeln dürfte.

Bis zum Ende der Grabungskampagne 2020 konnten 680 Hölzer dokumentiert, geborgen und beprobt werden. Die Beprobung erfolgte noch vor Ort, indem aus jedem Holz eine Scheibe herausgeschnitten wurde. 98 samt ihrer eisernen Pfahlschuhe geborgene Pfähle sowie solche mit markanten Bearbeitungsmerkmalen komplettieren die Beprobungsreihe.

Dendroarchäologische Untersuchungen

Alle verprobten Hölzer wurden zur weiteren Untersuchung in das Dendrolabor des BLfD verbracht. Dort sind bisher insgesamt 121 Proben holzanatomisch und davon 35 dendrochronologisch analysiert worden. Priorität hatten dabei die 98 Pfähle mit eisernen Pfahlschuhen, denn diese könnten später museal ausgestellt werden. Als nächstes hatten diejenigen Pfähle Vorrang, die Anzeichen von Pilzbefall aufwiesen.

Ein Komplex dieser Größe mit eingemessenen Funden ermöglicht brückenarchäologische Ergebnisse unter verschiedenen Aspekten. Dazu gehören neben der Datierung, der planigrafischen Bauphasenuntersuchung, Brückenbautechnik und Holzartenverwendung auch Aussagen zur Flößereigeschichte des Regentals oder statistische Untersuchungen zu Waldnutzung, Waldzusammensetzung und Klimageschichte. Die Probenbelegdichte aus dem Gebiet der Chamer Senke und des Regentals war bisher relativ gering, weswegen das Material aus Nittenau einen großen Beitrag zum Ausbau dendrochronologischer Vergleichschronologien Ostbayerns bietet.

Eichen und Kiefern

Die bisher erfassten Holzpfähle lassen sich schon auf den ersten Blick in zwei Gruppen einteilen: Rundstämmige Nadelhölzer bilden die größere Gruppe, quadratisch bzw. rechteckig zugearbeitete Eichenhölzer sind in deutlich geringerer Zahl vorhanden. Im Artenspektrum der 121 holzanatomisch untersuchten Pfähle sind vier Weißtannen *(Abies alba)*,

277 *Nittenau. Phasenplan und Holzartenverteilung. Schwarz: Eiche; orange: Kiefer.*

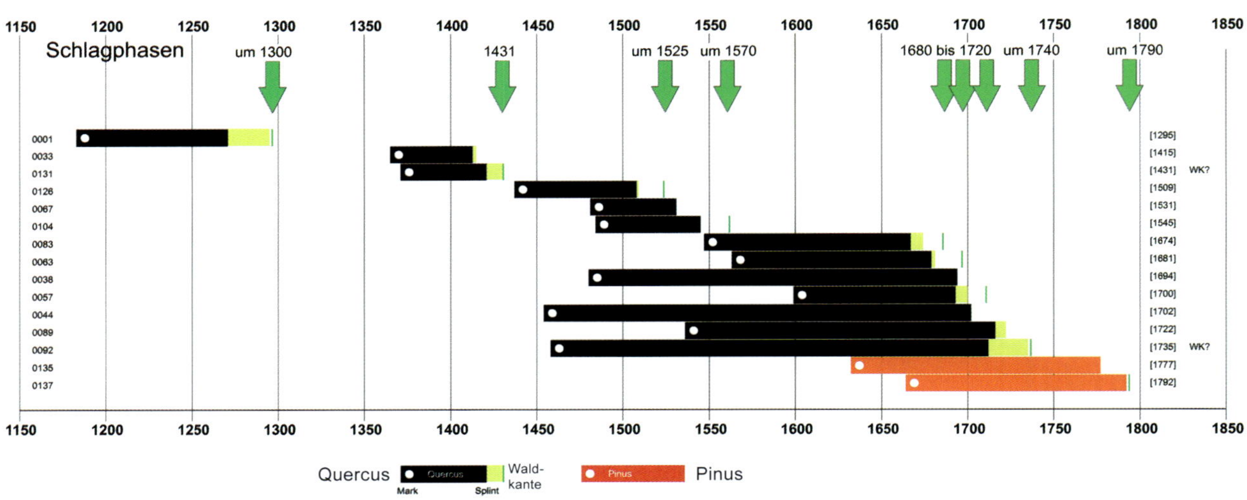

62 Kiefern (*Pinus* sp.) und 55 Eichen (*Quercus* sp.) vertreten.
Die Pfähle sind überwiegend sehr gut erhalten; die Eichen waren so hart, dass sich an den Ketten der Motorsägen ständig Verschleißerscheinungen bemerkbar machten. Die Länge der Pfähle bewegt sich zwischen 1,09 und 4,09 m, mit einer markanten Häufung zwischen 2,00 und 3,50 m. Die 98 geborgenen Pfahlspitzen mit eisernen Pfahlschuhen gehören acht verschiedenen Typen an. Wenn es gelingt, diese Pfähle zu datieren, ermöglicht das die Ausarbeitung einer eigenen typologischen Entwicklungsreihe und damit einen Beitrag zur Technik der Brückenfundamentierung.

Brückenbauten des 13.–18. Jahrhunderts
Anhand der Verteilung der Holzpfähle lassen sich schon jetzt mindestens vier Konzentrationen erkennen. Die meisten Holzfunde kamen aus den Bereichen zwischen den beiden modernen Betonpfeilern. Hier standen die Pfähle in zwei Gruppen in mehreren Reihen gestaffelt sehr dicht. Eine weitere auffällige Häufung stellte eine im rechten Winkel zu diesen beiden Gruppen verlaufende dreireihige lineare Struktur dar. Etwa 15 m flussabwärts gruppierten sich Holzpfähle zu pulkartigen Konzentrationen. Der räumliche Abstand dieser letzten Gruppe deutet auf eine eigenständige, ältere Bauphase einer Brücke hin.
Bislang sind 35 Pfähle dendrochronologisch untersucht und davon 15 datiert worden. Trotz der vorerst noch geringen Anzahl lassen sich bereits neun unterschiedliche Schlagphasen zwischen dem 13. und 18. Jahrhundert nachweisen, darunter auch die historisch belegten Bauphasen des 16. und 17. Jahrhunderts. Der älteste untersuchte Pfahl mit dem Fälljahr 1295 entstammt der erwähnten, räumlich abgesetzten Holzpfahlgruppe, was eine ältere Bauphase an dieser Stelle bestätigt.
Es zeigt sich, dass die Brückenbauer bis zur Mitte des 18. Jahrhunderts für die Pfähle Eichenholz bevorzugten. In jüngerer Zeit wurden vor allem Kiefern verwendet (Abb. 277). Die historisch erwähnten Bauphasen des 19. Jahrhunderts konnten noch nicht nachgewiesen werden. Erst mit der vollständigen Untersuchung wird es möglich sein, die Schlagphasen nach Bau- und Reparaturphasen zu unterscheiden.

Friedrich Loré, Franz Herzig
und Julia Weidemüller

Literatur J. Metz, Geschichte des Marktes Nittenau (1883).

Projektleitung F. Loré, Fa. ADILO GmbH, Parsberg. – *Örtliche Grabungsleitung* M. Hable, Fa. ADILO GmbH. – *Dendroarchäologie* F. Herzig und J. Weidemüller, BLfD.

278 *Nittenau. Holzpfähle nach der Bergung.*

Eine hölzerne Wasserpumpe am Moosbach – Ausgrabungen im Asamgebäude in Freising

Landkreis Freising, Oberbayern

Das Asamgebäude am Marienplatz

Im Zentrum Freisings steht an der Südseite des Marienplatzes, am Fuße des Dombergs, der mächtige barocke Vierflügelbau des ehemaligen fürstbischöflichen Lyzeums – das Asamgebäude. Das mittlerweile über 300 Jahre alte Ensemble, vom namengebenden Hans Georg Asam mit einem berühmten Deckengemälde ausgestattet, war zuletzt in einem bedenklichen Zustand. Daher entschloss sich die Stadt Freising 2016 zu einer grundlegenden Sanierung des Gesamtkomplexes. Im Zuge dieser Arbeiten bot sich die einmalige Gelegenheit, Bauprozesse, Nutzungsänderungen und konstruktive Details zu untersuchen. Der 1695 begonnene barocke Vierflügelbau wurde in der zweiten Hälfte des 18. Jahrhunderts fertiggestellt. Zunächst wurde die Nordseite des Gebäudes, also der größte Teil der Fassade am Marienplatz errichtet. In einer zweiten Bauphase schloss sich der Westteil des Gebäudes an, dem ab 1708 der Südflügel folgte. In mehreren Bauabschnitten wurde dann ab 1764 auch der Ostflügel des Gebäudes fertiggebaut.

279 *Freising. Asamgebäude. Ausschnitt aus dem Übersichtsplan mit eingezeichneten exemplarischen Befunden.*

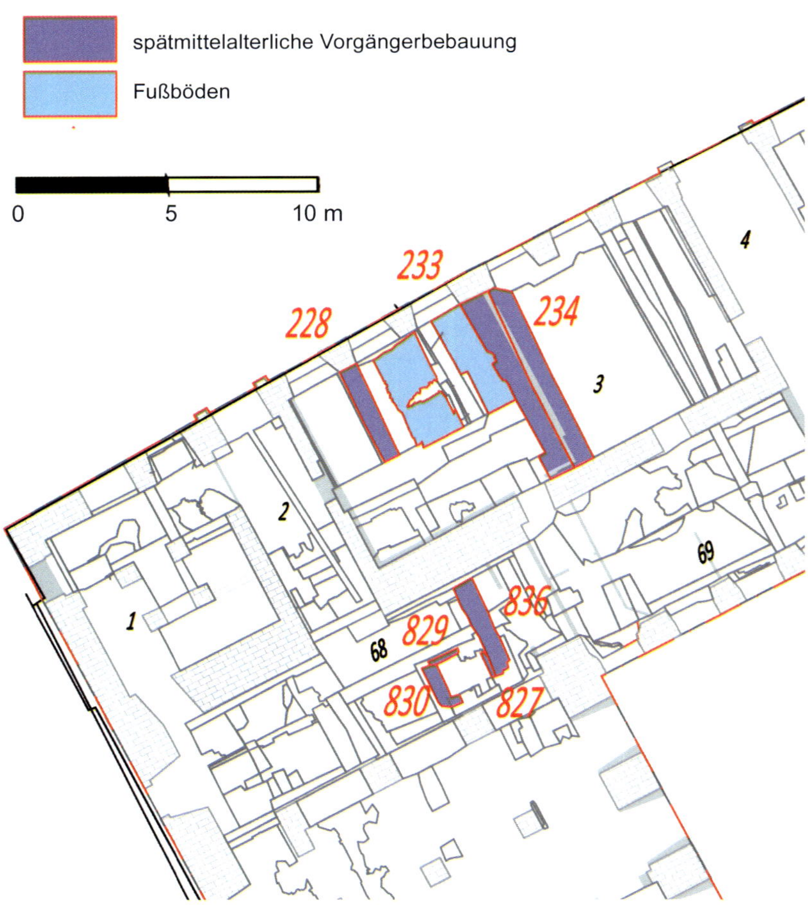

Da das Asamgebäude auf dem feuchten Ufergrund der Moosach steht, müssen im Zuge der Sanierungsarbeiten auch die Grundmauern ertüchtigt werden, um den Bau vor der aufkommenden Feuchtigkeit zu schützen. Daher fanden umfangreiche Erdarbeiten unter archäologischer Begleitung statt. Dabei kamen sowohl Reste der spätmittelalterlichen Vorgängerbebauung zu Tage als auch umfangreiche barocke und neuzeitliche Befunde.

Spätmittelalterliche Vorgängerbauten

Unter vielen Räumen des heutigen Asambaus wurden Mauerreste angetroffen, die sich mit einer spätmittelalterlichen Vorgängerbebauung in Einklang bringen lassen. An der Nordseite des Gebäudes, zum Marienplatz gewandt, zieht sich eine ganze Reihe von Ziegelmauern bzw. -fundamenten in Nordnordwest-Südsüdost-Orientierung unterhalb der heutigen Räume entlang. Diese Fundamente sind vermutlich mehreren eher schmalen giebelständigen Häusern zuzuordnen, wie historische Stadtansichten des südlichen Marienplatzes nahelegen. Dabei können vermutlich sogar alte Baugrenzen gefasst werden wie etwa mit den zwei dicht aneinander gerückten Mauern 233 und 234 (Abb. 279). Westlich der Außenmauer 233 erstreckt sich ein gut gesetzter Ziegelfußboden. Östlich davon liegt zwischen Mauer 233 und einer weiteren Ziegelmauer – Mauer 228 – ein großflächig erhaltenes Kieselpflaster (Abb. 280). Da dieses sowohl im Osten als auch im Westen von Baugruben gestört ist, liegt die Vermutung nahe, dass es sich bei dem Kieselpflaster um eine befestigte Freifläche gehandelt haben muss, die den spätmittelalterlichen Häusern vorausgeht. Im nordwestlichen Bereich des heutigen Asamgebäudes fanden sich zudem Reste eines eingestürzten Tonnengewölbes. An eine massive, etwa Nord-Süd orientierte Mauer (836) lehnt sich westlich ein Ziegelmauergeviert an (827, 829 und 830), das im Süden einen Zugang hat (Abb. 281). Nach Abräumen des flachgedrückten Tonnengewölbes wurde ein intaktes Ziegelpflaster als Fußboden aufgedeckt. Die Höhe des erhaltenen Gewölbeansatzes lässt aber eindeutig darauf schließen, dass der Raum nicht für Menschen gedacht gewesen sein kann. Vermutlich handelt es sich eher um einen gemauerten Schlupfkeller. Westlich des Schlupfkellers kam wiederum ein Kieselpflaster zum Vorschein, sodass dieses Areal als befestigte Hoffläche interpretiert werden kann.

280 *Freising. Spätmittelalterliche Mauerzüge und Kieselpflaster.*

Im östlichen Teil des Gebäudes stieß man unterhalb eines Ziegelbodens auf den natürlich anstehenden Moorboden. Dieser grundwassernahe Horizont erforderte bereits im ausgehenden Mittelalter spezielle Festigungsmaßnahmen. Davon zeugt ein etwa 190 × 90 cm großer Bereich, in dem 45 angespitzte Rundhölzer senkrecht in den Boden eingeschlagen waren. Die Tannen- und Fichtenholzpfosten bilden ein Raster, das sicherlich zur besseren Stabilität des Geländes dienen sollte. Die dendrochronologisch untersuchten Hölzer konnten auf etwa 1538 bzw. 1613 datiert werden und belegen die Bemühungen der Freisinger, auch schwierigeren Baugrund zu erschließen. Diese Art der Baugrundstabilisierung lässt sich auch in anderen Gebäudeteilen nachvollziehen, im Süden und Osten des Gebäudes wurden teilweise auch behauene Tuffsteinblöcke auf solche Pfostenraster aufgelegt, um tragfähigere Fundamente für Ziegelmauerwerk zu schaffen. Weitere Spuren der spätmittelalterlichen Vorgängerbebauung lassen sich in ähnlicher Form auch in den übrigen Gebäudeteilen nachvollziehen, bedürfen aber noch genauerer Untersuchungen.

Abgesehen von Mauerresten konnten auch mehrere Brunnen innerhalb des Gebäudes entdeckt werden. So wurde im südöstlichen Teil des Asamgebäudes ein kleines Ziegelrund mit ca. 70 cm Durchmesser aufgefunden. Die Interpretation als Brunnen bestätigte sich bei näherer Untersuchung durch den Fund eines in den Brunnenschacht eingelassenen Holzbottichs. Da der Brunnenschacht bereits nach 40 cm Tiefe endete, scheint der Bottich den Grund der Brunnenanlage gebildet zu haben. Diese Brunnen gehören sehr wahrscheinlich ebenfalls zur spätmittelalterlichen Besiedlung des Areals vor dem Bau des Asamgebäudes. Wie sich die verschiedenen Mauerstrukturen, Brunnen und weiteren Bauteile zeitlich und funktional zueinander verhalten, bleibt aber noch zu klären.

Das Wasser läuft nicht den Berg hinauf?

Der bislang spektakulärste Befund wurde im Süden des Gebäudes, an der zur Moosach hingewandten Seite, entdeckt. Hier im ehemaligen „Brunnhaus“ kamen die horizontal übereinandergestapelten Wandbohlen eines rechteckigen, hölzernen Kastens zum Vorschein. Diese waren im Grundwasser- bzw. Bachwasserhorizont erhalten geblieben. Die Konstruktion scheint durch eine hölzerne Halbröhre mit einem Ziegelbecken, das mittels eines Außenwanddurchbruchs Bachwasser hereinführte, verbunden gewesen zu sein. Mit dem Fortschritt der Arbeiten zeigte sich, dass die Holzkastenkonstruktion von sechs massiven Eichenbohlen gestützt wurde – je drei in regelmäßigen Abständen an der Nord- sowie der Südseite der Konstruktion (Abb. 283). Der Holzkasten selbst ruhte auf einem vielgliedrigen hölzernen Unterbau aus älteren Komponenten. Pläne des Stadtbaumeisters Thomas Heigl aus dem Jahr 1803 zeigen, dass im Südwesten des Raumes, der die hölzerne Konstruktion beherbergt, eine Türe auf eine hölzerne Plattform führte, die das gesamte Moosachbett überspannte. An der Hauswand befand sich ein großes Wasserrad von ca. 5 m Durchmesser. Das bachseitige Achslager des Wasserrads befand sich vermutlich über der Plattform, während ein oder zwei Gegenlager an den Langseiten des im Gebäude befindlichen Holzkastens standen.

Eine Wasserpumpe wohl des 19. Jahrhunderts

Die Pläne von 1803 lassen erkennen, dass das Wasserrad eine Pumpe angetrieben hat, die nicht das verschmutzte Bachwasser, sondern Brunnenwasser förderte. Dies passt zu einem Brunnenbefund, der unmittelbar vor dem „Brunnhaus“ entdeckt wurde. Daher handelt es sich bei dem Holzkasten um eine Pumpenanlage, die, angetrieben durch ein Wasserrad, Wasser aus einem Brunnen förderte. Großkalibrige Bleirohre, deren Verlauf in mehreren Räumen nachvollzogen werden kann, ver-

281 *Freising. Vermutlich Schlupfkeller nach Abtrag des verstürzten Tonnengewölbes.*

sorgten dann den Küchentrakt auf der Nordseite des Asamgebäudes mit frischem Brunnenwasser und leiteten das Wasser weiter auf den Marienplatz. Eine weitere Leitung führte vermutlich zum fürstbischöflichen Brauhaus auf den Domberg. Nach der Bergung des Pumpenkastens kamen drei Unterlegbretter zum Vorschein, deren Zwischenräume und Umgebung mit Ton aufgefüllt waren. Nachdem auch diese Unterkonstruktion entfernt wurde, kam ein weiterer, vermutlich aus Eichenbrettern gefügter Boden zu Tage (Abb. 282). Deutlich kleiner als der darauf aufgesetzte Pumpenkasten, scheint es sich hierbei um die Bodenplatte eines älteren Pumpenkastens zu handeln, der nicht mehr erhalten ist. Die Bodenplatte selbst ruht auf vier quer zur Oberkonstruktion verlaufenden quadratischen Kanthölzern, die mit je zwei geschmiedeten Nägeln auf darunterliegenden Bohlen fixiert wurden. Die südliche Stirnseite der Kanthölzer wird durch ein aufrecht stehendes Brett verdeckt, auf der nördlichen Stirnseite fehlt ein entsprechendes Gegenstück. Kanthölzer und Bohlen sind jedenfalls nur die höher gelegenen Teile der größten Holzkonstruktion des Ensembles, da sich unter ihnen ein massiver Holzrahmen verbarg. Dieser misst 2,50 m in der Länge und ca. 90 cm in der Breite und ruht wiederum auf einer leiterartig in zwei Längs- und vier Querholme gegliederten Balkenkonstruktion. Unter dieser massiven – die Querschnitte der Längsholme messen 27 × 27 cm – Unterkonstruktion befinden sich weitere vier Querhölzer, die ihrerseits auf zwei Längshölzern ruhen. Alle vier Querhölzer sind auf beiden Seiten, von den Stirnseiten ausgehend, abgeflacht und mit Zapflöchern versehen, die auf einander ausgerichtet sind. Alle Holzteile scheinen gemeinsam eine massive Holzunterkonstruktion darzustellen, die vermutlich mit einem Vorgängermodell der zuoberst aufliegenden Teile einer Wasserpumpe in Verbindung zu bringen ist. Nach Rückbau der älteren Pumpe wurde der Unterbau als Sockel für eine neue Pumpenanlage beibehalten.

Da die Untersuchungen an den Hölzern noch nicht abgeschlossen sind, kann es zunächst nur eine vorläufige Datierung für diesen in Süddeutschland einmaligen Befund geben. Als Terminus ante quem dient das Jahr 1888, als am südlichen Fuß des Weihenstephaner Bergs ein neues Wasserwerk errichtet wurde und damit das Brunnenhaus überflüssig wurde. Die zuoberst aufgefundene Pumpenkonstruktion lässt sich vermutlich mit der in den Heigelschen Plänen des Asamgebäudes von 1803 verzeichneten Anlage in Verbindung bringen; wie alt die untere Konstruktion ist, bleibt abzuwarten.

Amira Adaileh, Tilman Eickhoff und Folke Prill

Örtliche Grabungsleitung und Grabungsdokumentation T. Eickhoff und F. Prill, Archäologisches Büro Anzenberger & Leicht. – *Dendrotechnik* F. Herzig, BLfD.

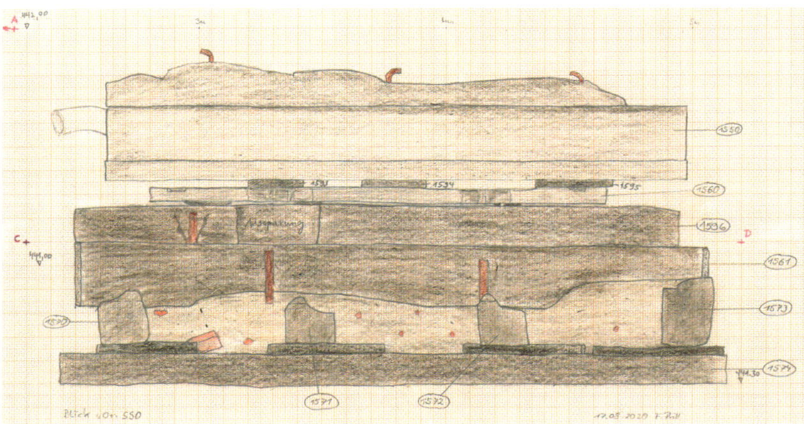

282 *Freising. Befundzeichnung der neuzeitlichen Pumpenanlage.*

283 *Freising. Neuzeitliche Holzpumpe.*

Tödliche Utopie am Obersalzberg – Archäologische Untersuchungen am Hintereck

Gemeinde Berchtesgaden, Landkreis Berchtesgadener Land, Oberbayern

284 *Berchtesgaden. Erhaltene Bauten und Außenanlagen der teilabgegangenen Siedlung Hintereck mit Haus-Nr. 11–15 im Orthofoto. Geobasisdaten: Bayerische Vermessungsverwaltung 2021.*

Der Obersalzberg

Der Obersalzberg bei Berchtesgaden war bislang nicht bekannt als archäologischer Fundplatz, sondern als Wahlheimat Adolf Hitlers während des Dritten Reichs. Hier hatte sich seit dem späten 19. Jahrhundert ein für diese Zeit typischer Sommerfrischler-Tourismus etabliert. Ärmliche Bergbauerndörfer wandelten sich zu einem Feriengebiet für ein „gehobenes" Publikum. Hitler hatte seit seinem ersten Besuch 1923 Gefallen am Obersalzberg gefunden und erwarb 1933 das Haus Wachenfeld, das er seit 1928 angemietet hatte, und ließ es zum repräsentativen Berghof ausbauen.

Die häufige Anwesenheit Hitlers am Obersalzberg führte dazu, dass hier zwischen 1933 und 1945 ein zweiter Regierungssitz entstand. Nach der Machtergreifung 1933 pilgerten Anhänger Hitlers zu Tausenden zum Obersalzberg, um den Führer hautnah zu erleben. Für Hitler war der Obersalzberg ein Rückzugsort, wo er wichtige politische Entscheidungen traf und wo er sich als Staatsmann für prominente ausländische Gäste inszenieren konnte. Auch andere Parteigrößen wie Hermann Göring, Albert Speer und Martin Bormann besaßen Wohnhäuser am Obersalzberg. Verantwortlich für den Ausbau des Führersperrbezirks war Martin Bormann als NSDAP-Reichsleiter und Vermögensverwalter Hitlers.

Die Siedlung Hintereck

Im Bereich des Hinterecklehens wurde ab 1938 eine Siedlung für parteitreue Angestellte und Bedienstete errichtet. Bereits ein Jahr zuvor entstand hier eine Bürobaracke oder, wie andere Quellen berichten, ein Arbeiterlager.

Die Siedlung liegt im Osten des Führersperrbezirks an der Straße nach Oberau (Abb. 284). Der Entwurf des Architekten Roderich Fick zeigt insgesamt vier zweigeschossige, verputzte Massivbauten mit weit überstehendem Flachsatteldach im NS-Heimatstil. Die langgestreckten Häuser waren Ost-West ausgerichtet und versetzt entlang der Straße angeordnet. Die gesamte Anlage liegt auf einem Plateau, das auf der Südseite durch eine Stützmauer vom Hang abgegrenzt ist.

Es lassen sich zwei Gebäudetypen unterscheiden, nämlich ein Zweispänner wie beim erhaltenen Haus Hintereck 13 und ein 2+1-Spänner

285 *Berchtesgaden. Entfernung von Trümmern über Gebäude 2 und Freilegung des Herdes.*

286 *Berchtesgaden. Teller mit Aufdruck Waffen-SS.*

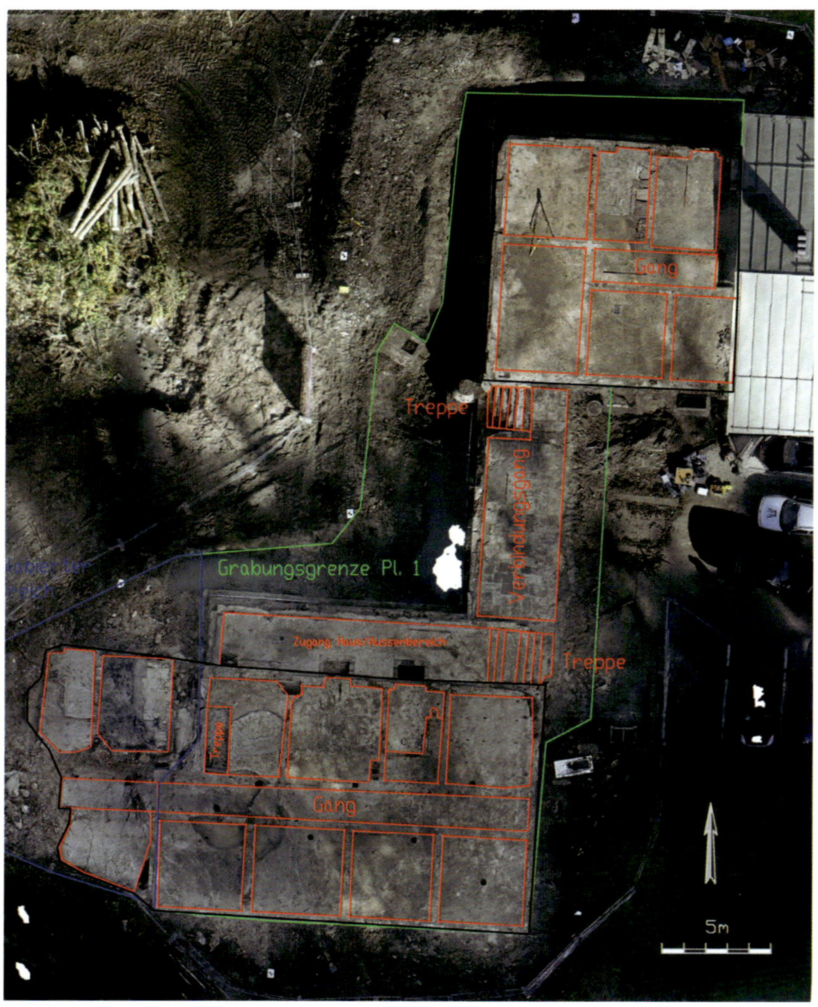

287 *Berchtesgaden. Vorläufiger Gesamtplan.*

beim Haus Hintereck 15 (Abb. 284). Bei Hintereck 11 handelte es sich ehemals um einen 2+1-Spänner, dessen westlicher Teil jedoch nach einem Bombentreffer 1945 abgebrochen wurde. Der Keller dieses Hauses ist insgesamt erhalten und vollständig betretbar. Südwestlich von Haus-Nr. 11 befand sich ursprünglich ein weiteres Gebäude, das beim Bombenangriff am 25. April 1945 zerstört wurde.

Neubau für Hotelangestellte

In der Hintereck-Siedlung wohnen heute Mitarbeiter des Hotels Kempinski. Für den Neubau weiterer Wohnungen im Bereich des abgetragenen Teils von Haus-Nr. 11 und des nicht mehr erhaltenen Gebäudes wurde ein denkmalschutzrechtlicher Antrag gemäß Art. 7 BayDSchG gestellt. Es war zu vermuten, dass sich unter dem oberflächlich erkennbaren Schutthügel bauliche Überreste befinden.

Die Abbruch- und Aushubarbeiten wurden archäologisch begleitet. Dabei wurde der begehbare Keller des Gebäudes Hintereck 11 (= Keller 1) vollständig freigelegt (Abb. 287) und das Innere und Äußere fotogrammetrisch in Structure-from-motion-Technik dokumentiert. Nach Süden schloss sich ein Verbindungsgang an, der Haus-Nr. 11 und das abgegangene Gebäude verbunden hatte. Der Verbindungsgang war mit einem Bogen überwölbt; an beiden Enden hat sich im Befund noch die Treppe erhalten (Abb. 287). Der Verbindungsgang schloss direkt an das nicht mehr erhaltene Gebäude 2 an, das eine nördlich vorgelagerte Terrasse hatte.

Gebäude 1 (Hintereck 11)

Die Siedlung Hintereck wurde beim Bombenangriff der Royal Air Force am 25. April 1945 nur zum Teil getroffen. Alliierte Luftbilder zeigen eine leichte Beschädigung des Gebäudes Hintereck 11 und eine schwere Zerstörung des südwestlich davon gelegenen Gebäudes. Nachdem sich in den letzten Kriegstagen die Verwaltung des Führersperrbezirks aufgelöst hatte, wurden die Anlagen von der lokalen Bevölkerung und den amerikanischen und französischen Truppen, die am 4. Mai 1945 am Obersalzberg eintrafen, nach Lebensmitteln, Kleidung und anderen brauchbaren Materialien durchsucht. Dementsprechend gab es in Keller 1 kaum Fundmaterial zu bergen.

Gebäude 2 (zerstört)

Ganz anders stellte sich die Situation bei der Freilegung des Kellers 2 dar. Der Bombentreffer hatte den westlichen Teil des Gebäudes so stark beschädigt, dass dieser in sich zusammenstürzte und die Räume mitsamt der Einrichtung unter den Trümmern begrub. Beim Abheben der verstürzten Betonplatten kamen die Küche, das Badezimmer und die Toilette sowie der völlig verschüttete Keller zu Tage (Abb. 285; 288).

In der Küche wurde ein für die damalige Zeit moderner Herd, der sowohl mit Holz als auch elektrisch betrieben werden konnte, vorgefunden. Darunter kam ein gefüllter Kohleneimer mit Kehrschaufel zum Vorschein und die Skelette von zwei Katzen, die offenbar unter dem Herd in der Küche Schutz gesucht hatten.

Zahlreiche Gegenstände des persönlichen Bedarfs und der Ausstattung der Wohnräume wurden geborgen (Abb. 288). Dazu zählen Küchenutensilien wie Töpfe, die noch im Back-

rohr eingeschobenen Backbleche, Geschirr, Gläser und Besteck, zahlreiche, zum Teil noch gefüllte Bierflaschen und Konservendosen, eine Milchkanne mit Namensschild, ein elektrisches Bügeleisen, ein vollständiger Werkzeugkasten und Teile der Hausinstallation sowie Ähnliches mehr. Erhalten haben sich auch Teile von Holztüren mit Klinke, Regalbretter aus Holz, zahlreiche Lederschuhe, darunter auch mehrere Kinderschuhe, sowie Jacken und Mäntel aus Leder. Im Bereich des Bades wurden ein Waschbecken mit Wandspiegel, eine Toilette und die Installationen vorgefunden. Dinge des täglichen Bedarfs wie Zahnbürsten, darunter wiederum welche für Kinder, Zahnpastatuben, Arzneisalben, Kämme und ein Lippenstift zeugen von den Lebensgewohnheiten der Bewohner (Abb. 289).
Im völlig zerstörten Keller wurden drei Schusswaffen – zwei Pistolen und ein doppelläufiges Jagdgewehr – geborgen und dem Kampfmittelräumdienst übergeben.

Denkmalwert
Obwohl es sich auf den ersten Blick um banale Alltagsgegenstände handelt, die wohl so und in ähnlicher Form zu Tausenden in den Trümmern der zerbombten Städte untergegangen sind, haben diese Gegenstände vom Obersalzberg einen wichtigen denkmalwürdigen Zeugniswert. Denn das unter den Trümmern geborgene Fundensemble stellt einen im besten Sinne geschlossenen Fundkomplex dar, der die Lebensgewohnheiten der Bewohner widerspiegelt.
Da das Luftwarnsystem am 25. April 1945 ausgefallen war, kam der Luftangriff am Obersalzberg überraschend und die erste Bomberstaffel konnte ungehindert einfliegen. Die Bewohner der Angestelltensiedlung Hintereck mussten ihre Häuser überstürzt verlassen und sich in die Luftschutzbunker zurückziehen. Die Trümmer verhinderten, dass sie in den Nachkriegstagen noch Nützliches bergen konnten oder Plünderungen stattfanden, wie es sonst überall im ehemaligen Führersperrgebiet üblich war.
Die unmittelbare Nähe der Hintereck-Siedlung zum Machtzentrum des Obersalzbergs und die Lage innerhalb des abgesperrten Gebiets lässt darauf schließen, dass es sich bei den Bewohnern um hochrangige Mitglieder der Verwaltung Obersalzberg gehandelt hat. Details der Ausstattung, wie zwei Teller mit dem Emblem der Waffen-SS, können die Benutzer ebenfalls diesen Kreisen zuordnen (Abb. 286).
Die archäologische Begleitung der Abbruch- und Freilegungsarbeiten stellt einen Paradigmenwechsel im Umgang mit den Bodendenkmälern am Obersalzberg dar. Denn bis in die 1990er Jahre wurden bauliche Anlagen gesprengt und Neubauten wie der Hotel-Komplex am Eckerbichl ohne archäologische Begleitung errichtet. Die Sicherung und Dokumentation des im Boden erhaltenen Materials mit archäologischen Methoden dient der Erschließung von Quellen, die wie dingliche Zeitzeugen von den Lebensbedingungen am Obersalzberg erzählen können. Geplant ist deshalb auch in Zusammenarbeit mit dem Institut für Zeitgeschichte eine Sonderausstellung in dem voraussichtlich 2023 neu eröffnenden Dokumentationszentrum Obersalzberg.

Martina Pauli

288 *Berchtesgaden. Gebäude 2. Küche, Bad und Toilette mit Bodenplatten.*

Literatur V. Dahm/A. A. Feiber/H. Mehringer u. a. (Hrsg.), Die tödliche Utopie. Bilder, Texte, Dokumente, Daten zum Dritten Reich. 7. durchgesehene Aufl. (München 2016). – M. Hartmann, Die Verwandlung eines Berges unter Martin Bormann (1936–1945). Ein Augenzeuge berichtet: „Meine 10 Jahre auf dem Obersalzberg". 4. überarbeitete Aufl. (Berchtesgaden 2016).

Örtliche Grabungsleitung und Grabungsdokumentation K. Heigermoser, Archäologie Hofmann & Heigermoser GbR. – *Drohnenaufnahmen und fotogrammetrische Dokumentation* M. Hölzl und U. Scharafin-Hölzl, X-Cavate Archaeology.

289 *Berchtesgaden. Zahn- und Haarpflegeutensilien aus Gebäude 2.*

Totenkrone und Silberlöffel – Barocke Bestattungen von Mariä Himmelfahrt in Bad Aibling

Landkreis Rosenheim, Oberbayern

290 *Bad Aibling. Grab 7, Bestattung eines zwölfjährigen Mädchens mit Totenkrone.*

291 *Bad Aibling. Röntgenaufnahme der Totenkrone aus Grab 7.*

292 *Bad Aibling. Totenkrone aus Grab 7 nach der Restaurierung.*

Die Ausgrabung

Im August 2016 begannen die Sanierungsmaßnahmen in der Pfarrkirche Mariä Himmelfahrt in Bad Aibling. Im Chor sollte für die Heizungsanlage eine zweite Wärmestation eingebracht werden. Dafür war zunächst nur ein ca. 2 × 2 m großer und ca. 40–60 cm tiefer Eingriff geplant. Im Laufe der Sanierungsarbeiten wurden jedoch durch Umplanungen und unerwartete statische Probleme immer mehr und tiefere Bodeneingriffe auch im Außenbereich der Kirche notwendig. Somit weitete sich auch die Grabung entsprechend aus und wurde erst Ende 2018 abgeschlossen.

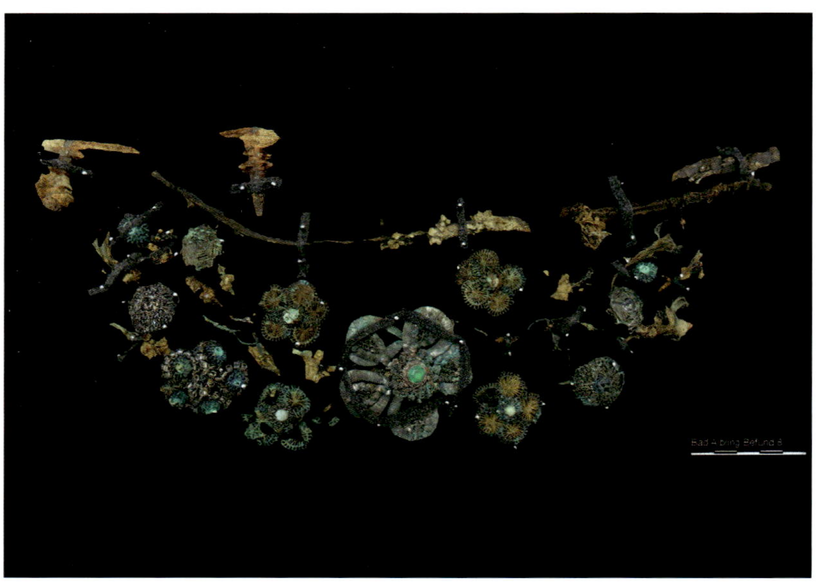

Bei der Ausgrabung wurden Ausschnitte des Friedhofs erfasst, der sich sicherlich um das gesamte Kirchengebäude erstreckt und zum Teil auch unter dem heutigen Kircheninnenraum liegt (Abb. 293). Insgesamt 58 Bestattungen vom Mittelalter bis ins 18. Jahrhundert wurden dokumentiert und anthropologisch ausgewertet, in denen sich ein Querschnitt der Bevölkerung Bad Aiblings abbildet.

Der Bestattungshorizont der mittelalterlichen beigabenlosen Körperbestattungen ohne Sarg wurde nur im Kircheninneren, unter der 1755/56 angebauten Empore, erreicht. Darüber konnten bis zu drei Horizonte zum Teil reich ausgestatteter Gräber des 17. und 18. Jahrhunderts – sicher gut situierter Personen – dokumentiert werden. Die Erhaltungsbedingungen für Textilien und Leder waren hier dank der Überbauung besonders gut. Neben Kleidungsbestandteilen wie Gewandhaken, Gürtelschnallen mit Textilanhaftungen und Schuhen aus Leder wurden Schmuckstücke wie ein Steinperlenarmband und Fingerringe geborgen. Hinzu kommen Funeralbeigaben wie ein Rosenkranz mit Totenkopfperlen sowie zwei Löffel.

Gleich zu Beginn stieß man im Chor auf ein neuzeitliches Säuglingsgrab. Die Bergung erwies sich als besonders anspruchsvoll, da das Kind mit filigranem Totenschmuck ausgestattet war. Zwei weitere Bestattungen eines zweijährigen Kindes und eines zwölfjährigen Mädchens (Grab 7, Abb. 290) unter der Empore wurden in Teilblöcken geborgen. Alle drei Kinder zeichnen sich durch Totenkronen und Applikationen von Filigranschmuck auf der Kleidung aus. Die Blockbergungen wurden der Restaurierung des BLfD zur weiteren Bearbeitung übergeben.

Konservatorisches und restauratorisches Vorgehen

Nach einer standardmäßigen Erfassung der Funde und der Röntgenprospektion aller Metallobjekte gestalteten sich die notwendigen Schritte sehr unterschiedlich. Am dringlichsten war zunächst die Auflösung sämtlicher instabiler Blockbergungen. Vor allem die drei Kinderbestattungen erforderten ein unmittelbares Handeln. Alle Befunde wurden dokumentiert und die Funde aus den Blöcken herauspräpariert, getrocknet und verpackt, die menschlichen Überreste an die Anthropologin weitergeleitet. Eine Sonderbehandlung erfuhren die feucht geborgenen Lederfunde. Grundsätzlich werden Schuhe nach einer Reinigung und anschließender PEG-Tränkung gefriergetrocknet. Bei dieser Objektgruppe erschwerte die starke Schimmelanfälligkeit die Arbeiten. Es musste eine Denaturierung und Abnahme des Schimmels vorgenommen werden. Organische Anhaftungen wurden mit einem besonderen Augenmerk dokumentiert und Proben genommen, da sich möglicherweise anhand pflanzlicher Überreste, Holzreste und entomologischer Reste in Form von Pupparien Rückschlüsse auf Blumenschmuck und Bestattungsriten ziehen lassen. Im Zentrallabor des BLfD fanden Metallanalysen statt, um die einzelnen Bestandteile des filigranen Schmuckes auf den Totenkronen zu identifizieren. In wenigen Fällen wurden Sichtfenster an der historischen Oberfläche freigelegt, um Gravuren oder Punzierungen sichtbar zu machen.

Totenkronen

Noch bis ins letzte Jahrhundert wurde unverheiratet Verstorbenen in vielen Regionen Deutschlands eine Krone aufgesetzt. Wir finden sie bereits ab dem 17. Jahrhundert in Gräbern. Das Grundgerüst einer Totenkrone aus Grab 7 bilden leonische Drähte. Die in ihrem Kern kupfernen Drähte wurden oberflächenveredelt. Im Falle dieser Kronen erweckte ein Überzug aus Silber oder Zink ursprünglich den Eindruck von Silberglanz. Gedrehte Drähte werden mit flachen Lahnfäden kombiniert und zu floralem Schmuck gewunden. In Blättern und Blüten können textile Fäden die Seele bilden. An den Bad Aiblinger Totenkronen ist der fantasievolle Einsatz verschiedenster Zierelemente zu beobachten: Auf den Drähten sind Glasperlen, Flitter und Federn in großer Materialvielfalt appliziert (Abb. 291–292). Offensichtlich verarbeitete man alle

293 *Bad Aibling. Grabungssituation im Kircheninneren.*

294 *Bad Aibling. Ordensring mit Doppelwappen aus Grab 9, vierfach vergrößert.*

zur Verfügung stehenden Materialien: Es finden sich Pappstreifen, Federn, textile Borten, Eisenbindedraht und Holzspäne. Den fein gesponnenen Drahtgebilden ist die lange Bodenlagerung anzusehen. Die künstlichen Blumen und Knospen sind grün patiniert und viele der hauchzarten Gespinste sind gebrochen und haben sich zu einem unlösbaren Puzzle vermengt. Textile Fäden sind weitgehend vergangen. Trotzdem lassen einzelne Fragmente die ursprünglich verspielte Schönheit der Kronen erahnen.

Silberlöffel

Dem Grab 8 entstammt ein silberner Augsburger Hermenlöffel mit weiblichem Torso und angelöteter Laffe (Abb. 296). Der Griff stellt sich als Pfeilerschaft mit aufgesetztem Kopf und Rumpf dar. Auf der Rückseite der Laffe sind Beschauzeichen in Form einer Zirbelnuss und Meisterzeichen punziert, welche eindeutig dem Goldschmied Jobst Mair, Meister seit ca. 1580, gestorben 1610, zugeschrieben werden können (Abb. 295). Am Rand der Laffe ist ein Tremolierstrich erhalten. Der Geschaumeister überprüfte den vorgeschriebenen Silberfeingehalt mittels einer Silberprobe – dem Tremolierstrich – und schlug dann die Stadtmarke als Zeichen der Garantie für den Silberfeingehalt ein. So dokumentiert das Beschauzeichen, der Zirbenzapfen, nicht nur die Stadt Augsburg als Herstellungsort, sondern beinhaltet auch die Silbergarantie von 13 bis 14 Lot.

295 *Bad Aibling. Augsburger Zirbenzapfen und Meisterzeichen auf dem Hermenlöffel. Mikroskopaufnahme, etwa fünffache Vergrößerung.*

Goldener Ordensring

Zu den kostbarsten Stücken zählt ein zierlicher Goldring mit runder Fassung (Abb. 294) aus Grab 9. Unter einer geschliffenen Bergkristallscheibe ist ein Doppelwappen in Email ausgeführt. Auf rotem Grund befinden sich zwei Wappen: im linken sind die Initialen „IHS" lesbar, Jesus Hominum Salvator – Erlöser der Welt, die Insignien Christi. Im rechten Wappen wird eine Blume mit zwei blauen Blüten dargestellt, die eventuell ein Hinweis auf Maria (blaue Rose) ist. Über dem Wappen befinden sich die Buchstaben VMK, die auf eine Ordensgemeinschaft hinweisen. Unter den Wappen datiert die Inschrift „1580" den Ring bzw. die Gründung des Ordens.

Die hier exemplarisch beschriebenen Schmuckstücke zeigen nur einen kleinen Ausschnitt des Bad Aiblinger Fundspektrums. Zahlreiche Devotionalien zeugen vom religiösen Brauchtum der Gemeinde. Rosenkränze, Pilgermedaillen und Kreuze liegen in den unterschiedlichsten Variationen vor. Kleidungsbestandteile wie Manschettenknöpfe, Schuhe oder Hafteln lassen Rückschlüsse auf das Leben in der Region zu. Zu hoffen ist, dass die Funde der Grabung in direktem Bezug zur anthropologischen Auswertung wissenschaftlich aufgearbeitet werden.

Dorothea Albert und
Ramona Baumgartner

Literatur H. Seling, Die Kunst der Augsburger Goldschmiede 1529–1868: Meister, Marken, Werke (München 1980) 259 (Band II); 18 (Band III); 91 (Band III). – D. Scarisbrick, Rings – Jewelry of Power, Love and Loyalty. (London 2013); https://jewellerydiscovery.co.uk/product/antique-renaissance-brotherhood-coat-of-arms-ring-18ct-gold/

Örtliche Grabungsleitung und Grabungsdokumentation Baumgartner Archäologie, Zorneding. – *Restaurierung* D. Albert, R. Altpeter, S. Gasteiger, BLfD. – *Anthropologische Bestimmungen* A. Grigat, AnthroWerk. – *Metallanalysen und REM/EDX-Analyse* Ch. Gruber, BLfD/Zentrallabor.

296 *Bad Aibling. Hermenlöffel aus Grab 8. Maßstab 1 : 1 .*

Römische Streuhofvilla mit „Bellevue" am Hopfensee

Stadt Füssen, Landkreis Ostallgäu, Schwaben

Lage und Entdeckung der Fundstelle

Die Fundstelle liegt südlich des Hopfensees – nur wenige Meter vom Ufer entfernt – auf einem hochwasserfreien Hang. Bereits seit den 1950er Jahren sind von dort einzelne Lesefunde, u. a. Münzen, Scherben sowie Ziegelschutt, bekannt, die in die mittlere römische Kaiserzeit datiert werden. Die ca. 3 km östlich verlaufende Via Claudia Augusta zeigt eindrucksvoll die herausragende verkehrstopografische Bedeutung und Besiedlung des Raumes Füssen bereits ab frührömischer Zeit.

Im März 1981 wurde die Fundstelle von Otto Braasch als Schneemerkmal aus der Luft erfasst. In Abb. 297 erkennt man in der tiefstehenden Sonne einzelne rechteckige Strukturen auf einem nach Norden zum Seeufer abfallenden Hügel, die als Hinweis auf eine dort befindliche römische Villa rustica gedeutet wurden. Um weitere Erkenntnisse zur Fundstelle zu erhalten, führte das Referat Geo-Erkundung des BLfD in einer Kooperation mit der LMU München im Sommer 2020 eine umfassende geophysikalische Prospektion durch. Im Rahmen einer Masterarbeit sollten hier alle zur Verfügung stehenden Verfahren, d. h. Magnetik, Elektrik und Bodenradar, eingesetzt werden. Eine derartige Kombination aller Verfahren gewährleistet, dass sämtliche archäologischen Befunde im Untergrund erfasst werden können, denn jede Methode reagiert sensitiv auf einen anderen physikalischen Parameter. Zudem wollte man damit ausschließen, dass etwaige Befunde aufgrund der außergewöhnlich speziellen geologischen Situation eines grundwasserbeeinflussten tonig-schluffigen Gleybodens unentdeckt bleiben.

Resultate der Geophysik

Am eindeutigsten zeigen sich die römischen Mauern in den Tiefenscheiben des Bodenradars, die eine Befundtiefe von 10–80 cm unter der heutigen Grasnarbe belegen (Abb. 299). Da die Eindringtiefe des Signals in den Boden bei etwa 150 cm liegt, ist davon auszugehen, dass die römischen Mauern bzw. Fundamente insgesamt 70 cm hoch erhalten sind. Dies konnte auch durch ergänzende ERT-Messungen verifiziert werden.

297 *Füssen. Erstmalige Dokumentation des Fundplatzes mittels Schneemerkmal im Luftbild. Norden ist rechts unten. Bayerisches Landesamt für Denkmalpflege – Luftbilddokumentation, Aufnahmedatum 19.03.1981, Fotograf Otto Braasch, Archiv-Nr. 8530/004, Dia 1272-3.*

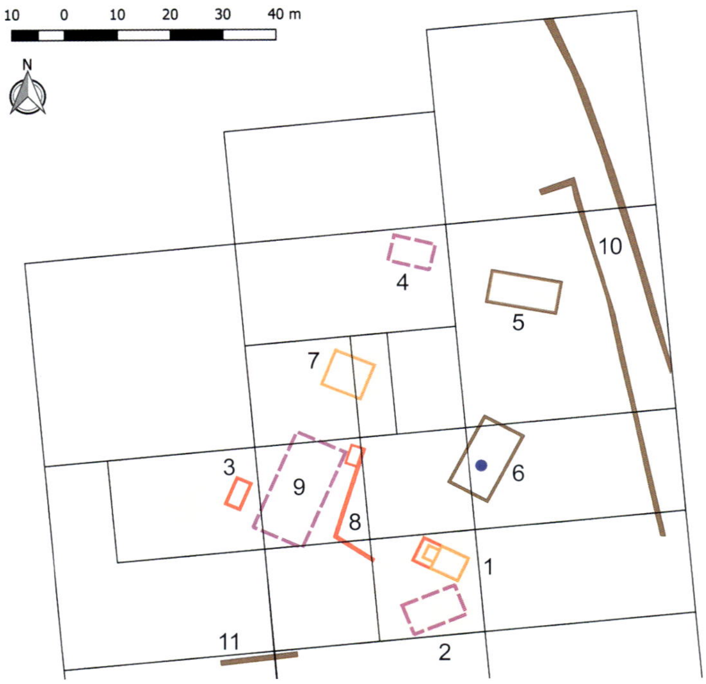

Im Südosten der Messfläche zeichnen sich dabei zwei Steingebäude ab. Beim nördlichen der beiden lässt sich aufgrund der leicht unterschiedlichen Tiefenlage möglicherweise eine Zweiphasigkeit identifizieren (1). So bestand das Gebäude in der 1. Bauphase aus einem fast quadratischen Raum von 5 × 6 m Größe mit einem Annex von 2 × 3 m an der nordwestlichen Schmalseite. Später wurde der Annex abgebrochen und das Gebäude um 4 × 5 m nach Nordwesten erweitert (Abb. 298). Das südliche Steingebäude ist Nordost-Südwest ausgerichtet und weist eine Größe von 11 × 6 m auf (2).

Zwei weitere, kleinere römische Steingebäude befinden sich im westlichen Bereich (3) sowie im Norden der Messfläche, außerhalb des mittels Radar und Elektrik untersuchten Areals (4). Sie besitzen eine Größe von 6 × 3 m bzw. 8 × 5 m und zeigen keine Binnenstruktur. Sowohl für das südlichste als auch das nördlichste Gebäude ist keine Zuordnung zu einer Bauphase möglich, da sie nur im Magnetogramm (Abb. 300) bzw. Resistogramm (Abb. 301) eindeutig erkennbar sind und beide Verfahren keinerlei Informationen zur Tiefe der archäologischen Befunde liefern.

Zusätzlich sind im Magnetogramm zwei Holzgebäude (5, 6) als positive Anomalien erkennbar, die sich aufgrund ihrer physikalischen Eigenschaften nicht mit den anderen Verfahren nachweisen lassen. Das südliche der beiden Holzgebäude (6) zeigt im Inneren eine runde, stark magnetische Anomalie, die möglicherweise als Hinweis auf eine dort befindliche Feuerstelle verstanden werden kann.

Des Weiteren zeichnet sich in der Mitte der Radarmessfläche ein 8 × 9 m großes, nahezu quadratisches Steingebäude ohne erkennbare Binnenstruktur ab, welches auch mittels Magnetik und Elektrik nachweisbar ist (7). Die Tiefenlage im Bodenradar macht eine Einordnung in Bauphase 1 wahrscheinlich. Südlich davon lässt sich in den Messbildern von Radar und Elektrik eine Nordost-Südwest verlaufende Mauer identifizieren, die, wie im Resistogramm erkennbar, nach etwa 18 m Länge Richtung Südosten abknickt und Bauphase 2 zugeordnet werden kann (8). Wenige Meter westlich der Mauer ist im Magnetogramm sowie in den Radargrammen schwach ein weite-

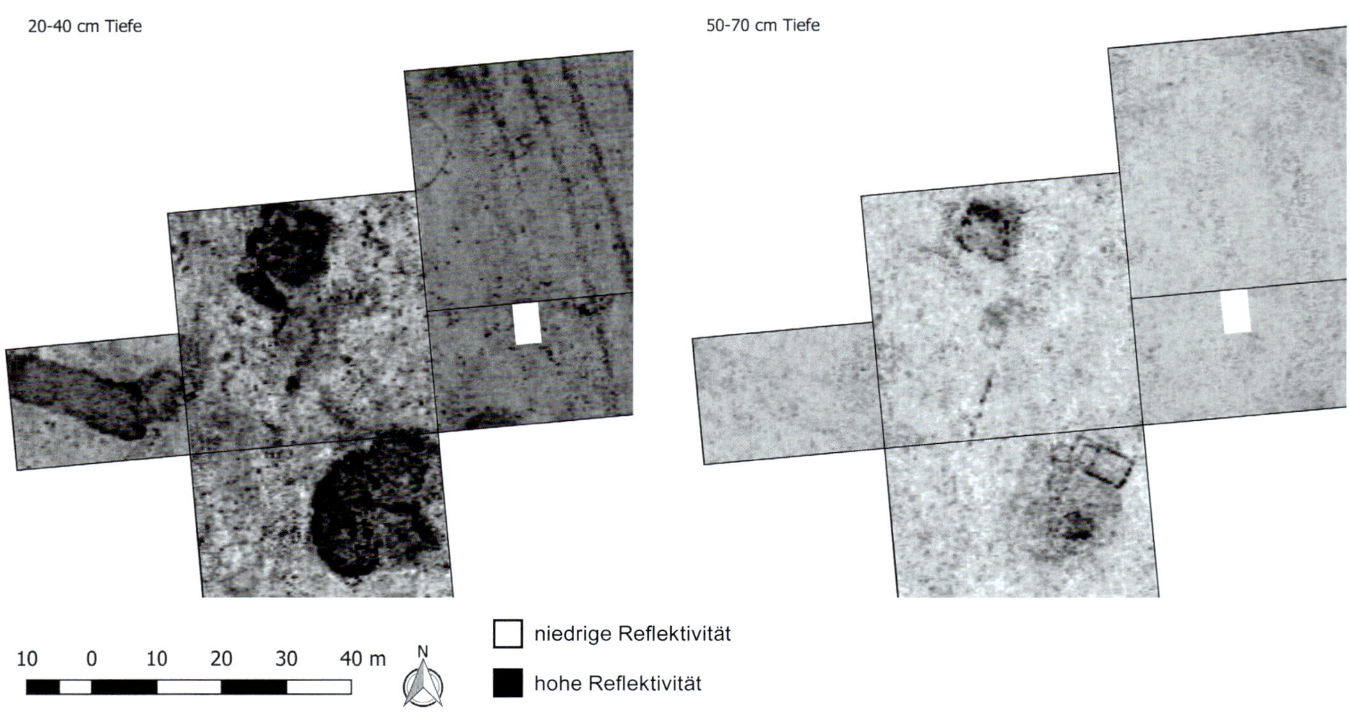

299 *Füssen. Auswahl an Bodenradar-Tiefenscheiben im relevanten Bereich unter der heutigen Grasnarbe. GSSI SIR-4000 mit 400 MHz-Antenne, Messpunktabstand 6 × 50 cm, interpoliert auf 25 × 25 cm. Archiv-Nr. 8530/004 Hop20rad.*

res, relativ mächtiges Gebäude mit einer Größe von 20 × 10 m (9) zu erkennen. Die verhältnismäßig schwache Sichtbarkeit seiner Steinmauern im Vergleich mit einigen der anderen Gebäude lässt sich vermutlich durch den Umstand erklären, dass das Gebäude auf dem höchsten Punkt des Geländes liegt und in der Vergangenheit Erosionserscheinungen ausgesetzt war. Wegen der schlechten Erhaltung ist die Zuordnung zu einer Bauphase nicht möglich.
Im Umfeld mehrerer der angesprochenen Gebäude erkennt man im Bodenradar stark reflektive Bereiche. Dabei handelt es sich wohl um größere Schuttkonzentrationen. Anhand der stark erhöhten Magnetisierung dieser Schutthaufen ist davon auszugehen, dass der Großteil der erfassten Gebäude eine Ziegelbedachung besaß.
Am östlichen Rand der Messfläche lassen sich im Magnetogramm zwei weitgehend parallele positive Anomalien in Nord-Süd-Richtung identifizieren, von denen die westliche im Norden nach Westen abknickt. Hierbei könnte es sich um Reste einer hölzernen Begrenzung der Villa rustica mit zwei Bauphasen handeln (10). Im äußersten Süden der Messfläche konnte eine weitere, 14 m lange und extrem stark magnetische Anomalie erfasst werden, bei der es sich um den Rest eines abgebrannten Holzzauns handeln dürfte (11).
Somit konnte mittels dieser integrierten geophysikalischen Messungen nicht nur die Ausdehnung der römischen Siedlungsstelle in östliche und südliche Richtung erfasst, sondern auch weitere wichtige Details zur Bausubstanz der unterschiedlichen Gebäude sowie ihrer Erhaltung gewonnen werden.

Schlussfolgerung
Wie die vorgestellten geophysikalischen Messergebnisse zeigen, dürfte es sich bei der untersuchten Fundstelle am Südufer des Hopfensees um eine sogenannte Streuhofvilla gehandelt haben, wie sie für die römische Provinz Raetia typisch ist. Vergleichbare römische Einzelsiedlungen im näheren Umfeld sind aus Sulzberg (Lkr. Oberallgäu), Kohlhunden, Baisweil und Pforzen (alle Lkr. Ostallgäu) bekannt. Die Villa rustica von Sulzberg wurde 2013 durch das BLfD mittels Bodenradar untersucht; für die Siedlungsstelle von Kohlhunden gibt es geophysikalische Untersuchungen mittels Magnetik und Elektrik aus dem Jahr 2002, die ebenfalls vom BLfD durchgeführt wurden. Die geophysikalischen Untersuchungen der Villa am Südufer des Hopfensees bilden somit einen weiteren Mosaikstein für die Kenntnis der römerzeitlichen Besiedlung des nördlichen Voralpenlandes.
Mit Hilfe der Geophysik lässt sich nun – 40 Jahre nach der erstmaligen Dokumentation im Luftbild – ein deutlicheres Bild der Fundstelle zeichnen. Da die Befunde teilweise nur im Messbild eines der drei Verfahren sichtbar werden, ist die vorgestellte Untersuchung ein best-practice-Beispiel dafür, wie sich die drei vorgenannten geophysikalischen Verfahren ideal ergänzen und dass diese nach Möglichkeit immer in Kombination angewandt werden sollten, um eine umfassende Kartierung der vorhandenen archäologischen Befunde zu gewährleisten. Der große Vorteil der Radarprospektion besteht darin, dass in gewissen Fällen eine relative Datierung der Befunde anhand der variierenden Tiefenlage ermöglicht wird,

298 *(Seite 178) Füssen. Interpretationsplan der Befunde der römischen Streuhofvilla. Farbcodierung: orange = Steinbefunde Bauphase 1; rot = Steinbefunde Bauphase 2; magenta = Steinbefunde ohne Datierung; braun = Holzbefunde; blau = Feuerstelle; beige = Schuttkonzentrationen; schwarz = 40-m-Messgitter. GIS-Plan Nr. 8530/004.*

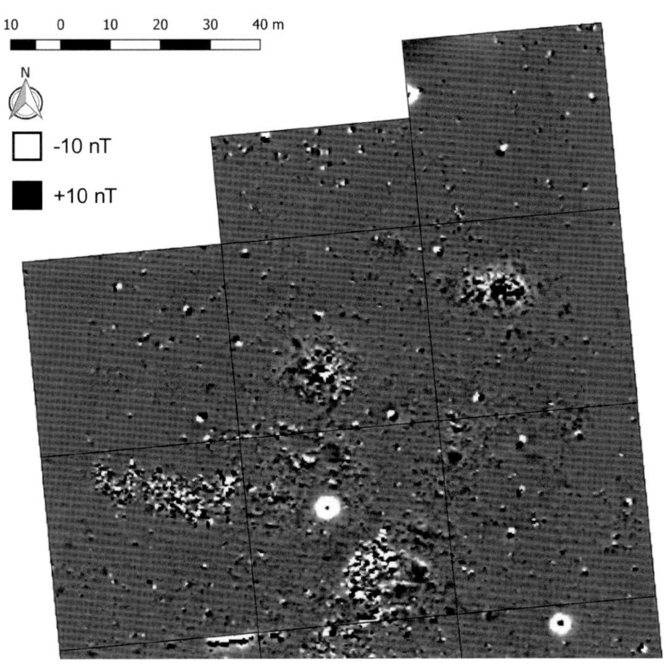

300 *Füssen. Ausschnitt aus dem Magnetogramm der römischen Fundstelle. Förster Ferex Gradiometer mit 4 CON650-Sonden, Dynamik: ±10 nT in 256 Graustufen, Messpunktabstand: 12 × 25 cm, interpoliert auf 25 × 25 cm, 40-m-Gitter, Auswertung als Zeilenmittel. Archiv-Nr. 8530/004 Hop20f.*

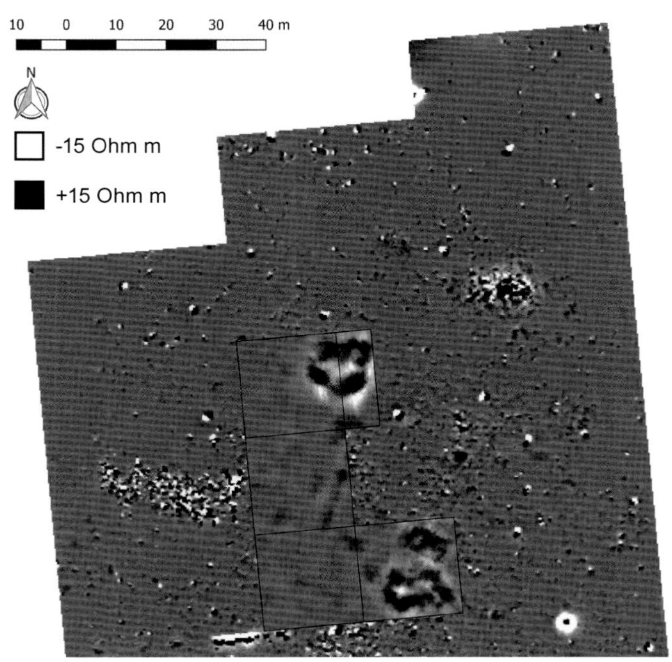

301 *Füssen. Überlagerung des Magnetogramms aus Abb. 300 mit dem Hochpassfilter des Resistogramms. Geoscan RM85 in Dipol-Dipol-Anordnung, Messpunktabstand: 50 × 50 cm, interpoliert auf 25 × 25 cm, Dynamik: ± 15 Δ Ohm m in 256 Graustufen, 20-m-Gitter. Archiv-Nr. 8530/004 Hop20r.*

wie dies hier bei einigen Steingebäuden vorgestellt werden konnte. Überdies sind Holzbauten, Gruben und Feuerstellen nur durch die Magnetometerprospektion nachweisbar. Eine zweifelsfreie Funktionszuweisung der einzelnen Gebäude ist auf Basis der geophysikalischen Daten nicht möglich; dazu wären archäologische Aufschlüsse notwendig. Die Lage der Einzelsiedlung lässt jedoch den Rückschluss einer römerzeitlichen Nutzung des Hopfensees zu; inwieweit das heutige so überaus reizvolle Bellevue ausschlaggebend für die Wahl des Siedlungsplatzes war, muss indes offen bleiben.

Roland Linck, Lennart Schönemann, Jörg W. E. Faßbinder, Mandana Parsi und Fusena Issifu

Literatur W. Czysz/D. Tschocke, Arch. Jahr Bayern 2002, 72–74 [Kohlhunden]. – W. Czysz/A. Faber, Die *villa rustica* am Kühstallweiher bei Marktoberdorf-Kohlhunden. Ber. Bayer. Bodendenkmalpfl. 49, 2008, 227–366. – R. Linck/J. W. E. Faßbinder/L. Front/F. Becker, Arch. Jahr Bayern 2013, 103–106 [Sulzberg].

Bodenradaruntersuchung liefert neue Erkenntnisse zur Villa rustica am Kreuther Weg in Peiting

Landkreis Weilheim-Schongau, Oberbayern

Lage und Forschung – damals und heute

Ungefähr 800 m östlich des Lechhochufers und damit knapp 3 km von der westlich des Lechs verlaufenden Via Claudia gelegen, befindet sich die bereits seit 1837 durch einen Brief des Lehrers F. M. Ferchl an Hofrat Thiersch bekannte Villa rustica von Peiting. Der römische Gutshof liegt auf einer Geländeterrasse an einem nach Nordosten abfallenden Hang auf einer Höhe von 750 m ü. NN und umschließt mit 2,4 ha ein relativ großes Areal. Noch bis in die Mitte des 20. Jahrhunderts waren auf der Flur „Neukirchwiesen“ die Überreste der Steingebäude als Schutthügel erkennbar, bevor sie nach einer ersten archäologischen Grabung des BLfD unter Wilfried Titze vom Landwirt einplaniert wurden. Weitere archäologische Untersuchungen wurden in den 1960er und 1980er Jahren notwendig, als erneut Planierungsarbeiten, der Bau einer Gasleitung quer durch das Bodendenkmal sowie der Ausbau der nahe gelegenen B 17 durchgeführt wurden. Die Grabungen erbrachten zwei Bauphasen der Römervilla, wobei die erste Steinbauphase in das 2. Jahrhundert datiert und die Gebäude nach einer Zerstörung in der Mitte des 3. Jahrhunderts in der zweiten Phase wieder aufgebaut wurden. Anhand des Fehlens von Brandschutt und des letzten Besiedelungsnachweises durch eine Münze Kaiser Constantins I. ist davon auszugehen, dass die Villa rustica wohl bei Aufgabe der Provinz Raetien wegen andauernder Alemanneneinfälle planmäßig Mitte des 4. Jahrhunderts verlassen wurde. Die Bauweise des Hauptgebäudes offenbarte dabei einen nördlich der Alpen untypischen Grundriss im italischen Baustil mit beheizbaren Wohnräumen, die um einen überdachten Lichthof gruppiert waren, sowie eine nach Westen ausgerichtete und durch zwei Apsiden abgeschlossene Portikus. Davon abgesetzt befand sich westlich des Hauptgebäudes das ehemalige Bad. Beim Wiederaufbau im 3. Jahrhundert wurde der Grundriss durch Umbauten leicht verändert. So wurde das Hauptgebäude wesentlich vergrößert, die beiden Apsiden der Portikus abgerissen und diese zu einem nach Norden abknickenden Flur umgebaut sowie im Süden eine neue Raumflucht errichtet. Auch das Badegebäude erfuhr einige Umbauten, indem es unter anderem mittels zweier Gänge mit dem Hauptgebäude verbunden wurde.

Erste geophysikalische Messungen auf dem Areal haben 2002 das BLfD unter Jörg W. E.

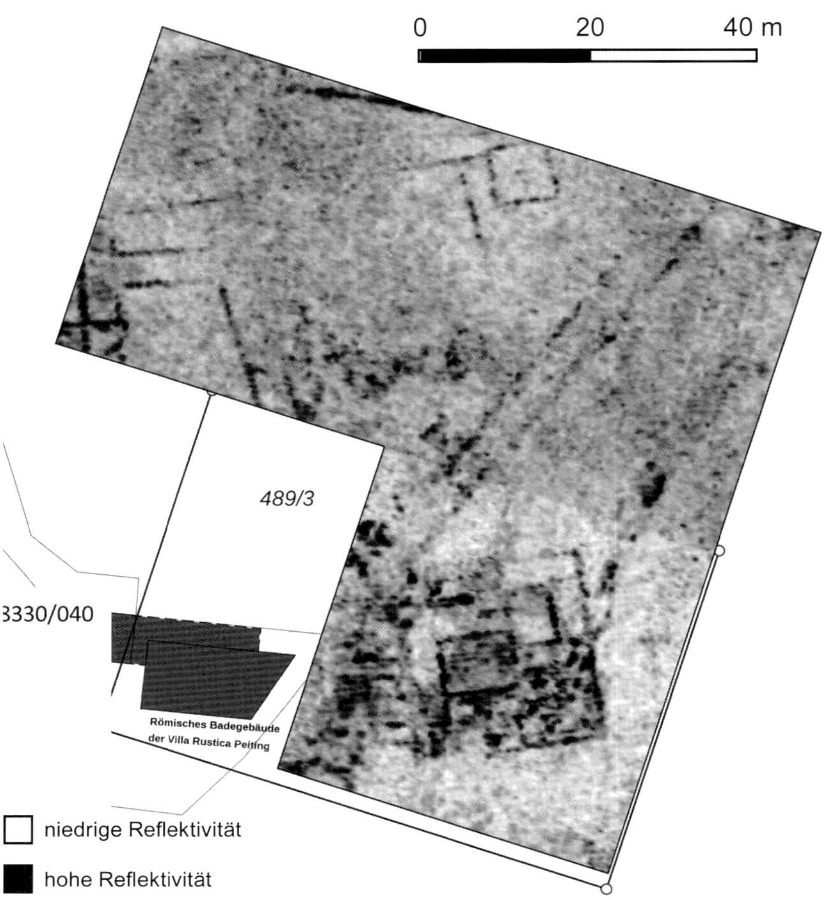

302 *Peiting. Bodenradartiefenscheibe zwischen 60 und 80 cm Tiefe. GSSI SIR-4000 mit 400 MHz-Antenne, Messpunktabstand: 6 × 50 cm, interpoliert auf 25 × 25 cm. Archiv-Nr. 8330/040 Pei20rad.*

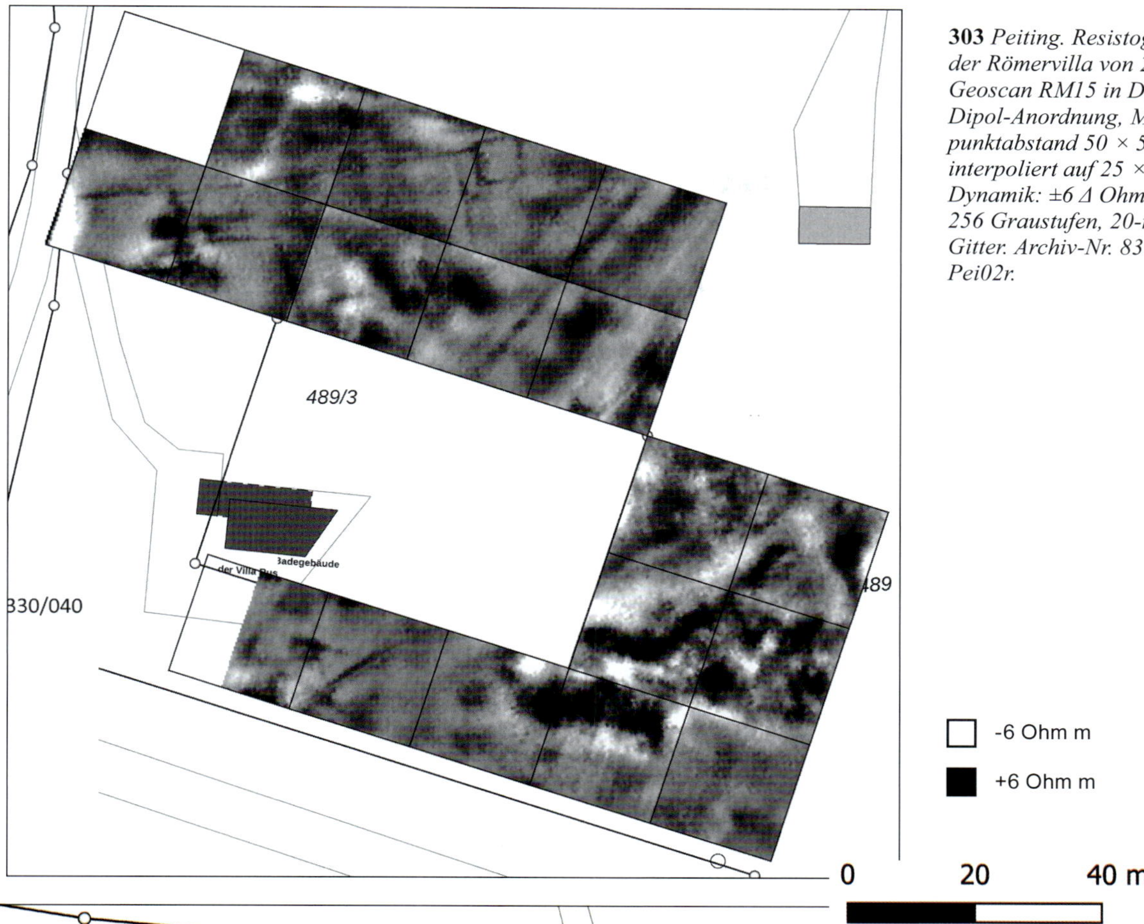

303 *Peiting. Resistogramm der Römervilla von 2002. Geoscan RM15 in Dipol-Dipol-Anordnung, Messpunktabstand 50 × 50 cm, interpoliert auf 25 × 25 cm, Dynamik: ±6 Δ Ohm m in 256 Graustufen, 20-m-Gitter. Archiv-Nr. 8330/040 Pei02r.*

304 *Peiting. Interpretationsplan der Befunde des Bodenradars und der Elektrik im Bereich der römischen Villa rustica. Farbcodierung: rot = Befunde aus dem Bodenradar; grün = Befunde der Elektrik; blau = Grabungsbefunde. GIS-Plan-Nr. 8330/040.*

Faßbinder (Elektrikmessung) sowie 2015 die Universität Erlangen unter Carsten Mischka (Magnetik) durchgeführt. Um weiterführende Erkenntnisse zum Hauptgebäude sowie zu den benachbarten Nebengebäuden zu erhalten, deren genaues Aussehen durch die bisherigen Messergebnisse nicht abschließend geklärt werden konnte, nahm die Arbeitsgruppe Geo-Erkundung des BLfD im Jahr 2020 eine zusätzliche Bodenradarmessung auf einer L-förmigen Fläche von 80 × 80 m Größe rund um den modernen Schutzbau des Badegebäudes vor. Das Bodenradar eignet sich besonders gut, um untertägige Steinbefunde sichtbar zu machen. Der geologische Untergrund aus würmzeitlichem Schmelzwasserschotter lässt dabei aufgrund der geringen Leitfähigkeit und Wasserhaltefähigkeit des Bodens eine gute Datenqualität erwarten.

Befunde aus Bodenradar und Elektrik

Die römischen Steinbefunde zeichnen sich in den Bodenradartiefenscheiben im Bereich von 25 bis 90 cm Tiefe ab, woraus sich eine etwa 65 cm hohe Erhaltung der Mauern ableiten lässt (Abb. 302). Die geringe Tiefenlage wurde auch bei Grabungen des Fördervereins im Jahr 2000 dokumentiert, bei denen das Badegebäude bereits 10–15 cm unter der Grasnarbe vorgefunden wurde.

Der südliche Teil der Messfläche umfasst den Großteil des ehemaligen römischen Hauptgebäudes. In diesem Bereich hat sich der Plan der Altgrabung von 1957 im Wesentlichen bestätigt. So konnte der zur ersten Bauphase gehörige Innenhof mit umlaufenden Räumen sowie die Ost- und Westportikus nachgewiesen werden (Abb. 302; 304). Von den beiden Apsiden der Westportikus ist nur die südliche erhalten; die nördliche wurde im Zuge des Gasleitungsbaus zerstört. Auch die Hypokaustierung der südöstlichen Räume kann durch einen erhaltenen Estrich in diesem Bereich bestätigt werden. Von den Umbauten des 3. Jahrhunderts ist die Errichtung einer neuen Raumflucht im Süden erkennbar. Auch die beiden Gänge zur Anbindung des Badegebäudes zeichnen sich in den Messdaten ab. Diejenigen Mauern aus Titzes Grabungsplan, die im Radarbild nicht mehr identifizierbar sind, wurden wohl entweder bei den Grabungsarbeiten komplett herausgebrochen oder durch die anschließende Planierung des Geländes zerstört.

Der nördliche Teil des Radarmessgitters erfasste Bereiche der Römervilla, die bereits 2002 mittels Elektrik (Abb. 303) untersucht wurden, bei denen jedoch die Interpretation bzw. die detaillierte Ansprache der einzelnen Baustrukturen schwierig war. Hier zeigt sich, dass sich der in Bauphase 2 vom Hauptgebäude aus nach Norden führende, 3,2 m breite Gang weiter fortsetzt, bevor er nach 40 m Richtung Westen und nach weiteren 15 m Richtung Süden abknickt. Nördlich davon verläuft eine annährend Ost-West ausgerichtete lineare Anomalie auf 45 m Länge, die sich im Resistogramm im Westen noch um weitere 22 m fortsetzt. Den östlichen Abschluss bildet ein quadratisches 7 × 7 m großes Steingebäude ohne Binnengliederung, das um 1 m Richtung Norden versetzt ist. Die lineare Anomalie dürfte eine Bauphase der nördlichen Umfassungsmauer der Villa rustica darstellen und das quadratische Steingebäude deshalb ein Torhaus. An die mutmaßliche Umfassungsmauer angebaut sind zwei zusätzliche Mauern Richtung Süden, die auf 6 bzw. 16 m Länge fassbar sind. Dabei handelt es sich eventuell um ein direkt mit der Mauer verbundenes Nebengebäude, da zwischen den beiden Maueransätzen ein quer verlaufendes, verbindendes Mauerstück identifizierbar ist. Eine eindeutige Funktionszuordnung einer weiteren, 10 m nördlich davon verlaufenden linearen Anomalie ist leider nicht möglich.

Im Zuge der Auswertung der Radarmessung wurde auch die Interpretation der Elektrikmessung in Bereichen außerhalb der Messflächen von 2020 neu überarbeitet. Dabei kann die „Überinterpretation" von 2003 im östlichen Teil des Elektrikgitters zu einem ungegliederten steinernen Nebengebäude von 14 × 10 m Größe sowie einem kleineren, anhand eines Estrichs erkennbaren Steingebäude gestrichen werden.

Zusammenfassung

Mit Hilfe der 2020 durchgeführten Radarmessung lässt sich neben der Verifikation des Grabungsplans von 1957 im Bereich des Hauptgebäudes auch der Grundrissplan des übrigen Villenareals revidieren. So kann die scheinbare Vielzahl an ungeordneten Mauerzügen, wie sie rein basierend auf der Elektrikmessung interpretiert und publiziert wurde, überarbeitet und zu eindeutigen Bauwerken zusammengefasst werden, sodass sich nun insgesamt eine schlüssige Einteilung des Areals ergibt. Zusammen mit den Grabungsergebnissen ist nun sowohl auf der Nord- als auch auf der West- und Ostseite die römische Begrenzung des Villenareals bekannt. Nur der südliche Abschluss muss ungeklärt bleiben, da die dortigen archäologischen Überreste durch den Bau der Bundesstraße unwiederbringlich zerstört wurden.

Roland Linck, Jörg W. E. Faßbinder, Florian Becker, Mandana Parsi und Michael Eitel

Literatur C. S. Sommer, Die Römer in Weilheim-Schongau. In: G. Paula/S. Berg-Hobohm, Landkreis Weilheim-Schongau. Denkmäler in Bayern I.23 (München 2003) XLI–LVI; 41–56. – J. Obmann, Villa Rustica Peiting – Die Neukirchwiesen und ihr römisches Geheimnis (Peiting 2012). – J. Leicher, Die Villa Rustica von Peiting: Die Chronik der Wiederauferstehung eines antiken Landgutes (Peiting 2018).

Radarprospektion ermöglicht Wiederauffinden des Limesturms WP 14/21 bei Dorsbrunn

Gemeinde Pleinfeld, Landkreis Weißenburg-Gunzenhausen, Mittelfranken

Forschungsstand

Nördlich des heutigen Ortes Dorsbrunn verlief in römischer Zeit der Raetische Limes. Am nordöstlichen Ortsrand befand sich dabei die Wachtturmstelle 14/21, von der heute im landwirtschaftlich genutzten Gelände nichts mehr erkennbar ist.

Bereits zu Beginn des 20. Jahrhunderts wurden die Überreste der Steinbauphase dieses Limesturms durch die Reichs-Limeskommission ausgegraben. Dabei wurde ein steinerner Turm mit einer Grundfläche von 5,1 × 4,3 m Größe und einer 55 cm tiefen Fundamentierung aufgedeckt. Die Mauerstärke betrug 85 cm im Norden sowie 70 cm bei den anderen Mauern. Die Limesmauer wurde ohne großes Fundament direkt an WP 14/21 angebaut. Wie die Analysen der Reichs-Limeskommission ergaben, bestand in römischer Zeit wohl Sichtkontakt zu den beiden nächstgelegenen Türmen im Westen sowie zu einem weiteren Turm im Osten.

Eine exakte Lokalisierung der Fundstelle war hundert Jahre später nicht mehr möglich. Aus diesem Grund wurde im Jahr 2018 eine Magnetometermessung durch Carsten Mischka von der Universität Erlangen veranlasst. Die Messergebnisse zeigen sehr deutlich die ältere Holzbauphase aus Palisade und hölzernem Wachtturm sowie Hinweise auf die jüngere Steinmauer (Abb. 305). Vom Steinturm selbst ist im Magnetogramm leider nichts zu erkennen. Aus diesem Grund führte das Bayerische Landesamt für Denkmalpflege 2020 zusätzlich eine Bodenradarprospektion durch, denn dieses aktive geophysikalische Verfahren ist insbesondere für die Suche nach Steinbefunden geeignet. Zum Einsatz kam dabei das Bodenradarmessgerät GSSI SIR 4000 mit 400-MHz-Antenne.

Resultate der Radarmessung

Die aus den Messprofilen errechneten Tiefenscheiben zeigen archäologische Befunde in

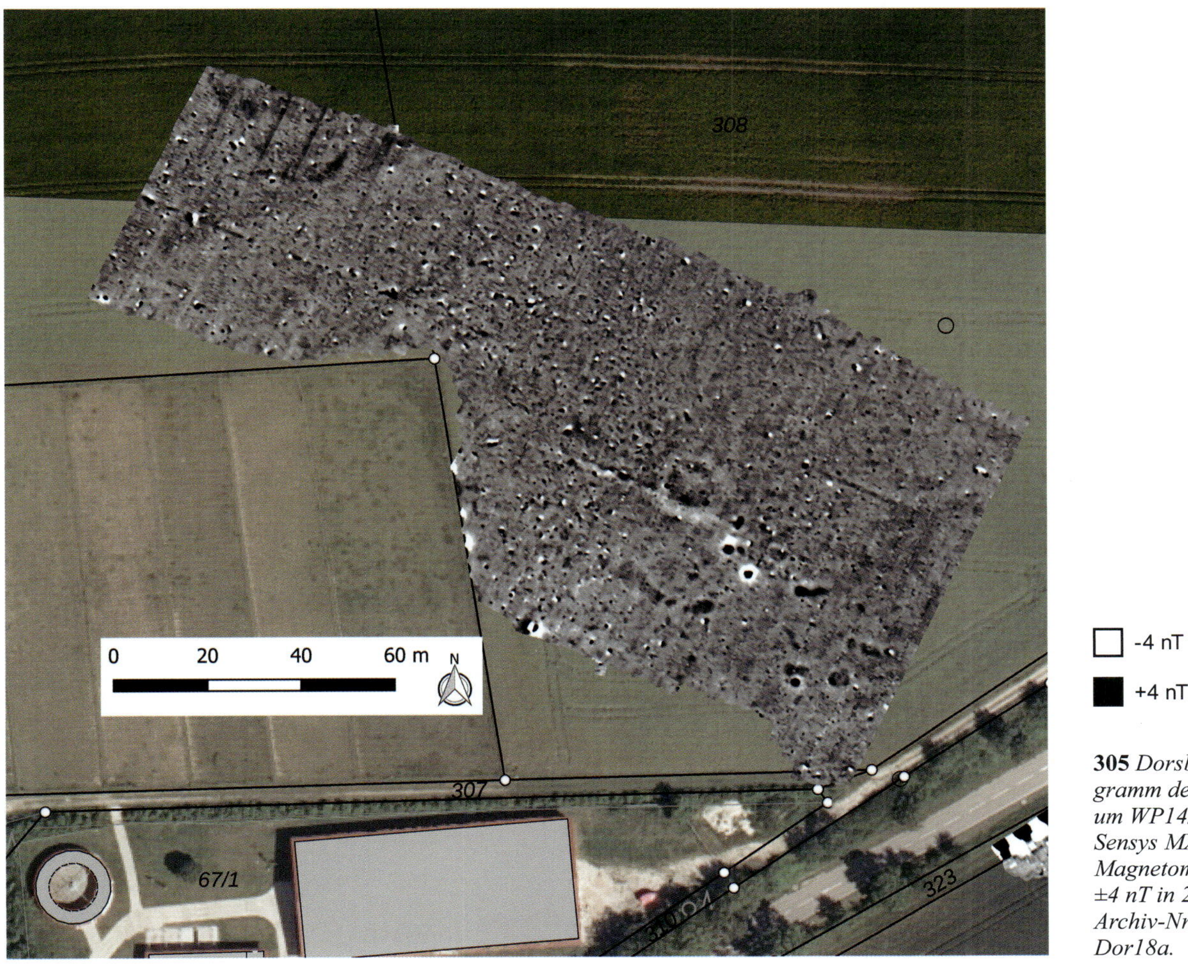

305 *Dorsbrunn. Magnetogramm des Bereichs rund um WP14/21. Messgerät: Sensys MXPDA Fluxgate-Magnetometer, Dynamik ±4 nT in 256 Graustufen. Archiv-Nr. 6930/089 Dor18a.*

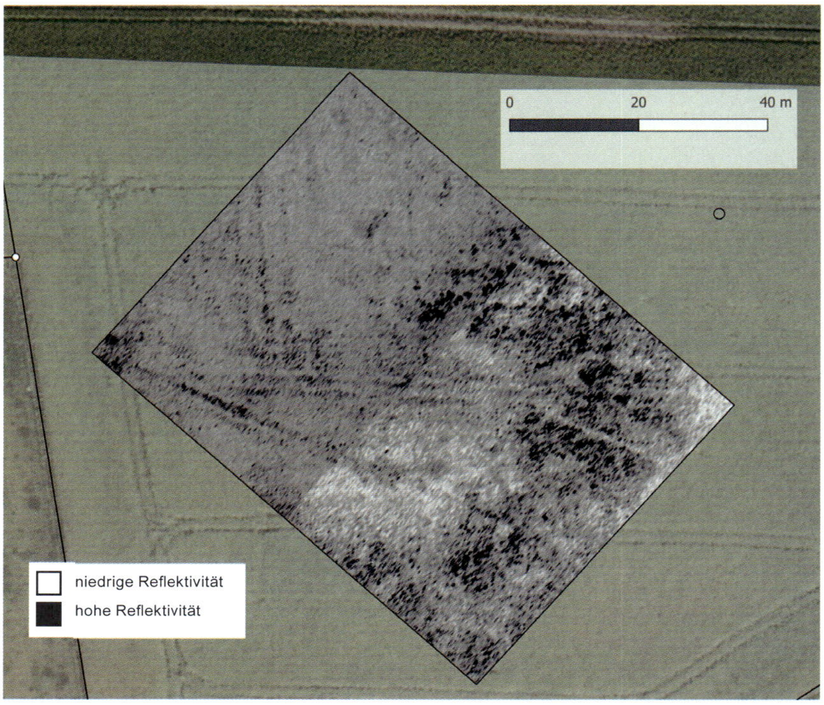

306 *Dorsbrunn. Ausschnitt aus den Bodenradartiefenscheiben zwischen 40 und 60 cm Tiefe, der den Verlauf der steinernen Limesmauer sowie den Standort des WP 14/21 zeigt. GSSI SIR-4000 mit 400-MHz-Antenne, Messpunktabstand 6 × 50 cm. Archiv-Nr. 6930/089 Dor20rad.*

einer Tiefe von 20–80 cm unter dem heutigen Ackerboden. Die Nordwest-Südost verlaufende steinerne Limesmauer ist dabei auf 60 cm Höhe im Untergrund erhalten (Abb. 306; 308), wobei die Position exakt mit der vermuteten aus dem Magnetogramm übereinstimmt. Insgesamt lässt sich der Limesverlauf nun auf eine Länge von 85 m erfassen. Im Bereich zwischen 40 und 60 cm Tiefe ist zudem eine rechteckige Anomalie identifizierbar, die dem gesuchten steinernen Wachtturm zugeordnet werden kann (Abb. 306; 308). Aufgrund der nur 20 cm hohen Erhaltung ist davon auszugehen, dass im Laufe des letzten Jahrhunderts seit der Grabung weitere 30 cm der Mauerhöhe durch die intensive Landwirtschaft abgetragen wurden und heute nur noch die letzte Steinlage im Untergrund erhalten ist. Im Grundriss misst WP 14/21 laut Messbild 4,3 × 4,2 m, sodass die Messung der Reichs-Limeskommission anscheinend etwas zu groß ausfiel.
Parallel zur steinernen Limesmauer ist in einem Abstand von 18 m nördlich davon am östlichen Rand der Messfläche der Rest des Palisadengrabens der Holzbauphase als negative Anomalie im Radarmessbild erkennbar (Abb. 306; 308). Auch diese Position passt perfekt zum Verlauf der Palisade im Magnetogramm. Mit Hilfe des Bodenradars lässt sich ein Teilstück von 20 m Länge erfassen. Zusammen mit der Magnetik wurde die Palisade dabei auf 180 m Länge eindeutig lokalisiert.

Viewshed-Analyse

Laut Reichs-Limeskommission soll von WP 14/21 eine Sichtverbindung zu den Türmen WP 14/19 und WP 14/20 im Westen sowie WP 14/22 im Osten bestanden haben. Um dies zu überprüfen, wurde zusätzlich eine Sichtbarkeitsanalyse in einem Geographischen Informationssystem durchgeführt. Als Datengrundlage dient ein sehr hochauflösendes Digitales Geländemodell mit 50 cm Punktraster, das speziell für den Limesverlauf mittels Airborne Laserscanning erstellt wurde. Die Analyse wurde dabei mit einem Suchradius von 1000 m rund um jeden Turmstandort vorgenommen, da die römischen Limestürme in

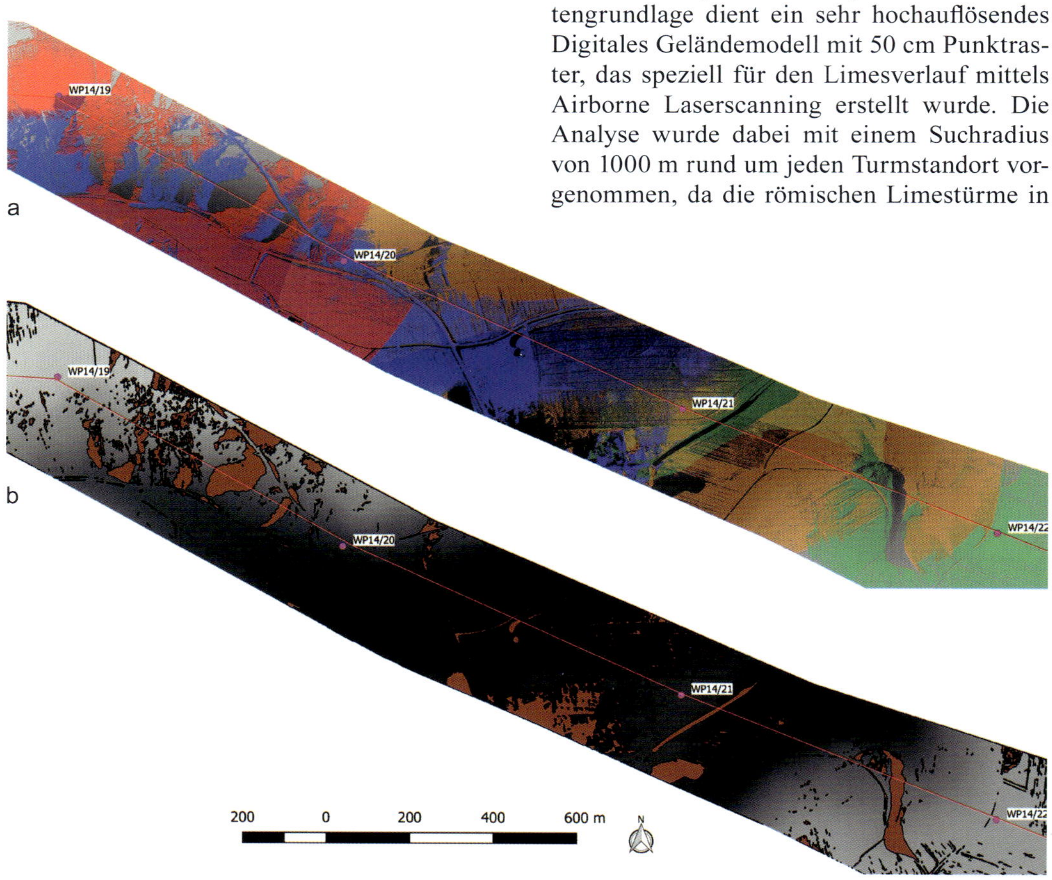

307 *Dorsbrunn. a: Ergebnis der Sichtbarkeitsanalyse, die belegt, dass eine Sichtverbindung zwischen den Türmen WP 14/19 bis WP 14/22 bestand. Farbcodierung: rot = sichtbarer Bereich des WP 14/19; blau = sichtbarer Bereich des WP 14/20; orange = sichtbarer Bereich des WP 14/21; grün = sichtbarer Bereich des WP 14/22; rote Linie = Limesverlauf; magentafarbene Punkte = Standort Limeswachttürme. – b: Braune Bereiche stellen Regionen dar, die von keinem der Wachttürme eingesehen werden konnten.*

der Regel einen Abstand von 200 bis 1000 m zueinander haben. Als Turmhöhe wurden 5,5 m angenommen, was laut Elisabeth Krieger (2018) dem aktuellen Forschungsstand entspricht.

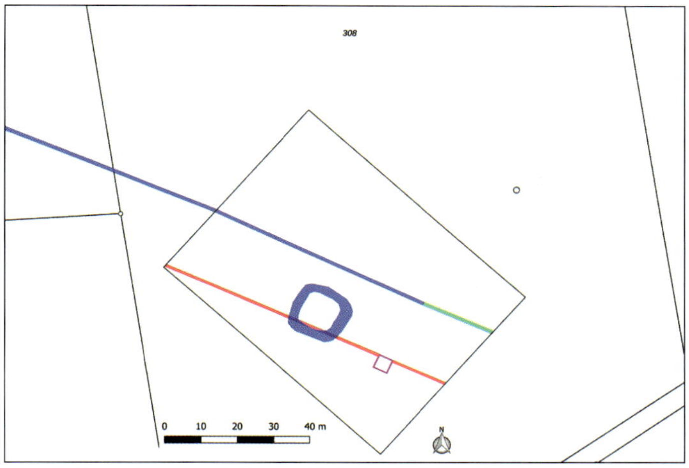

308 *Dorsbrunn. Interpretationsplan der Befunde der geophysikalischen Messungen. Farbcodierung: grün = Holzpalisade aus Bodenradar; blau = Holzpalisade und hölzerner Wachtturm aus Magnetogramm ergänzt; rot = steinerne Limesmauer; magenta = steinerner Wachtturm. GIS-Plan Nr. 6930/089.*

Wie in Abb. 307a erkennbar, überlappen sich, unter Annahme von Vegetationslosigkeit, die Sichtbereiche der oben genannten vier Limestürme, sodass eine Sichtverbindung gewährleistet war und beinahe jeder Bereich des Limesabschnittes von mindestens einem Turm aus überwacht werden konnte. Insgesamt ergeben sich nur wenige Stellen mit „toten Winkeln“, die nicht eingesehen werden konnten (Abb. 307b). Dies zeigt einmal mehr, wie herausragend die Standortplanungen der römischen Militärs waren. Denn es ist davon auszugehen, dass einige der Bereiche ohne Sichtverbindung erst durch eine moderne Umformung des Geländes entstanden und die Situation in römischer Zeit eventuell sogar noch besser war.

Zusammenfassung

Mit Hilfe der geophysikalischen Prospektion gelang es 2020 einmal mehr, einen heute nicht mehr lokalisierbaren römischen Limesturm „wiederzuentdecken“. Das Zusammenspiel von zwei Verfahren, die auf unterschiedliche physikalische Parameter sensitiv reagieren, ermöglicht es, dass sowohl die ältere Holz- als auch die jüngere Steinbauphase kartiert werden kann.

Die Verfahren der modernen Geoinformatik erlauben es, relativ schnell und vom Büro aus anhand von digitalem Datenmaterial die bisher nur postulierten Sichtachsen entlang des römischen Limes zu verifizieren und die meisterliche Bau- und Ingenieursleistung bei der Planung und Errichtung der ehemaligen Grenzlinie zu Germanien zu beweisen.

Roland Linck, Markus Gschwind und Carsten Mischka

Literatur E. Fabricius/F. Hettner/O. von Sarwey, Der Obergermanisch-Raetische Limes des Roemerreiches. Abteilung A Bd. VII: Die Strecken 14–15 (Berlin 1933) 73. – G. Ulbert/Th. Fischer, Der Limes in Bayern. Von Dinkelsbühl bis Eining (Stuttgart 1983) 77. – E. Krieger, Die Wachttürme und Kleinkastelle am raetischen Limes. Limesforsch. 30 (Berlin 2018).

Hoch hinaus im Allgäu: Drohnenfotogrammetrie der Burgruinen Eisenberg und Hohenfreyberg

Gemeinde Eisenberg, Landkreis Ostallgäu, Schwaben

Die beiden Burgruinen liegen auf zwei benachbarten Berggipfeln von 1050 m ü. NN etwa 4 km nördlich von Pfronten. Eingebettet in die herrliche Gebirgs- und Hügellandschaft der Voralpen bilden die beiden Burgen ein landschaftsbeherrschendes und weithin sichtbares Denkmal, das die Umgebung um fast 200 m überragt (Abb. 310).

Prinzip der Fotogrammetrie

Mit Hilfe einer hochauflösenden Kamera, die an einem Multikopter montiert ist, lassen sich erhaltene Denkmäler schnell und einfach dreidimensional sowie hochauflösend dokumentieren. Hierfür wird das Gelände mittels automatischem Flugplan mit hoher Überlappung der Einzelfotos von mehr als 80 % in beiden Richtungen beflogen. Somit wird jeder Punkt durch eine Vielzahl an Fotos aus unterschiedlichen Blickwinkeln erfasst, woraus eine Spezialsoftware ein 3D-Modell berechnen kann, das sich aufgrund der Farbinformation der Bilder zudem fotorealistisch einfärben lässt. Deshalb können die Daten für Dokumentations- und Vermessungszwecke in der Denkmalpflege eingesetzt werden.

Burg Eisenberg

Baugeschichte: Die Burg Eisenberg, die ältere der beiden Ruinen, ist der Mittelpunkt der gleichnamigen Herrschaft, die zwar bereits im 11. Jahrhundert bestand, aber erst 1340 erstmalig erwähnt wurde. Sie verdankt ihre Entstehung den territorialen Expansionsbestrebungen des Tiroler Grafen Meinhard II., der Ansprüche auf das Füssener Land erhob. Daraus ergab sich ein langanhaltender Konflikt mit den bayerischen Herzögen, in den auch die Oberallgäuer Edelfreien von Hohenegg hineingezogen wurden. Da 1312/13 deren Stammburg Loch bei Pinswang von Tiroler Truppen eingenommen wurde, musste Peter von Hohenegg nach Norden ausweichen und errichtete 1314/15 die Burg Eisenberg als neues Herrschaftszentrum. Das einzige kriegerische Ereignis, in das die Burg verwickelt wurde, waren die Bauernkriege 1525, die zu einer starken Zerstörung der Anlage führten. Mittels der enormen Entschädigungszahlungen der Bauern war jedoch im Anschluss eine aufwendige Instandsetzung nach neuester Technik und mit exklusiven Baumaterialien wie Marmor möglich. Im Dreißigjährigen Krieg kam es aufgrund der heranrückenden Schweden 1632 zur Entfestigung und 1646 zur endgültigen Zerstörung der Burg Eisenberg durch die Österreicher, die bereits seit Ende des 14. Jahrhunderts die Lehnsherren der Edelfreien von Hohenegg bzw. später derer zu Freyberg waren. Im Laufe der folgenden Jahrhunderte verfiel die Burg kontinuierlich, bevor 1980 die Gemeinde Eisenberg die Ruine erwarb und mit einer umfassenden Sanierung begann, deren Ergebnis heute zusammen mit ihrer Schwesterburg Hohenfreyberg das Ortsbild prägt.

Resultate der Drohnenbefliegung: Das erzeugte 3D-Modell zeigt sehr schön die trutzige Gestalt dieser sogenannten Mantelburg auf einem ovalen Plateau (Abb. 309). Insgesamt besitzt die Hauptburg eine Größe von 45 × 23 m. Aufgrund der hohen Schildmauer, deren am besten erhaltener Rest im Nordwesten noch heute eine Höhe von 12 m, d. h. ehemals vier Stockwerken, erreicht, war bei diesem Burgtypus kein Bergfried nötig. Im Inneren zeigt das Modell noch die gut erhaltenen Reste des Nord- und Südpalas, die sich mit ihren Pultdächern an die Ummauerung lehnten. Insbesondere vom Südpalas steht noch eine Vielzahl an Mauern, welche die Inneneinteilung in einzelne Räume aufzeigen (Abb. 309,1). Teilweise sind sogar die Fundamente der Mittelstützen der Erdgeschossräume noch heute erkennbar (Abb. 309,2). Im Südwesten der Hauptburg lassen sich die Mauerzüge des ehemaligen Back- und Badehauses, von dem noch die Treppe ins Obergeschoss vorhanden ist, identifizieren (Abb. 309,3). Ein Relikt der 1. Bauphase aus dem 14. Jahrhundert ist die im Nordosten erkennbare halbrunde Apsis der ehemaligen Burgkapelle, die aus der Schildmauer herausragte (Abb. 309,4). Ein Überrest, welcher der Bauzeit ab 1525 zugeordnet werden kann, ist der Doppelschacht der Latrine an der südlichen Burgmauer (Abb. 309,5). Dieser gehörte zu einem damals eingebauten, ausgeklügelten Abwassersystem, das mit den horrenden Zahlungen der Bauern finanziert werden konnte. Im Zwinger der Vorburg, der im 15. Jahrhundert gegen die aufkommenden Feuerwaffen errichtet wurde, sind der Rest der Umfassungsmauer mit einigen Halbschalentürmen sowie der mächtige Viereckturm mit heute noch 6 m Höhe erkennbar.

Burg Hohenfreyberg

Baugeschichte: Hohenfreyberg, noch heute im Besitz der Freiherren von Freyberg, stellt eine der letzten großen Burgneubauten des deutschen Mittelalters dar und ist eine typische Höhenburg, ein zum Zeitpunkt der Erbauung am Beginn des 15. Jahrhunderts bereits veralteter Bautypus. Denn Friedrich von Freyberg hatte keine Lust, die väterliche Burg Eisenberg zu übernehmen, da eine Mantelburg nicht seinen Vorstellungen einer „richtigen" Burg mit hohen Türmen entsprach. Deshalb errichtet er 1418–1432 auf dem Nachbargipfel eine neue Burg mit einer winzigen Herrschaft aus nur zwei Dutzend Bauernhöfen. Weil sein vorab ausbezahltes Erbe jedoch nicht für dieses ehrgeizige Bauvorhaben ausreichte, musste Hohenfreyberg bereits 1480 an die

309 *Eisenberg. 3D-Modell der Burgruine Eisenberg von Südosten mit Eintragung der im Text erwähnten Details. Ansicht von Südwesten. DJI Inspire 2 mit Zenmuse X4S-Kamera, Flughöhe 45 m, Auflösung der Bilder 1,5 cm, Aufnahmedatum 06.08.2020, Archiv-Nr. 8328/002 Esb20uav.*

Österreicher verkauft werden, die dort in der Folgezeit einen Pfleger installierten. Der erste war der reiche Augsburger Patrizier Georg Gossembrot, ein Freund und Geldgeber Kaiser Maximilians I., der die Burg weiter ausbaute und artilleriesicher verstärkte. Aus diesem Grund konnte das Bauernheer 1525 Hohenfreyberg, im Gegensatz zur benachbarten Burg Eisenberg, nicht erobern. Der Dreißigjährige Krieg bedeutete aber auch für diese Burg das Ende mit Entfestigung und Brandschatzung der Anlage. Nach einer umfassenden Restaurierung der verfallenen Reste zwischen 1995 und 2008 stellt die Burg Hohenfreyberg heute eine der schönsten Ruinen Mitteleuropas dar.

Resultate der Drohnenbefliegung: Eindrucksvoll zeigt das Drohnen-3D-Modell die als Replik typisch hochmittelalterlicher Turmburgen errichtete Burganlage. So werden im Oberflächenmodell (Abb. 311a) die langrechteckige, schiffsrumpfförmige Gestalt der Burg, deren exakte Ost-West-Ausrichtung sowie die Einteilung in eine kleine Vorburg und eine östlich daran anschließende Hauptburg deutlich. Die Anlage umfasst insgesamt eine Fläche von 97 × 37 m. Der prominenteste Bauteil ist das zu Beginn des 16. Jahrhunderts erbaute Artillerierondell im Südwesteck der Burg, das noch heute 12 m hoch aufragt und 10 m im Durchmesser misst (Abb. 311). Das Rondell springt dabei sehr weit über die Wehrmauer vor, damit der Feind entlang der Ringmauer besser bestrichen werden konnte. Zusätzlich ist noch der 5,6 m große Nordwestturm sichtbar. Im Inneren der Vorburg haben sich nur geringe Fundamentreste der dort befindlichen Gebäude erhalten.

Die Gestalt der Kernburg mit einem aus dem Ende des 15. Jahrhunderts stammenden vorgelagerten Gebäudetrakt und Torhaus ist deutlich erkennbar. Im Inneren der Hauptburg sind die Reste des 10 m im Durchmesser großen Bergfrieds, der weit nach Osten vorspringt, des Zisternenturms im Süden sowie des südwestlichen, leicht asymmetrischen Rundturms, des sogenannten „Kapellenturms" sichtbar. Das Drohnenmodell visualisiert auch eindrucksvoll die einstmalige Enge innerhalb der Kernburg, deren kleiner, nur 8 × 8 m großer Innenhof U-förmig von den Palasbauten flankiert wurde. Mit durchschnittlichen Mauerstärken von 2–2,3 m war Hohenfreyberg ehedem ein mächtiges Bauwerk.

310 *Eisenberg. Das Luftbild zeigt die Lage der beiden Burgruinen (Bildmitte unten) im Allgäuer Voralpengebiet mit den Alpengipfeln und dem Forggensee im Hintergrund. Blick von Nordwesten. Bayerisches Landesamt für Denkmalpflege – Luftbilddokumentation, Aufnahmedatum 14.10.2019, Fotograf Klaus Leidorf, Archiv-Nr. 8328/002, Bildnr. 5SR70266.*

311 *Eisenberg. a: Digitales Oberflächenmodell der Burgruine Hohenfreyberg (genordet), das eindrucksvoll die erhaltenen Mauerreste der Anlage zeigt. Auflösung: 3 cm. – b: 3D-Modell, Ansicht von Südwesten, Detailansicht rechts unten zur Veranschaulichung der hohen Auflösung sowie der Nutzbarkeit der Daten für eine Schadensanalyse. DJI Inspire 2 mit Zenmuse X4S-Kamera, Flughöhe 45 m, Aufnahmedatum 06.08.2020, Archiv-Nr. 8328/002 Hfy20uav.*

Trotz einer Flughöhe von 45 m und nicht idealen Lichtverhältnissen mit teilweise direkter Sonneneinstrahlung auf der einen Seite und starken Schlagschatten auf der anderen lässt das Drohnenmodell selbst kleinste Details in der Mauerstruktur erkennen. Auch Schäden und Stellen mit vermehrtem Bewuchs, der das Mauerwerk aufgrund von Durchwurzelung schädigt, sind mittels diesem Verfahren schnell und einfach kartierbar, sodass die Daten auch denkmalpflegerisch nutzbar sind. Dies ist auch in großen Höhen und an schwer zugänglichen Stellen, etwa den Außenseiten der Umfassungsmauern, ohne umständliche, teure Hilfsmittel wie Leitern und Gerüste möglich (Detailansicht Abb. 311b). Zudem ist kein gefährliches Klettern an diesen unzugänglichen Stellen notwendig, alles lässt sich aus dem einfach zugänglichen Burginneren erledigen.

Roland Linck

Literatur B. Pölcher/A. Desing, Beschreibung und Geschichte der Burgruinen Eisenberg und Hohenfreyberg im Ostallgäu (1989). – J. Zeune, Geschichte erhalten: Das Sanierungsprojekt „Burgruine Hohenfreyberg“ (2005). – J. Zeune, Burgruinen Eisenberg und Hohenfreyberg. Kleine Kunstführer 2179 (Regensburg 2009).

Barocker Luxus am Seeufer: Radarmessung zeigt prunkvolle Gartenanlage des Klosters Tegernsee

Stadt Tegernsee, Landkreis Miesbach, Oberbayern

Klostergeschichte

Das Benediktinerkloster Tegernsee wurde Mitte des 8. Jahrhunderts als eines der sogenannten Huosi-Hausklöster gegründet. Von Beginn an war Tegernsee ein verhältnismäßig reiches Kloster mit Besitz des kompletten Tegernseetals sowie des Vorlandes bis nach Warngau und Holzkirchen. Zudem gehörten noch Weingüter in Südtirol und der Wachau zum Klostereigentum. Trotz einiger Niedergänge, insbesondere im Zuge der Ungarneinfälle im 10. Jahrhundert sowie durch Misswirtschaft im 14. Jahrhundert, erholte es sich immer wieder schnell. Nach einem wiederholten Neuaufbau im Mittelalter wurde das Kloster Tegernsee nach dem Dreißigjährigen Krieg ab 1678 in barocker Gestalt umgebaut, wobei von den Vorgängerbauten nur die Klosterkirche erhalten blieb. Die neuen Gebäude stellten dabei eine streng geometrische Anlage rund um die Kirche in der Mittelachse dar (Abb. 312–313). Für die barocke Innengestaltung der Kirche war unter anderen Johann Georg Asam, der Vater der berühmten Brüder Cosmas Damian und Egid Quirin Asam, zuständig. Im 18. Jahrhundert war Tegernsee der größte Klosterkomplex in Altbayern mit einem Umfang von sechs Siebteln des Escorial bei Madrid, der weltweit größten Klosteranlage. Im Zuge der Säkularisation erfolgte im Jahr 1803 die Auflösung des Klosters. Der Staatsbeamte Freiherr Karl von Drechsel ersteigerte daraufhin 1805 die Gebäude und ließ alle nicht benötigten Trakte, insbesondere die westlich der Kirche rund um den Haupthof befindlichen, abbrechen und verkaufte die Steine als Baumaterial, um den Kaufpreis zurückzugewinnen. Auf Wunsch seiner Gemahlin erwarb 1817 König Max I. Joseph den Rest der Anlage und machte sie zur königlichen Sommerresidenz. Im Zuge dessen

312 *Tegernsee. Kupferstich von Michael Wening (um 1705), der das barocke Kloster inklusive der heute abgebrochenen Westflügel zeigt. In der Mitte ist (aufgrund der Perspektive teilweise verdeckt) der barocke Garten schematisch dargestellt. Blick von Westen.*

stellte sein Baumeister Leo von Klenze unter anderem die Kirchenfassade im klassizistischen Stil fertig. Das zum Schloss gewordene Kloster wurde in den folgenden Jahrhunderten unter den Wittelsbachern weiter vererbt und ist noch heute in deren Besitz. Die derzeitige Besitzerin Herzogin Anna in Bayern erteilte auch die Zustimmung zu der im Herbst 2020 vom BLfD durchgeführten Bodenradaruntersuchung zur Suche nach den im Untergrund erhaltenen Resten der abgebrochenen Trakte.

Resultate der Bodenradarmessung

Da der Bereich der abgebrochenen Trakte bis heute unbebaut blieb und als Park genutzt wurde, war davon auszugehen, dass zumindest die Fundamente der ehemaligen Klosterbauten noch gut erhalten sind. Die Radarmessung umfasst den kompletten heute zugänglichen Bereich der sogenannten „Schmetterlingswiese“ zwischen Schloss und Seeufer und deckt eine Fläche von insgesamt 94 × 76 m ab. Die erhaltenen Befunde liegen dabei in einer Tiefe von 50–180 cm unter der heutigen Oberfläche. Die große Spannbreite der Befunde ist dadurch zu erklären, dass das Areal über 1000 Jahre immer wieder neu bebaut wurde. So liegen auch nicht alle erkennbaren Strukturen in der gleichen Radartiefenscheibe. Trotz einer das Ergebnis störenden modernen Überprägung in den oberen Tiefenscheiben bis 60 cm Tiefe sowie einer Vielzahl an nicht eindeutig interpretierbaren Befunden im Inneren des ehemaligen Haupthofs lassen sich deutlich die Fundamente der abgebrochenen Westtrakte des Klosters identifizieren. Da im ehemaligen

313 *Tegernsee. Die Klosteranlage im Luftbild. Blick von Westen. BLfD Luftbilddokumentation, Aufnahmedatum 20.05.2014, Fotograf Klaus Leidorf, Bildnr. 5D375479, Archiv-Nr. 8336/003.*

314 *Tegernsee. Interpretationsplan der archäologischen Befunde der Radarmessung. Farbcodierung: rot = barocke Steinbefunde; grün = vorbarocke, ältere Steinbefunde; beige = Wegstrukturen des barocken Rondells; schwarz = Messgitter. GIS-Plan-Nr. 8336/003.*

Innenhofbereich das barocke Laufniveau in ca. 50 cm Tiefe verortet werden kann und die Steinbefunde nicht darüber hinausragen, ist davon auszugehen, dass das aufgehende Mauerwerk Anfang des 19. Jahrhunderts komplett abgetragen wurde und nur noch Fundamente und etwaige Keller erhalten sind.
Am Westrand der Messfläche ist der Überrest des Gästeflügels erkennbar (Abb. 314–315). In dessen Mitte befand sich das Richtung Seeufer ausgerichtete Hauptportal, das im Messbild anhand von zwei Stützpfeilern identifiziert werden kann. Während nördlich davon zwei Kellerräume anschließen, zeigt sich im südlichen Bereich der Ansatz einer Treppe. Östlich des Westflügels befand sich ehemals wohl ein Arkadengang im Erdgeschoss, von dem sich noch elf quadratische Stützpfeilerfundamente mit einer Seitenlänge von 1,3 m erhalten haben. Insgesamt lässt sich so mit Hilfe der Messdaten eine Breite des Westflügels von 17 m rekonstruieren. Die exakte Länge lässt sich leider nicht bestimmen, da der Nordabschluss außerhalb der messbaren Fläche liegt.
Vom Seminarflügel im Süden des Klosterhofs zeichnen sich ebenfalls die Fundamente der Außenmauern sowie zwei Kellerinnenmauern in den Radartiefenscheiben ab, sodass dessen

315 *Tegernsee. Auswahl von zwei Bodenradartiefenscheiben, die die beschriebenen Befunde zeigen. GSSI SIR-4000 mit 400 MHz-Antenne, Messpunktabstand 6 × 50 cm, interpoliert auf 25 × 25 cm. Archiv-Nr. 8336/003 Teg20rad.*

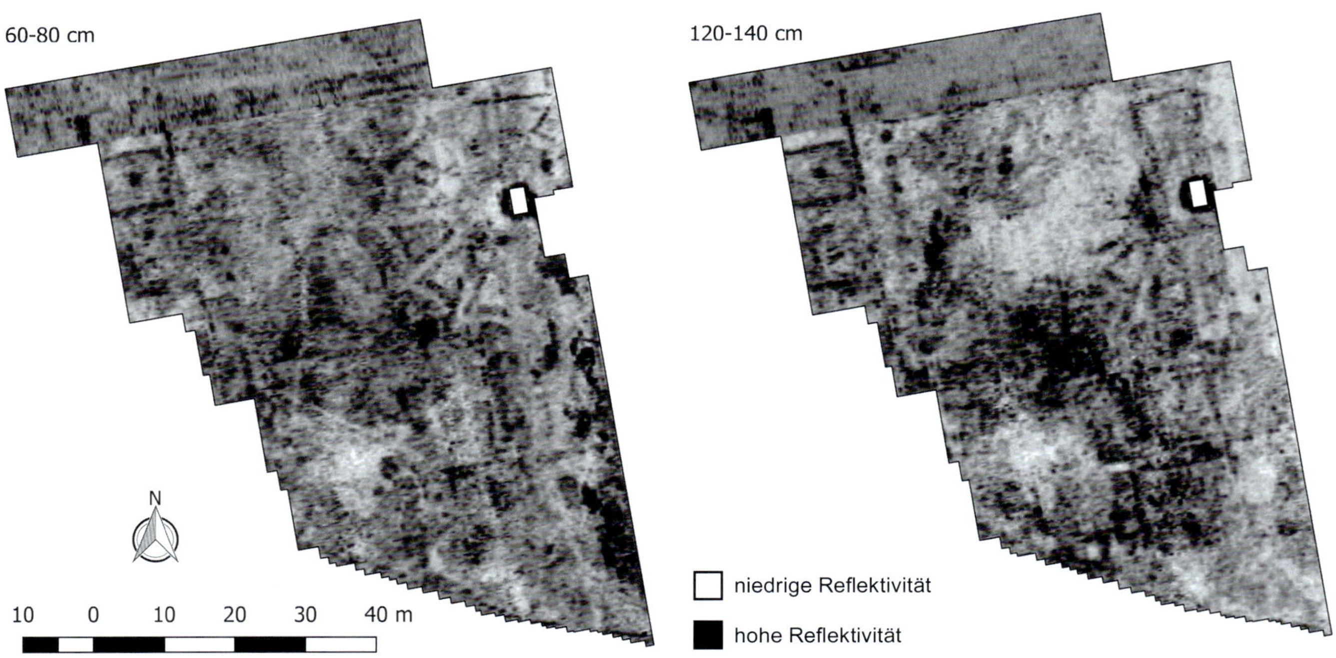

Breite mit 14 m ermittelt werden kann. Es fällt jedoch auf, dass die Steinbefunde insbesondere im Südwesten der Fläche nur schwierig zu fassen sind. Der Grund hierfür ist, dass dort ein moderner Hügel aufgeschüttet wurde, sodass die Fundamente heute zu tief liegen, um deutlich erkennbar zu sein.
Nördlich des Seminartraktes ist ein weiteres Mauergeviert identifizierbar, welches eine Breite von 9 m sowie eine Länge von mindestens 56 m aufweist und im Inneren durch zwei Mauern gegliedert wird. Aufgrund der größeren Tiefenlage und einer leicht abweichenden Orientierung dürfte es sich dabei um Überreste des vorbarocken bzw. mittelalterlichen Klosters handeln.
Bisher völlig unbekannt war eine weitere Struktur, die sich besonders in 60–80 cm Tiefe in den Radardaten abzeichnet. Dort lässt sich der Rest einer repräsentativen barocken Gartenanlage entdecken (Abb. 314–315). Es handelt sich dabei um eine mächtige zwölfeckige, sternförmige Gartenanlage von 39 m Durchmesser, deren Wege sich im Radargramm als negative, d. h. weniger stark reflektive Bereiche abzeichnen. Entlang schmaler Wege zum Zentrum hin befinden sich in regelmäßigen Abständen gemauerte Beeteinfassungen, die an der Außenseite die runde Form der äußeren Begrenzung aufnehmen und im Inneren einen geraden Abschluss haben. Die Gartenanlage befindet sich dabei an herausragender Position exakt in der Achse zwischen Haupttor und Kircheneingang. Ein Hinweis auf eine solche Struktur ist zwar in einem Kupferstich von Michael Wening (um 1705) (Abb. 312) eingezeichnet, sie wurde bisher aber nicht eindeutig nachgewiesen.

Zusammenfassung
Aufgrund des glücklichen Umstands, dass das Areal in den letzten beiden Jahrhunderten nie überbaut wurde, haben sich immerhin noch deutlich erkennbare Fundamente der nach der Säkularisation abgebrochenen Klostertrakte im Untergrund erhalten. Diese konnten im Jahr 2020 erstmals mittels geophysikalischer Prospektion nachgewiesen und kartiert werden. Die gleichzeitige Entdeckung der barocken Gartenanlage gibt einen Hinweis auf den Reichtum und die Bedeutung des Klosters Tegernsee in damaliger Zeit. Sie zeigt auch, dass, trotz bekanntermaßen oft großer künstlerischer Freiheiten der barocken Kupferstecher, teilweise selbst kleine Details korrekt wiedergegeben wurden.

Roland Linck und Florian Becker

Literatur W. Sage, Tegernsee. In: Miesbach, Tegernsee, Bad Tölz, Wolfratshausen, Bad Aibling. Führer Vor- u. Frühgesch. Denkmäler 18 (Mainz 1971) 212–219. – K. Kratzsch, Landkreis Miesbach. Ensembles, Baudenkmäler, Archäologische Geländedenkmäler. Denkmäler in Bayern I.15 (München 1986). – R. Götz, St. Quirinius Tegernsee. Schnell + Steiner Kunstführer Nr. 38 (Regensburg 2008).

Spuren des Spanischen Erbfolgekrieges im Gelände: Schanzanlage von Farchant aus der Luft vermessen

Landkreis Garmisch-Partenkirchen, Oberbayern

Lage und Geschichte der Schanzanlage
Das Werdenfelser Land gehörte in der frühen Neuzeit zum Fürstbistum Freising, wobei die Grenze zum Kurfürstentum Bayern zwischen Farchant und Oberau verlief. Im 17./18. Jahrhundert befand sich dort noch ein ausgedehntes Sumpfgebiet, das, nur durchschnitten von der Loisach und einer Landstraße, den gesamten Talboden ausfüllte. Als Grenzübergang diente das Anfang des 16. Jahrhunderts errichtete Steinerne Brückl. Bereits im Dreißigjährigen Krieg wurde eine erste Schanzanlage errichtet, die jedoch nie gebraucht wurde. Anders verhält es sich mit der 1702/03 in den Spanischen Erbfolgekriegen durch das Herzogtum Bayern erbauten sogenannten „Neuen Schanz“. Zu dieser Zeit lag das Werdenfelser Land zwischen den Fronten der Habsburger und Wittelsbacher, weshalb diese Schanzanlage von den bayerischen Soldaten errichtet wurde, um die von Süden anrückenden österreichischen Verbände abzuwehren. Dabei kam es am 27.08.1703 zur Schlacht am Steinernen Brückl, bei der die 900 Mann starken bayerischen Truppen von den mit 11.000 Mann wesentlich stärkeren österreichischen überrannt wurden.

Die „Neue Schanz“ im Gelände
Die „Neue Schanz“ verläuft quer durch das gesamte Loisachtal vom Fricken im Osten bis zum Heuberg im Westen und wird nur von der Loisach unterbrochen. Die Anlage hatte somit eine Gesamtlänge von 1,6 km und ist noch heute gut sichtbar im Gelände erhalten (Abb. 318–319). Ursprünglich bestand sie aus einem Palisadenwall mit Wassergraben sowie mindestens acht nach Süden gerichteten, im Wechsel dreieckigen und trapezförmigen Bastionen, die zur Seitenbestreichung der österreichischen Truppen dienten. Durchstiche zur Loisach und zum Röhrlbach sorgten dafür, dass sich der Graben automatisch mit Wasser füllte. Heute sind von den acht Bastionen noch sieben erkennbar, wobei die westlichste auf-

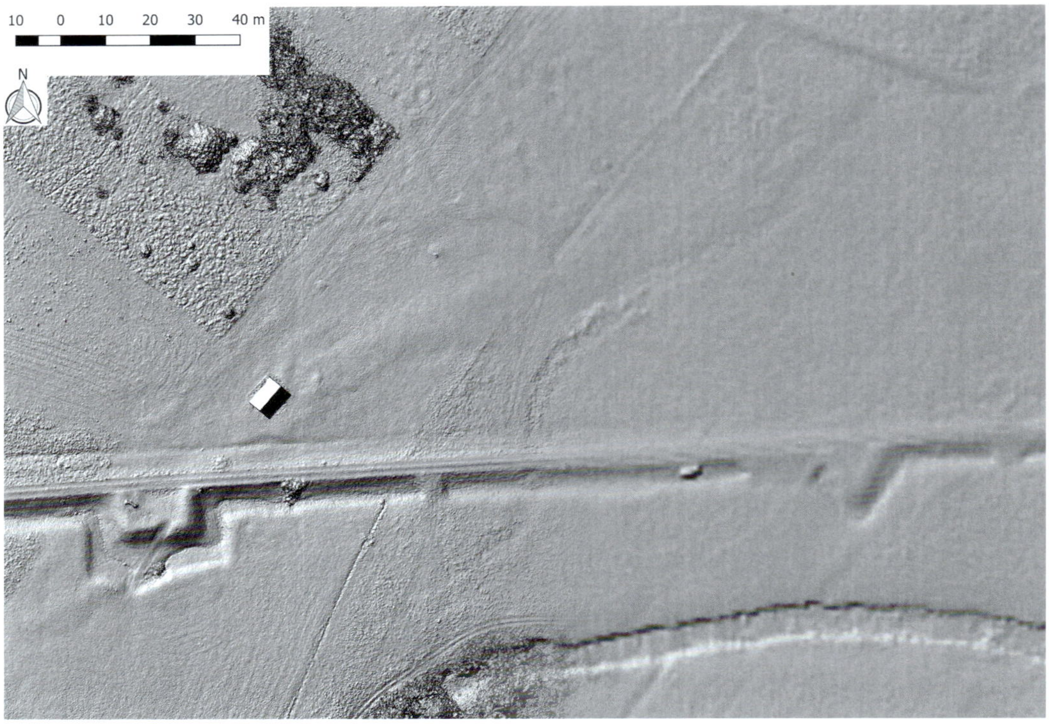

316 *Farchant. Ausschnitt aus dem westlichen Teil des Geländemodells der „Neuen Schanz“ mit einer trapezförmigen und einer dreieckigen Bastion. Die linke Hälfte der Abbildung zeigt das Drohnenmodell mit 3 cm Auflösung, die unschärfere rechte Hälfte das Airborne-Laserscanning-Modell mit 1 m Auflösung. Norden ist oben. Aufnahmedatum 07.05.2020, Archiv-Nr. 8532/002 Fct20uav.*

grund der Nähe zur Bahnlinie mit Hilfe der hier vorgestellten Drohnenvermessung aus luftfahrtrechtlichen Gründen nicht erfasst werden konnte.

Im Bereich westlich der Loisach lassen sich im Orthofoto sowie insbesondere im hochauflösenden Geländemodell sehr deutlich drei Bastionen erkennen, zwei trapezförmige und eine dreieckige (Abb. 316). Die Bauwerke sind etwa 17 × 10 m groß und alle Richtung Süden, d. h. zur Feindseite hin ausgerichtet. Zudem ist in diesem Bereich der ehemalige, annähernd Ost-West verlaufende Wassergraben auf einer Länge von 520 m kartierbar. Wie Abb. 316 eindrucksvoll zeigt, ermöglicht eine fotogrammetrische Dokumentation von Geländedenkmälern mittels Drohne (linke Bildhälfte) eine wesentlich höhere Auflösung und Detailgenauigkeit als die standardmäßig von der Bayerischen Vermessungsverwaltung erhältlichen Airborne-Laserscanning-Geländemodelle (rechte Bildhälfte). Dies ist durch die deutlich geringere Flughöhe der Drohne bedingt. Aufgrund der Nutzung von Fotos in diesem Verfahren lassen sich jedoch im Gegensatz zur Laservermessung etwaige Störkörper, wie Büsche und Bäume, nicht herausrechnen, sodass das Verfahren nur bei offenem Gelände erfolgreich ist, da Bereiche unter Vegetation nicht einsehbar sind.

Auch der östliche Teil der „Neuen Schanz“ zwischen Loisach und dem modernen Golfplatz ist in Überresten auf einer Länge von 500 m erkennbar. Dabei knickt die annähernd in Ost-West-Richtung verlaufende Schanze nach 330 m nach Südosten ab. Ersterer Teil ist dabei heute stark verschliffen, sodass die Wall-Graben-Anlage nur mehr als schwache Erhebung im Gelände sichtbar ist. Die dort befindliche trapezförmige Bastion ist nicht als solche identifizierbar, da sie von Buschwerk bedeckt ist, das, wie oben erwähnt, nicht vollständig aus den Daten eliminiert werden kann. Der östliche Abschluss hingegen ist wieder hervorragend zu sehen. Dort lässt sich, bereits im Bereich des Golfplatzes, sehr deutlich eine Dreiecksbastion von 19 × 10 m Größe erkennen (Abb. 317). Ein Profilschnitt durch das erzeugte Geländemodell zeigt, dass der ehemalige Wassergraben heute 1,3 m tief erhalten ist und der dahinter befindliche Wall eine Höhe von immerhin noch 1 m aufweist. Insgesamt ergibt sich also ein Gesamthöhenunterschied des Denkmals von 2,3 m im heutigen Gelände. Wie das Profil zeigt, beträgt die Breite der gesamten Schanzanlage 16 m.

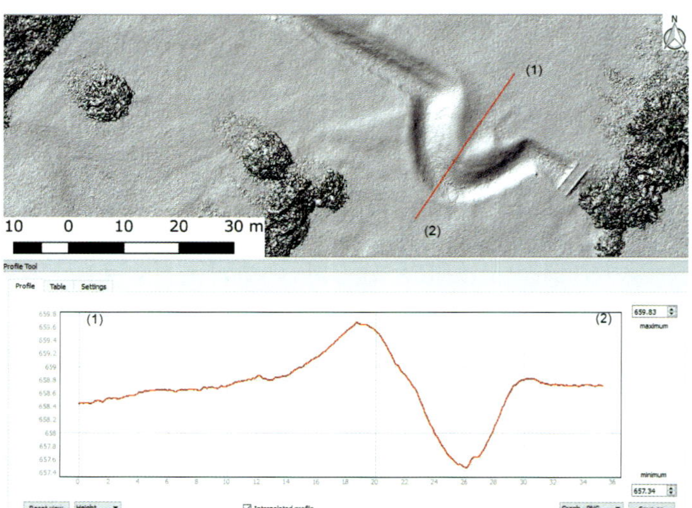

317 *Farchant. Drohnengeländemodell der Dreiecksbastion im Bereich des Golfplatzes mit Eintragung eines Profilschnitts zur Vermessung der Breite und des Höhenunterschieds der Schanze. DJI Inspire 2 mit Zenmuse X4S-Kamera, Flughöhe 70 m, Auflösung 3 cm, Aufnahmedatum 07.05.2020, Archiv-Nr. 8532/002 Fct20uav.*

318 *Farchant. Ausschnitt aus dem Urpositionsblatt des Werdenfelser Landes von 1831, das den Verlauf der „Neuen Schanz“ quer durch das Loisachtal zeigt. Ohne Maßstab.*

Zusammenfassung

Das Beispiel der „Neuen Schanz“ bei Farchant zeigt, dass das relativ neue Verfahren der Drohnenfotogrammetrie ein großes Potenzial in der Vermessung von Geländedenkmälern bietet. Denn durch die geringere Flughöhe im Vergleich zum Flugzeug lassen sich selbst kleinste Höhenunterschiede und Details dokumentieren. Das Verfahren besitzt zudem den Vorteil, dass zugleich ein hochauflösendes Orthofoto erstellt wird, welches für weitere Auswertungen zur Verfügung steht. Nur das Vorhandensein von Vegetation in einzelnen Bereichen des zu vermessenden Areals stellt eine Beschränkung dieser Methode dar. Wie die vorgestellten Ergebnisse belegen, lässt sich jedoch ein umfassendes Bild derartiger im Gelände erhaltener archäologischer Denkmäler erstellen.

Roland Linck und Jörg W. E. Faßbinder

Literatur J. Brandner, Rund ums Landl: Altwerdenfelser Grenzsteine und Felsmarken (Garmisch-Partenkirchen 1993). – H. Spichtinger, 300 Jahre Schlacht am Steinernen Brückl (Garmisch-Partenkirchen 2003). – R. Linck, Traces of 17th/18th century fortifications in the terrain. Aerial Archaeology Research Group AARGnews 61, 2020, 47–51.

319 *Farchant. Luftbild der Schanzanlage als Schneemerkmal. Norden ist links. BLfD – Luftbilddokumentation, Aufnahmedatum 16.01.1982, Fotograf Otto Braasch, Archiv-Nr. 8532/002, Dia 1931-37.*

Drohneneinsatz im Wald: 3D-Dokumentation der Bunkeranlage „Weingut I“ im Mühldorfer Hart

Gemeinde Ampfing, Landkreis Mühldorf a. Inn, Oberbayern

„Operation Todt“ und der Bunker „Weingut I“

Als Folge zunehmender Bombardements der deutschen Flugzeugfabriken durch die Alliierten während des Zweiten Weltkriegs initialisierten das Reichsluftfahrtministerium sowie das Reichsministerium für Rüstungs- und Kriegsproduktion die sogenannte „Operation Todt“, im Zuge derer versucht werden sollte, die entsprechenden Fabriken dezentral in Bunkern unterzubringen. Neben drei Standorten bei Landsberg am Lech sowie jeweils einem im Sudentenland und im Rheinland wurde auch der Mühldorfer Hart ausgewählt. Gründe dafür, dass der Mühldorfer Hart ebenfalls dabei war, sind die reichliche Verfügbarkeit von Kies, ein tief liegender Grundwasserspiegel, der Wald zur Tarnung sowie die verkehrsgünstige Lage. Im Mühldorfer Rüstungsbunker sollte nach dessen Fertigstellung eine der sogenannten „Wunderwaffen“, nämlich das Düsenflugzeug Messerschmitt Me 262, produziert werden. Als Folge der Invasion der Alliierten in der Normandie im Juni 1944 wurde jedoch nur mit dem Bau des heute noch existierenden Bunkers „Weingut II“ bei Landsberg sowie „Weingut I“ bei Mühldorf begonnen.

Laut den Plänen des Ingenieurs Franz Dischinger sollte der Bunker „Weingut I“ aus insgesamt zwölf Gewölbebögen bestehen und sich auf insgesamt 400 m in Ost-West-Richtung

320 *Mühldorfer Hart. a: Ausschnitt aus dem fotogrammetrischen 3D-Modell der Drohnenbefliegung, der den erhaltenen Gewölbebogen sowie Lüftungsschacht S8 zeigt. – b: Detailansicht aus dem Orthofoto; sie veranschaulicht die hohe Auflösung, die es ermöglicht, selbst kleinste Details wie die Stahlbewehrung, Durchwurzelungsschäden oder lose Betonbrocken zu kartieren. DJI Inspire 2 mit Zenmuse X4S-Kamera, Flughöhe 85 m, Aufnahmedatum 24.07.2020. Archiv-Nr. 7740/150-1 Mue20uav.*

322 *(Seite 195) Mühldorfer Hart. Ausschnitt aus (a) Orthofoto und (b) Oberflächenmodell der Drohnenbefliegung des Bunkergeländes. Deutlich sichtbar sind der noch erhaltene Bogen 7 sowie die ehemaligen Belüftungsschächte. DJI Inspire 2 mit Zenmuse X4S-Kamera, Flughöhe 85 m, Auflösung des Orthofotos beträgt 2 cm bzw. 4 cm für das Oberflächenmodell. Aufnahmedatum 24.07.2020. Archiv-Nr. 7740/150-1 Mue20uav.*

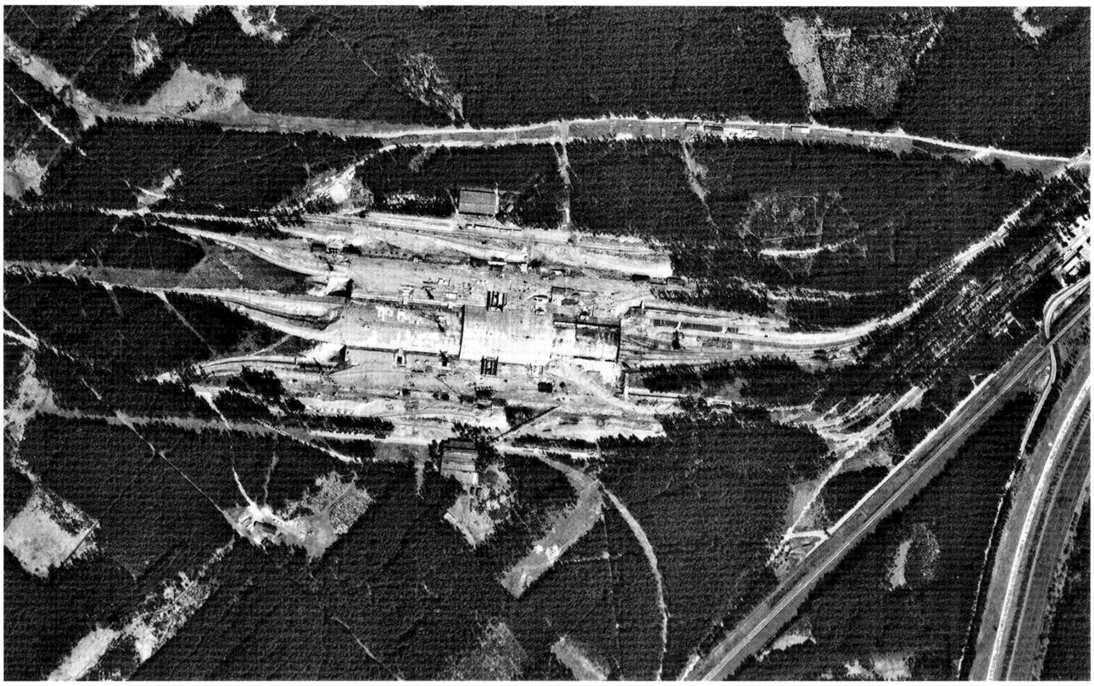

321 *Mühldorfer Hart. Amerikanisches Alliertenluftbild der Bunkerbaustelle „Weingut I“ vom 25.04.1945, das den Baufortschritt kurz vor der Besetzung durch die US-Armee und der nachfolgenden Sprengung des Großteils der Gewölbebögen zeigt. Erkennbar ist auch die Anbindung der Baustelle an den Bahnknotenpunkt Mühldorf. Senkrechtaufnahme. Norden ist oben.*

erstrecken. Die einzelnen Gewölbe wurden in einer Länge von 33 m von Osten beginnend jeweils in einem Arbeitsgang betoniert, die Sohlenbreite jedes Bogens betrug 85 m. Die geplante Innenhöhe der Produktionsanlage sollte 32,2 m und damit acht Stockwerke erreichen, davon 13 m oberhalb des Geländeniveaus und die restlichen 19,2 m unterirdisch. Zu beiden Seiten jedes Bogens war ein 17 m breites Widerlager vorgesehen, das die Last des Gewölbes tragen sollte. Zudem sollte zu beiden Seiten jedes zweiten Segments ein Luftschacht errichtet werden, der das Bunkerinnere mit Frischluft versorgen und auch, über mehrere schwere Türen gesichert, dem Zugang dienen sollte. Die Gewölbebögen wurden dabei über einer Kiesaufschüttung anstelle des üblichen Holz- bzw. Stahlgerüsts betoniert, da ein solches einem Luftangriff nicht standgehalten hätte. Der Kies wurde im Anschluss über zuvor angelegte Entnahmetunnel unterhalb des Bunkers mit Loren herausgefahren. Insgesamt sollte so eine unterirdische Produktionsfläche von 250.000 m² entstehen. Diese Maße zeigen, wie gigantisch das Bunkerbauwerk werden sollte, für dessen Bau über 10.000 Zwangsarbeiter, Kriegsgefangene und KZ-Häftlinge unter entsetzlichen Arbeitsbedingungen eingesetzt wurden. Jedoch konnte nicht einmal die Außenhaut des Bunkers „Weingut I“ bis Kriegsende komplett vollendet werden. Bis April 1945 waren nur sieben Gewölbebögen sowie die Stahlarmierung für die fünf weiteren fertiggestellt (Abb. 321). Am 2. Mai 1945 wurde das Baugelände von US-Truppen besetzt und der Bau eingestellt. Im Sommer 1947 ließ die Militärregierung den Fabrikbunker sowie Teile der Luftschutzbunker sprengen; nur

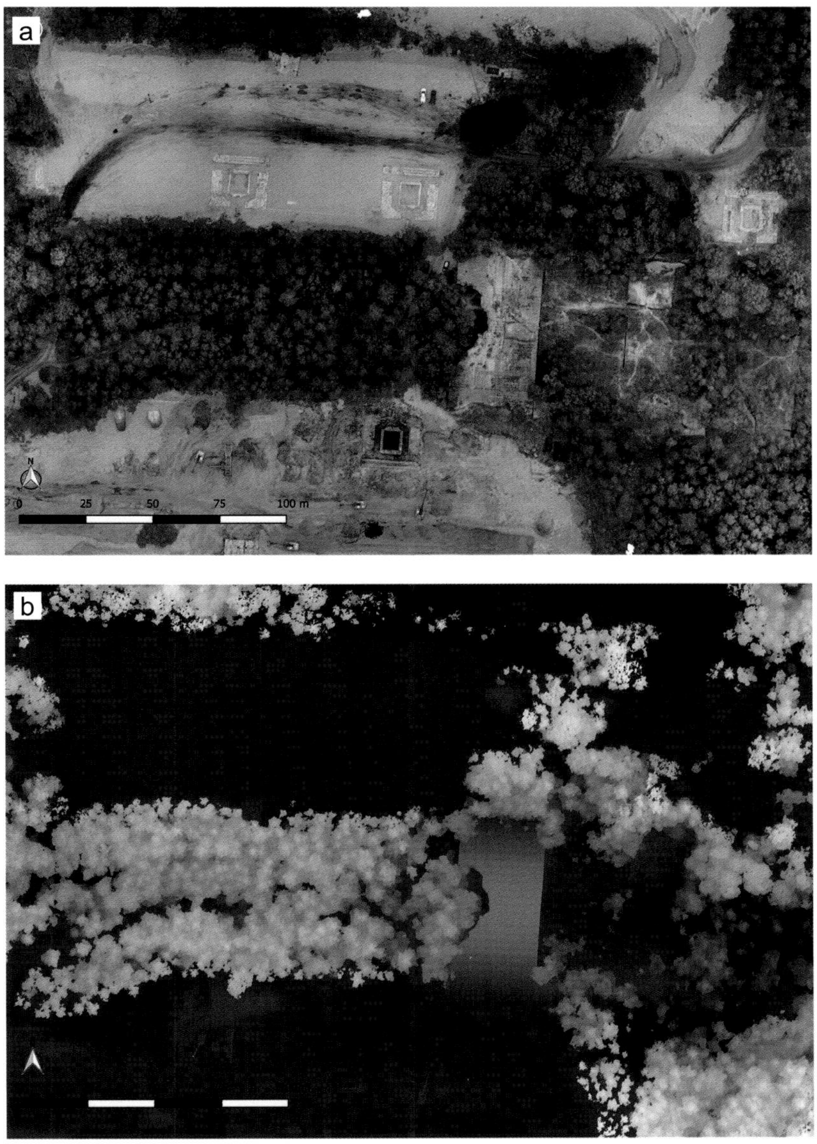

323 *Mühldorfer Hart. 3D-Modell von Schacht S8 in zwei Ansichten. Das Modell zeigt die Konstruktionsweise des Schachts sowie selbst kleinste Details des Aufbaus. DJI Mavic 2 Enterprise, Auflösung 0,2 cm, Aufnahmedatum 24.07.2020. Archiv-Nr. 7740/150-1 Mue20uav.*

der siebte Gewölbebogen blieb stehen, da der dortige Kiesschalungskern noch nicht abgetragen war und damit die Sprengung durch 120 t TNT in den Längstunneln des Widerlagers keine Wirkung zeigte.

Die fotogrammetrische Aufnahme zur Vorbereitung einer Gedenkstätte

Im Zuge einer denkmalpflegerischen Erfassung des Bunkerareals „Weingut I" sowie einer nachfolgenden Erschließung als öffentlich zugängliche Gedenkstätte wurde im Jahr 2020 die ehemalige Baustelle zu weiten Teilen gerodet und von Kampfmitteln im Untergrund geräumt. Um die Überreste im Detail zu dokumentieren, führte das BLfD im Sommer 2020 eine Drohnenbefliegung des derzeit bewuchsfreien Areals von 280 × 500 m durch, was 14 Hektar entspricht. Aufgrund der gewählten Flughöhe von 85 m (bedingt durch die Höhe der Bäume in der Umgebung) war damit eine Auflösung der Daten von 2 cm möglich.

Deutlich zeigen sowohl das erstellte Orthofoto als auch das zugehörige Oberflächenmodell die unfassbaren Ausmaße des geplanten Bunkers „Weingut I". Insbesondere das noch heute erhaltene siebte Bunkersegment ist in den Ergebnissen erkennbar (Abb. 320a; 322). Östlich davon sind im lichten Wald noch die Ruinenreste der übrigen, gesprengten Gewölbebögen identifizierbar. Das Orthofoto ermöglicht zusätzlich die Kartierung einiger der ehemaligen Lüftungsschächte. So sind auf der Nordseite diejenigen entlang der Bögen 4, 8 und 10 sichtbar, auf der Südseite diejenigen entlang Bogen 6 (etwas unter den Bäumen versteckt) und Bogen 8. Bis auf die letzten beiden sind heute alle Schächte mit Erdreich verfüllt. Die Detailaufnahme des 7. Gewölbebogens in Abb. 320 lässt noch immer die ursprüngliche Konstruktion erkennen, auch wenn der westliche Teil mittlerweile ruinös ist. Das fotogrammetrisch berechnete 3D-Modell zeigt detailliert die ehemalige Konstruktion des Bogens (Abb. 320a). Als Ergebnis der sehr hohen Auflösung von 2 cm sind im Orthofoto (Abb. 320b) sogar noch die Stahlbetonbewehrung sowie die Schadstellen durch Korrosion und Durchwurzelung mit Gras und Büschen lokalisierbar. Zudem lässt sich die Abbruchkante im Westen exakt kartieren, inklusive einiger dort befindlicher loser Betonbrocken, die herabzustürzen drohen.

324 *Mühldorfer Hart. DJI Mavic 2 Enterprise im Einsatz im Inneren von Schacht S8 zur 3D-Dokumentation des Bauwerks.*

Eine weitere Detailuntersuchung mittels Drohnenfotogrammetrie galt dem Lüftungsschacht S8, der noch heute unverfüllt erhalten ist. Aufgrund der Tiefe von 13 m und der Einsturzgefahr bietet die Vermessung mittels Multikopter hier einen wesentlich besseren Arbeitsschutz als eine händische, da der eigentliche Schacht nicht betreten werden muss (Abb. 324). Das 3D-Modell zeigt deutlich den Aufbau der geplanten Lüftungsschächte (Abb. 323). So bestanden diese aus einer 4 m dicken äußeren Betonhülle mit Aussparungen für die Bunkertüren als Zugang. Im Inneren befindet sich der Schacht, der erneut von einer 1 m dicken Betonmauer umgeben ist. Während die bunkerabgewandte Seite rechteckig gestaltet wurde, ist die andere Seite leicht trapezförmig. Der eigentliche Schacht ragt dann schräg nach unten Richtung Bunker.

Zusammenfassung

Mittels einer automatisierten Drohnendokumentation lassen sich selbst große archäologische Fundstellen wie die 14 Hektar große ehemalige Bunkerbaustelle „Weingut I" innerhalb kurzer Zeit hochauflösend dokumentieren. Auch in Bezug auf die Arbeitssicherheit stellt das Verfahren einen wesentlichen Vorteil dar, sodass sich auch schwer zugängliche Bereiche, wie die tiefen Lüftungsschächte, von außen hochauflösend vermessen lassen. Die vorgestellten Ergebnisse zeigen eindrucksvoll die gigantischen Ausmaße des geplanten Rüstungsbunkerbauwerks und lassen sich auch für die geplante öffentliche Zugänglichmachung als Gedenkstätte nutzen.

Roland Linck, Amira Adaileh
und Markus Fagner

Literatur P. Müller, Das Bunkergelände im Mühldorfer Hart: Rüstungswahnsinn und menschliches Leid (Mühldorf 1999). – G. und E. Egger, Der Landkreis Mühldorf a. Inn im Nationalsozialismus (Berlin 2001). – H. Bankel, A German War Plant from 1944/45: The Aircraft Factory Weingut I and the Concentration Camp Waldlager 6 near Mühldorf/Inn. In: K.-E. Kurrer/W. Lorenz/V. Wetzk (Hrsg.), Proceedings of the Third International Congress on Construction History Vol. 1 (Berlin 2009) 107–118.

Schreck lass nach – Drei frühmittelalterliche Zufallsfunde aus Oberbayern

Zorneding, Landkreis Ebersberg; Issing, Gemeinde Vilgertshofen, Landkreis Landsberg am Lech; Gelting, Gemeinde Geretsried, Landkreis Bad Tölz-Wolfratshausen, Oberbayern

Seit 2016 nimmt eine neue Bestimmung der zufälligen Entdeckung von Bodendenkmälern ihren Schrecken. Anders als zuvor übernimmt das Bayerische Landesamt für Denkmalpflege (BLfD) die Kosten für Ausgrabung, Dokumentation und Bergung der gemäß Art. 8 BayDSchG gemeldeten Bodendenkmäler. Bis sich diese Neuregelung herumsprach – oder auch alte, von Maschinenführern meist bei Nacht und Nebel geübte Bräuche in Frage gestellt wurden –, dauerte es seine Zeit. Drei Beispiele zeigen, dass die Beachtung der Meldepflicht niemandem weh tut, aber mit ihr archäologisch viel zu gewinnen ist.

Zorneding: kerbschnittverzierte Fibel

Besonders bemerkenswert, ja geradezu von herausragender Bedeutung für die Interpretation der frühmittelalterlichen Geschichte der Region ist ein ganz unscheinbares Stück Bronze. Es stammt aus einem Grubenhaus einer bei Bauarbeiten entdeckten Siedlung und wurde stark verkrustet zunächst kaum als das erkannt, was es ist. Das ist kein Wunder, denn kleine Fibeln der älteren Merowingerzeit erwartet man nicht in Siedlungszusammenhängen. Fast immer stammen frühmittelalterliche Fibeln aus Frauengräbern. Die dort den Verstorbenen angelegten Stücke waren teils werkstattfrisch oder nur wenig getragen, teils vermutlich schon mehr als eine Generation im Besitz der Familie.

Seit dem Ende des 5. Jahrhunderts wurden sie gern als Sätze aus zwei Pärchen getragen. Hin und wieder wurden Paare auch aus ungleichen Stücken ähnlicher Größe gebildet; die Gründe für solche kombinierten Sätze konnten wohl ganz unterschiedlich sein. Noch kurz zuvor waren die Kombinationen weniger kanonisch vorgegeben. Bis in das späte 5. Jahrhundert konnten Sätze aus zwei gleichen oder auch unterschiedlichen, meist kleinen Fibeln gebildet werden. In Verbindung mit modernen Varianten wurden vielfach auch ältere und einfachere Stücke getragen. In Kombination mit den gegossenen und teilweise mit Einlagen verzierten neuen Fibeln fallen die altmodischen Formen in der zweiten Hälfte des 5. Jahrhunderts besonders auf. Oft handelt es sich um kaum verzierte bronzene Blechfibeln oder um eiserne Armbrustfibeln, die schon seit über hundert Jahren bei Männern als Mantelverschluss fungierten.

In Südbayern wurden solche Stücke in Altenerding und Emmering in frühmittelalterlichen Gräbern gefunden und markieren oft den Bele-

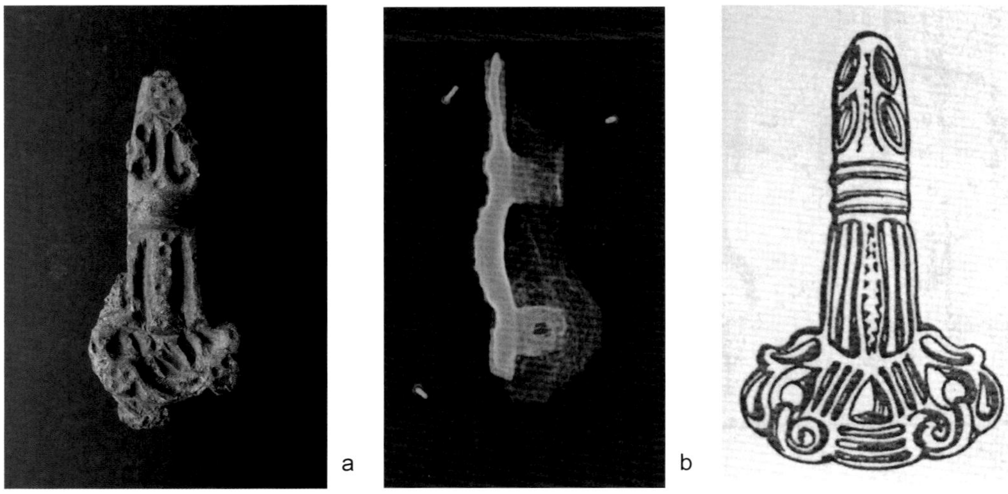

325 *Zorneding. Kerbschnittverzierte Fibel. a Foto, Maßstab 1 : 1; b Seitenansicht im Röntgenbild; c Vergleichsfund aus Stößen Grab 75, ohne Maßstab (nach B. Schmidt, Die späte Völkerwanderungszeit in Mitteldeutschland. Katalog [Nord und Ostteil]. Veröff. Landesmus. Vorgesch. Halle 29 [Halle 1975] Taf. 29,2c).*

gungsbeginn der in dieser Zeit neuen Gräberfelder. Bald darauf setzt dann eine steigende Nachfrage nach edleren, gegossenen Stücken ein, die regelmäßig mit Kerbschnitt verziert sind und motivgeschichtlich die Vorlagen der kerbschnittverzierten spätantiken Gürtelbronzen aufgreifen. Vor allem Kopf und Fuß der neuen kerbverzierten Kleinfibeln werden so in zoomorphen Formen gestaltet. Die Forschung brachte viele Varianten dieser Kleinfibeln früh mit dem thüringischen Siedlungsraum in Verbindung. Besonders eng wurden Fibeln mit gelappter Kopfplatte bzw. einer Kopfplatte mit gegenständigen Tierkopfprotomen mit Thüringern assoziiert. Später stellten sich aber Korrekturen dieses Verbreitungsbildes auch im süd- und südwestdeutschen Raum ein.

Unser Stück aus Zorneding (Abb. 325a.b) hat seine besten Parallelen in den Gräbern 1 und 75 des großen Gräberfeldes von Stößen (Burgenlandkreis). Möglicherweise hat die vergleichsweise nachlässige Fertigung der Fibel aus Zorneding dazu geführt, dass sie nicht mit ins Grab gelangte. Der asymmetrisch angebrachte Kerbschnitt macht einen insgesamt unfertigen Eindruck, als sei das Stück nach dem Guss nicht nachgearbeitet worden. Dass es dennoch getragen wurde, zeigt das Röntgenbild mit erhaltener Nadelkonstruktion (Abb. 325b). Der ursprüngliche Verdacht, es könnte sich um einen Fehlguss handeln, ist damit widerlegt. Solche Exemplare von minderer Qualität sind insgesamt selten, möglicherweise gerade weil sie außerhalb der Grabinventare nicht überliefert bzw. wieder eingeschmolzen wurden. So kommt den Fundumständen der Zornedinger Fibel höchste Bedeutung zu. Die kleine Bügelfibel ging innerhalb oder in der Nähe des Grubenhauses vermutlich verloren und geriet nach dessen Aufgabe in die Verfüllung. Der Zeitpunkt dafür wird kaum später als um 500/510 anzusetzen sein, denn zu dieser Zeit kommen ähnliche Fibeln langsam aus der Mode. Wichtig für das Verständnis des Fundplatzes wird nun die Sichtung der Keramik, denn mit Blick auf die in der Münchner Schotterebene häufigen frühmittelalterlichen Siedlungen deutet sich hier einer der ältesten Belege dieses Siedlungstyps an, der in der Folge ganz Südbayern für Jahrhunderte prägen sollte.

326 *Issing. Grab 2. Maßstab 1 : 20.*

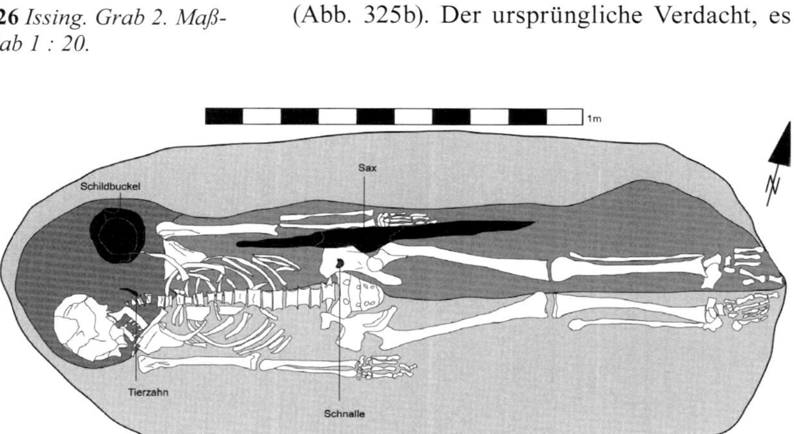

Issing: zwei Männergräber

Im August 2020 traf von einer privaten Baumaßnahme in Issing die Meldung menschlicher Knochenfunde ein. Diese wurden der Polizeiinspektion Landsberg gemeldet. Nach Bewertung der Polizeifotos vom Fundort nahmen Mitarbeiterinnen des BLfD (Alexandra Keyl, Birgit Regler) eine erste archäologische Ortseinsicht und die Freilegung des ersten Grabes vor. Mit der anschließenden Ausgrabung und Dokumentation beauftragte das BLfD eine Fachfirma.

Die älteste schriftliche Erwähnung Issings findet sich in einer Urkunde 1033, in der eine „villa ussingen" von einer Beatrix gekauft, und über Berthold von Staufen an das Kloster Wessobrunn gegeben wird. In der Archäologie ist Issing bisher kaum in Erscheinung getreten. In den beiden nun entdeckten Körpergräbern befanden sich die Skelette in gestreckter Rückenlage in West-Ost-Ausrichtung mit seitlich angelegten Armen. Den Verfärbungen nach zu

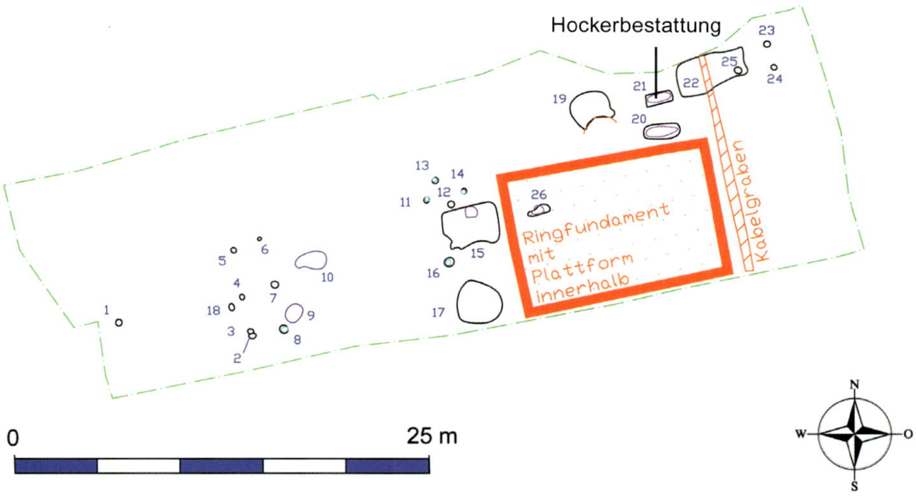

327 *Gelting. Plan der Grabungsbefunde.*

urteilen enthielten beide Gräber ein Totenbrett oder einen Sarg.
Der in Grab 1 beigesetzte Mann hatte lediglich ein kleines Messer mit ins Grab bekommen. Dagegen enthielt Grab 2 einen (Messer-?) scheidenbeschlag, einen Sax, einen Schildbuckel sowie eine eiserne Schnalle vom Gürtel des Mannes (Abb. 326). Ein Tierzahn im Schädelbereich könnte entweder auf Fleischbeigaben oder ein Amulett hinweisen. Der Langsax sowie der etwas ältere Schildbuckel mit hohem Kragen und hochgewölbter Kalotte mitsamt einer Schildfessel lassen auf eine Grablegungszeit um 670/680 n. Chr. schließen. Die einfache eiserne Schnalle des Gürtels bzw. Waffengurtes ist ebenfalls typisch für diese Zeit.
Die beiden groß gewachsenen Männer verstarben in maturem (Grab 1) bzw. adult bis maturem Alter (Grab 2). Bemerkenswert sind die sog. Hockerfacetten am Fuß des Mannes aus Grab 2 sowie die sog. Reiterfacette am Oberschenkelkopf des Mannes aus Grab 1 – ein Merkmal am Knochen, das sich durch die Sitzhaltung auf dem Pferd bei häufigem Reiten ausbilden kann.
Besonders Letztere sind mit einer für diese Zeit verhältnismäßig reichen Ausstattung in einen höheren sozialen, kriegerisch geprägten Kontext zu verorten. Auch wenn der Mann aus Grab 1 nur spärlich ausgestattet war, weist die anthropologisch zu vermutende Reitertätigkeit auch hier auf eine höhere soziale Stellung hin.
Der bisherige Befund zeichnet damit das Bild zweier Gräber in Alleinlage oder einer allenfalls kleinen Grabgruppe. Die für die spätere Merowingerzeit annähernd vollständige Waffenausrüstung des Mannes in Grab 2 und sein Reiterstatus entsprechen nicht den für Hofgrablegen oder siedlungsinterne Bestattungen typischen Merkmalen. Anders als in Gelting wurden auch keine frühmittelalterlichen Siedlungsbefunde im Umfeld erfasst. Vielleicht war der Bestattungsort deshalb kurzfristig, etwa in Folge eines gewaltsamen Todes der beiden Männer, gewählt worden.

328 *Gelting. Frühmittelalterliche Hockerbestattung.*

Gelting: Körpergräber

Im März 2020 wurden bei Aushubarbeiten für mehrere Reihenhäuser in Gelting zwei Skelette entdeckt. Die herbeigerufene Polizei stufte diese als alt und kriminaltechnisch irrelevant ein und informierte das BLfD.
Die älteste schriftliche Erwähnung Geltings findet sich in den Chroniken des Klosters Benediktbeuern. Daraus geht hervor, dass Gelting 740 durch eine Schenkung in den Besitz des Klosters übergegangen ist. Bei einer Notgrabung 1979/80 wurden 850 m nördlich der Kirche 85 Gräber freigelegt, deren Beigaben in den Zeitraum von etwa 550 bis 700 n. Chr. eingeordnet werden konnten. Einzelne ältere Hinweise auf frühmittelalterliche Grabfun-

de verteilen sich im Ortsgebiet, konnten aber nicht durch moderne Untersuchungen überprüft werden. An der neu entdeckten Fundstelle 150 m südlich der Kirche St. Benedikt wurden fünf Körpergräber, zwei Brunnen, zwei Grubenhäuser und einige Pfostengruben dokumentiert (Abb. 327). Schlackenfunde und Reste von sog. Düsenziegeln deuten an, dass in der Nähe auch Eisenverhüttung betrieben wurde.

Alle Gräber waren West-Ost orientiert, vier Individuen waren in gestreckter Rückenlage mit angelegten Armen beigesetzt worden. Eine seltene Ausnahme bot sich im fünften Grab mit einer Hockerbestattung, die zunächst an eine endneolithisch/frühbronzezeitliche Datierung denken ließ (Abb. 328). Die ^{14}C-Analyse bestätigte aber auch hier eine frühmittelalterliche Zeitstellung. Es handelt sich also um eine der seltenen Sonderbestattungen, wie sie in Südbayern gegen Ende des Frühmittelalters in Siedlungszusammenhängen aber immer wieder auftreten. Alle Individuen sind im Zeitraum von 675 bis 881 n. Chr. (2σ-Bereich, 95,4 %) bestattet worden. Für drei der untersuchten Individuen lässt sich die Wahrscheinlichkeit etwas enger eingrenzen. Dabei fällt das älteste Intervall in den Zeitraum von 675–778 n. Chr.; zwei weitere liegen mit 72,7 % und 78,6 % Wahrscheinlichkeit im Zeitraum von 772–880/881 n. Chr. Vermutlich wurden alle fünf Individuen im 8./9. Jahrhundert im Bereich einer oder zweier Hofstellen beigesetzt, zu denen auch die freigelegten Siedlungsbefunde zu rechnen sind.

Zusammen betrachtet bieten die drei Zufallsfunde reichlich Potenzial für eine Neubewertung der Ortsgeschichte oder gar überregionaler siedlungsgeschichtlicher Zusammenhänge. Eine längere Ausgrabung musste sich nur in Verbindung mit dem gewerblichen Bauvorhaben in Zorneding anschließen, für die Bauträger in Issing und Gelting entstanden keine zusätzlichen Kosten. Der erste Schmerz bei den Bauherren wurde rasch gelindert. Der Neuregelung im Umgang mit der Meldepflicht für Bodendenkmäler sei Dank. Künftig werden damit auch die Arbeitsplätze archäologieaffiner Baggerführer sicherer und die bei Nacht und Nebel gemachten Entdeckungen unerschrocken gemeldet.

Tobias Albrecht und Jochen Haberstroh

Literatur N. Schneider, Das frühmittelalterliche Gräberfeld von Zorneding „Am Fenneck". Ber. Bayer. Bodendenkmalpfl. 58, 2017, 241–361. – J. Haberstroh, Bestattungsformen in Bayern (Frühmittelalter) https://www.historisches-lexikon-bayerns.de/Lexikon/Bestattungsformen_in_Bayern_(Fr%C3%BChmittelalter). – H.-P. Volpert, Hof. Weiler. Dorf. Frühmittelalterliche Siedlungsformen in der Münchner Schotterebene. In: J. Haberstroh/I. Heitmeier (Hrsg.), Gründerzeit – Siedlung in Bayern zwischen Spätantike und Frühmittelalter (St. Ottilien 2019) 87–124.

Zorneding: *Grabung* Fa. Baumgartner Archäologie. – *Grabungsleitung* R. Baumgartner. – *Restaurierung* B. Herbold, BLfD. – Issing: *Grabung* Fa. FARCH Archäologie. – *Grabungsleitung* P. Costache. – *Restaurierung* B. Herbold, BLfD. – *Anthropologische Bestimmungen* F. Schreil, Fa. Anthroarch GbR. – Gelting: *Grabung* Fa. FARCH Archäologie. – *Grabungsleitung* T. Albrecht. – *Anthropologische Bestimmungen* N. Carlichi-Witjes/K. von Heyking, Fa. Anthroarch GbR. – *^{14}C-Daten* Curt-Engelhorn-Zentrum Archäometrie gGmbh Mannheim (Probennummern 47649–47653).

Zur Ausdehnung des jungneolithischen Fundplatzes Pestenacker, Teil eines UNESCO-Welterbes

Gemeinde Weil, Landkreis Landsberg am Lech, Oberbayern

Welterbe

Zur Vermittlung des Welterbes

Die jungneolithische Siedlung von Pestenacker gehört mit der benachbarten Siedlung von Unfriedshausen und der Roseninsel im Starnberger See zu den drei bayerischen Fundplätzen, die Teil des UNESCO-Welterbes „Prähistorische Pfahlbauten um die Alpen" sind. Das transnationale serielle UNESCO-Welterbe umfasst insgesamt 111 Pfahlbau- und Feuchtbodensiedlungen in sechs Ländern (Schweiz, Österreich, Frankreich, Deutschland, Italien und Slowenien) und wurde im Jahr 2011 in die Welterbeliste aufgenommen. Um die Bedeutung der Siedlung von Pestenacker zu würdigen und bekannt zu machen, hat der Landkreis Landsberg am Lech seit April 2020 ein zusätzlich mit LEADER-Mitteln finanziertes zweijähriges Projekt ins Leben gerufen, um die Vermittlung vor Ort zu modernisieren. Im bestehenden Infopavillon hält eine neue Ausstellung Einzug, das Außengelände erfährt eine aktualisierte Gestaltung und ein museumspädagogisches Programm für „Steinzeit zum Mitmachen" wird entwickelt. Im Zuge dieses Vorhabens wurden im Herbst 2020 vom südlichen Ortsausgang des modernen Ortes zum Infopavillon Versorgungsleitungen verlegt. Die Trasse verlief unterhalb bzw. unmittelbar östlich der St 2052, direkt am Fuß eines terrassierten Hanges (Abb. 329).

Ein Abschnitt der Trasse liegt rund 30 m östlich der seit 1934 bekannten und zwischen 1988 und 2004 großflächig ausgegrabenen Teilstätte des UNESCO-Welterbes, jedoch außerhalb des eingetragenen Bodendenkmals (Abb. 330). Um mehr über die Ausdehnung des Fundhorizontes in diesem Bereich zu erfahren, wurden die 2018 durchgeführten Baugrundbohrungen entlang des geplanten Leitungsgrabens geoarchäologisch begleitet. Dabei konnten vor allem im mittleren bis südlichen Bereich des geplanten Leitungsgrabens in 1,2–1,5 m Tiefe Niedermoore kartiert werden, die durch den modernen Straßenkörper oberflächlich gestört waren. Einmischungen von Holzkohle ließen aber die Vermutung aufkommen, dass sich die Fundstelle im Tal weiter hangaufwärts nach Osten fortsetzen könnte. Somit wurde die Fläche auch als möglicher Siedlungsbereich angesehen und vom Bayerischen Landesamt für Denkmalpflege (BLfD) als Vermutungsfläche ausgewiesen.

Bodenöffnungen für eine Leitungstrasse

Diese Vermutung bestätigte sich, nachdem der Graben für die Versorgungsleitung östlich der Straße unter archäologischer Begleitung geöffnet wurde. Der Leitungsgraben verläuft auf dem ca. 5–7 m breiten, aber nur noch schwach abfallenden Hangfußbereich vor dem unmittelbar dahinter steil ansteigenden Hang. Richtung Nordwesten macht der Leitungsgraben einen kleinen Knick. In diesem Bereich ist der Moränenriedel deutlich abgeflacht und öffnet sich mit einer Hangverflachung nach Westen. Die kartierten Schichten zeichnen diese Rinne nach und haben stellenweise zur Auffüllung der Rinne beigetragen.

Nachdem der Graben vom Bagger von Nordwesten nach Südosten auf eine Breite von 0,70–2,20 m geöffnet war, konnte in ca. 1 m Tiefe ein Kulturschichtpaket mit vielen Keramikfragmenten und Holzkohlebeimengungen

329 *Pestenacker. Blick von der Hochfläche nach Westen auf die Grabungsfläche 2020.*

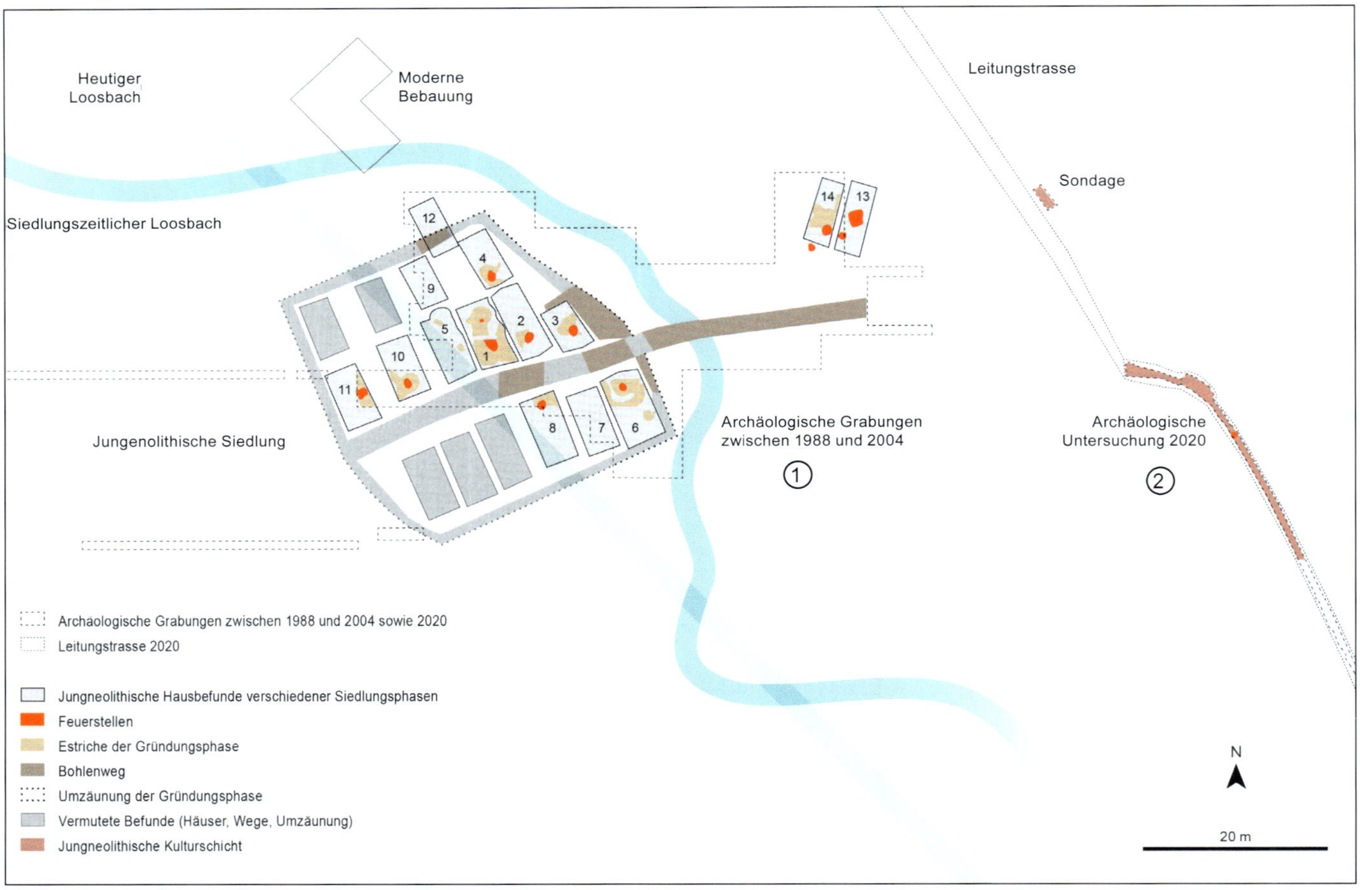

330 *Pestenacker. Gesamtplan der beiden benachbarten Fundstellen 1 und 2.*

dokumentiert werden. Anders als bei der benachbarten, im Talboden liegenden Siedlung der Altheimer Kultur, lag hier aufgrund der morphologischen Position keine Feuchtbodenerhaltung vor. Wegen der geringen Breite des Leitungsgrabens war es aber nicht möglich, die flächige Ausbreitung der Kulturschicht mit ihren Befunden in Gänze auszugraben. Doch durch die zusätzliche geoarchäologische Dokumentation der Grabenprofile konnte in diesem sehr schmalen Grabenausschnitt die komplexe Stratigrafie auch aus bodenkundlicher Sicht dokumentiert und konnten somit die bisherigen intensiven landschaftsarchäologischen Arbeiten im UNESCO-Welterbe und seinem Umfeld weiter ausgebaut werden. Dargestellt werden hier die ersten Ergebnisse der Geländearbeiten der von September bis Oktober 2020 laufenden Grabungskampagne. Die weiteren laboranalytischen und wissenschaftlichen Auswertungen sind derzeit noch in Arbeit.

Ein Gebäude mit Feuerstelle

Die Kulturschicht weist im Profil des Leitungsgrabens sehr unterschiedliche Ausprägungen auf. Im zentralen Bereich, kurz hinter dem Knick der Trasse (Abb. 330), wurden zahlreiche Keramikfragmente geborgen. Einige Keramikstücke wiesen Verzierungselemente auf, welche eindeutig der Altheimer Kultur zuweisbar sind. Die neu entdeckte Kulturschicht im Leitungsgraben war im Nordwesten 40 cm mächtig, strich Richtung Süden aus und setzt sich Richtung Südosten im Bereich der Rinne als teils verlagerte Rinnenfüllung fort. Ca. 30 cm unter dem obersten Teil der Kulturschicht stieß man auf eine Feuerstelle. Sie hatte eine Länge von maximal 3 m; über Form und Ausmaße lassen sich angesichts des nur 70 cm schmalen Leitungsgrabens keine Aussagen machen. Die maximal 40 cm mächtige Feuerstelle bestand überwiegend aus Brandlehm sowie stellenweise auftretender Holzkohle. Im nördlichen Bereich befanden sich auf dieser Feuerstelle mehrere Keramikfragmente, welche die Nutzung als Herdstelle wahrscheinlich machen.

Bei den 14 ausgegrabenen Gebäuden der benachbarten Feuchtbodensiedlung von Pestenacker handelt es sich um Kleinhäuser mit einer durchschnittlichen Wohnfläche von rund 24 m². Für die meisten Häuser kann eine Quergliederung in mindestens zwei Räume rekonstruiert werden. Der vordere Raum ist mit der Hauptfeuerstelle ausgestattet. Aufgrund der Ausmaße der neu entdeckten Feuerstelle ist anzunehmen, dass es sich hierbei um eine solche handelt.

Angesichts der begrenzten Grabungsfläche und nur wenigen erfassten Pfosten kann die Ausrichtung des neu entdeckten Gebäudes

bisher nicht eindeutig bestimmt werden. Die größere Ausdehnung der fundreichen Kulturschicht nördlich der Feuerstelle lässt jedoch verstärkte Siedlungsaktivität in diesem Bereich erkennen. So wurde hier etwa eine Geweihhacke mit Bearbeitungsspuren geborgen (Abb. 331). Man hatte offensichtlich versucht, die Geweihhacke zu durchbohren. Sie ist jedoch im Schaftloch gebrochen und wurde aus diesem Grund vermutlich entsorgt.
Direkt südöstlich der Feuerstelle wurde zudem eine Pfeilspitze gefunden (Abb. 332). Die 45 mm lange und 26 mm breite Pfeilspitze zeichnet sich durch ihre konkav eingezogene Basis aus und entspricht dem Altheimer Typus dreieckiger Pfeilspitzen.

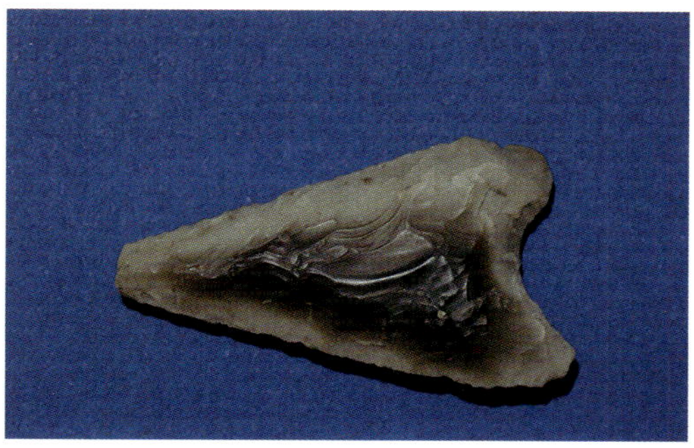

Zur Landschaftsarchäologie

Die ersten Auswertungen zur Geoarchäologie zeigen, dass der neu entdeckte Fundplatz auf einem deutlich ansteigenden Geländesporn liegt, der aus dem groben und stark tonig verwitterten Grundmoränenschutt bzw. risszeitlichen Vorstoßschottern aufgebaut ist. Der Fundplatzbereich grenzt sich somit von seiner morphologischen Lage her deutlich von der tief im Loosbachtal liegenden Feuchtbodensiedlung ab. Die Kulturschicht zeigt im Bereich des Geländesporns eine feine Gliederung, die teils durch Bodenbildungsprozesse, teils durch kleinräumige Umlagerungen oder auch durch verschiedenartige intentionelle Verfüllungen entstanden ist (Abb. 330). Ähnlich wie beim Fundstellenbereich im Talboden sind Überlagerungen der Kulturschicht mit feinsedimentierten Wiesen- und Quellkalken festzustellen, die hier durch Quellaustritte im Hangbereich zu erklären sind und sich im Talbereich weiter fortsetzen. Ein mächtiges Paket aus geröllhaltigen Sinterkalken bildet zusammen mit den zuoberst lagernden grobkiesigen Kolluvien den Abschluss des Profilaufbaus. Die Kolluvien und Sinterkalke haben das Relief ausgeglichen, sodass heute von dem Geländesporn mit seiner erhöhten siedlungsgünstigen Lage über dem Loosbachtal nichts mehr zu erkennen ist. Stellenweise zeigten sich noch unterhalb des jüngsten Kolluviums im südlichen Profilabschnitt linienhafte Rinneneinschnitte in den Sintergeröllen, die sich im steilen Hangbereich nach der kompletten Entwaldung etwa im Hochmittelalter eingeschnitten haben könnten. Die darin enthaltene römerzeitliche Baukeramik stammt wohl von einer bekannten Fundstelle auf der Hochfläche und wurde durch Erosion hangabwärts verlagert. Diese vorgefundene Stratigrafie erlaubt eine erste Einordnung in die Landschaftsgeschichte. Die weiteren Auswertungen und naturwissenschaftlichen Analysen werden die Ergebnisse zur Fundplatzentstehung und -erhaltung noch verfeinern.

Wissenschaftlicher Ausblick

Grundsätzlich erlauben die keramischen Funde eine Einordnung in die Zeit der Altheimer Kultur (ca. 3800–3400/3300 v. Chr.), eine Vor- oder Nachzeitigkeit zum benachbarten Welterbebereich ist jedoch noch ungeklärt. Deshalb wurde aus dem neu entdeckten Abschnitt Probenmaterial für weitere naturwissenschaftliche Unter-

331 *Pestenacker. Geweihhacke in situ.*

332 *Pestenacker. Pfeilspitze. Länge 45 mm. Maßstab 1 : 1.*

333 *Pestenacker. Profilschnitt in der Leitungstrasse.*

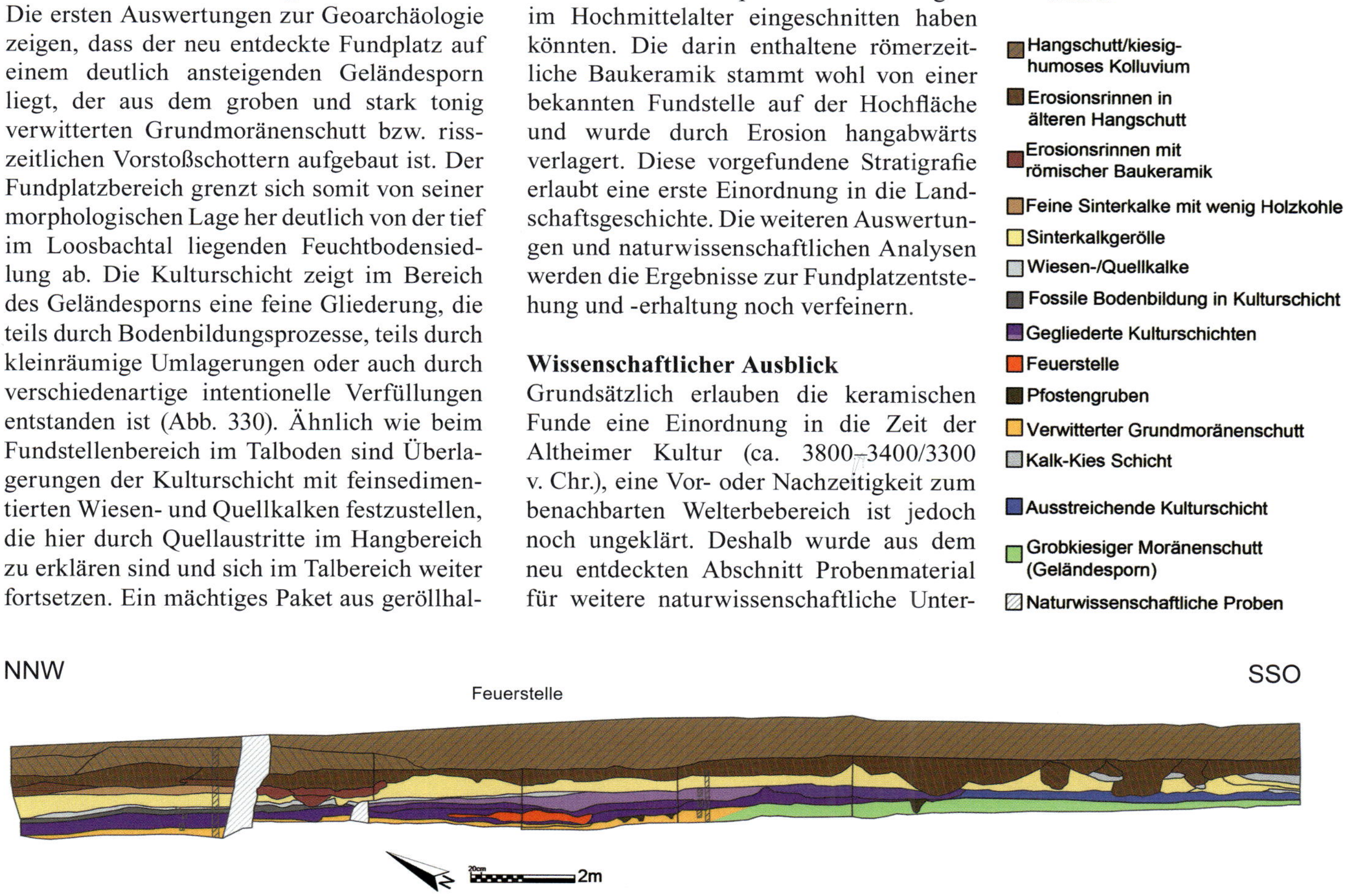

suchungen gewonnen, die neue Erkenntnisse zur jungneolithischen Kulturlandschaft von Pestenacker versprechen. Die Proben zur Mikromorphologie und Molluskenanalyse, Radiokarbon- und OSL-Datierung sollen das zeitliche Verhältnis der beiden Siedlungsareale klären. Seit 2016 steht Pestenacker außerdem im Fokus des DFG-Projekts „Direct-Push-Anwendungen in der Feuchtboden(geo)archäologie“, unter Beteiligung des Instituts für Geographie der Universität Leipzig, des Helmholtz-Zentrums für Umwelt (UFZ, Leipzig) und des BLfD. Auch 2020 fanden Geländearbeiten im Bereich der Siedlung und ihrem unmittelbaren Umfeld statt. Dabei kommen minimalinvasive Direct-Push-Messverfahren zum Einsatz, mittels derer nun auch das Gelände zwischen der Siedlung und dem neu entdeckten Fundplatz tiefengenau und hochauflösend untersucht wird.

Es bleibt zu hoffen, dass sich anhand der Ergebnisse seit Langem offene Fragen klären, die etwa auffallend frühe bzw. sehr späte Schlagdaten von Hölzern des benachbarten Feuchtbodenareals aufwerfen. Nicht auszuschließen ist, dass die erhöhte Lage auf dem Geländesporn eine wichtige Rolle bei der Standortwahl des Siedlungsareals spielte. Ein gleichzeitiges Bestehen der beiden Siedlungen ist ebenfalls vorstellbar. Dies würde dann die Frage aufwerfen, wie das Verhältnis zwischen den Bewohnern der Siedlungen war. Die Grabungsbefunde bringen also sowohl neue Erkenntnisse als auch Fragen mit sich, denen es nachzugehen gilt.

Veronika Fischer, Britta Kopecky-Hermanns, Kristina Markgraf und Anneli Wanger-O'Neill

Literatur U. Schreiber/F. Nöthlings/R. Schramedei, Geologische Untersuchungen im Umfeld der endneolithischen Siedlung bei Pestenacker, Ldkr. Landsberg am Lech. Ber. RGK 71, 1990, 390–405. – G. Schönfeld, Ein jungsteinzeitliches Filialsiedlungssystem im Talgrund des Loosbachs bei Unfriedshausen. Ber. Bayer. Bodendenkmalpfl. 50, 2009, 157–168. – S. Berg/A. Köhler/A. O'Neill/U. Werban/P. Dietrich/Ch. Zielhofer, Direct-Push, Geoarchäologische Geländearbeiten in Pestenacker. Denkmalpflege Inf. 172, 2019, 40–42.

Grabungsleitung K. Markgraf, Archäograph GbR, Friedberg. – *Bodenkundliche und geoarchäologische Untersuchungen* B. Kopecky-Hermanns, Büro für Bodenkunde und Geoarchäologie, Aystetten.

Magnetometerprospektion der späturnenfelderzeitlichen Befestigungsanlage Heunischenburg bei Gehülz

Stadt Kronach, Landkreis Kronach, Oberfranken

Das Bodendenkmal neu in Szene setzen

Nicht nur in Forschungskreisen ist die späturnenfelderzeitliche Höhenbefestigung Heunischenburg bestens bekannt (Abb. 334). Zwischen 1983 und 1987 konnte bei Ausgrabungen auf dem etwa 1,4 ha großen Spornplateau auf dem Wolfsberg eine mehrphasige steinerne Befestigungsanlage im Osten mit sich anschließender umlaufender Palisadenwehr sowie ein ausgeklügelter Tangentialtorbereich dokumentiert werden. Dabei sorgten nicht nur die für das Gebiet nördlich des Alpenkamms vergleichslose Architektur, sondern auch die zahlreichen Bronzefunde – überwiegend Waffen und Rüstungsteile – für Aufsehen. Björn-Uwe Abels hat die Ergebnisse dieser Forschungen 2002 monografisch vorgelegt.

Mit der aufwendigen Teilrekonstruktion des Tors von 1986 und 2000 am Originalstandort ließ sich diese bedeutende Anlage auch für Besucher wieder erlebbar machen. Wissenswertes musste vor Ort hingegen einer einzigen Informationstafel entnommen werden, die freilich nur das Wesentlichste kurz zusammenfassen konnte. Über die Jahre flachte die Aufmerksamkeit etwas ab, was die Stadt Kronach ab 2012 dazu veranlasste, die Heunischenburg einerseits durch die Schaffung einer neuen Beschilderung und andererseits durch die Integration in die Neukonzeption des Frankenwaldmuseums auf der Festung Rosenberg für Besucher erfahrbarer zu machen. Für die inhaltliche Realisierung konnte die Stadt das Institut für Ur- und Frühgeschichte der Friedrich-Alexander-Universität Erlangen-Nürnberg (FAU) als Kooperationspartner gewinnen. In diesem Rahmen führte das Institut eine Magnetometerprospektion im Vorfeld der Anlage durch, die an ebensolche Untersuchungen des BLfD aus dem Jahr 1986 anschloss, jedoch gleichfalls keine nennenswerten neuen Ergebnisse lieferte.

Mit Unterstützung der Stadt Kronach bildete sich in der Folge ein ehrenamtlicher „Arbeitskreis Heunischenburg“, in dem sich rasch verdiente Bodendenkmal- und Heimatpfleger sowie an Archäologie und Heimatgeschichte interessierte Bürgerinnen und Bürger versammelten. Die Heunischenburg samt ihrem Umfeld mit modernen Methoden zerstörungsfrei weiter zu erforschen wurde als eine zentrale Aufgabe formuliert und daher eine umfassende geophysikalische Untersuchung des Areals angestrebt, die vom Sachgebiet Ehrenamt in der Bodendenkmalpflege des BLfD unterstützt wurde. Jeweils in den Anfangsmonaten der Jahre 2019 und 2020 konnten die Geländearbeiten in enger Kooperation zwischen der Firma Archäoscout, dem BLfD und den Ehrenamtlichen des Arbeitskreises Heunischenburg durchgeführt werden.

Magnetometerprospektion
Die Prospektionsfläche umfasste insgesamt 3,58 ha, wovon der Großteil auf das begrünte Außengelände im östlichen und südlichen Vorfeld der Befestigungsanlage entfiel. Anspruchsvoller gestaltete sich die Untersuchung im Inneren der Heunischenburg, da dieses Areal vollständig und mitunter sehr dicht bewaldet ist. Der enorme ehrenamtliche Einsatz von insgesamt über 500 Stunden, der an dieser Stelle besonders hervorzuheben ist, machte es jedoch möglich, etwa zwei Drittel der Innenfläche und den nördlichen Bereich des massiven Querwalls zu begehen. Ausgespart blieben lediglich weite Teile der Grabungsfläche aus den 1980er Jahren sowie zu dicht mit Gestrüpp und Unterholz bewachsene Teilbereiche im Süden und im Nordwesten. Insgesamt war das vollständig vom Mittleren Buntsandstein gebildete Gelände relativ eben, lediglich im Süden der Prospektionsfläche wurden die Hänge zunehmend steiler.
Rezente und archäologisch nicht relevante Anomalien sind im Magnetogramm (Abb. 335) zunächst die zahlreichen Dipole (besonders helle bzw. dunkle Flecken), die sich vor allem in den landwirtschaftlich genutzten sowie den leichter zugänglichen Waldbereichen konzentrieren. Die größeren unter ihnen sind Jägerständen, Strommasten und Zaunresten zuzuordnen. Auch mehrere seichte lineare Anomalien, die die Untersuchungsfläche in Nordost-Südwest-Richtung durchziehen, sind als moderne Forst- und Feldwege auszusondern. Das südliche und östliche Außengelände der Heunischenburg ist darüber hinaus durchzogen von linearen, aber recht diffusen Anomalien, die als geologische Strukturen aufzufassen sind. Die hangparallel verlaufenden, recht breiten Bänder dürften durch die Landwirtschaft eingeebnete Geländekanten sein. Demnach war das hiesige Areal zu vorgeschichtlicher Zeit wohl weniger ebenmäßig und etwas zerklüfteter als heute. Der vermeintlich flachere südliche Hangbereich ließ sich somit auch mit einer hölzernen Palisade ausreichend gut befestigen. In diesem Zusammenhang sind auch die etwas schmaleren,

334 *Heunischenburg. Luftbild, Blick von Südwesten. BLfD Luftbilddokumentation, Fotograf Otto Braasch, Aufnahmedatum 30.09.1985, Archiv-Nr. 5732/006 Dia 4109-29.*

senkrecht zum Hang verlaufenden Strukturen zu erwähnen, die wohl eingeebnete Erosionsrinnen darstellen dürften. Diese einstigen natürlichen Geländeunebenheiten mögen mit ein Anlass gewesen sein, den Südteil der Anlage von Osten her zusätzlich zu schützen und den Sturm etwaiger Angreifer auf das steinerne Tangentialtor hin zu kanalisieren.

Neue Elemente im Befestigungsbauwerk?

Da sich die Grabungen seinerzeit auf einen Schnitt des massiven Querwalls und die flächige Freilegung des Torbereiches konzentriert hatten, ließ sich die hölzerne Ringbefestigung bisher nur an ihrem Beginn auf wenigen Metern archäologisch fassen. Daher galt es, diese mittels Gradiometer weiterzuverfolgen, um die These bestätigen und den Verlauf genauer fassen zu können. Leider erwiesen sich die Bereiche im Norden und Nordwesten als unzugänglich und der im Süden zwischen zwei frühneuzeitlichen Lesesteinriegeln als zu stark landwirtschaftlich überprägt. Dort konnten somit keinerlei entsprechende Strukturen gemessen werden. Unmittelbar westlich der auch im digitalen Geländemodell markanten Steinanhäufungen setzen jedoch mehrere positive Anomalien in Reihung ein, die auch in einer Teilfläche auf der Westseite erscheinen. Da sich die Verbindungslinie im Geländemodell ebenfalls als schwache Wallstruktur erkennen lässt, ist der archäologische Nachweis einer umlaufenden hölzernen Befestigung zumindest hier erbracht. Im Norden und Nordwesten dürfte der Befund entlang der dortigen Geländekante weiterziehen und sich somit der von Björn-Uwe Abels postulierte Verlauf in etwa bestätigen.

Der auffällig terrassenartige Bereich, der dem Querwall im Nordosten vorgelagert ist und sich im digitalen Geländemodell recht gut erkennen lässt, hat noch nie eine eingehendere Untersuchung erfahren. Somit wurde die Prospektionsfläche auf dieses Areal ausgeweitet. Wenig überraschend zeigt sich der Wall im Magnetogramm sehr deutlich, mit einigen stark positiven Anomalien im Kern und einer Streuung negativer Anomalien drumherum. Letztere dürften durch den massiven Steinkörper aus teils wohl noch in situ befindlichen und teils verstürzten Mauerresten zu erklären sein. Die stark positiven Anomalien müssen mit verbrannten Konstruktionshölzern in Verbindung gebracht werden. Man meint sogar eine mit den Grabungsergebnissen vergleichbare doppelte Pfostenreihung zu erkennen, die stellenweise wohl durch größere Konzentrationen von Brandschutt verunklärt ist. Auch der

335 *Heunischenburg. Magnetogramme der untersuchten Areale. Dual-Fluxgate-Gradiometer Bartington Grad 601-2, zwei Sonden, Dynamik ±5 nT in 256 Graustufen, Messpunktdichte 12,5 × 50 cm (interpoliert auf 12,5 × 25 cm), eingeschnitten in das Orthofoto mit Höhenlinien (5 m) AAK: Archäologische Arbeitsgruppe Kronach. Geobasisdaten: Bayerische Vermessungsverwaltung 2020.*

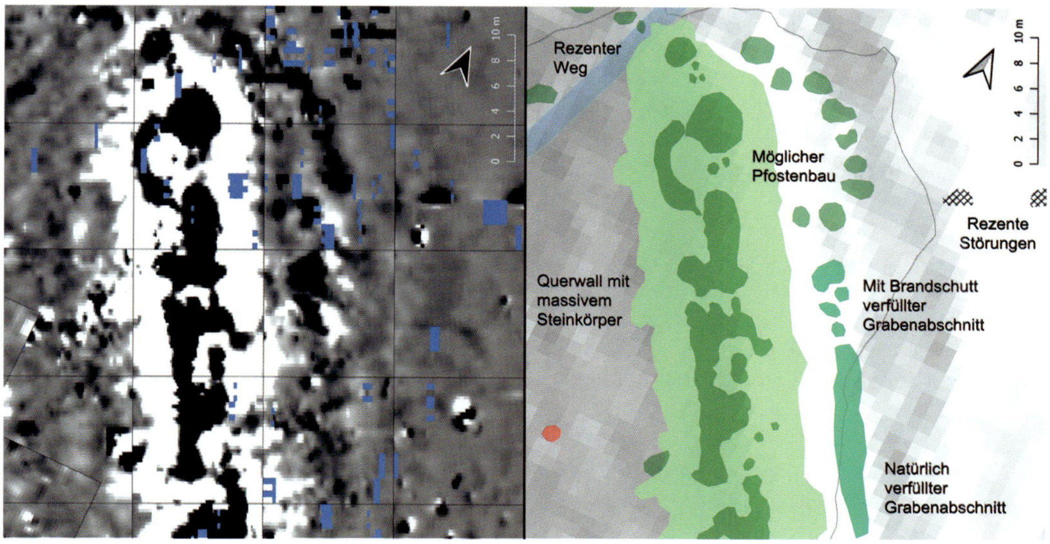

336 *Heunischenburg. Magnetogramm (links) und Umzeichnung der Anomalien (rechts) am nordöstlichen Ende des Querwalls. Im Magnetogramm blau dargestellt sind die Bereiche, die aufgrund von Baumbewuchs nicht prospektiert werden konnten. Geobasisdaten: Bayerische Vermessungsverwaltung 2020.*

im Wallschnitt nachgewiesene Graben, der der steinernen Mauer vorgelagert war, ist als leicht positive lineare, parallel verlaufende Anomalie erkennbar. Am bemerkenswertesten ist aber sicherlich der nördliche Abschluss des Querwalls. Hier befindet sich eine auffällige, annähernd rechteckige Struktur, bestehend aus einzelnen rundlichen und recht starken positiven Anomalien. Bohrung und Referenzbohrung bestätigten den Befundcharakter bis zu einer Tiefe von etwa 80 cm. Die Struktur scheint sich in Form und Ausrichtung unmittelbar auf den Querwall zu beziehen bzw. mit ihm einen Abschluss zu bilden. Der angrenzende Grabenbereich weist zudem nur hier stark positive Anomalien auf, sodass von einer abgebrannten und verstürzten Holzkonstruktion auszugehen ist, deren Schutt den Graben teilweise mit verfüllte (Abb. 336). Denkbar wäre eine massive hölzerne Plattform, die als punktuelle Erwei-

337 *Heunischenburg. Aufbau der Anlage nach Interpretation der Magnetogramme (Abb. 335), projiziert auf das digitale Geländemodell (1-m-Raster). Geobasisdaten: Bayerische Vermessungsverwaltung 2020.*

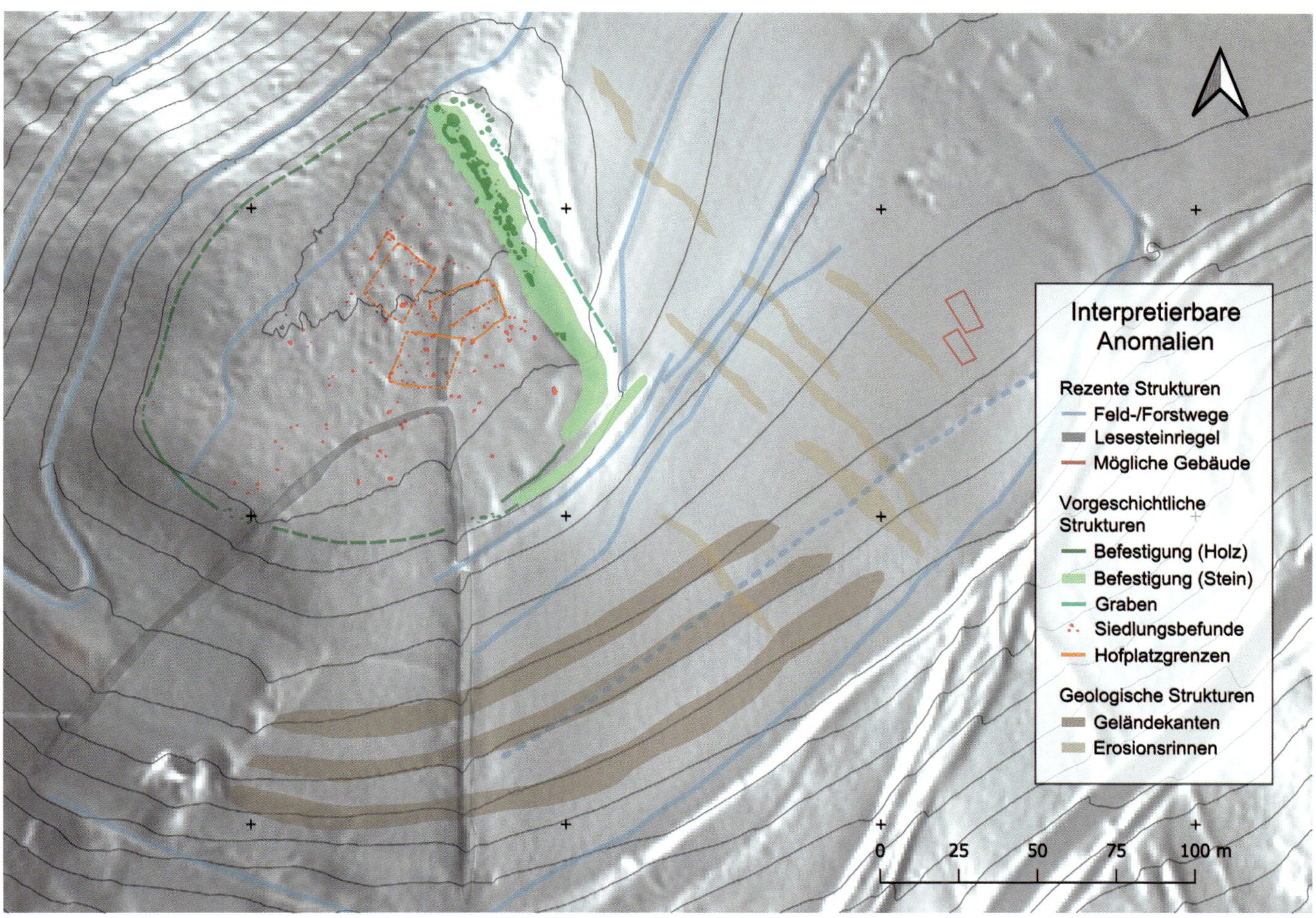

terung des Wehrgangs zum einen im Verteidigungsfall für eine bessere Übersicht nach Osten und Südosten sorgen konnte sowie zum anderen eine optimale Überwachung von Verkehrswegen durch das nördlich angrenzende Neustadt-Sonneberger Becken gewährleistete.

Siedeln hinter festen Mauern

Zahlreiche Pfostenstellungen, die während der Ausgrabungen unmittelbar nördlich der Torgasse festgestellt werden konnten, veranlassten Björn-Uwe Abels seinerzeit, mehrere Hausgrundrisse auf engem Raum zu rekonstruieren und so auf eine dichte Bebauung der gesamten Innenfläche zu schließen. Im Magnetogramm wird deutlich, dass sich die vielen rundlichen positiven Anomalien innerhalb des Befestigungsrings, die am ehesten mit Siedlungsaktivitäten verknüpft werden können, auf den Ostteil der Spornbefestigung beschränken. Vor allem der leicht erhöhte zentrale Plateaubereich und das Areal hinter dem Querwall weisen entsprechende Agglomerationen auf, während die Dichte der Anomalien nach Westen hin zunehmend ausdünnt. Zudem scheinen sie sich im Umfeld mehrerer linearer, mitunter sogar annähernd rechteckbildender Strukturen zu konzentrieren. Bei diesen Gebilden könnte es sich um Hofplatzumgrenzungen handeln, welche wiederum für eine eher lockere Bebauung sprechen würden (Abb. 337). Einzelne Hausgrundrisse lassen sich aus dem magnetischen Befund nicht interpretieren. Während sich Geophysik und Ausgrabung bei Art und Verlauf der bislang bekannten Wehrelemente weitestgehend stützen, scheint die Bebauung des Innenraums lockerer als bislang angenommen gewesen zu sein und sich auf dem erhöhten Zentralbereich und in Wallnähe zu konzentrieren.

Die Ergebnisse werden bei der Neukonzeption des Frankenwaldmuseums in Kronach eine wichtige Rolle spielen. Ergänzend soll ehrenamtliche Unterstützung bei der weiteren Erforschung des Potenzials der Heunischenburg und ihres Umfeldes einfließen.

Julia Blumenröther, Ralf Obst,
Philipp Schinkel und Alexander Süß

Literatur B.-U. Abels, Arch. Jahr Bayern 1984, 63–64. – B.-U. Abels, Die Heunischenburg bei Kronach. Eine späturnenfelderzeitliche Befestigung. Regensburger Beitr. Prähist. Arch. 9 (Bonn 2002).

Magnetometerprospektion 2019/2020 Ph. Schinkel, Fa. Archäoscout. – *Magnetometerprospektion 2016* C. Mischka, Universität Erlangen-Nürnberg. – *Bohrkernsondierung* J. Blumenröther, Universität Erlangen-Nürnberg; Ph. Schinkel, Fa. Archäoscout. – *Finanzierung* Sachgebiet Ehrenamt des BLfD, Oberfrankenstiftung, Stadt Kronach. – *Unterstützung* Archäologische Arbeitsgruppe Kronach.

Siedler am Rand des Wildmooses – Eine der westlichsten Siedlungen der Chamer Kultur bei Jesenwang

Landkreis Fürstenfeldbruck, Oberbayern

Obwohl die zahlreichen ehrenamtlichen Helfer der bayerischen Bodendenkmalpflege in sehr vielfältigen Themenfeldern aktiv sind, ist es dennoch für viele ein besonderer Wunsch, an einer archäologischen Ausgrabung mitzuwirken. Diesem Anliegen zu entsprechen ist in der heutigen Zeit mit fast ausschließlich im Bauvorgriff durchgeführten Grabungen schwierig. So war die Grabung bei Jesenwang für den Arbeitskreis Vor- und Frühgeschichte im Historischen Verein für die Stadt und den Landkreis Fürstenfeldbruck (HVF) die erste Vereinsgrabung seit zehn Jahren. Gleichzeitig stellte sie eine der diesjährigen Lehrgrabungen der Gesellschaft für Archäologie in Bayern e.V. dar und wurde als Projekt durch das Sachgebiet Ehrenamt in der Bodendenkmalpflege des Bayerischen Landesamts für Denkmalpflege (BLfD) gefördert. Trotz der Coronapandemie konnte die Grabung nach reiflicher Überlegung und mit dem erforderlichen Hygienekonzept durchgeführt werden. Insgesamt waren über 60 engagierte Helfer von mehreren Vereinen aus nah und fern aktiv dabei.

Zerstörungsfreies Prospektieren im Vorfeld: Geophysik und Geoarchäologie

Dabei wurde nicht einfach aus reinem Interesse ausgegraben, sondern nach einem sorgfältig über mehrere Jahre vorbereiteten Konzept. Bereits vor etwa 20 Jahren fand die erfahrene Feldbegeherin Roswitha Spohd auf einem nach Süden geneigten Hang am westlichen Ortsrand von Jesenwang erste Lesefunde. Die Fundstelle liegt auf einer Geländestufe der risseiszeitlichen Altmoräne oberhalb des Hochmoors Wildmoos, an dessen Rändern sich zahlreiche archäologische Fundstellen vom Mesolithikum bis in die römische Zeit aufreihen.

Seither regelmäßig durchgeführte Feldbegehungen der Entdeckerin sowie weiterer Vereinsmitglieder erbrachten für das mehrere Hektar große Siedlungsareal zahlreiche Ober-

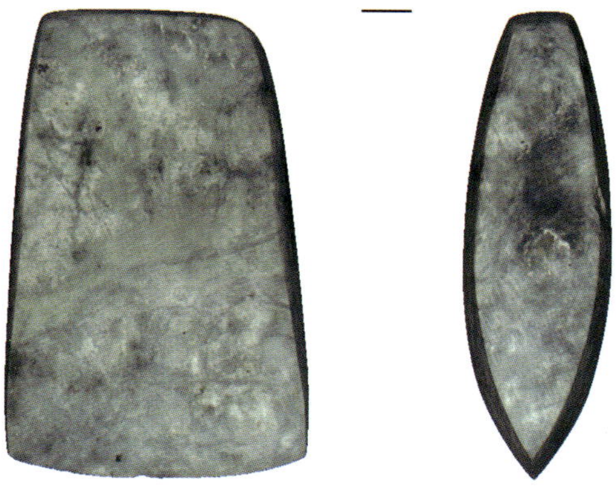

338 *Jesenwang. Steinbeil aus den Feldbegehungen von Roswitha Spohd. Höhe 7,6 cm. Maßstab 2 : 3.*

flächenfunde der spätneolithischen Chamer Kultur (Abb. 338). Jesenwang ist damit einer der westlichsten Fundpunkte dieser sonst überwiegend im ostbayerischen Donauraum verbreiteten Kulturgruppe. Dazu kommen zahlreiche Lesefunde der Latènezeit und der römischen Zeit.

Angesichts der Gefährdung der Fundstelle durch die zunehmend intensivierte landwirtschaftliche Nutzung folgten ab 2017 nähere Untersuchungen. Eine mit Förderung des Sachgebiets Ehrenamt des BLfD durchgeführte geophysikalische Prospektion des nördlichen Flächenteils zeigte etliche mutmaßliche Siedlungsbefunde sowie einen Kreisgraben von ca. 12 m Durchmesser.

Eine Erosionsbilanzierung durch ein geologisch geschultes Vereinsmitglied mittels Pürkhauer-Bohrungen bestätigte die Befürchtungen zum Zustand der Fundstelle, warf jedoch gleichzeitig weitere Detailfragen auf, die nur durch gezielte Sondagegrabungen zu klären waren. Auf Grundlage des Magnetogramms wurden drei kleine Sondageflächen ausgewählt und ergänzend ein Geoprofil am Hangfuß angelegt (Abb. 339). Durch die frühzeitig eingeschaltete geoarchäologische Begleitung konnten die Schnitte nicht allein aus archäologischer Sicht, sondern ebenfalls hinsichtlich landschaftsgeschichtlicher Fragestellungen festgelegt werden. Ihre Lage am Ober- und Unterhang sollte helfen, die Ergebnisse der Magnetik zu überprüfen und Aussagen über Erosionsvorgänge und die generelle Fundplatzerhaltung machen zu können.

Der Bodenabtrag erfolgte von Hand, ausgehend von der rezenten Ackeroberfläche. Nach dem Entfernen der Humusdecke wurde in allen Schnitten ein heller, gelblich-grauer Lehm angetroffen, der zunächst keine eindeutigen Befunde erkennen ließ. Dabei handelt es sich um eine typische Bodenbildung aus den stark verwitterten Altmoränenschottern, einen sogenannten Stauwasserboden oder Pseudogley. Durch den tonig verwitterten Untergrund entstehen wasserundurchlässige Schichten im Boden, die das Regen- und Sickerwasser aufstauen. Unterschiedlicher Sauerstoffgehalt verursacht dabei ein buntes Farbspektrum von orangen Eisenoxidausfällungen, schwarzen Manganausfällungen und grauen Farbberei-

339 *Jesenwang. Luftbild der Fläche mit Sondageschnitten 1–3. Norden ist links oben.*

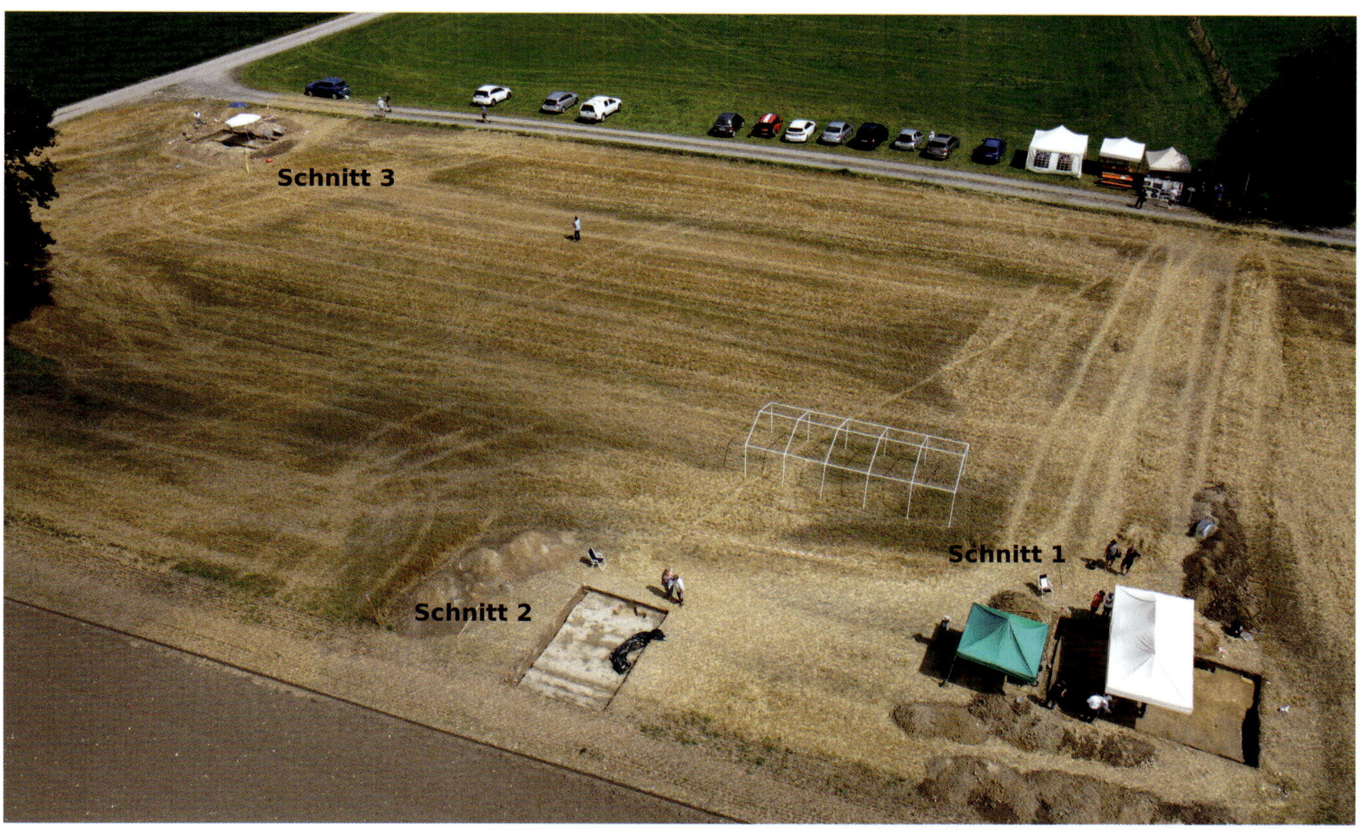

chen, in denen durch die Reduktion des Eisens eine Bleichung des Sediments eingetreten ist. All diese Prozesse fanden allmählich seit dem Beginn der Bodenbildung in der Nacheiszeit statt, d. h. auch alle später darin eingebrachten Siedlungsbefunde sind durch diese Prozesse verändert worden. Aufgrund der Oxidierung und Bleichung des Sediments ist es schwierig, archäologische Befunde in Pseudogleyen zu erkennen. Durch die interdisziplinäre Zusammenarbeit von Archäologen und Bodenkundlern konnten jedoch Bodensubstrate und Schichtgrenzen sowie unterschiedliche Siedlungsbefunde erkannt und dokumentiert werden. Auch ließ sich so das geringmächtige Kolluvium vom anstehenden Boden unterscheiden und somit die richtige Planumshöhe zur Befunderkennung herstellen. In Profilsondagen entlang der Schnittgrenzen und, nach einiger Zeit der Trocknung, auch in der Fläche traten schließlich die Umrisse mehrerer Gruben zu Tage. In Schnitt 1 handelt es sich in der Mehrzahl um große, bis zu 1,10 m tief erhaltene Vorratsgruben der Chamer Kultur (Abb. 340–341).

Archäologie zwischen kleinräumiger Erosion und Akkumulation

Auf dem nach Süden abfallenden Geländerücken hat sich ein Kolluvium ausgebildet, das in den unteren Hangbereichen bis ca. 25 cm Mächtigkeit anwächst. Die Präsenz eines schwachen Kolluviums im annähernd ebenen Gelände von Schnitt 3 (Abb. 339) erklärte sich nach dem genauen Studium der kleinräumigen Topografie. Dabei wurde ein schwach eingeschnittenes Trockental sichtbar, in dessen Richtung der nördliche Teil der Kuppe abfällt (Abb. 342) und in dem sich ebenfalls ein geringmächtiges Kolluvium entwickeln konnte. Die dort festgestellte Bodenbewegung scheint jedoch nicht rezenten Ursprungs zu sein, sondern könnte nach Ausweis der geborgenen Funde bereits im Spätmittelalter oder in der frühen Neuzeit erfolgt sein. Die durch die Grabung dokumentierten kleinräumigen Unterschiede im Hangaufbau und in der Hangformung lassen ein differenziertes Bild zum Erhaltungszustand der Fundstelle zu: Schnitt 2 liegt im Kulminationspunkt der Kuppe, von dem aus das Gelände nur ca. 1 m weiter südlich erst schwach, dann aber deutlich steiler abfällt. In diesem Bereich wirkt Erosion und die Befunde werden langsam durch die ackerbauliche Nutzung weiter verpflügt werden. Schnitt 1 befindet sich unweit davon im schwach nach Süden geneigten Gelände. Hier liegen die Befunde direkt unter dem Pflughorizont und sind dementsprechend ebenfalls durch Erosion gefährdet.

Erstaunlicherweise konnte der mutmaßlich dichte Siedlungsbefund im Messbild der magnetischen Prospektion kaum mit dem tatsächlichen Grabungsergebnis in Einklang gebracht werden. Einige als Befunde gedeutete Anomalien im Magnetogramm ließen sich trotz sorgfältiger händischer Arbeitsweise nicht fassen. Stattdessen traten archäologische Befunde in Bereichen auf, für welche die Geophysik keine auswertbaren Strukturen abbilden konnte. Möglicherweise wurden die ursprünglich innerhalb der Grubenverfüllungen angereicherten magnetischen Minerale durch die Reduktion von Eisen(III)oxid im Zuge der Pseudovergleyung zerstört, sodass sie nicht mehr nachweisbar sind. Leider ließ sich insbesondere von dem im Magnetogramm eindeutig erkennbaren Kreisgraben in Schnitt 1 trotz sorgfältigster Freilegung keine Spur erkennen. Reste einer Bestattung bzw. eines Grabbaus

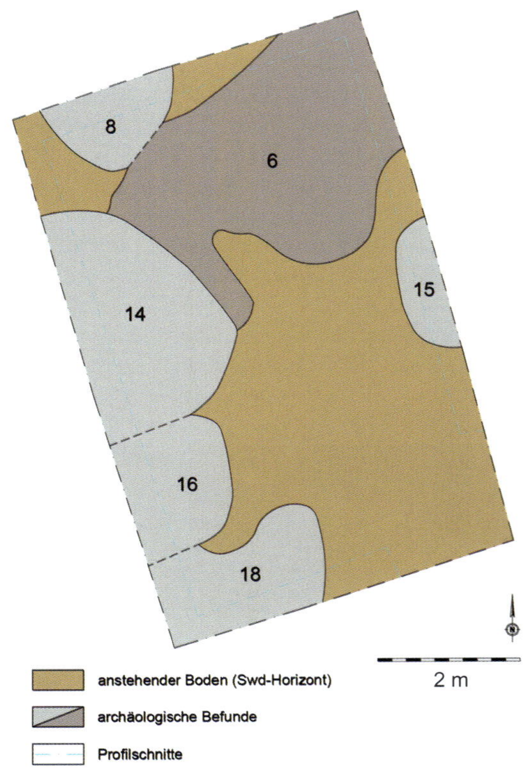

340 *Jesenwang. Schnitt 1, Befunde in Planum 2.*

341 *Jesenwang. Schnitt 1, Nordprofil mit Schwemmschicht 6 und darunter gebleichte Grubenverfüllungen.*

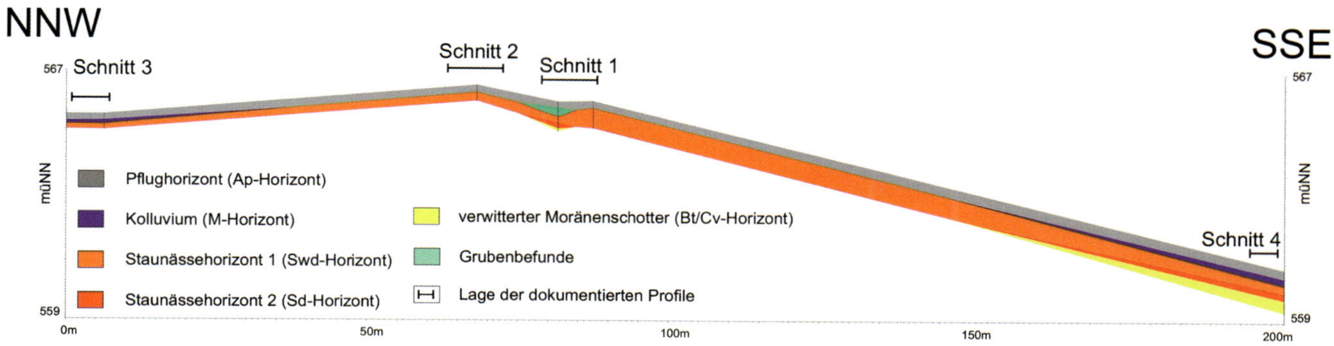

342 *Jesenwang. Bodenaufbau im Hangbreich anhand der bodenkundlichen Profilaufnahme der jeweiligen Schnitte. 5-fach überhöht.*

waren an dieser Stelle archäologisch nicht zu belegen. Wahrscheinlich handelt es sich um ein „ghost feature“, d. h. einen Befund, der mit dem identischen Aushubmaterial aus ungestörtem Boden zeitnah wieder verfüllt wurde. Der überwiegende Teil der Funde stammt naturgemäß aus dem Ackerhorizont. Meist handelt es sich um Keramikscherben aller Zeitstellungen und neuzeitlichen Ziegelbruch. Metall- oder Steinobjekte sind dagegen selten und Tierknochen haben sich im sauren, kalkarmen Bodenmilieu nicht erhalten. Vorgeschichtliche Funde wurden vor allem an der Unterkante des Ackerbodens knapp über dem anstehenden Boden geborgen, darunter die einzigen sicher latènezeitlichen Funde aus der Grabung, ein Fragment einer kobaltblauen Glasperle und eine Grafittonscherbe. Die Mehrzahl der keramischen Funde aus den Gruben sind grob gemachte, fast ausschließlich unverzierte Wandscherben, jedoch in Brand und Machart identisch mit der verzierten Keramik der Chamer Kultur aus den Lesefundkomplexen, sodass an ihrer spätneolithischen Datierung kein Zweifel besteht.

Fachkenntnis und Synergieeffekte durch ehrenamtliches Engagement

Durch die intensive interdisziplinäre Zusammenarbeit auf dieser Grabung konnten neben der komplizierten archäologischen Befundlage auch viele Fragen zur Landschaftsgeschichte, Bodenkunde und Geoarchäologie geklärt werden. Somit ist die Lehr- und Sondagegrabung des HVF in einer der ältesten menschlichen Ansiedlungen im Landkreis als voller Erfolg zu werten. Neben dem fachlichen Gewinn für Archäologie und Denkmalpflege sind die Begeisterung und das Engagement der ehrenamtlichen Helfer und eine damit verbundene positive Außenwirkung beträchtlichen Ausmaßes hervorzuheben. Das große Interesse bei Anwohnern und vielen weiteren Besuchern, Vertretern der Politik und der Presse wurde durch die Vereinsmitglieder nicht nur im Vorfeld gefördert, sondern vor Ort auch dazu genutzt, um die aktuellen Grabungsergebnisse sowie archäologisch-historische Grundlagen, die Vorgehensweise archäologischen Arbeitens und den Sinn von Denkmalpflege an zahlreiche Menschen anschaulich zu vermitteln. Hier wurden positive Erfahrungen geschaffen, deren Wirkung zukünftig in der Region spürbar sein wird.

Britta Kopecky-Hermanns, Sabine Mayer
und Markus Wild

Örtliche Grabungsleitung M. Wild, Dig It! Company, Fürstenfeldbruck. – *Geoarchäologie* B. Kopecky-Hermanns, Büro für Bodenkunde und Geoarchäologie, Aystetten. – *Geophysik* A. Patzelt, Terrana Geophysik, Mössingen. – *Bohrungen und Erosionsmessung* K. Köppe, Landsberg am Lech. – *Organisation und ehrenamtliche Grabungshelfer* F. Aneder, A. U. Bergheim und die Mitglieder des Historischen Vereins für die Stadt und den Landkreis Fürstenfeldbruck e.V. sowie Freunde und Gäste.

Archäologische Literatur in Bayern 2020

Monografien

J. Bock/H. J. Grabmüller/E. Huber/M. Huber/H. Rihl, Archäologische Funde im Achental. Eine Bestandsaufnahme. Achentaler H. Heimatgesch. 3 (Grassau 2019).

A. Boos/M. Ontrup/G. Wolf/J. Zuber (Hrsg.), Die Spuren von Jahrtausenden. Archäologische Funde und Ergebnisse der Großgrabung von Regensburg-Burgweinting. Regensburger Stud. u. Quellen Kulturgesch. 24 (Regensburg 2020).

W. Czysz, Kastell Dambach am Raetischen Limes. Ausgrabungen im Vicus am Rand des Moosgrabentals (2008). Mit Beiträgen von *Ph. I. Buckland, J. W. E. Faßbinder, R. Haensch, V. Hasenbach, F. Herzig, S. Klonk, G. Lemdahl, R. Linck, U. Meier, A. Murr, B. Nowak-Böck, G. Possnert, A. Scharf, W. Schmid, I. Sundström, R. Vogt und L. Wick*. Materialh. Bayer. Arch. 113 (Kallmünz 2020).

Ch. Later, Gotteshaus und Totenacker. Die Ausgrabung der ehemaligen Pfarrkirche St. Benedikt in Starnberg (2007–2009). Mit Beiträgen von *K. von Heyking, F. Neuberger, S. Neupert, G. Schober, M. Simm und G. Suhr*. Starnberger Stadtgeschichte 11 (Starnberg 2020).

M. Lebsak, Bergbau und Eisenverhüttung auf der nördlichen Frankenalb im Mittelalter. Monogr. Gesch. Oberfranken 2 (Bayreuth 2020).

G. Mündl, Die Steinkemenate zu Karlburg im Dorf gelegen. Der Lauthersche Hof in Karlburg – Ein befestigter Adelssitz des Mittelalters und der frühen Neuzeit im Hochstift Würzburg, Gde. Karlburg, Lkr. Main-Spessart. Arbeiten Arch. Süddeutschland 31 (Büchenbach 2020).

N. Ostermeier, Der Stadtberg von Neuburg an der Donau. Eine Höhensiedlung der Urnenfelderzeit, der Hallstattzeit und der Frühlatènezeit im oberbayerischen Donauraum. Würzburger Stud. Vor- u. Frühgesch. Arch. 5 (Würzburg 2020).

S. Senczek, Die hallstattzeitliche Siedlung von Velburg in der Oberpfalz. Genese und Wandel eines eisenzeitlichen Lebensraumes. Bochumer Forsch. Ur- u. Frühgesch. Arch. 9 (Rahden/Westf. 2020).

Zeitschriften

A. Adaileh, Keinen Schritt weiter? Zur paläolithischen Besiedlung in Ostbayern. Fines Transire 28, 2019, 25–33.

D. Albert/B. Herbold, „Knochentrocken, beinhart?" – Grabbeigaben aus tierischen Skelettmaterialien und ihre besondere Problematik. Ber. Bayer. Bodendenkmalpfl. 61, 2020, 493–498.

R. Ambs, Eine silberne Miniaturfibel auf einem Kellmünzer Acker. Gesch. Lkr. Neu-Ulm 26, 2020, 15–17.

M. Augstein, Leben bei den Toten – Eisenzeitliche Siedlungsspuren zwischen hallstattzeitlichen Gräbern in Dietfurt. Beitr. Arch. Oberpfalz u. Regensburg 13, 2020, 109–208.

Th. Bäumler, Töpferware als Zeugnisse einer keltischen Besiedelung von Altenstadt und Neustadt an der Waldnaab. Oberpfälzer Heimat 64, 2020, 9–13.

Bayerische Archäologie 2020. Hrsg. R. Gschlößl.

F. Bente, Ein Bericht über den spätmittelalterlichen Münzhort von Hohenwart, Lkr. Pfaffenhofen an der Ilm. Sammelbl. Hist. Ver. Ingolstadt 129, 2020, 138–146.

F. Bente, Ein spätmittelalterlicher Münzfund aus Hohenwart, Lkr. Pfaffenhofen an der Ilm (Obb.). Jahrb. Num. u. Geldgesch. 69/70, 2019/20, 361–385.

S. Biermeier, Namentlich genannt: Zwei römische Brandbestattungen im Gewerbegebiet Erding-West. AVEinfo 13, 2020, 14–21.

B. Binzenhöfer, Handwerker im Weichbild des Legionslagers [Marktbreit]. Arch. Deutschland 2020/3, 51 f.

C. Brutscher, Militaria von Kastell und Vicus Ruffenhofen. Ber. Bayer. Bodendenkmalpfl. 61, 2020, 339–390.

N. Burkhardt, Die archäologische Ausstellung in Nassenfels, Kreis Eichstätt, Bayern. Blickpunkt Arch. 4, 2019, 282–286.

I. Bösze/G. Moosbauer, Ausgrabungen und Funde im Stadtgebiet Straubing 2014–2015. Jahresber. Hist. Ver. Straubing 120, 2018 (2020) 35–47.

I. Bösze/G. Moosbauer, Ausgrabungen und Funde im Stadtgebiet Straubing 2016–2017. Jahresber. Hist. Ver. Straubing 121, 2019 (2020) 31–51.

S. Codreanu-Windauer/S. Ebeling, Begraben unter Hügeln – die Wüstung Deinfeld im Truppenübungsplatz Hohenfels. Beitr. Arch. Oberpfalz u. Regensburg 13, 2020, 513–530.

S. Codreanu-Windauer, Die Johanniskirche in Plankstetten. Beitr. Arch. Oberpfalz u. Regensburg 13, 2020, 405–422.

Das archäologische Jahr in Bayern 2019. Hrsg. Bayerisches Landesamt für Denkmalpflege und Gesellschaft für Archäologie in Bayern (Darmstadt 2020).

U. Ehmig/R. Haensch, Wohnen in der Hauptstadt? Fragmente zweier sogenannter Militärdiplome aus Augsburg. Bayer. Vorgeschbl. 85, 2020, 127–134.

J. Ewersen/S. Codreanu-Windauer, „...portavi lacrimis madidus te, nostra catella!" Zwei Hundegräber aus Regensburg. Beitr. Arch. Oberpfalz u. Regensburg 13, 2020, 277–298.

A. Faber/S. Fünfschilling, Ein Amphoriskos aus geblasenem Mosaikglas von der Nekropole an der Ulmer Straße in Günzburg. Ber. Bayer. Bodendenkmalpfl. 61, 2020, 391–400.

M. Fesq-Martin/M. Fiederling/R. Angermayr/M. Ahl, Bernried – Unterwasserarchäologie zwischen Mittelalter und Neuzeit. Jahresber. Bayer. Ges. Unterwasserarch. 19, 2018 (2019) 40–42.

S. Fiedler, Kein Ende in Sicht: weitere Ausgrabungen der spätkeltischen Siedlung Berching-Pollanten. Beitr. Arch. Oberpfalz u. Regensburg 13, 2020, 227–254.

V. Fischer, Die *Ripa Danuvii provinciae Raetiae*. Der Limes 14/2, 2020, 20–25.

H. Friedl, Drei byzantinische Fundmünzen aus der mittleren Oberpfalz. Beitr. Arch. Oberpfalz u. Regensburg 13, 2020, 395–404.

C. Göderz, Die latènezeitliche Siedlung von Aschheim-Dornach, Kernweg. Ber. Bayer. Bodendenkmalpfl. 61, 2020, 225–330.

R. Graf/S. Mayer, „Warum in die Ferne schweifen ...?" Ein weitgereister Flintdolch als Beleg frühbronzezeitlicher Fernkontakte. Beitr. Arch. Oberpfalz u. Regensburg 13, 2020, 85–94.

J. Haberstroh, Herzogsresidenzen der Wittelsbacher. Arch. Deutschland 2020/4, 30 f.

J. Haberstroh/K. von Heyking unter Mitarbeit von U. Scholz, A. Rott und M. Harbeck, Tuffplattengräber in Südbayern – Neues zu einem alten Thema. Ber. Bayer. Bodendenkmalpfl. 61, 2020, 409–440.

B. Häck, Unterirdische Siedlungsgenese in einer oberpfälzischen Bergstadt: Die Stollen- und Kelleranlagen in der Stadt Erbendorf (Lkr. Tirschenreuth). Beitr. Arch. Oberpfalz u. Regensburg 13, 2020, 547–604.

B. Häck, Speläoarchäologie – Eiszeitkunst und Höhlenfundplätze in Bayern im Lichte neuer Forschungen. Mitt. Verband Dt. Höhlen- u. Karstforscher e.V. 66/3, 2020, 55–71.

L. Hellmayr, Geschichtspark Bärnau-Tachov. Mittelalter ungefiltert. Arch. Deutschland 2020/2, 67–70.

R. Hempelmann, Eine eisenzeitliche Siedlungslandschaft an der Waldnaab: Grabungen in Weiden-Rothenstadt, Weiden i.d. OPf. Beitr. Arch. Oberpfalz u. Regensburg 13, 2020, 209–226.

M. Hensch, Bemerkungen zur mittelalterlichen Montanlandschaft zwischen Premberg, Schmidmühlen und Amberg. Beitr. Arch. Oberpfalz u. Regensburg 13, 2020, 351–394.

M. Hensch, Die Entdeckung einer königlich-herzoglichen *Curtis* des 13. Jahrhunderts in Amberg – ein Missing Link hochmittelalterlicher Stadtgeschichte. Beitr. Arch. Oberpfalz u. Regensburg 13, 2020, 423–462.

M. Hensch, *Der plechhammer Rauhenstein, (...) mit hofstetten zu ain gantzen hammerwerck (...)* Archäologie an einem Hammerstandort des 15. bis 18. Jahrhunderts an der oberen Pegnitz. Beitr. Arch. Oberpfalz u. Regensburg 13, 2020, 491–512.

B. Hilpert/Ch. Gropp, Das Hahnenloch bei Hohenstadt – eine vergessene Felsenwohnung. Natur u. Mensch – Jahresmitt. NHG Nürnberg 2018/19 (2020) 29–36.

A. Hlavatsch, Die spätantiken Fibeln im Bestand des Stadtmuseums Ingolstadt. Sammelbl. Hist. Ver. Ingolstadt 129, 2020, 33–88.

F. Hopfenzitz, Ausgrabung unterm Spielplatz – archäologische Befunde im Umfeld des Kindergartens Rappelkiste in Vöhringen. Gesch. Lkr. Neu-Ulm 26, 2020, 5–14.

M. Hoppe, Der Marienberg in Würzburg – die vorgeschichtliche Besiedlung. Ber. Bayer. Bodendenkmalpfl. 61, 2020, 55–224.

P. Knötzele, Römische Bauten unter und über Gräbern [Günzburg]. Arch. Deutschland 2020/1, 51 f.

Ch. Later, Der spätmerowingisch-karolingische Friedhof von Itzling bei Altenerding – Ein Beitrag zur Genese mittelalterlicher Kirchhöfe in Altbayern. Ber. Bayer. Bodendenkmalpfl. 61, 2020, 457–490.

Ch. Later/M. Pauli, Junger Kelte mit Schwert und Silberperle [Oberding]. Arch. Deutschland 2020/6, 52.

R. Linck, Momentaufnahme: unbekannte Villa rustica im Luftbild [Wörnitzostheim]. Arch. Deutschland 2020/2, 51 f.

H. Maaß, Bauwut in Burg Haag. Arch. Deutschland 2020/1, 52.

S. Mayer, Mehr als ein Bad – eine neu entdeckte Mikwe als Zeugnis jüdischen Lebens in Hainsfarth. Denkmalpflege Inf. 173, 2020, 52–54.

C. Metzner-Nebelsick/S. Reuß/D. Klaut, Transalpine Migration: Zwischen Bayern und Tirol – Mobilität in der späten Bronzezeit. Arch. Deutschland 2020/1, 24–27.

M. Nadler, Spätneolithikum auf der Kaiserburg? [Nürnberg]. Arch. Deutschland 2020/4, 51 f.

F. Odijk, Eine ostmediterrane hellenistische Glasschale aus der spätkeltischen Siedlung Karlstein bei Bad Reichenhall Lkr. Berchtesgadener Land. Bayer. Vorgeschbl. 85, 2020, 91–98.

M. Ontrup, Ein römerzeitlicher Fassbrunnen aus Regensburg-Burgweinting. Beitr. Arch. Oberpfalz u. Regensburg 13, 2020, 255–276.

T. Pflederer, Prospektionen im Umfeld der Einbaum-Fundstelle von Wasserburg im Bodensee – Ein unerwarteter Fund. Jahresber. Bayer. Ges. Unterwasserarch. 20, 2019 (2020) 35–42.

T. Pflederer/R. Sandner, Schädelkalotte beim Einbaum? [Wasserburg, Bodensee]. Arch. Deutschland 2020/5, 51.

T. Pflederer/H. Schwarzberg/E. Blumenau/R. Angermayr/F. Herzig, Der bronzezeitliche Einbaum von Wasserburg im Bodensee. Jahresber. Bayer. Ges. Unterwasserarch. 19, 2018 (2019) 33–39.

T. Pflederer/B. Trautmann/R. Angermayr, Die Rätsel des Schädelstücks vom Bodensee. Denkmalpflege Inf. 174, 2020, 20–25.

M. Posselt/Th. Saile, Bandkeramische Erdwerke bei Mangolding im nordwestlichen Gäuboden. Beitr. Arch. Oberpfalz u. Regensburg 13, 2020, 11–26.

A. Pütz, Geköpft, gestört, gebannt? Beobachtungen zu einer spätantiken Grabgruppe aus Aschheim, Lkr. München. Bayer. Vorgeschbl. 85, 2020, 231–248.

M. Ranzinger, Den Wald vor lauter Bäumen nicht gesehen? – Ein Methodenansatz zur Bestimmung von Holzprovenienzen im antiken und mittelalterlichen Regensburg. Beitr. Arch. Oberpfalz u. Regensburg 13, 2020, 321–350.

S. Reinighaus, Der Tote aus dem Kleebergschacht – Menschenopfer oder letzte Ehre? Natur u. Mensch – Jahresmitt. NHG Nürnberg 2018/19 (2020) 125–131.

Th. Richter, Gut geschützter Vorrat [Eching]. Arch. Deutschland 2020/2, 51.

G. Riedel, Geschichte aus Ton und Scherben. Gedanken zu 40 Jahren Archäologische Abteilung des Stadtmuseums Ingolstadt. Sammelbl. Hist. Ver. Ingolstadt 129, 2020, 147–216.

T. Ringeisen, Ein mittelalterlicher Keramikfund aus Hohenwart, Lkr. Pfaffenhofen a. d. Ilm. Sammelbl. Hist. Ver. Ingolstadt 129, 2020, 112–137.

A. Rott/J. Haberstroh/M. Harbeck/K. von Heyking/Ch. Lobinger/B. Päffgen/U. Scholz/F. Schreil/J. Sebrich/P. Stadler/N. Turner/A. Zink, Genetischer Nachweis einer verwandtschaftlich bedingten Reihenbelegung im frühmittelalterlichen Gräberfeld von Sindelsdorf. Ber. Bayer. Bodendenkmalpfl. 61, 2020, 441–456.

R. Sandner/A. Struthmann, Berittener Krieger im Zentrum [Vöhringen]. Arch. Deutschland 2020/6, 51 f.

R. Sandner/M. Zobl, Mediterranes Bronzegeschirr für bayerischen Krieger [Nordendorf]. Arch. Deutschland 2020/4, 51 f.

K. Schaller, Burgstall „Neuhaus" – Die nie gebaute Burg. Beitr. Arch. Oberpfalz u. Regensburg 13, 2020, 463–490.

K. Schmotz, Der Bayerische Wald und seine Nutzung in der Vorgeschichte – Archäologische Quellen und naturwissenschaftliche Erkenntnisse als Interpretationsbasis. Fines Transire 28, 2019, 35–94.

A. Schneider u. a., Relikte historischer Kohlenmeiler in der Oberpfalz – Verbreitung und Erhaltung in Abhängigkeit vom Naturraum. Beitr. Arch. Oberpfalz u. Regensburg 13, 2020, 531–546.

M. Schußmann, Auf dem Staffelberg – ein Tor zu den Kelten. Arch. Deutschland 2020/4, 8–13.

H. Schwarzberg/Th. Stöckl/P. Albert, Lieber mit Biber [Dietfurt a.d. Altmühl-Vogelthal]. Arch. Deutschland 2020/3, 52.

H. Schwarzberg/Ch. Steinmann, Ein außergewöhnlicher Hortfund der ausgehenden Frühbronzezeit von Berletzhof, Stadt Hemau, Lkr. Regensburg. Bayer. Vorgeschbl. 85, 2020, 41–74.

R. Schumann, Hallstattzeitliche Grabfunde bei Aicha an der Donau-Ruckasing, Lkr. Deggendorf. Bayer. Vorgeschbl. 85, 2020, 75–90.

J. Sebrich, Ein frühmittelalterliches Brandgrab aus Barbing-Illkofen, Lkr.

Regensburg. Beitr. Arch. Oberpfalz u. Regensburg 13, 2020, 299–320.

H. Sedlmaier, Ein Haus der linienbandkeramischen Siedlung von Tiefbrunn. Beitr. Arch. Oberpfalz u. Regensburg 13, 2020, 27–68.

C. S. Sommer/A. Faber/H. Riedl, Transalpine Migration: Fremd ist der Fremde nur in der Fremde [Günzburg]. Arch. Deutschland 2020/1, 34–37.

W. Sörgel, Archäologie im Landkreis Nürnberger Land. Bericht des Bodendenkmalpflegers für den östlichen Landkreis 26, 2018 (2020).

B. Steidl/S. Trixl/J. Peters, Transalpine Migration: Zähes Beharren in Raetien. Arch. Deutschland 2020/1, 30–33.

B. Steidl/G. Waldherr, Die Entdeckung des römischen Großen Gräberfeldes an der Kumpfmühler Straße in Regensburg durch Bernhard Stark (1807–1811). Bayer. Vorgeschbl. 85, 2020, 135–230.

A. Staskiewicz, Anthropologische Untersuchung der spätantiken Skelettfunde aus Aschheim, Lkr. München. Bayer. Vorgeschbl. 85, 2020, 249–261.

Ch. Steinmann, Alles normal? Schlaglichter zur Vorgeschichte in der Oberpfalz. Fines Transire 28, 2019, 287–292.

Ch. Steinmann, Mammut unter dem Fußboden [Taimering]. Arch. Deutschland 2020/5, 51 f.

Ph. Stojakowits/A. Friedmann, Anthropogene Einflussnahme in den Hochlagen des Bayerischen Waldes – Aussagen aufgrund der bisherigen Pollenanalysen. Fines Transire 28, 2019, 175–186.

M. Straßburger, Nutzung mineralischer Rohstoffe im Grenzgebirge und angrenzender Regionen in vorgeschichtlicher Zeit – Bestandsaufnahme und Diskussion. Fines Transire 28, 2019, 127–152.

M. Straßburger, Vorgeschichtlicher Erzbergbau in der Oberpfalz? Beitr. Arch. Oberpfalz u. Regensburg 13, 2020, 69–84.

E. Süss, Ein kleiner Acker erzählt. Vorgeschichtliche Lesefunde bei Klardorf. Oberpfalz 108, 2020, 100–101.

E. Süss, Frühe Jäger auf dem Schwandorfer Egidiberg. Oberpfalz 108, 2020, 102–103.

E. Süss, Werkzeug des Neandertalers bei Schwandorf entdeckt. Oberpfalz 108, 2020, 179.

B. Symader, Ein unterirdischer Gang in Vorholz, Gde. Untergriesbach, Lkr. Passau. Erdstall 46, 2020, 77–81.

E. Thomann, Silberne Riemenzunge. Oberpfälzer Heimat 64, 2020, 14.

E. Thomann, Neufunde auf der östlichen Pfreimdterrasse am Nordausgang von Pfreimd. Oberpfälzer Heimat 64, 2020, 7–8.

E. Thomann, Römischer Sprossengürtelhaken. Jahresbd. Kultur u. Gesch. Lkr. Schwandorf 30/31, 2019/2020, 99–100.

J. F. Tolksdorf M. Dumler/Ch. Herbig/ P. Libor, Eine frührömische Befestigung bei Pfaffenhofen a.d. Zusam. Ber. Bayer. Bodendenkmalpfl. 61, 2020, 331–338.

B. Trautmann/P. Lombardo/A. Toncala/ E. Kropf/M. Velte/M. Schweissing/ G. McGlynn/S. Lösch/M. Harbeck, Eine Frage der Trennschärfe – zur Problematik der Bestimmung artifiziell deformierter Schädel am Beispiel der frühmittelalterlichen Schädel aus Altheim (Lkr. Landshut). Arch. Korrbl. 50/4, 2020, 565–578.

Z. Visy, The *Ripa Pannonica* in Historic Sources and Old Maps. Ber. Bayer. Bodendenkmalpfl. 61, 2020, 401–408.

T. Weski, Der urnenfelderzeitliche Einbaum aus dem Starnberger See bei der Roseninsel. Bergung – digitale Vermessung – Dendroarchäologie – kulturhistorische Einordnung. Mit Beiträgen von *H. Beer, J. Czaja, S. Gollub, F. Herzig.* Bayer. Vorgeschbl. 85, 2020, 7–40.

B. Zach, Birnen und Weinbeere, Hirse und Roggen – Aus der Speisekarte der Zeit um 1300 in Ingolstadt. Sammelbl. Hist. Ver. Ingolstadt 129, 2020, 89–111.

J. Zahn, Es kommt Licht ins Dunkel. Über die mittelalterliche Baugeschichte des Passauer Doms. Denkmalpflege Inf. 174, 2020, 34–39.

J. Zeune, Burgruine Raueneck. Denkmalpflege Inf. 174, 2020, 26–29.

B. Ziegaus, Receptacles for storage and transport of Celtic coins in the Middle and Late La Tène periods. Bayer. Vorgeschbl. 85, 2020, 99–126.

S. Zintl/M. Helmbrecht, Wadenbindengarnitur mit Kriegerdarstellung – ein Neufund aus Rain am Lech (Lkr. Donau-Ries/D). Arch. Korrbl. 50/1, 2020, 107–131.

J. Zuber, Verbreitung und Struktur der Chamer Kultur in Ostbayern. Fines Transire 28, 2019, 269–286.

J. Zuber, Bronzezeitliche Funde aus Rieden. Beitr. Arch. Oberpfalz u. Regensburg 13, 2020, 95–108.

Führer und Kataloge

J. Haberstroh, Zur Archäologie mittelalterlicher Stadtgründungen in Bayern – Zentralort, Burg oder Stadt. Eine „archäologische" Diskussion. In: Stadt befreit. Wittelsbacher Gründerstädte (Regensburg 2020) 198–204.

G. Moosbauer/Ch. Schäfer (Hrsg.), Römischer Donauhafen Straubing. Antike Flußschiffahrt und Militär im Experiment. Kat. Gäubodenmus. Straubing 35 (Straubing 2019).

G. Moosbauer (Hrsg.), Glaube, Aberglaube und Zauberei. Kat. Gäubodenmus. Straubing 36 (Straubing 2020).

Y. Reichel, Badeluxus am Limes. Die Römischen Thermen Weißenburg. Schr. Mus. Weißenburg 2 (Weißenburg 2020).

S. Sulk, Das römische Kastell Biriciana Weißenburg in Bayern. Ein Führer (Regensburg 2020).

Sammelwerke

I. Bösze, Mittelbronzezeitliche Hügelgräber und ein römischer Straßenabschnitt im Baugebiet Straubing-„Stutzwinkel". In: Husty/Schmotz, Vorträge 149–172.

J. Daub, Nach allen Seiten offen. Eine Flachlandsiedlung der Späthallstattzeit bei Rottendorf-Rothof, Lkr. Würzburg. In: Objekt – Depot – Motiv. Kontext und Deutung von Objektniederlegungen im eisenzeitlichen Mitteleuropa. Beitr. Ur- u. Frühgesch. Mitteleuropa 95 (Langenweißbach 2020) 111–124.

S. Dupper, Eine Kellerverfüllung aus der Zeit der Markomanneneinfälle im Vicus des römischen Künzing/Quintana. In: Husty/Schmotz, Vorträge 309–326.

W. Elbert, Manching-Altenfeld – Überlegungen zu Bauformen, Konstruktionsprinzipien und Materialien. In: *R. Karl/J. Leskovar (Hrsg.)*, Interpretierte Eisenzeiten. Fallstudien, Methoden, Theorie. Tagungsbeiträge der 8. Linzer Gespräche zur interpretativen Eisenzeitarchäologie. Stud. Kulturgesch. Oberösterreich 49 (Linz 2019) 89–100.

H. Fehr, Geschichtsträchtiger Boden. Ur- und frühgeschichtliche Archäologie in Pförring. In: Markt Pförring 40–67.

H. Fehr, Die Dame von Pförring – eine frühe Christin? Versuch einer Deutung der zoomorphen Beschläge aus dem Pförringer Kammergrab. In: Markt Pförring 146–155.

Th. Fischer, Römische Kaiser des 3. Jahrhunderts n. Chr. mit Reiterhelmen. In: *G. E. Thüry (Hrsg.)*, Domi militiaeque.

Militär- und andere Altertümer. Festschrift für Hannsjörg Ubl zum 85. Geburtstag. Archaeopress Roman Archaeology 68 (Oxford 2020) 10–14.

V. Fischer, Neue Forschungen über das Ostkastell III von Sorviodurum/Straubing. Zu Geschichte und Chronologie des Kastells. In: Husty/Schmotz, Vorträge 327–344.

B. Häck, Bergbaufolgelandschaften und Wasserbaukünste als landschaftsprägende Elemente – Historische anthropogene Landschaftsveränderungen und ihre Auswirkungen auf die heutige Besiedlung. In: Die konstruierte Landschaft – Befunde und Funde zu anthropogenen Geländeveränderungen in Mittelalter und früher Neuzeit. Mitt. Dt. Ges. Arch. Mittelalter u. Neuzeit 33 (Paderborn 2020) 203–216.

R. Hempelmann, Passau – Neue römerzeitliche Funde in der Innstadt. In: Husty/Schmotz, Vorträge 277–308.

L. Husty/M. Arnolds, Neues zur Bronze-, späten Latène- und römischen Kaiserzeit aus Westen/Niederlindhart, Markt Mallersdorf-Pfaffenberg, Lkr. Straubing-Bogen. In: Husty/Schmotz, Vorträge 97–148.

• Husty/Schmotz, Vorträge
L. Husty/K. Schmotz (Hrsg.), Vorträge des 38. Niederbayerischen Archäologentages (Rahden/Westf. 2020).

S. Kampe, Mit Feingefühl und Naturwissenschaft. Die Restaurierung der Funde aus dem Pförringer Kammergrab. In: Markt Pförring 128–145.

S. Kutscher, Ein Beitrag zu frühbronzezeitlichen Fayenceperlen in Süddeutschland: Die Nekropole „Bichlmannstraße" aus der Gemeinde Eching, Lkr. Landshut. Mit einem anthropologischen Beitrag von *E. Kropf.* In: Husty/Schmotz, Vorträge 41–96.

Ch. Later, Das unterirdische Kloster. Zur bodendenkmalpflegerischen Situation – Kenntnisstand und aktuelle archäologische Befunde. In: *P. Huber (Hrsg.),* Das Zisterzienserkloster Raitenhaslach. Maßnahmen zur Umnutzung historischer Klostertrakte. Schriftenr. Bayer. Landesamt Denkmalpfl. 20 (München 2020) 13–30.

• Markt Pförring
Markt Pförring (Hrsg.), Zur Geschichte des Marktes Pförring (Regensburg 2020).

M. Nadler, Trapezförmige Bauten im Lechtal. In: *L. Husty/Th. Link/J. Pechtl (Hrsg.)*, Neue Materialien des Bayerischen Neolithikums 3. Tagung im Kloster Windberg vom 16.–18. November 2018. Würzburger Stud. Vor- u. Frühgesch. Arch. 6 (Würzburg 2020) 123–132.

L. Nebelsick/C. Metzner-Nebelsick, From Genoa to Günzburg. New Trajectories of Urbanisation and Acculturation between the Mediterranean and South-Central Europe. In: *L. Zamboni/M. Fernández-Götz/C. Metzner-Nebelsick (Hrsg.)*, Crossing the Alps. Early urbanism between northern Italy and Central Europe (900–400 B.C.) (Leiden 2020) 43–67.

B. Päffgen, *Anno domini 1519 iar worden die iuden zu Rengspurg ausgeschafft* – Regensburg und die mittelalterlichen Judenquartiere in den Städten und Märkten Niederbayerns. In: Husty/Schmotz, Vorträge 207–276.

V. Planert, Die Dame von Pförring – noch im Tode reich geschmückt. Ein außergewöhnliches Kammergrab der Völkerwanderungszeit. In: Markt Pförring 98–127.

Th. Richter, Von Münchshöfen bis zum Frühmittelalter – Die Ausgrabungen in Ergoldsbach-„Dörnbacher Feld". In: Husty/Schmotz, Vorträge 173–206.

G. Riedl, Das Jahr 1318 – Ausgangs- oder Endpunkt? Die Entwicklung des Marktes Pförring aus archäologischer Sicht. In: Markt Pförring 184–215.

C. S. Sommer, Als die Römer frech geworden, ... Das Kastell Pförring-Celeusum, seine Geschichte und seine Menschen. In: Markt Pförring 68–97.

C. S. Sommer, Künzing und die Tabula Peutingeriana – Aspekte zum Donaulimes in Bayern und zum UNESCO-Welterbe „Grenzen des Römischen Reiches". In: Studia honoraria archaeologica. Zbornik radova u prigodi 65. rođendana prof. dr. sc. Mirjane Sanader (Zagreb 2020) 393–402.

B. Steidl, Von gestrauchelten Zieglern, Socken und Hosen. Ein Missgeschick als Ziegelabdruck aus Stockstadt am Main. In: *G. E. Thüry (Hrsg.)*, Domi militiaeque. Militär- und andere Altertümer. Festschrift für Hannsjörg Ubl zum 85. Geburtstag. Archaeopress Roman Archaeology 68 (Oxford 2020) 151–164.

H. Wendling, Votiv und Grab – Die Deponierungszone im Zentrum des Oppidums von Manching. In: Objekt – Depot – Motiv. Kontext und Deutung von Objektniederlegungen im eisenzeitlichen Mitteleuropa. Beitr. Ur- u. Frühgesch. Mitteleuropa 95 (Langenweißbach 2020) 63–80.

J. Zuber, Überraschung in Bad Abbach-Lengfeld, Lkr. Kelheim – Von der Steinzeit zu den Römern. In: Husty/Schmotz, Vorträge 17–40.

Online-Publikationen

B. Muigg/A. Seim/W. Tegel/L. Werther/U. Büntgen, Tree rings reveal dry conditions during Charlemagne's *Fossa Carolina* construction in 793 CE. Quaternary Science Reviews 227, 2020 Article 106040.

S. Meyer-Heintze/T. Spraffke/M. Krech/R. Beigel/M. Nadler/B. Kriens/F. Wagner/E. Solleiro-Rebolledo/B. Damm/F. Falkenstein/B. Terhorst, Pedosedimentary and geoarchaeological archives from clay-dominated sinkhole infillings in Middle Franconia, Germany. In: CATENA 195-2020, 104893.

B. Häck/K. Pasda/M. López-Correa/Ph. Stojakowits/J. Prieto/N. al-Fundhalli/Ch. Mayr, Cave finds indicate elk *(Alces alces)* hunting during the Late Iron Age in the Bavarian Alps: Internet-Veröffentlichung unter https://egqsj.copernicus.org/articles/69/187/2020/, 1–11.

Autoren, die eine Aufnahme ihrer Publikationen in die Übersicht 2021 wünschen, mögen dies bitte der Redaktion mitteilen: Bayerisches Landesamt für Denkmalpflege, Referat Publikationswesen (Z IV), Postfach 10 02 03, 80076 München E-Mail: doris.ebner@blfd.bayern.de

Doris Ebner

Autoren

Johanna Aas M.A., ReVe Büro für Archäologie Bamberg und München, aas@reve-archaeologie.de

Amira Adaileh M.A., Bayerisches Landesamt für Denkmalpflege, amira.adaileh@blfd.bayern.de

Dipl.-Rest. Dorothea Albert, Bayerisches Landesamt für Denkmalpflege, dorothea.albert@blfd.bayern.de

Dr. Tobias Albrecht, FARCH Archäologie, Icking, FARCH@t-online.de

Birgit Anzenberger M.A., Archäologisches Büro Anzenberger & Leicht GbR, birgit.anzenberger@ab-al.de

Jennifer M. Bagley, Fa. 3Archäologen, jennifer.bagley@kirchheim-heimstetten.de

Ramona Baumgartner M.A., Baumgartner Archäologie, Zorneding, rabau@email.de

Dipl.-Geogr. Florian Becker, Bayerisches Landesamt für Denkmalpflege, florian.becker@blfd.bayern.de

Julia Blumenröther, Universität Erlangen-Nürnberg, julia.blumenroether@fau.de

Ildikó Bősze M.A., Gäubodenmuseum Straubing, ildiko.boesze@straubing.de

Dr. Silvia Codreanu-Windauer, Bayerisches Landesamt für Denkmalpflege, silvia@windauer.eu

Patricia Costache M.A., FARCH Archäologie, Icking, FARCH@t-online.de

Julian Decker M.A., ITV-Grabungen Bamberg, j.decker@itv-grabungen.de

Dr. Isabella Denk, Stadtarchäologie Landshut, isabella.denk@landshut.de

Viviane Diederich M.A., Universität Bamberg, viviane.diederich@uni-bamberg.de

Tilman Eickhoff, Archäologisches Büro Anzenberger und Leicht GbR, Tilman.Eickhoff@archaeologisches-buero.de

Dr. Michael Eitel, LMU München, Institut für Geophysik, eitel@geophysik.uni-muenchen.de

Markus Fagner M.A., FARCH Archäologie, Icking, FARCH@t-online.de

Dr. Hamid Fahimi, ADILO GmbH, Archäologische Dienstleistungen, Parsberg, h.fahimi@adilo-bayern.de

Prof. Dr. Jörg W. E. Faßbinder, LMU München, Institut für Geophysik, fassbinder@geophysik.uni-muenchen.de

Dr. Thomas Feuerer, Untere Denkmalschutzbehörde, Landkreis Regensburg, thomas.feuerer@landratsamt-regensburg.de

Frank Feuerhahn M.A., BfAD Heyse GmbH & Co. KG, Schwarzach a. Main, frank.feuerhahn@bfad-heyse.de

Dr. Veronika Fischer, Bayerisches Landesamt für Denkmalpflege, veronika.fischer@blfd.bayern.de

David Förster, Würzburg, foerster.d.56@gmail.com

Dr. Holger Fries, Jochen Scherbaum Archäologische Dokumentation, Bamberg, scherbaum@bmv-bamberg.de

Carl Göderz M.A., Fa. 3Archäologen, carl.goederz@googlemail.com

Dr. Markus Gschwind, Bayerisches Landesamt für Denkmalpflege, markus.gschwind@blfd.bayern.de

Marcel Günther M.A., Fa. Ausgrabungen Specht, Schwebheim, marcel.guenther@ausgrabungen-specht.de

Dr. Jochen Haberstroh, Bayerisches Landesamt für Denkmalpflege, jochen.haberstroh@blfd.bayern.de

Dr. Zoltán Havas, Archäologiebüro Dr. Woidich GmbH, zoltan.havas@gmail.com

Dr. Christoph Herbig, Rodenbach, herbig.archaeobot@gmx.de

Franz Herzig, Bayerisches Landesamt für Denkmalpflege, franz.herzig@blfd.bayern.de

Dr. Saman Heydari-Guran, Neanderthal Museum, Mettmann, heydari-guran@neanderthal.de

Dieter Heyse M.A., BfAD Heyse GmbH & Co. KG, Schwarzach a. Main, dieter.heyse@bfad-heyse.de

Sebastian Hornung M.A., Fa. Pro Arch GmbH, Ingolstadt, Sebastian.Hornung@proarchgmbh.de

Dr. Sophie Hüdepohl, LMU München, sophie.huedepohl@lmu.de

Michael Hümmer M.A., Archaios GmbH, Sinzing, m.huemmer@archaios.de

Dr. Ludwig Husty, Kreisarchäologie Straubing-Bogen, husty.ludwig@landkreis-straubing-bogen.de

Fusena Issifu, LMU München, Institut für Geophysik

Michael Jaschek M.A., Bamberg, michael.jaschek@web.de

Uta Kirpal M.A., Archaios GmbH, Sinzing, u.kirpal@archaios.de

Alexandra Klingelhöfer M.A., BfAD Heyse GmbH & Co. KG, Schwarzach a. Main, alexandra.klingel@bfad-heyse.de

Arne Kluge M.A., Nürnberg, arne-kluge@web.de

Markus Köllner M.A., BfAD Heyse GmbH & Co. KG, Schwarzach a. Main, markus.koellner@bfad-heyse.de

Dipl.-Geogr. Britta Kopecky-Hermanns, Büro für Bodenkunde und Geoarchäologie, Aystetten, hermanns.kopecky@t-online.de

Harald Krause M.A., Museum Erding, harald.krause@erding.de

Bernd Kriens, Berlin, bkad-arch@t-online.de

Christiana Later M.A., Grafing, Christiana.E.Later@gmx.de

Dr. Jakob Leicht, Archäologisches Büro Anzenberger und Leicht GbR, Jakob.Leicht@archaeologisches-buero.de

Dr. Roland Linck, Bayerisches Landesamt für Denkmalpflege, roland.linck@blfd.bayern.de

Dr. Friedrich Loré, ADILO GmbH, Archäologische Dienstleistungen, Parsberg, info@adilo-bayern.de

Hardy Maaß M.A., Fa. Phoinix, München, hardy.maass@gmx.de

Kristina Markgraf, Archäograph Gbr, Friedberg, kmarkgraf@archaeograph.de

Dr. Thomas Maurer, Stadtarchäologie Passau, thomas.maurer@passau.de

Dr. Sabine Mayer, Bayerisches Landesamt für Denkmalpflege, sabine.mayer@blfd.bayern.de

Florian Melzer, ITV Grabungen, Bamberg, f.melzer@itv-grabungen.de

Dr. Matthias Merkl, Bayerisches Landesamt für Denkmalpflege, matthias.merkl@blfd.bayern.de

Maria Messingschlager M.A., Fa. ReVe – Büro für Archäologie, Bamberg, messingschlager@reve-archaeologie.de

Dr. Carsten Mischka, Universität Erlangen-Nürnberg, carsten.mischka@fau.de

Ulrich Müller M.A., BfAD Heyse GmbH & Co. KG, Schwarzach a. Main, ulrich.mueller@bfad-heyse.de

Rebecca Münds-Lugauer M.A., Fa. Pro Arch GmbH, Ingolstadt, rebeccamuends@aol.com

Martin Nadler M.A., Bayerisches Landesamt für Denkmalpflege, martin_nadler@web.de

Dr. Alexander Niederfeilner, Fa. ArcTron, aniederfeilner@arctron.de

Dr. Ralf Obst, Bayerisches Landesamt für Denkmalpflege, ralf.obst@blfd.bayern.de

Prof. Dr. Salvatore Ortisi, LMU München, ortisi@vfpa.fak12.uni-muenchen.de

Andreas Otto M.A., Archäologisches Büro Anzenberger & Leicht GbR, andreas.otto@ab-al.de

Heike Palm, Hannover, he.palm@t-online.de

Mandana Parsi, LMU München, Institut für Geophysik, mandana.parsi6@gmail.com

Dr. Martina Pauli, Bayerisches Landesamt für Denkmalpflege, martina.pauli@blfd.bayern.de

Christian Peschke M.A., Schwabach, christianpeschke@pic-vision.de

Dr. Stefan Pfaffenberger, Stadtarchäologie Bamberg, stefan.pfaffenberger@stadt.bamberg.de

Vera Planert B.A. hons., Pro Arch GmbH, Ingolstadt, info@pro-arch.de

Martin Posselt M.A., Universität Regensburg, martin.posselt@geschichte.uni-regensburg.de

Folke Prill, Archäologisches Büro Anzenberger und Leicht GbR, Folke.Prill@archaeologisches-buero.de

Dr. Anja Pütz, AschheiMuseum, anja.puetz@aschheim.de

Katharina Ramstetter M.A., Burgkirchen, katharina.ramstetter@gmail.com

Julia Rathgeber, Nürnberg, ju.rathgeber@googlemail.com

Markus Rehfeld M.A., BfAD Heyse GmbH & Co. KG, Schwarzach a. Main, markus.rehfeld@bfad-heyse.de

Florian Reitmaier, Universität Regensburg, florian.reitmaier@gmx.de

Dr. Thomas Richter, Landratsamt Landshut, Kreisarchäologie, Thomas.Richter@landkreis-landshut.de

Thomas Riegg M.A., Fa. Pro Arch GmbH, Ingolstadt, Tobias.Riegg@proarchgmbh.de

Prof. Dr. Thomas Saile, Universität Regensburg, thomas.saile@geschichte.uni-regensburg.de

Jochen Scherbaum M.A., Jochen Scherbaum Archäologische Dokumentation, Bamberg, scherbaum@bmv-bamberg.de

Philipp Schinkel, Fa. Archaeoscout, Würzburg, info@archaeoscout.eu

Lennart Schönemann M.A., lennart@schoenemann-online.de

Michael Seiler M.A., Archäologie Cichy & Seiler GbR, Nürnberg, michael.seiler@acs-archaeologie.de

Dr. Maike Sieler, Stadtarchäologie Kempten, maike.sieler@kempten.de

Anton Steger, Pro Arch GmbH, Ingolstadt, anton.steger@proarchgmbh.de

Dr. Leif Steguweit, ASF – Archäologie-Service Franken GmbH, Hiltpoltstein, a-sf@arcor.de

Dr. Astrid Stobbe, Universität Frankfurt, stobbe@em.uni-frankfurt.de

Dipl.-Rest. Thomas Stöckl, Bayerisches Landesamt für Denkmalpflege, thomas.stoeckl@blfd.bayern.de

Ina Stolzenburg, Falkensee, i.stolzenburg@gmx.de

Anja Struthmann M.A., Hausen, Struthmann_anja@yahoo.de

Alexander Süß, Kronach, alexander.suess@stadt-kronach.de

Ingrid Tamerl-Seiler M.A., Archäologie Cichy & Seiler GbR, Nürnberg, ingrid.tamerl-seiler@acs-archaeologie.de

Konstantin Teichmann, Würzburg, webmaster@konstantinteichmann.de

Andrea Thomas M.A., BfAD Heyse GmbH & Co. KG, Schwarzach a. Main, andrea.thomas@bfad-heyse.de

Dr. Christian Tinapp, Leipzig, ctinapp@t-online.de

Matthias Tschuch, AST – Archäologischer Service Tschuch, Nürnberg, matthias@tschuch.de

Dr. Markus Ullrich, Bayerisches Landesamt für Denkmalpflege, markus.ullrich@blfd.bayern.de

Hans-Peter Volpert M.A., M-D-V Grabungen, m-d-v@gmx.net

Felix Wagner, Bayerisches Landesamt für Denkmalpflege, felix.wagner@blfd.bayern.de

Armin Wanger, Fa. Büro für Archäologie Neupert, Kozik & Simm GbR, armin.wanger@grabungsfirma-bayern.de

Dr. Anneli Wanger-O'Neill, Bayerisches Landesamt für Denkmalpflege, anneli.wanger-oneill@blfd.bayern.de

Julia Weidemüller, Bayerisches Landesamt für Denkmalpflege, julia.weidemueller@blfd.bayern.de

Markus Wild M.A., Kreisheimatpfleger Bodendenkmäler und Regionalgeschichte für den Landkreis Fürstenfeldbruck, kreisheimatpfleger-archaeologie@hvf-ffb.de

Gesa Wilhelm-Kazman, BfAD Heyse GmbH & Co. KG, Schwarzach a. Main, gesa.wilhelm-kazman@bfad-heyse.de

Dr. Manfred Woidich, Archäologiebüro Dr. Woidich GmbH, info@archäologie-büro.de

Sarah Wolff, ADW Archäologische Dienstleistungen Wolff, Lauda, sw@archaeologie-wolff.de

Martin Wortmann M.A., BfAD Heyse GmbH & Co. KG, Schwarzach a. Main, martin.wortmann@bfad-heyse.de

Philipp Zander, Traunstein, philippl.zander@googlemail.com

John Zeitler M.A., Stadt Nürnberg, denkmalschutzbehoerde@stadt.nuernberg.de

Michaela Zietlow M.A., Büro für Archäologie, Neupert, Kozik & Simm GbR, michaela.zietlow@grabungsfirma-bayern.de

Dr. Stephanie Zintl, Bayerisches Landesamt für Denkmalpflege, stephanie.zintl@blfd.bayern.de

Dienststellen der Bodendenkmalpflege in Bayern

Bayerisches Landesamt für Denkmalpflege, Abteilung B: Praktische Denkmalpflege: Bodendenkmäler

Abteilungsleitung
Tel. 089 2114-294 (bis 30.11.2021 Prof. Dr. C. Sebastian Sommer, dann Dr. Walter Irlinger)
Hofgraben 4, 80539 München bzw.
Postfach 10 02 03, 80076 München
Tel. 089 2114-293 (Sekretariat)
Fax 089 2114-407

Beratung Archäologische Welterbestätten
Obere Stadtmühlgasse 1, 91781 Weißenburg i. Bay, Tel. 089 210140-73/-89 (Dr. Markus Gschwind, Dr. Tanja Ehrlein)

E-Mail-Adressen der Mitarbeiter im Bayerischen Landesamt für Denkmalpflege:
vorname.name@blfd.bayern.de
Internet: www.blfd.bayern.de

Dienststellen

Referat Oberbayern/München (B I)
Dienststelle München
Hofgraben 4, 80539 München, Tel. 089 2114-228/-347/-208 (Dr. Jochen Haberstroh, Dr. Martina Pauli)
Dienststelle Thierhaupten
Klosterberg 8, 86672 Thierhaupten,
Tel. 08271 8157-59 (Amira Adaileh M.A.)

Referat Niederbayern/Oberpfalz (B II)
Dienststelle Regensburg
Adolf-Schmetzer-Straße 1, 93055 Regensburg, Tel. 0941 595748-12/-11/-13
(Dr. Ruth Sandner, Dr. Christoph Steinmann, Dr. Ralph Hempelmann)

Referat Mittelfranken/Schwaben (B III)
Dienststelle Thierhaupten
Klosterberg 8, 86672 Thierhaupten,
Tel. 08271 8157-39/-38 (Dr. Hubert Fehr, Dr. Johann Friedrich Tolksdorf)

Dienststelle Nürnberg
Burg 4, 90403 Nürnberg, Tel. 0911 23585-11 (Dr. Christoph Lobinger)

Referat Oberfranken/Unterfranken (B IV)
Dienststelle Bamberg
Schloss Seehof, 96117 Memmelsdorf,
Tel. 0951 4095-57/-39/-41 (Dr. Andreas Büttner, Dr. Matthias Merkl, Dr. Ivonne Weiler-Rahnfeld)

Referat Restaurierung Archäologie (B V)
Hofgraben 4, 80539 München, Tel. 089 2114-215 (Dipl.-Rest. Britt Nowak-Böck)

Referat Lineare Projekte (B VI)
Hofgraben 4, 80539 München, Tel. 089 2114-246/-282 (Dr. Stefanie Berg, Dr. Jürgen Obmann)

Bayerisches Landesamt für Denkmalpflege, Abteilung Z: Denkmalerfassung und -forschung

Referat Bayerische Denkmalliste und Denkmaltopografie (Z I)
Hofgraben 4, 80539 München, Tel. 089 2114-310 (Dr. Christian Later)

Adolf-Schmetzer-Straße 1, 93055 Regensburg, Tel. 0941 595748-14/-15 (Dr. Gabriele Raßhofer, Günter Wullinger M.A.)

Schloss Seehof, 96117 Memmelsdorf,
Tel. 0951 40950 (Dr. Markus Ullrich)

Klosterberg 8, 86672 Thierhaupten,
Tel. 08271 8157-32/-31 (Dr. Stephanie Zintl; Dr. Cornelia Schütz)

Burg 4, 90403 Nürnberg, Tel. 0911 23585-13 (Dr. Rita Hannig)

Ehrenamtlichenbetreuung
Tel. 0941 595748-16 (Dr. Sabine Mayer),
Tel. 0951 4095-46 (Dr. Ralf Obst)

Referat Publikationswesen (Z IV)
Hofgraben 4, 80539 München,
Tel. 089 2114-358 (Dr. Doris Ebner)

Referat Zentrallabor und Geo-Erkundung (Z V)
Hofgraben 4, 80539 München,
Tel. 089 2114-352/-330 (Dr. Roland Linck, Dr. Andreas Stele)

Auskunft und Beratung erteilen auch folgende Institutionen:

Bezirk Mittelfranken, Limesfachberatung, Kulturreferat/Bezirksheimatpflege, Danziger Straße 5, 91522 Ansbach, Tel. 0981 4664-5012 (Andrea May M.A.)

Museen der Stadt Aschaffenburg, Schlossplatz 4, 63739 Aschaffenburg, Tel. (06021) 3867412 (Dr. Markus Marquart)

Stadtarchäologie Augsburg, Zur Kammgarnspinnerei 9, 86153 Augsburg, Tel. 0821 324-4145 (Dr. Sebastian Gairhos)

Stadtarchäologie Bamberg, Untere Sandstraße 34, 96049 Bamberg, Tel. 0951 871693 (Dr. Stefan Pfaffenberger)

Kreisarchäologie Deggendorf, Landratsamt, Herrenstraße 18,
94469 Deggendorf, Tel. 0991 3100301 (Stefan Hanöffner M.A.)

Kreisarchäologie Dingolfing-Landau, Obere Stadt 13, 84130 Dingolfing,
Tel. 08731 87-354 (Dr. Florian Eibl)

Stadtheimatpfleger – Archäologie, Museum Erding, Prielmayerstraße 1, 85435 Erding, Tel. 08122 408-150 (Harald Krause M.A.), -151 (Dipl.-Ing. Wilhelm Wagner)

Kreisarchäologie Forchheim, Landratsamt Forchheim, Oberes Tor 1, 91320 Ebermannstadt, Tel. 09191 86-4002 (Ermelinda Spoletschnik M.A.)

Kreisarchäologie Freising, Landshuter Straße 31, 85356 Freising, Tel. 08161 600-207 (Delia Hurka M.A.)

Germering, Museum, Stadtarchäologie, Domonter Straße 2, 82110 Germering, Tel. 089 89 419 (Marcus Guckenbiehl)

Stadtmuseum Ingolstadt, Auf der Schanz 45, 85049 Ingolstadt, Tel. 0841 305-1884 (Dr. Gerd Riedel)

Archäologisches Museum der Stadt, Lederergasse 11, 93309 Kelheim,
Tel. 09441 10409/10492 (Dr. Bernd Sorcan)

Kreisarchäologie Kelheim, Grabungsbüro, Münchener Straße 4, 93326 Abensberg, Tel. 09441 207 7410 (Dr. Joachim Zuber)

Kulturamt – Archäologie Kempten (Allgäu), Memminger Straße 5, 87439 Kempten (Allgäu), Tel. 0831 2525200 (Dr. Maike Sieler)

Kreisarchäologie Landshut, SG 44, Veldener Str. 15, 84036 Landshut, Tel. 0871 408-3185/3186 (Dr. Thomas Richter)

Stadtarchäologie Landshut, Amt für Bauaufsicht, Baureferat, Stadt Landshut, Luitpoldstraße 29, 84034 Landshut, Tel. 0871 88-1819 (Dr. Isabella Denk)

Archäologische Staatssammlung, Lerchenfeldstraße 2, 80538 München, Tel. 089 21124-02 (Prof. Dr. Rupert Gebhard)

Staatliche Münzsammlung München, Residenz, Residenzstraße 1, 80333 München, Tel. 089 227221 (Dr. Dietrich Klose)

Germanisches Nationalmuseum, Kornmarkt 1, 90402 Nürnberg,
Tel. 0911 1331163 (Dr. Angelika Hofmann)

Stadt Nürnberg, Bauordnungsbehörde, Denkmalschutz – Archäologie, Bauhof 5, 90402 Nürnberg, Tel. 0911 231-4731 (Melanie Langbein M.A.)

Landratsamt Passau, Kreisarchäologie, Passauer Straße 39, 94121 Salzweg, Tel. 0851 397624 (Alois Spieleder M.A.)

Stadt Passau, Stadtarchäologie, Rathausplatz 2, 94032 Passau, Tel. 0851 396416 (Dr. Thomas Maurer)

Historisches Museum der Stadt Regensburg, Dachauplatz 4, 93047 Regensburg, Tel. 0941 5071441 (Dr. Andreas Boos)

Stadt Regensburg, Amt für Archiv und Denkmalpflege, Keplerstraße 1, 93047 Regensburg, Tel. 0941 507-2451/-3455 (Dr. Lutz-Michael Dallmeier, Dr. Johannes Sebrich)

LIMESEUM, Römerpark Ruffenhofen 1, 91749 Wittelshofen, Tel. 09854 9799242 (Dr. Matthias Pausch)

Gäubodenmuseum, Fraunhoferstraße 23, 94315 Straubing, Tel. 09421 94463-222 (Prof. Dr. Günther Moosbauer)

Kreisarchäologie Straubing-Bogen, Klosterhof 1, 94327 Oberalteich,
Tel. 09422 4030949 (Dr. Ludwig Husty)

Bildnachweis

1–6 Hamid Fahimi, ADILO GmbH
7–14 Nicolae Anca
15–18 BfAD Heyse GmbH & Co. KG
19–26 Pro Arch Prospektion und Archäologie GmbH
27 Pro Arch (links) und BLfD (rechts)
28 S. Berg/A. Floarea
29 M. Jaschek, Archäologische Ausgrabungen Andreas Pross (rechts); T. Seregély, Universität Bamberg (links)
30–31 Michael Jaschek, Archäologische Ausgrabungen Andreas Pross
32 M. Zange, Archäologische Ausgrabungen Andreas Pross
33 BfAD Heyse auf Grundlage DFK Bayerische Vermessungsverwaltung
34, 35, 37–39 BfAD Heyse GmbH & Co. KG
36 BLfD, Dorothea Albert
40, 43 Fa. ArchDienst, Wellheim
41, 42 Ludwig Husty, Kreisarchäologie Straubing-Bogen
44 Magnetogramm: N. Ostermeier, Uni Würzburg; Kartierung: Y. Kunisch, Fa. ITV; Luftbild: Bayerische Vermessungsverwaltung
45 Laura Kriete, Fa. ITV
46 Fa. ITV
47 A. Fischer, Fa. ITV
48, 50, 52 Fa. AST, Nürnberg
49 Martin Nadler nach Vorlage Fa. AST
51 BLfD, Martin Nadler
53, 55 M. Posselt
54, 56 H. Marx
57–62 BfAD Heyse GmbH & Co. KG
63 Archaios GmbH, Sinzing/U. Kirpal
64–66 Archaios GmbH/M. Hümmer
67 Archaios GmbH, Sinzing
68, 69 Julia Rathgeber
70–72 Bernd Kriens
73 Bayerische Vermessungsverwaltung 2021; Grafik: A. Pütz
74 Arch. Büro Anzenberger & Leicht GbR
75, 76 Hans-Peter Volpert
77 Carl Göderz, Fa. 3Archäologen
78–86 Fa. Pro Arch
87 K. Teichmann
88, 89 B. Kriens, K. Teichmann
90 D. Förster
91, 93, 94 Fa. ASF – Archäologie-Service Franken GmbH
92 BLfD, Franz Herzig
95–99 Ildikó Bősze, Gäubodenmuseum Straubing
100 Grundkarte OpenStreetMap bereitgestellt durch terrestris CC BY SA
101–107 Archäologiebüro Dr. Woidich GmbH
108–112 M. Tschuch und K. Cumurciuc, Fa. AST
113–117 Kreisarchäologie Landshut: 113 Th. Richter; 114, 115 K. Igl; 116 S. Zawadzki; 117 S. Kunz
118 BLfD, Roland Linck
119 Klaus Leidorf
120 Christian Tinapp
121 Florian Reitmaier
122–125 BLfD, Felix Wagner
126 Christoph Herbig
127 BLfD, Michael Forstner
128 Siegfried Köglmeier
129 BLfD, Silvia Perini
130 Kartengrundlage: Bayerische Vermessungsverwaltung; Fachdaten: BLfD
131, 132 BLfD, Matthias Blana
133, 135, 136 BLfD, Thomas Stöckl
134 Archäologisches Büro Anzenberger & Leicht GbR, LDBV 2021, Umzeichnung: H. Krause; Geobasisdaten: Bayerische Vermessungsverwaltung
137–140 Archäologisches Büro Anzenberger & Leicht GbR
141–144 Fa. FARCH Archäologie
145, 147–150 Fa. ACS Archäologie
146 Kartierung: BLfD, Philipp Hagdorn; Geobasisdaten: Bayerische Vermessungsverwaltung
151 Plan: Kulturamt Kempten; Orthofoto Bayerische Vermessungsverwaltung
152 SFM-Modell: Max Fiederling, LMU München Grabungsarchiv Kempten
153 LMU München Grabungsarchiv Kempten
154, 156, 157 Archäologie Hofmann & Heigermoser GbR
155 Kartierung: BLfD, Peter Freiberger; Geobasisdaten: Bayerische Vermessungsverwaltung
158 Katharina Ramstetter
159–164 Neupert, Kozik & Simm
165, 166, 168 Archäologiebüro Dr. Woidich GmbH
167 BLfD
169 BLfD, Karin Igl
170 Vermessung: Fa. Adilo; Grafik: BLfD, Dominik Westermann
171 Fa. Adilo, Parsberg
172 Grafik: BLfD, Rudolf Röhrl; Kartengrundlage: Bayerische Vermessungsverwaltung
173 Stadt Passau, Stadtarchäologie
174–176 Fa. ArcTron
177–180 PLANAteam Augsburg, A. Struthmann
181, 182, 185 Fa. Neupert, Kozik & Simm
183, 184 BLfD, Dorothea Albert
186–188 Fa. Ausgrabungen Specht, Schwebheim
189, 190 BLfD, Helmut Voss
191–196 Fa. BfAD Heyse GmbH & Co. KG
197–203 Ch. Peschke, AD Scherbaum, Bamberg
204–208 Fa. ReVe, Bamberg
209 Architektur- und Ingenieurbüro Roider + Sollfrank
210 Verein Ackerbürgerhaus e.V., Bärnau
211 Bayerische Vermessungsverwaltung
212, 215 V. Diederich
213 V. Diederich/R. Pfaff
214 V. Diederich/M. Rühle
216 Geobasisdaten: Bayerische Vermessungsverwaltung; Denkmal-Daten: BLfD
217–220 Arne Kluge
221–225 ACS Archäologie Cichy & Seiler GbR
226–229 ReVe – Büro für Archäologie Bamberg und München
230–235 Fa. Pro Arch
236 Otto Braasch
237–240 Fa. ADW Archäologische Dienstleistungen Wolff
241 Stadtarchiv Ochsenfurt
242 Bayerisches Hauptstaatsarchiv, München, Plansammlung 3682
243 BLfD, Michael Rademacher
244, 245 Firma AST
246 Hardy Maaß, Fa. Phoinix
247 Klaus Leidorf
248, 250 C. Lange, Fa. Phoinix
249 BLfD, Rudolf Röhrl auf Basis A. Eberstadt/H. Maaß, Fa. Phoinix
251–255 BfAD Heyse GmbH & Co.KG
257 Stadtplanungsamt Bamberg
256, 258, 259 S. Pfaffenberger, Stadtarchäologie Bamberg
260–262, 265 Archäologische Dokumentation Jochen Scherbaum, Bamberg
263 Klaus Leidorf
264 Stadt- und Stiftsarchiv Aschaffenburg. Sign. P 109
266–269 BfAD Heyse GmbH & Co. KG
270 Bayerische Vermessungsverwaltung
271, 272 ITV-Grabungen
273 Klaus Leidorf
274–276, 278 Fa. ADILO GmbH
277 BLfD, Franz Herzig
279–283 Archäologisches Büro Anzenberger & Leicht
284 Bayerische Vermessungsverwaltung
285, 286, 288, 289 K. Heigermoser, Archäologie Hofmann & Heigermoser GbR
287 X-Cavate Archaeology und Archäologie Hofmann & Heigermoser GbR
290, 293 Baumgartner Archäologie
291, 292, 294–296 BLfD, Dorothea Albert
297 Otto Braasch
298, 299, 301 BLfD, Roland Linck
300 BLfD, Roland Linck und Florian Becker
302, 304–306 BLfD, Roland Linck; Geobasisdaten: Bayerische Vermessungsverwaltung
303 BLfD, Roland Linck und Florian Becker; Geobasisdaten: Bayerische Vermessungsverwaltung
307 BLfD, Roland Linck; Geländemodell: ArcTron 3D
308 BLfD, Roland Linck; Carsten Mischka
309, 311 BLfD, Roland Linck
310 Klaus Leidorf
312 Bayerische Vermessungsverwaltung
313 Klaus Leidorf
314, 315 BLfD, Roland Linck
316 BLfD, Roland Linck; Geobasisdaten Bayerische Vermessungsverwaltung
317 BLfD, Roland Linck
318 Bayerische Vermessungsverwaltung
319 Otto Braasch
320, 322–324 BLfD, Roland Linck
321 Bayerische Vermessungsverwaltung
325 BLfD, Beate Herbold (a, b); B. Schmidt, Die späte Völkerwanderungszeit in Mitteldeutschland. Katalog [Nord und Ostteil]. Veröff. Landesmus. Vorgesch. Halle 29 [Halle 1975] Taf. 29,2c (c)
326–328 Fa. FARCH Archäologie
329 BLfD, Veronika Fischer
330 BLfD, V. Fischer/A. Wanger-O'Neill/S. Scherff; Kartengrundlage: BLfD, G. Schönfeld/U. Vestner
331, 332 Archäograph GbR, Foto: K. Markgraf
333 Archäograph GbR / Büro für Bodenkunde und Geoarchäologie, K. Markgraf/B. Kopecky-Hermanns
334 Otto Braasch
335 Geobasisdaten: Bayerische Vermessungsverwaltung; Magnetogramme: Archäoscout / C. Mischka
336, 337 Geobasisdaten: Bayerische Vermessungsverwaltung 2020; Kartierung: Archäoscout Philipp Schinkel
338 Markus Wild
339 S. Kluthe
340, 341 Markus Wild
342 Britta Kopecky-Hermanns

Gesellschaft für Archäologie in Bayern e. V.

Die Gesellschaft für Archäologie in Bayern e. V. vereint alle an der bayerischen Landesarchäologie interessierten Bürger im Bestreben, das Bewusstsein für die älteste Geschichte Bayerns und ihre Denkmäler in der Bevölkerung zu vertiefen und die Erforschung dieser Geschichte zu fördern.

Sie bietet ihren Mitgliedern
- Führungen zu archäologischen Denkmälern und Ausgrabungsplätzen
- Vorträge über neue Ausgrabungsergebnisse
- »Das archäologische Jahr in Bayern« als Jahresgabe
- Einladungen zu Mitarbeitertreffen der archäologischen Dienststellen des Bayerischen Landesamts für Denkmalpflege und zur Jahrestagung »Archäologie in Bayern«

Gesellschaft für Archäologie
in Bayern e. V.
Benzstraße 9, 82178 Puchheim
(Geschäftsstelle)
Postfach 1309, 85203 Dachau
(Postanschrift)

www.gesellschaft-fuer-archaeologie.de
geschaeftsstelle@gesellschaft-fuer-archaeologie.de

Bankverbindung:
Sparkasse Erding-Dorfen
IBAN: DE28 7005 1995 0020 2900 94
BIC: BYLADEM1ERD
Jahresbeitrag € 37,–
Studenten und Schüler € 30,–
Partnermitgliedschaft € 10,–